日本法の舞台裏

新堂幸司　編集代表

商事法務

はしがき

法は人が支えている。

例えば、政府で法律を制定したり改正したりするとき、関係の審議会で方針が作られ、担当省庁がそれに沿った法案を起草する。それが閣議決定を経て内閣から国会に提出され、審議を経て成立にいたる。そのフォーマルな手順はよく知られている。しかし、実際に立案に関わり、様々な利害調整をして成立にまで漕ぎ着けるのは、このプロセスに関わった人たちである。したがって、誰が関わるかによって、目標に向かうルートも変われば目標自体も変わりうる。

法学教育や法曹養成も、法科大学院などの制度作りは大きく取り上げられ、社会の注目を集めるが、実際にそれを支えるのは人であり、支える人によって教育の内容も変われば質も変わる。このような人のネットワークに、企業の法務や学界の活動もつながっている。つまりは、日本の法はその時代その時代の人のネットワークに支えられている。

ところが、人は、コンピュータのようにインターネットに接続するだけで簡単にネットワークが形成できるわけではない。人のネットワークは、しばしば、人と人をつなぐ媒介者を必要とする。

本書は、そのような媒介者としてこれまで日本法の舞台裏を支えてこられた公益社団法人商事法務研究会の松澤三男専務理事が古稀を迎えられるのを機縁として、同氏とつながりのある人たちが集まって、それぞれの視点で松澤氏とつながるネットワークを語ったものである。個人的な想い出を語る文章もあれば、立法秘話に属する話もある。期せずして、ここ数十年間の日本法の舞台裏に光を当てる書物になっている。そのような本として、多くの読者に関心を持っていただければ幸いである。

平成二八年八月

発起人代表　新堂　幸司

発起人　伊藤　眞
内田　貴
落合　誠一
柏木　昇
鎌田　薫
川口　康裕
倉吉　敬
高橋　宏志
但木　敬一
能見　善久
山岸　憲司
山下　友信
山本　和彦

『日本法の舞台裏』目次

民法・消費者法

商　法

民事訴訟法・民事執行法・倒産法

諸　法

司法制度改革・法学教育・法曹養成

法曹界

学界

企業法務

出版人・写真家

＊各論稿末にある著者の所属は、平成二八年八月現在のものである。

立法・制度

立法一般

法制審議会へのかかわり
——研究者の立場から

伊藤　眞
Makoto Ito

1　はじめに

法務省関係の立法準備作業に加わったのは、現行民事訴訟法の立案審議からであったろうか。最初の部会は、赤煉瓦の建物の一室で開かれた記憶がある。民事裁判手続の根幹をなす民事訴訟法を全面的に改正し、あわせて、最高裁において、手続の細目を定める民事訴訟規則も刷新する作業の始まりであった。当初の担当参事官は、山崎潮氏であり、間もなく柳田幸三氏に交代されたが、その後、山崎氏が千葉地方裁判所所長在任中に急逝されたこともあり、セピア色の想い出として脳裏に残っている。当時の委員・幹事のうち、現在でもなおご活躍中の方々も多いが、部会長を務められた三ケ月章先生をはじめとして、既に鬼籍に入られた先生方も少なくない。

過日、偶然にも弁護士会館にて表久雄先生（第一東京弁護士会）にお目にかかる機会があり、委員・幹事でいらっしゃった中で、故馬場東作先生（第二東京弁護士会）、故三宅省三先生（東京弁護士会）、故滝井繁男先生（大阪弁護士会・元最高裁判事）の想い出をお話ししたところ、その数週間後に、幹事をお務めであり、準備会、小委員会、部会を通じて、もっとも活発に発言なさっていらした田原睦夫先生（大阪弁護士会・元最高裁判所判事）の訃報に接し、愕然とし、また、法曹界にとってかけがえのない方を失った衝撃は、未だに消えることがない（「田原睦夫さん（弁護士・元最高裁判所判事）を偲ぶ」伊藤眞『続・千曲川の岸辺』（有斐閣、二〇一六年））。

2　会議での意思決定方式

会議においては、事務当局作成の原案が提出されるのが通常であるが、それに賛成する意見もある一方、修正意見や反対意見が表明されることも少なくない。しかし、結論を出さなければならない段階に至ってまで賛否が分かれ、決を採らなければならないことは少なかった覚えがある。民事訴訟法部会では、文書提出義務（民訴二二〇条）関係で一度だけあっただろうか。法制審議会（総会）では、挙手の形で決することとされていたが、多くの場合には、全員一致であったように記憶する。これは、事務当局案作成の段階で、種々の意見に配慮し、また、事前の説明等の形で事実上の合意形成が図られていることによるものと思われる。

もっとも、犯罪被害者等の権利利益の保護を図るための損害賠償命令制度導入の際に、刑事法部会の委員に任命された折には、しばしば多数決によって結論が決められる場面に遭遇し、新鮮な驚きを感じた次第である。立場や人間観の違いによる意見の溝は容易に埋めがたいためであろうか。委員として審議に参加している以上、賛否を明らかにすることが職責であり、そのこと自体に違和感を覚えることはなかったが、同部会の審議日程の関係からか、刑法の改正に属する事項の審議に参加することとなり、事前に準備をしていないままに賛否を問われたときは、棄権も意思表示の一つであると注意を受け、自らの迂闊さを恥じ入ることとなった。

3 研究者の役割

民事訴訟法部会の構成員は、法務省民事局参事官室の事務方のほか、法務省、裁判所、弁護士会関係者および学識経験者（研究者）であったが、倒産法部会では、審議対象事項の性質上、行政庁、経済界、労働界の関係者を含み、様々な視点から活発な議論がなされた印象がある。また、総会では、さらに参加者の幅が拡がり、会長として議事の進行を任せられた折は、広い視野から充実した審議をしていただいたように感じている。

もっとも、研究者以外の委員・幹事の方々は、それぞれが属する組織を代表するとはいえないまでも、組織における議論を意識せざるをえず、その点が、研究者と決定的に異なる点であろう。時折、研究者の発言や論攷の中に、「個人的見解」と断るものに接することがあるが、研究者にとって個人的見解以外のものがあるのか、やや不自然な感じを受けるのは、私だけであろうか。また、委員・幹事をお引き受けしている以上、自らの意見を開陳するのは、義務というべきであろう。「会議には必ず出席するが、おヒナ様のように黙っている――これが優等生の行き方だ(註)」との指摘に接したことがある。御指摘のとおり、職務は、会議の場における発言によって果たすのが筋であろう。もっとも、恩師が主宰された会議では、対案を持たないままに反対意見を述べてはならないと叱責を受けたことがしばしばであるが、その後の部会長や会長としての経験を踏まえると、自由な立場にあるだけに責任感が乏しくなりがちな研究者に対する戒めであったと、古稀を過ぎて悟ったのは、いささか時機に後れているかも知れない。

（註）中村忠先生（会計学）が、政府の審議会における参加者の振る舞いに対する批判としておっしゃられた言葉である。中村忠『会計学放浪記』（白桃書房、一九九四年）四七頁。

●いとう・まこと＝日本大学・創価大学大学院法務研究科客員教授

民事立法と商事法務研究会

稲葉　威雄
Takeo Inaba

私と商事法務研究会との関わりは、昭和四七年に裁判所から法務省民事局に移ったときからはじまった（もっとも、関係が密接になったのは、昭和五〇年、同局第四課〔現商事課〕長に就任し、会社法の根本改正作業に従事することになってからのことである）。それから現在まで足かけ四〇年以上の付き合いになる。法務省に勤務したのは、昭和六三年までの一六年余であるが、その後、学者・実務家・立案作業担当（経験）者をメンバーにして、当時の会社法（結果的には総則・設立から監査役制度まで）を逐条的に検討する研究会が、商事法務研究会に設けられ、私はその進行役を務めた（その記録は、別冊商事法務にとりまとめられ、特に取締役等に関する部分は、平成七年発刊の「月刊 取締役の法務」に分載された）。記録に残らない研究会後の懇親会のほうが、本題から離れた内容を含んだ本音の話が聞けて楽しかった記憶がある。

商事法務研究会の創立は、昭和三〇年であり（法務省所管の公益社団法人になったのはその翌年）、当初は、会社（組織法）法務を主要なテーマとする機関誌の旬刊商事法務研究だけを刊行しており、それ以外の民事法分野を広く対象にするＮＢＬは、昭和四六年に発刊された。商事法務研究会の創設者は、鈴木光夫さんであり、当時まだお元気であったが、私にとっては、商事法務研究会との主な接点は、当時旬刊誌の編集長であった相澤幸雄さん（後に専務理事）であった（前記の研究会の開催も、同氏の肝いり）。

私には、松澤さんは、ＮＢＬの編集長という印象が強い（法務省の官房審議官在任中、借地・借家法の改正を一時担当したことがあり、昭和六二年ころ「借地・借家法改正の方向」という論稿を一五回にわたりＮＢＬ

に連載し、その際、大変お世話になった）。

私は、昭和五〇年から昭和六〇年に民事局担当の官房審議官になって民事立法全般を総括するまで、第四課（現商事課）長、参事官として、主に商事立法に関与してきた。上述の根本改正の作業は、前半だけを立法することにされ、これが昭和五六年改正として結実した。

第四課長になるまでの三年余のうち、当初の二年は、参事官室で強制執行法改正（後の民事執行法の制定）と船主責任制限法の制定作業を担当しており、これは、難航した昭和四九年商法改正作業の時期と重なるが、これとは殆ど没交渉であった。その後の第五課（国籍）・第二課（戸籍）長も、商事法務研究会とは殆ど無縁の仕事であった。

第四課長就任当初、商法担当の参事官は不在であり、前任の第四課長の清水湛さんが、昭和四九年九月から始まった会社法の根本改正作業を担当しておられた。民刑事の基本法の改正は、法制審議会の議を経て行われる（法制審議会の権威は、現在より高かった）。商法改正は、当時は常設されていた商法部会が担当していた。昭和五〇年六月には、まず検討すべき問題点の洗い出しの成果として、「会社法改正に関する問題点」がまとめられ、民事局参事官室の名において、関係各界に対する意見照会に付された。

私は、その段階で商法改正の作業の担当を引き継いだ。最初の仕事は、この照会に対する各界意見の取りまとめ（整理）であったが、併せて当時は、新しい監査役制度等の昭和四九年商法改正（商法特例法の制定等）の定着が図られる時期でもあった。そのための情報の発信も求められていた。ちなみに、今を時めく日本監査役協会の前身は、昭和四四年商事法務研究会に設けられた監査役センターである。

当時の民事立法や商事（企業）法務をめぐる状況は、現在とはまったく異なるものであった。法制審議会部会での審議は、密室で行われ、これが広く開示されることはなかった。その実務を担う実務家も育っていなかった。弁護士が、株主総会その他の会社法務に参画し、これをメシの種にするのは、昭和五六年商法改正以降のことである。その前、総会は総会屋の跳梁する場であり、会社担当者もその対応に追われていた（企業の担当者も勉強はしていたが、理屈だけで対処できる状況でなかった）。

また、関係者間の情報伝達について、インターネット等の電磁的情報による手段は、もちろん利用できなかった。コピーやワープロ等の技術も発達しておらず、大量の情報を正確に多くの人に伝える手段は、ガリ版や手作業での植字による印刷によるほかなかった。その意味で、旬刊商事法務を刊行している商事法務研究会の存在は、極めて貴重なものだった。商事法務研究会は、商法部会での審議の成果としての意見照会を広く知らせ、その意見形成の参考となるべき、商法部会の参加者（学者等）その他の識者が発信する情報を関係者に提供する役割を担っていた。立法に当たって参考とされるべき各界意見は、広く多様な意見・議論を集約したものであることが求められる。民事立法の立案作業を担う法務省民事局にとっては、そのような商事法改正立案のための情報を広く公開し、これに対する反応を収集する場を提供してくれる存在は、商事法務研究会以外にはなかった。

立案作業の過程で集約される問題点、試案等の開示・伝達の窓口として、これに関する論稿のほか、その開催にかかる座談会等の記録も旬刊誌等に掲載してくれていた。当時の予算状況は厳しく、そういう意見交換の場を法務省が直接設けることはできなかった。そのような商事法務研究会が設定する情報交換の場に担当者として出席させてもらい、優れた研究者や実務家との交流ができた。当時の座談会の記録等を見ると、その交流が勉強になり、会社法立法と取り組む能力開発に繋がったという思いがする。

上述の昭和五〇年問題点に対する各界意見の整理が、商法改正に関する私の最初の仕事であったが、その分析と併せて主要経済団体の意見そのものを掲載した旬刊誌の増刊号が発行されている。この分析は、すべての各界意見を要約し、その結論の傾向とその理由を示したものであった。このような情報提供は、会社法改正に関心をもつ者にとっては、有用なものであったと考えられる。このような分析とその公表は、その後の改正作業における改正試案・問題点の公表と意見照会のつど欠かさず行われた。これは、改正作業に関する関係各界の理解を深めるため、大いに役立った（立法実現のための根回しの意味もあった）。

また、商法改正の定着という意味では、旬刊誌による「でんわ相談室」の連載も、忘れられない。会社法務上の質問に対して回答する実務相談は、旬刊誌創刊当時から随時掲載されてきたが、それは多くは民事局所縁の課長・参事官等法曹資格者の執筆によるものであった。かつて味村治第四課長の時代に、旬刊誌に寄せられた質問を編集部がとりまとめ、その回答（執筆者は明らかでない）を同課長が校閲して旬刊誌に掲載する「でんわ相談室」というコーナーがあった。その執筆を民事局四課職員が担当（顕名）することにしたものである（同課長校閲）。当時の編集長の相澤さんの慫慂によったと思う。

いうまでもなく、法務省民事局は、民事立法の事務局を務めてはいるが、その有権解釈を示すような立場にはない。ただ、当時は、法律を十分理解して会社法実務を運用するという実務体制は整備されていなかった。会社法実務に堪能な法律家は育っておらず、民事局職員がその任に当たることに特段の異論は聞かれなかった。この点、現在とは隔世の感がする。ともかく、この企画は、幸い好評を得て（商法改正の定着に寄与した）、後に商事法務研究会から刊行された『実務相談株式会社法』にも収録された。

このように、私が法務省で立法に関与していた当時から、商事法務研究会は、商法を中心とする民事立法の立案作業とその定着に関して、かけがえのない公益実現のための活動をしてくれていた。

●いなば・たけお＝弁護士（鳥飼総合法律事務所）

法務省民事局での立法への関与

揖斐　潔　Kiyoshi Ibi

私は、現在、名古屋高裁で民事裁判に携わっており、法務省民事局に勤務していたのは、昭和六三年から平成一一年までの一一年間である。そのうち、最初の八年間は当時の民事局第三課（現在の第二課）と第一課（現在の総務課）で勤務し、最後の三年間は参事官室で勤務した。法務省を離れて二〇年近く経過しており、記憶がはっきりしない点も多いが、当時のことを少し思い返してみたい。

＊

私が民事局に勤務をするようになった当初は、立法関係の局議には、当該担当者に限らず、局付以上全員参加が当然であった。局議では、局長、審議官、担当者を中心として、まさに多方面から、丁々発止と議論が繰り広げられていた。一つの論点が議論され尽くすと、すぐ次の論点の提示があり、何時果てるともなく、延々と続くのである。それも、何の遠慮もなく、厳しい指摘や疑問が呈され、担当者といえども、途中で立ち往生しかけることも日常茶飯事で中味が非常に濃いものであった。どんな議論がされているのか、まずは議論についていくだけでも大変である。これは大変なところに来たと思った。しかし、こうした局議での徹底した議論が内容の充実度を向上させていったのであり、それと同時に、少しずつ私のような若手局付も鍛えられ、民事局の水に慣れていったのである。

三課在籍時に立法に直接関与したのは、登記事務のコンピュータ化のための不動産登記法の改正等少数のものに限られていたが、三課に着任した当時、上記法案が国会提出されており、いきなり国会対応が求められて大変だった。しかし、法案成立後には、実際に登記事務をコンピュータ化していくため、予算等を確保し、各局にバックアップセンターを開設してコンピュータ化の作業を進める一方、登記所の適正配置をより一層進めるなど、大変な事業が待ち受けており、私もこれらに関与して忙しい毎日を送ることになった。

そうした忙しい毎日を過ごしていた中で、日比谷公園の松本楼で毎年行われていた商事法務研究会主催の忘年会は懐かしい思い出である。この忘年会には、直接立法に関与していない民事局付も含めて局付以上全員にお呼びがかかり、名だたる学者の先生方も参加されていたことから、大変勉強になるとともに、忙しい毎日の中での一服の清涼剤にもなった。この頃、松澤さんと一番話をしたのは、この忘年会の席だった。

その後、参事官室に移ってからは、並行していくつかの研究会に関与した。借地借家、債権譲渡法制、法人制度、電子取引法制、震災法制等と多くの研究会があったが、直接、その後の立法化にも関与したのはわずかだ。中には、研究会はしたものの、報告書を出さなかったものもある。しかし、これらの研究会の多くは、将来の立法化等のための準備であり、その報告書が、その後の法制審議会における議論の前提となっているものも少なくない。そこでは、当該分野における選りすぐりの学者の先生方といろんな論点を様々な角度から議論し、今後のあるべき方向性を見出していくのであり、やり甲斐のある仕事であった。そして、そうした研究会を支えてもらったのが商事法務研究会の方々であり、研究会も商事法務研究会の会議室を利用させてもらっていた。学者の先生方も、研究会によっては、関西等遠方から駆けつけてきていただいた。研究会では、非常にアットホームな感じで議論ができたが、これは、松澤さんをはじめとする商事法務の方々のご配慮の賜である。

民事局での将来の新しい法制度や改善の立案をするという仕事と、研究会等での議論に明け暮れした記憶とともに、松澤さんの思い出がある。

●いび・きよし＝名古屋高等裁判所部総括判事（元法務省民事局参事官）

法のユーザーとしての視点で語る

大塚　眞弘
Masahiro Otsuka

早いもので、松澤さんにお会いしてから三〇年近くが経つ。折々、企業法務や法制度の課題、学会の動向や弁護士のパフォーマンスに至るまで、親しい弁護士の方々も交えて、楽しくよもやま話をさせて頂いてきたが、現場視点、フィールドからの意見の吸い上げ、歯に衣着せぬ「直球」の意見の大切さを、伝えて頂いた。なかでも「法のユーザーとしての視点で語ること」の重要性を、商事法務を長年率いてこられた経験から、教えて頂いたと思う。とかく日常の実務に追われるなか、企業法務としてきちんと意見表明していくことが、法制度の充実のために如何に重要かを強く感じている。

企業法務をめぐっては、平成に入り商法の改正を経て会社法制定以降、企業活動のグローバル化の進展等激動の時代に入り、種々の法改正の必要性が増していた。いわば日本の法制度は、様々の制度疲労に直面していたといえよう。特に、私が二〇一二年三月まで数年間、経営法友会研究部会主査を務めた時期は、独禁法改正、会社法改正、民法改正、消費者法制等々課題が多く、当時経営法友会事務局長の小松さんのご尽力もあり、いくつものワーキンググループや経営法友会から様々な提言を出した。これも、「法のユーザーとしての視点で語ること」が重要という考えが、メンバーにも浸透していたからだと思う。独禁法は、それが顕著な一分野であった。事業再編、M&A等が活発化するなか、企業結合審査基準・手続の見直し等、直近の課題に取り組むとともに、審判制度廃止や適正手続確保を論点として研究会を立ち上げ、様々な提言を行い、今日の法改正や制度充実の流れに至っている。ここでは、研究成果を経団連とも情報共有し、連携しながら、立案者や立法者（永田町）に対する情報伝達や法改正の必要性を訴える活動等を行った。リニエンシー制度が採用され、いわばグローバルに普及した制度が組み込まれた結果、既存の法制度が改正を余儀なくされた分野であろうが、法のユーザーとして、様々な論点を提示し、議論を深めて、法制度の改革に貢献できたと思う。

この時期のプロジェクト中で、とりわけ難しかったものに、債権関係の民法改正があった。二〇〇九年三月末に、研究者グループを中心とした民法（債権法）改正検討委員会により「債権法改正の基本方針」が公表され、二〇〇九年一一月から法制審議会民法（債権関係）部会で議論が進むこととなった。経営法友会でも二〇〇九年末に債権法改正研究会を立ち上げ、延べ一〇〇名程度の会員が参加し検討が始まった。しかし、当時実務界は、この立案の動きを相当冷めた眼で見ていた。「なぜ今改正が必要なのか」、「現行の規制で十分ではないか」、「一方的な規制強化ではないか」、「実務の声が聞かれていない」など、評価は惨憺たるものであった。そのような、立案者をはじめとする立案推進者と「法のユーザー」である企業法務との認識のギャップは大きく、このような状況を、松澤さんも強く懸念されていた。全貌を詳しくは承知していないが、松澤さんはこのギャップを埋めるべく、地道な意見交換の場を設定するなど、様々な形でご尽力されたと思う。私も、松澤さんを介して、立案関係者の方々と意見交換をさせて頂く機会があったが、企業法務の認識、懸念等率直にお話することができた。その際立案の必要性につき、「なぜ企業の理解が進まないのか」という疑問に対して、「法改正のメリットが認識されていないのではないか」というお答えをしたが、実は、私自身もこの時この問いへの十分な答えは用意できていなかった。判例の積み重ねは十分とは言えないまでも一定の規範を形成しており、当時の企業法務の意見には無理からぬものがあると感じる一方、成立後一〇〇年以上経過した民法の制度疲労は確かに極限に来ており、諸外国、特に欧州で民事法制が刷新される中、日本だけがこのままでいいのか、という感覚は払しょくできなかった。その後、立案の議論過程で、実務制度のヒアリングや企業実務からの意見聴取も進み、「民法の一ユーザー」である企業サイドでも、法改正への理解が進んでいった。経営法友会は、その後も基本的な考え方を「提言」として公表、二〇一一年五月には「中間論点整理」へのパブリックコメントを提出、さらに、二〇一三年六月に「民法（債権関係）の改正に関する中間試案」に対する意見を公表し、今日の改正案に至っている。このような形で本音を引き出し、次のステップにつなげる活動がなければ、ギャップは容易には埋まらなかったことを思うと、まさにこの辺りは、松澤さんの舞台回しの真骨頂ではあるまいかと思う。

＊

今後も、民法改正が、債権関係のみにとどまらず、日本の法制度の発展のために継続されることを期待する。そして、事業環境が大きく変化しグローバル競争も激化するなか、今後様々な分野での法改正が進展すると考えるが、企業法務も松澤さんから学んだ「法のユーザーとしての視点で語る」ことの意義と責任を自覚して、発展的、建設的な議論の推進に貢献することを祈念し、松澤さんへの感謝の言葉としたい。

●おおつか・まさひろ＝日立金属株式会社 経営企画本部長

大立法時代と編集長

小川　秀樹
Hideki Ogawa

私が法務省民事局に着任したのは、平成二年の夏だった。配属先は参事官室だったが、それまでは、法務省民事局という存在も、改正法の解説等を通じて知る程度であり、裁判官になって六年目で、裁判所しか知らなかった私にとっては、参事官室で見聞きするものすべてが新鮮であった。

法務省民事局において民事立法を担当する参事官室は、平成二年当時は、官房参事官一名、参事官三名のほか、局付は八月から増員となった私たち二名を含めても六名、事務官及び事務補佐員も三名程度という小さな所帯であった。それぞれ担当する法律、テーマごとに参事官と局付一名ないし三名程度がグループを構成しており、私の担当は、平成二年八月から検討が開始された民事訴訟法の全面見直しであった。当時は、法制審議会でじっくりと時間をかけて調査審議を行い、満を持す形で法案を提出しており、その結果として、法務省民事局が国会に提出する法案も、一年に一本程度という状況であった。

当時の参事官室には、ときおり見知らぬ人たちが現れた。私がそれまで勤務していた裁判所では、裁判官室に知らない人たちが断りもなく入ってくるということは通常考えられず、ふらっと現れては、参事官や局付と雑談を交わして、またどこへともなく立ち去っていく人たちの存在自体に、当初は大いに戸惑った。しばらくして、その人たちの「正体」が法律雑誌等の出版社関係の人たちであることを教えてもらった。松澤さんも、その中の一人だったが、常ににこやかに話をしていて、参事官室の主のような自然な様子が印象的だった。その後、その人が松澤さんというお名前で、ＮＢＬという法律雑誌の編集長であるということを知るようになって、松澤さんにも私の方から「編集長」と声をかけるようになった。

＊

民事訴訟法の改正作業は、検討開始から五年という期限（納期）を区切って基本法典を全面的に見直すという意味で、法務省民事局にとって（ということはわが国においても）初の試みであるとともに、後の大立法時代の先駆けともいうべき作業であったが、検討事項は多岐にわたり、その作業量は膨大なものだった。しかし、当時の参事官室は、事務的な面では必ずしもマンパワーが十分ではなかったことも事実であり、そのことを理解してくれていた松澤さんは、民事訴訟法の改正作業を側面から支えてくれることになる。当時は、ホームページ掲載のような公表手段はなかったので、検討の成果を公表して、各界に意見照会するに当たっても、印刷物を作って配布するか、NBLのような雑誌に掲載してもらうしか手段がなく、法制審議会民事訴訟法部会での検討の成果である「民事訴訟手続の見直しに関する検討事項」と「民事訴訟手続の見直しに関する改正要綱試案」の製本や公表についても、松澤さんに大いに助けてもらうことになった。また、松澤さんは、民事訴訟法改正の論点の一つだった国際民事訴訟について、この分野の専門家である研究者や実務家による研究会の場を設けて検討をサポートしてくれた。この研究会で取り扱われた国際民事訴訟のテーマは、新しい民事訴訟法の中で必ずしも成果が上がったといえるものではなかったが、最終的には、平成二三年の国際裁判管轄法制に関する民事訴訟法の改正に結実することになる。

新しい民事訴訟法が平成八年に成立した後も、私は、引き続き参事官室の局付として民法（財産法）を担当することになった。当時財産法の検討テーマとしては、債権譲渡法制、法人制度、借地借家制度（定期借家）、震災立法、電子取引法制等、喫緊の課題が山積しており、これらを参事官一名と局付三名で担当していた（既に局付については一定の増員が図られていた）。これらのテーマの主要な検討の場は、研究者や実務家で構成される研究会であり、その立上げ、運営、そしてとりまとめの公表についても、松澤さんのアイデアや協力は不可欠といえるものであった。こうして松澤さんが関わった研究会は、財産法関係だけでなく、幅広い分野にわたっており、これらのうちには、債権譲渡特例法のように、その後の立法に直ちにつながったものもあったが、必ずしも短期間で成果に結びつくというものばかりではなかった。しかし、松澤さんは、そのことを気にするような素振りを見せることもなく、むしろ、研究会の運営自体が楽しいかのように、次から次へと研究会の事務方を務めてくれた。立法課題について、まずは研究会で論点を整理してから、法制審議会での調査審議につなげるという手法は、この頃から確立したように思われるが、その後の民事立法でも大いに活用されることになった。

この間、民事基本法の見直しに対する各方面からの期待はますます強くなり、参事官室も、人員の大幅増により体制が強化されて、大きな組織になっていった。司法制度改革の時期とも重なり、時はまさしく「大立法時代」ともいうべき状況であり、法務省民事局としても、様々な立法課題について法制審議会の各部会で調査審議を同時並行的に進め、毎国会、複数の法案を提出するようになった。

民事手続法の分野でも、新しい民事訴訟法が成立した後の次の改正課題は、平成八年の時点で、当時の経済情勢等を反映して倒産法制の全面的見直しとすることとされており、私も、平成一三年から、参事官として破産法の改正を担当することになった。ここでも、松澤さんは、倒産法改正の中でも難しいテーマとされた倒産実体法の改正について、研究者や実務家とともに具体的な改正提案を検討する研究会の事務方を務めてくれるなどして改正作業を積極的にサポートしてくれた。また、松澤さんには、法制審議会の分科会や部会が終了した後、引き続き委員や幹事の意見を聴く非公式の勉強会の機会等も作ってもらった。倒産実体法の改正を含む破産法の改正作業は、ときには難航することもあったが、これらの研究会等が検討作業を円滑に進めるうえで大きな役割を果たしたことはいうまでもない。松澤さんは、既に編集長の立場ではなかったが、私にとっては、依然としてかつての頼りになる「編集長」であった。

このような大立法時代を経て、参事官室も、かつて私が着任した頃とは大きく変わったが、この間、倒産法改正、会社法改正等を始めとして、様々な立法課題に対応し、相応の成果をあげることができたのではないかと思う。松澤さんは、まさにこの「大立法時代」を裏方の立場で一貫して支えてくれたと言っても過言ではない。

＊

参事官室で松澤さんに初めてお目にかかってから二五年以上が過ぎ、民事局長として、民事立法の立案の責任者の立場に就くことになった。あらためて、社会の多様なニーズに応えて民事立法に適切に対処していくことの重要性を痛感するとともに、これまで長年にわたって民事立法のために尽力していただいた松澤さんの多大な功績に対して心から謝意を表する次第である。

●おがわ・ひでき＝法務省民事局長

法律の立案に関与して

金子　修
Osamu Kaneko

法務省民事局参事官として、民事基本法制に関するいくつかの法律の立案作業に直接関わり、また、民事法制管理官、大臣官房審議官（民事局担当）として、立案作業を統括する立場に身を置いた経験から、感じていることについて駄文を寄せることで、松澤三男様のこの分野における貢献への感謝の証としたい。

1　不安と畏れ

民事基本法は、多くの法律の基礎を形成するものである。すでに、その上に構造物が縦横無尽に作られているため、基礎に手を付けることはその上の構造物を破壊しかねないリスクの高い作業でもある。しかも、その上の構造物すべてについて、立案担当者が始めから通暁しているわけではない。また、手直しをしようとする基礎自体が、過去の基礎の上に作られたものであることもあるし、他の同種の基礎構造部分に他の国では新しい技術が導入されているのなら、それも参考にしなければならない。さらには、古いものでも、使えるものは残して使うことで、連続性が保持される。変えなくてよい部分は変えないという限界の中での工夫が必要になる。また、パーツそのものは他の基礎やその上の構造物と共通の規格品を使うことが望ましい。パーツそのものに独自性を出して、他の者が将来修理に困難を感じるような規格外のお化け屋敷を作ってしまうことの弊害はは かり知れない。既存の汎用性のあるパーツを用いつつ、その組合せを工夫することにより新たなコンセプトを表現していく努力が求められる。もちろん、そんなパーツは今では使われていないほどに古いということであれば、新たなパーツを使うことになるが、その場合には、その新たなパーツに、将来規格品になるだけの安定性が見込まれることが重要である。もちろん、できあがった姿は周囲ときちんと調和している必要がある。

しかし、このような要求に応えるべく限られた能力と人数の立案担当者がいくら努力したところで、これで大丈夫かという、不安や畏れは常にまとわりついてくる。それでも何とかやれているのは、それが数多くの有識者の知見の結集による共同作業であり、法務省民事局参事官室はその共同作業の現場担当者であるという認識である。

2　受け入れられてこそ

法制度の見直しや構築は、理論的な作業に止まらない。プロセスの重要性を否定するものではないが、法律案の作成は、それが法律として成立して社会に受け入れられて初めて完成する。完成しなくても、ここまでよくやったなどという満足の仕方は我々にはないのである。したがって、法律案は、それが、内閣から提出することが可能なものであり、かつ、国会審議に耐えるものでなければならない。内閣から法案を提出するための閣議にかけるには、内閣法制局と与党内の了承があって初めて可能になるし、また、国会審議を考えれば、大方の野党にも受け入れられるという見通しがあるものであることが望ましい。そのような内容の法案作成が我々に求められている。

ところで、法制審議会における合意形成の結果である要綱の内容と法案に齟齬があってよいかどうかということについては、法制審議会の位置づけに絡んで、いくつかの考え方がありうるが、現在は、法制審議会の結論は基本的に法案にそのまま反映されるべきであるという考え方が主流である。そうすると、逆に言えば、要綱の内容は、内閣法制局や与党の合意が得られ、国会での審議に耐えられるという見通しが得られるようなものであるべきというのが論理的な帰結である。それぞれ異なる立場を最大限尊重することを旨としつつ、それぞれと直接のパイプをもつ民事局参事官室が調整して成案を得ていく作業こそ、我々の仕事の醍醐味でもある。

3　規律を作成するレベル観

現場担当者は、試作品をいくつも作る。試作品として端からボツというものもあるが、いずれでも許容範囲というものができることは少なからずある。このようなことは、いろいろな場面で生じうるが、たとえば、①基本法において規律するか、より対象範囲を絞った特別法に委ねるか、②法律に明示するか、解釈運用に委ねるか（解釈運用に委ねる場合には、各業界におけるガイドライン等に期待することを含む）、③時代をリードするような立法を考えるか社会的により必要性が顕著になるのを待ってその限度で明文化するかなどについての基本的なスタンスの違いによって幅が生じうる。もう少し、細かいレベルでは、ある法律の立案をしようとしてすでに存在する法律の規律を参考にする場合には、大きな括りのなかでは両者は同じ事情にあるとみて同じ規律を採用すべきということになるが、よりミクロな視点では両者は事情が異なっているから違う規律を採用すべきということもある。二つのアプローチは矛盾しているのではなく、どのレベルで抽象化して規律を考えるかという問題である。

このようないくつかの選択肢に遭遇したときに決め手となるのは、理屈のみではない。規律の重要性や、表現としてのわかりやすさ、先例の有無、他の法律への影響等当該規定に関わるもののほか、全体の条文数、他の条文の詳細さとのバランス、納期等法案全体に関わることとの総合考慮の結果であることも多い。また、決定に関与する者の上記に関するスタンスが影響することもあり、別の者が担当すれば別の結果になっただろうということがありうる。

4 立案過程の理解に向けて

法律の立案作業は、国民にきわめて大きな影響を与えるものであるにもかかわらず、その仕組みや作業工程について必ずしも十分に理解されていないことを痛感している。法律成立後は解釈論を展開する研究者の先生方、関係機関として関与することのある他の省庁、法案の審査をする国会議員、法律を実際に運用する司法関係者にも情報が及んでいない。法制審議会における調査審議は、まさに、立案作業の過程において、表舞台で行われる重要な作業であるが、それさえ、あらかじめ結論が決まっていることをオーソライズするための手続だろうといった誤った理解がされることが多い。それが、誤りであることは、公開されている議事録を子細に読んでいただければ明らかであり、できるだけ多くの方々に実践していただきたいのであるが、それも困難という方のために、最近は、法制審議会における審議状況のダイジェスト版を事務当局の一員が雑誌等に掲載するようになってきている。これも理解の一助となればという思いからである。

また、民事基本法制の法律の立案というダイナミックな営みには、舞台裏の作業がきわめて重要であることは、2で記載した内容からもご理解いただけると思う。民事局参事官室に身を置いてみなければ実感することはできない部分もあり、参事官室としても、弁護士や研究者の方々が参事官室の一員として参画していただける機会を増やしていきたいと考えている。また、この部分は、オフレコが前提であったり、曰く言い難いところがあったりする。それでも、一定の制約の中で、もう少し発信してもよいようにも思う。この寄稿も、そのためのささやかな試みとしてご理解いただければ幸いである。

●かねこ・おさむ＝法務省大臣官房審議官（民事局担当）

消費者法の舞台裏

川口　康裕
Yasuhiro Kawaguchi

平成三年に経済企画庁消費者行政第一課の課長補佐となり、製造物責任法の成立を見届けて以来、調査官として、消費者契約法、内閣参事官として、消費者庁及び消費者委員会設置法、消費者安全法、審議官として、消費者の財産的被害の集団的な回復のための民事の裁判手続の特例に関する法律と五本の新法の策定に携わった。また、法改正としては、局の総務課長として、ADRを導入した独立行政法人国民生活センター法、内閣参事官として、消費者庁及び消費者委員会設置法の施行に伴う関係法律の整備に関する法律、消費者庁審議官として、消費者事故調及び消費生活相談員資格制度の導入をした消費者安全法（二一四年及び二一六年）、同次長として、課徴金を導入した景品表示法、消費者契約法、特定商取引法の七本の改正法案を担当した。いずれも成立を見届けることができた。

法律の成立過程は、その一つひとつに個性があり、事前の想定を越えたドラマが発生し、記憶に残る。それが、個々の法律の内容による特有の事情である場合もあれば、どのようなポストで、その法律にかかわったかの違いを反映している場合もある。本書には、製造物責任法について、三年間かかわって成立を見届けた私でも知らなかったエピソードが記されている。法律の制定過程は、大変長いプロセスであり、数多くの様々な立場の人が尽力をし、成立を迎える。そのかかわり方によって違う景色が見え、それが記憶に残る。

私が、製造物責任法制定経緯について書いたもの（註一）を、通産省でとりまとめに苦労された塩野宏先生にご一読いただいたことがある。「これは経済企画庁からみた制定経緯ですね」と少し残念そうにおっしゃられた。

私の経験では、法律が成立するまでには、七つの重要なハードルがある。このハードルをすべて越えてはじめて法律は成立する。法律ごとに、このいくつかで重要なドラマが発生したが、対応に誤りがあれば、法律は成立していない。

1 審議会、研究会

審議会の会長や研究会の座長には、学界の最高権威とされる方にお願いすることが多い。製造物責任法をまさに議論していたとき、国民生活審議会会長は、加藤一郎成城学園学園長、法制審議会民法部会財産法小委員長は星野英一教授、通産省総合製品安全部会長は、塩野宏教授であった。いずれも大先生であり、会長や座長とお話するのは、課長補佐の仕事ではなく、ましてや他省庁の審議会をまとめる先生との直接の接触はタブーであった。

こうした構造を熟知したうえで、こうした大先生と直接話をし、また、他省庁の局長、課長、参事官等とも直接話したうえで、一介の課長補佐であった私のところに寄って雑談のように重要な話をさらりとお伝えいただいたのが松澤さんである。節目、節目の貴重な一言が、経企、通産、法務三省庁のその後の強固な連携の基礎となっていった。

松澤さんは、また、様々な検討会を立ち上げる際に、どの先生に座長や委員をお願いするのがよいのか考え、実際にその先生にお引き受けいただくということにかけて、並外れた才能をお持ちだった。

消費者契約法案が、ほぼ民事実体法のみに収斂しつつあるときに、消費者団体や日弁連に強い希望があった団体訴権による差止めについての検討に着手したことが[註二]、消費者契約法の成立（平成一二年）に向けた環境を作り、六年後の改正（適格消費者団体の導入）、ひいては、一三年後の消費者裁判手続特例法の制定につながっていった。

2　団体調整

審議会に出席している委員は、自らの団体の意見を述べるだけでなく、業界や会員を説得し、答申の内容をまわりに納得させる役割を担う。審議会の事務局は、これが円滑にいくように協力する。

また、委員を出していない業界や団体についても審議会と並行して、その資料を説明しつつ、意見をうかがう会合を頻繁に開催する。消費者法では説明すべき業界は限りなく多い。もれがあれば、後のプロセスで表面化し、大きな問題となる。私自身が課長補佐、調査官であったころは、丸一日業界団体の説明会をしているような日々が何ヶ月も続いた。法案作りは、営業と似ている。

消費者団体等には、不十分であっても前進であると理解していただくことがその後の推進力を得るために不可欠である。

業界団体や業界の会長を出すような発言力の強い事業者等の場合は、担当の部課長が理解してくれたとしても、社内トップの理解が十分でない場合、後のプロセスで問題が表面化することがある。

3　内閣法制局の予備審査

内閣法制局は、閣議に附される法律案の審査を主たる任務とする内閣の補佐機関である。その権限が正式に発動される場は、閣議請議をして閣議が開催されるまでの間である。予備審査は、それが無修正了承となるための必要条件である。

若手の行政官の主戦場は、この予備審査における参事官の読会である。法案の正式な審査を受ける一年以上前から、法律の趣旨・目的、立法の必要性、関連法規との関係の整理、法律事項の有無と適否等について子細に説明し、検討する。

一般に、新たな法律を作成することについて、法制局は常に慎重かつ抑制的であり、提出省庁は、法制局との議論をしながら法案の骨格を固めていく。

私が、製造物責任法の審査を受けた山本庸幸参事官は、「法律は一つである。新法といえどもその一つの法律に小さな傷をつけるに過ぎない」とおっしゃられた。私は、法律を作ることの高いハードルを学ぶとともに、いったん法律になったものは、先例として以後の立法に重たい意味を持つことを理解した。平成一二年に公布された消費者契約法における「消費者」概念は、以後、法の適用に関する通則法、民事訴訟法、消費者裁判手続特例法、消費者安全法等に基本的に踏襲され、しっかりと「Ｔｈｅ日本法」の中に定着していった。

4　各省庁調整

法律案の内容について所管する省庁の了解を求めるのが、各省庁調整である。消費者法では、法律の対象となる業（または、商品・役務）を所管する省庁に協議を行う。製造物責任法においては、国民生活審議会で方向を出しつつ、各省庁の審議会等でも検討していただいたうえで、国民生活審議会がそれをとりまとめる形ですべての製造物（製造または加工された動産）について欠陥を要件とする責任原因を定めた。

5　与党審査

提出する法案は、与党の事前審査を受け、了承を得ることが、閣議決定の前提である。懸念点に対し、政省令やガイドラインでの対応、逐条解説書等での明確化でも納得が得られない場合は、条文の修正になる。「国会は国権の最高機関であつて、国の唯一の立法機関である」との原点に立ち返って所要の修正を行う。

審議会等の開催中から与党にも節目、節目で説明を行う。政府の検討と並行して、あるいは、政府の審議会等で一定の結論を得た後に、党に何らかの「検討の場」ができることもある。

与党の検討の場において、関係者のヒアリングを行う場合もあり、ヒアリングを行わない場合でも、関係者から与党に積極的な働きかけがある。審議会等の段階で、十分な調整がなされていないと、この段階で問題が表面化する。当該省庁においては、周知のことでも、消費者庁のような省庁では、その事情がわからないこともあり、早い時期から関係省庁の理解と協力を得ておく必要がある。関係省庁との調整が未了の段階で、与党の検討がはじまると、政府内の未調整の論点がそのまま与党に持ち越されることになる。

与党審査を終えれば、主任の大臣から直近の閣議を求め、法案の閣議決定を行い、即日、国会に提出するのが通例である。与党審査が終わっているのに、内閣総辞職が決まるなど国会提出が危うくなるようなとき（製造物責任法案、消費者庁設置法案）、それを収拾するのは、局長クラスの役目である。それぞれ坂本導聰国民生活局長、松山健士消費者行政一元化準備室長の活躍により、内閣は代わっても法案は無事国会に提出された。

6　国会審議日程

国会での審議日程は、通常与野党の合意を経て決められる。野党第一党の発言力が強いが、少数政党の意見も最大限反映される。野党が賛成しないものは、なかなか審議が始まらない。本会議における趣旨説明要求のまま、本会議の日程が決められないと、委員会の質疑が行われない「吊るし」という状態になる。与党の優先順位が低く、あるいは、野党の反対が強いものは、与党の審査を経て国会に提出されても審議されずに、閉会中審査（継続審議）となるか、廃案となる。

与野党が入れ替わる大政局（製造物責任法の場合）、臨時国会であって国会日程が短いうえに解散が確実になって審議時間が十分確保できない（二〇〇六年の景品表示法の場合）などの場合には、まさに日程の確保が法案の死命を決める。

消費者庁設置法案については、二〇年九月末関連三法案を国会に提出したが、臨時国会においては審議されず、継続審議となった。当時参議院では野党が多数を占め、いわゆるねじれ国会であり、民主党は、人事院と同様「内閣の所轄の下に置く」機関として、消費者権利院を置く対案を提出していた。審議されず、廃案の可能性も言及される中、消費者行政一元化準備室の福富光彦審議官が毎日のように日参した甲斐あって、二一年三月一八日、通常国会に提出された法案のトップバッターとして審議が開始された。

7　委員会審議

消費者庁設置法案においては、総理を含め、一〇人以上の大臣が答弁し、衆参併せて八八時間を超える審議、与野党の修正協議を経て、消費者庁の八条機関とするものとしていた消費者政策委員会を消費者庁の外、すなわち内閣府本府に置く消費者委員会として、より積極的な権限を持たせることになった。

製造物責任法案の審議においては、多くの質問を法務省民事局升田純参事官にご答弁いただいた。消費者裁判手続特例法は、民事訴訟法の特例であり、最高裁規則も多数定めることになっていた。質問者にずらりと弁護士が並び訴訟実務を踏まえたたくさんの質問をいただく中で、法務省への質問はなく、消費者庁審議官として私が政府参考人として答弁を行った。

消費者法においては、野党が法案の不十分さを指摘し、それを将来の検討課題として整理して全会一致の附帯決議となることが通例である。それが、次の検討のきっかけとなって、法律が充実してきた。

＊

こうした「消費者法の舞台裏」が、「日本法の舞台裏」と比べて、どのような特性があるのか。個別の法案の策定に係る多くの貴重な寄稿からなる本書全体を資料とした今後の研究に期待したい。

（註一）拙稿「製造物責任法の立法過程」東京経大学会誌（経済学）二四九号一一～二五頁（二〇〇六年三月）

（註二）後日、総合研究開発機構＝高橋宏志共編『差止請求権の基本構造』（商事法務研究会、二〇〇一年）として刊行。

※本稿は、個人的見解である。

●かわぐち・やすひろ＝消費者庁次長

蜻蛉の目

菊地　伸　Shin Kikuchi

「蜻蛉の目」は、二万個の個眼から構成され、視覚の射程は二二〇度の広角でありながら、図形認識も正確である。この二つの複眼に加え、わずかな光の変化を迅速に脳に伝える三つの単眼も併せ持つ。

＊

「日本法の舞台裏」が、両議院の各委員会、本会議における審議・採決という表舞台を支える裏舞台という意味であれば、そこには所管官庁、内閣官房、法制局、衆参両議院法制局、調査室等、立法を支える政府および立法府の事務方がひしめき、表舞台に立つ国会議員も党政務調査会や各部会、国対などの立場で重要な役割を担う（集団安全法制等政治主導の立法においてはとりわけその役割が大きい）。学者は各種審議会で委員、幹事等を務め、立案に向けた重責を担う。立法過程への働きかけの主体、受け手となる各種団体も、立法過程において重要な影響を持つ舞台裏の重要なプレイヤーである。

法令を所管する部署に配属された官僚であれば、こうした立法過程を遅かれ早かれ経験する。各種諮問会議や審議会の事務局として立法の骨格をまとめ、各種団体との調整を行い、与党部会や政調会への説明を行い、法案を起案して、官房の法令担当の審査を受け、内閣法制局通いをし、要となる議員への説明のため議員会館の廊下を飛び回る。わずかな法案ミスによって官房長以下が国会をお詫び行脚する様子を見聞し、その重責を実感する。

昔の同僚（官邸の事務方、府省の官房長、総理大臣補佐官等）から話を聞くと、右のような若手官僚から見えた立法過程の風景は、立場が変われば大きく異なってくるのだと実感する。とともに、増加した「カコカンリョウ」（元官僚議員）や法曹関係議員、（その影響を受けた）政府内、与野党内での法制執務的議論の浸透（与野党協議による議案修正も当たり前になった）、議員立法の増加（先の参議院議員定数是正の公職選挙法改正も議員立法であった）等、大きな変化に驚く。立法の舞台裏は、数十年前と比較し（とりわけ政権交代を経て）、報道等を通じ国民の目に触れる機会が多くなっているように思うが、その全体像を摑むことは容易ならざることなのだと思う。

＊

右のように舞台裏を広く解するのであれば、弁護士も在野にあって舞台裏の一隅を占める。日本弁護士連合会は、古くから、立法過程に団体として意見を提出し、また、各種政府審議会等に委員を推薦し、その活動をサポートしてきた。それぞれの資格においても各府省庁設置の諮問委員会、審議会、研究会の委員を務め、また、府省庁から立法調査としての調査委託を受ける。各種団体が政府審議会等へ派遣する委員のサポートを行ったり、各種団体が所管官庁に立法の働きかけをするに当たっての提言内容のとりまとめを行う。近年は、米国の弁護士が行うロビイングに類似した活動も散見される。法令の専門性・技術性の高まりと弁護士人口増加に伴う弁護士の専門化の進展、行政訴訟事件における敗訴事案の増加も影響しているように思われるが、近年は、弁護士が立法過程において一定の役割を果たす機会（任期付公務員として立法に携わる弁護士も含め）が大きく増加しているように思われる。ちなみに、新法や改正法についていち早く解説書を書くのも最近の弁護士のならいとなっている。立法の舞台裏のさらに周縁のことではあるが。

＊

松澤さんは、長い間、広いフィールドの立法の舞台裏を活動の場としてきた人である。民商法を中心に旬刊商事法務、ＮＢＬが扱っている法域を想い出すだけでもそのフィールドは相当に広い。

初めてお会いしたのは、三〇年近く前の弁護士になりたての頃。松澤さんが事務所の先輩の古曳正夫弁護士とにこやかに法律関係者の消息を話していたことを思い出す。その後、そうした機会を重ねるたびに、学者、役人、法曹三者などの法律関係者（OB、そのご家族も含め）をよくご存知だと感心すると共に、時に批判的であっても人の話に付きものの揶揄や悪口がまったく含まれないことに、編集者としての節度といったものにとどまらない松澤さんの人柄を知るところとなった。

一二、三年経った頃、パーティの席上で、松澤さんと談笑中の引退していた古曳先生に挨拶に行ったときのことを思い出す。開口一番、古曳先生から「ちゃんとがんばってるか?」と声をかけられ（頼りない後輩が心配だったのだろう）、答えに詰まると、松澤さんがすかさず、「ええ、彼はがんばっていますよ。いろいろなところで活躍しています」と助け船を出してくれた。自分にまで目配りしてくれていたのだとうれしく思うと同時に、それでは松澤さんが目配りする舞台裏の人の数（人的ネットワーク）はどれだけ膨大であるか、それを通じてこれまで蓄積されたデータはどれだけのものかと、改めて思ったものである。

＊

松澤さんと聞くとき、立法の舞台裏をすいすい飛ぶ蜻蛉の姿を思い浮かべる——こう言えば叙情的に過ぎようか。しかし、公益社団法人商事法務研究会の人たちは、立法過程について実に詳しい情報を把握している。口頭弁論が開かれ違憲判決が出る可能性が国会での審議の優先順位に与える影響等、様々な情報、分析をずいぶん早い段階で親切に教えてくれる。様々な先生がその問題についてどういう感想を述べたかなど、貴重な話も多い。そうしたとき、松澤さんやその名うての仲間が築き上げた立法の舞台裏の人的ネットワークと蓄積されたデータのなせる技だと思うと共に、これを築き上げるには、人間に対する飽くことのない好奇心と批評精神、そして蜻蛉の目のような特別な目配せが必要なのだと思い至るのである。

●きくち・しん＝弁護士（森・濱田松本法律事務所）

八丁堀での勉強会

菊池　洋一
Yoichi Kikuchi

民事基本法やその改正のための法律案は、法務大臣の諮問機関である法制審議会の審議を経たうえでの答申を得て策定されるのが通例である。しかし、案件によっては、いきなり法制審議会の関係部会で検討を始めるのでは直ちに充実した議論を開始することが困難ではないかと懸念されることもあり、また、法制審議会の関係部会で議論を始める前に事務担当者が案件を十分に理解するための事前の勉強が必要であると感じられる案件もある。

＊

昭和年代末に法務省民事局で事務担当者の一人として民事基本法案の策定の仕事に携わっていたが、事前の勉強が必要なときは、商事法務研究会にお願いして、研究会（勉強会）を作り、この研究会で案件に精通した方々から教えを受けていた。当時、商事法務研究会は八丁堀に事務所があったので、研究会に参加するため、勤務時間が終わってから何度も八丁堀の事務所にお伺いした。

例えば、ヘーグ国際私法会議（国際私法に関する規則の統一を目的としている）で「信託の準拠法及び承認に関する条約」の作成が取り上げられたことがあったが、その際には、信託の実質法の理解も十分でなかったこともあり、商事法務研究会にお願いして、研究会を作ってもらった。この研究会には、当時の池原季雄法制審議会国際私法部会長（東京大学名誉教授）のほか、信託法学者と信託業界からも信託に詳しい方々に御参加いただき、信託の理論、実務の両面から検討をお願いした。研究会のメンバーの人選は、確か、松澤三男専務理事にご尽力いただいたと記憶している。松澤さんは、研究会にも毎回参加されていた。この研究会での議論・検討の成果に基づき、法制審議会国際私法部会は、ヘーグ国際私法会議に臨む方針を定め、最終的には、法務省と外務省とが協議のうえ、ヘーグ国際私法会議における我が国の対処方針が決定された。そして、池原先生が我が国の代表としてヘーグで昭和五九年一〇月に開催されたヘーグ国際私法会議第一五会期に出席され、この会議において、「信託の準拠法及び承認に関する条約」が作成された。わが国はこの条約を締結していないが、私も随員として池原先生と御一緒にこの会議に出席し、その機会に池原先生から国際私法について多くのことを教えていただいたことが今でも良い思い出となっている。

別の例では、国際連合の国際商取引法委員会（ＵＮＣＩＴＲＡＬ：国際商取引法の調和及び統一を目的としている）が昭和五三年に作成した「国際物品売買条約に関する国際連合条約案」に基づき、昭和五五年四月にウィーンで開催された外交会議において、「国際物品売買条約に関する国際連合条約」が採択されたが、この条約は、貿易のうち国際間の物品売買契約の私法的側面を規律する国際的な規範であり、いくつかの貿易主要国が締結して発効していたため、早晩わが国も締結する必要があった。しかし、この条約は、条数が一〇一箇条に及ぶ大部なものであり、内容も随所に英米法の考え方が色濃く反映されていると思われたため、締結のためには研究会での検討が必要であった。この研究会作りも商事法務研究会にお願いした。この研究会には、内田貴東京大学教授（当時）、曽野和明北海道大学教授（当時。元ＵＮＣＩＴＲＡＬ事務局長）、実業界の方々にご参加いただき、まずは、一つ一つの条文の意味や趣旨の正確な理解と適切な訳文作りの議論を繰り返した。この研究会についても、松澤さんのご尽力があったことは、ヘーグ国際私法会議のための研究会のときと同様であった。その後、わが国は、この条約を締結し、平成二一年八月一日、「国際物品売買条約に関する国際連合条約（平成二〇年条約第八号）」としてわが国について効力を生じた。研究会での議論が日の目を見た思いである。

この条約やその背後にある売買契約についての法的思考は、債権法の改正にも影響を及ぼしているのではないかと思われる。

なお、UNCITRALは、昭和六〇年に「国際商事仲裁に関するモデル法」を作成したが（手続法の分野であるから、条約により国際的にルールを統一するよりも、各国が国内法を制定・改正する際の参考とすべきモデル法とすることが適切であるとされた）、我が国の仲裁法（平成一五年法律第一三八号）は、このモデル法も参考にしている。

＊

紹介した例は、どちらかというと地味な分野かもしれないが、松澤さんを初め商事法務研究会の皆さんは、他の数多くの分野でも法の進化発展に貢献されており、そのご尽力に感謝している。

●きくち・よういち＝東京高等裁判所部総括判事

舞台裏の主

後藤　敬三
Keizo Goto

『会社法と商事法務』（商事法務、二〇〇八年）という本が、しばらく前から、私の手元にあります。知る人ぞ知るという類の本ではないかと思っています。この存在を初めて知ったとき、以前から御知遇を頂いていた松澤さんの還暦を記念する論文集であるとわかり、松澤さんの奥深さに改めて触れる思いをしました。本稿を書くにあたって改めて出版の由来等を読み返しましたが、日本の法制、法学、法務界における松澤さんの存在感が如実に伝わってきます。今回のお話をうかがったとき、我が身の程を知り、ご遠慮すべきとは思いつつ、参加すれば松澤さんの多彩な活動をさらに知ることができるのではないか、という誘惑に抗し難かった次第です。

＊

およそ法制、法学、法務のいずれからもほど遠い私が、最初に松澤さんの面識を頂いたのは、二〇余年前、かって主税局でお仕えした津野修元最高裁判所裁判官の温かいお計らいで、大森政輔内閣法制局長官が主宰されていた立法学の研究会に参加させて頂いた時に遡ります。各方面の諸先生が八丁堀の商事法務研究会の会議室にお集まりになった研究会は、いつも楽しい雰囲気でしたが、驥尾にしがみ付くだけでも大変で、その後、仕事の異動もあって、参加も間遠となった時期もありました。それでも、数年を経て、勉強会の成果として大変立派な装丁で出版された大森政輔＝鎌田薫編『立法学講義』（商事法務、二〇〇六年）に、教科書とは読者として読むものであるとしか考えようがない私が、小さいながら一章を掲載して頂けたのは、寛容な取扱いを、諸先生の間で念入りにとり計らって頂いた松澤さんのおかげとしかいいようがないと思っています。

そもそも、当初にご示唆のあったテーマは通達に関するものでした。振り返れば四半世紀前、ソフトロー等全く知らなかった無知はお許し頂けるかもしれませんが、既に深い思考が厚く蓄積されている分野であることはもとより周知のところ、翻ってわが身は広範多岐な執行の世界に携わってわずか数か月、当然ながら歯が立たず、米国の立法制度へ「お題」の変更をお願いした次第でした。これをはじめ、上梓に至るまで数多くのご無理を申し上げましたが、その都度松澤さんに快くさばいて頂きました。松澤さんに感謝するべきことはその後もいくつもできたのですが、いつもこの邂逅を思い出します。

米国の、主として財政関係制度をフォローしていたのは九〇年代前半、在米大使館にいた数年です。独立以来、数多くの非常な場面を経て形成された立法の仕組み自体の理解にまずひと苦労し、百年以上を遡る条文がさほど珍しくない諸制度を相手に、まだトーマス(註一)もない時代、資料入手がいつも大変でした。「日本は長い歴史の古い国、アメリカは短い歴史の新しい国」という話題は米国ではかなり頻繁に耳にしますが、建物も法律もむしろ米国の方が古いものを実用的に使い続けていると冗談ともつかない応酬をしていたことを思い出します。

帰国後は米国との関係は薄くなり、研究会での発表や原稿はまさに不惑を過ぎた独学で臨んだ次第でした。在米当時には「この制度は、合衆国法典USC第X条によれば云々」と書けばレポートになりましたが、テーマ替えをして頂いた経緯からも、教科書ということからも、今回はそうはゆかず、他国の制度紹介として、せめて朧月夜の鳥瞰図くらいには近づけようと思い、「法制執務提要」という本で丸暗記的に勉強した昔を思い出しながら、知人や議会図書館等を煩わし、サイテーションやラムゼイヤー・ルール(註二)等の教科書的諸項目を及ばずながらもカバーするべく、我ながらかなりの勉強をしました。法典化のあり方の日米比較をしながら、一国の法制度を載せるインフラの存在を漠然と感じたことが本稿に繋がっています。特筆すべきは、濫觴期のインターネット経由の資料蒐集の原体験ができたことで、就中、開設後数年のトーマスや裁判所の判例検索、ＧＰＯ(註三)等のサイトと馴染みができたことは、今も役立っています。今回の機会に、わが国のイーガブ(註四)等の展開に改めて触れ、執筆の追い込みをした前世紀末の五月連休の日々を思い出しながら、今後の技術的可能性の予感や感慨を覚えています。

会社法の全面改正で大勉強熱が生じた頃は、ある会社に在籍しており、松澤さんに「さぞやご繁盛。」と悪い冗談をいったところ、全面改正で既往の出版資産の蓄積の洗替えが必要になり、資源・時間の諸制約に対応するご苦労を諄々とうかがい、制度改正とは、改正法が立法され、執行されることと単純に思っていた私は、目から鱗を落として頂く思いをし、ここでも法制度を載せるインフラのことを考えました。

表現の至らなさはお詫びするとして、ルールの適用を受ける側として、遵法するにしくはないという判断は相当に通常に起こることと感じます。その判断に至る背景には、制裁回避とか、遵守コストの計算等がある場合も多いとは思いますが、罰則等がない場合も含め、不遵法であること自体、あるいは、遵法を志向すること自体による自らの評価、レピュテーション、信頼が受ける影響への配慮が大きな要素となっているように感じられます。誠に僭越ですが、執行コストも視野に入れたうえで、ルールが効果的に施行されるには、罰則や過料といった強制力の有無強弱とは別に、このようなルール意識の共有等からの作用が大切と思います。そのためには、ルールについて、手続、内容両面の納得があること等多くの条件が満たされて、このような環境が醸成されると思いますが、ルールの存在が広く認識されていることが最も基本的条件と思います。

国、社会が、複雑な制度をいくつも走らせ、変遷に応じた改正をしてゆけることは、社会の状況対応力、国の力であり、多数の関係者を巻き込んで、複雑で大規模な制度の制定改廃を実施して行ける仕組みは、まさに国・社会の基本的インフラと思います。これがどのように形成され、維持・発展されているのかを整理することは到底私の及ぶところではありませんが、制度の制定改廃を広く認識させるためには、当局の広報努力が不可欠で、かつ、それだけで足りないことについては体感的な感覚を持っています。たとえば法務担当者が参加しやすい研修とか、手に入りやすい権威ある解説や想定問答集という便利さは、実は一朝一夕には得られないものと身に沁みて気づいて、その背後で動いている作用を窺うと、行き届いたオーガナイザー・プレイヤーが存在して、法制、法学、法務にわたる各拠点の間で、効果的な、人的物的、有形無形の結合が永年にわたって紡がれてくることで初めて可能となるものだと改めてわかります。

こうした目に見えない努力が重ねられる場が、本書の題名にある日本法の舞台裏に含まれると考えてよいかは知りませんが、松澤さんがその場の主として、永年にわたって温顔で冷静に回されている舞台の重さとそのご功績を思い、深く敬意を表させて頂きます。このようなお祝いの企画に参加をさせて頂いた感謝とともに、松澤さん、商事法務研究会、発起人の皆様のますますのご発展を祈念申し上げます。

（註一）www.thomas.gov　米国議会図書館により一九九五年一月開設された。

（註二）米国下院議事規則第Ⅷ条第三節(e)(1)コンパラティブ・プリンツ。

（註三）www.gpo.gov　なお、二〇一四年より、従来の「Government Printing Office」がデジタル化を反映して「Government Publishing Office」と名称を変更していることが本稿を書いていてわかりました。

（註四）www.e-gov.go.jp

●ごとう・けいぞう＝一般社団法人金融先物取引業協会専務理事
立教大学経済学研究科特任教授

民事立法の恩人

始関　正光
Masamitsu Shiseki

松澤さんと初めてお目にかかったのは、私が東京地裁から法務省民事局参事官室に局付として異動した平成二年八月二〇日の翌日か翌々日であったと思う。その日、机に向かって仕事をしていたら、斜め後ろから松澤さんに声をかけられ、振り返って立ち上がると、「NBL編集長」という肩書の入った名刺と、分厚い封筒を渡され、在ハーグ日本国大使館への出向準備に入っておられた原優局付（肩書は当時のもの。以下同じ）の後任として、私がウィーン売買条約研究会に書記役として参加することになること、封筒の中身は同条約関係の資料であることを告げられた。同研究会は、曽野和明・北海道大学教授（同条約採択当時のUNCITRAL事務局長）、能見善久・東京大学教授、内田貴・東京大学教授、山手正史・東北学院大学助教授、柏木昇・三菱商事法務部長、北川俊光・東芝法務部長、寺田逸郎・法務省民事局参事官をメンバーとし、ウィーン売買条約（正式名称：国際物品売買契約に関する国際連合条約）の解釈を逐条的に検討する研究会であり、一ないし二か月に一回の割合で、夜七時頃から九時ないし一〇時頃まで、一条一条、まず、山手先生が、詳細なレジュメに基づき、アメリカのホノルドとドイツのシュレヒトリームの各解釈を紹介された後、他のメンバーが自由に解釈論を戦わせるというもので、私が書記役として入った時点で、既に同条約の三分の二位まで議論が進んでいたが、ほぼすべての条文につきホノルドとシュレヒトリームの解釈が異なっていたことを受けて、研究会メンバーによる徹底的な議論がされたため、二〜三時間をかけて、多くて数箇条、少ないときは一条しか進まないのに驚かされた。また、同条約七七条の損害軽減義務について、新進気鋭の教授であられた内田先生が、ミティゲーションという用語を連発されながら、熱っぽく解釈論を展開されていたことが目に焼き付いている。それとともに、当初は、法律雑誌の編集長である松澤さんが何故このような儲かるあてのない研究会の裏方を務めておられるのか不思議に思っていたが、後に、商事法務研究会が、予算のない法務省民事局に代わって、公益事業として、同研究会を運営して下さっていたことを知った。なお、UNCITRALが起草した条約の中でも最も成功したものと言われる同条約は、平成二〇年、任期付任用制度によって同条約の批准担当の参事官に就任されていた曽野裕夫・北海道大学教授（曽野和明先生のご子息）の手によって、ようやく批准のための国会承認が得られたが、その当時の民事担当の審議官が私であり、右記研究会以来の因縁の深さを感じている。

民事立法について、松澤さんと言うか、商事法務研究会と言うかが、公益事業として、準備作業を援助して下さったのは、右記研究会だけではない。私が関与したものだけでも、次のような各種立法のための研究会の裏方および経済的援助をしていただいた。まず、加藤一郎・法制審議会民法部会長（東京大学元総長）が座長となられ、名だたる不法行為法の学者が集まり、関係各省の若手官僚をオブザーバーとして平成三年頃から数年間にわたって開催された製造物責任研究会は、平成六年の製造物責任法制定の礎となったものである。また、三ヶ月章・法制審議会民事訴訟法部会長（東京大学名誉教授）が座長となって組織された民事訴訟法典現代語化研究会（三ヶ月先生曰く、三ヶ月タコ部屋）は、現行民事訴訟法典の制定のための同部会での審議と並行して、最初の約二年間で、欧米と韓国の民事訴訟法（アメリカは連邦民事訴訟規則）を大正民事訴訟法典と逐条的に対照した比較法的資料を作成して、同部会の審議に供し、その後は、同部会で実質改正が検討されていた事項のうち、同部会自体で十分な時間をとって検討することができないもの（いずれも改正を行うべきことには同部会内に異論がなかったものの、その具体的立法案の策定に当たっては立法技術・法律論上の難解な問題点があるものであった）を取り上げて、具体的な立法案を詰めて同部会の審議に供するなど、現行民事訴訟法典の制定に多大な貢献をした。さらに、消費者契約法の制定が国民生活審議会で審議されていた平成九年頃から平成一一年末頃までの間、星野英一・法制審議会民法部会長（東京大学名誉教授）を座長として、中堅からベテランまでの錚々たる民法学者が集まって、民事実体法の立場から見た消費者契約法制の在り方についての研究会が行われ、その中間的な研究成果は平成一一年四月頃の国民生活審議会消費者政策部会で報告され、また、消費者契約法の立案作業が佳境に入った際には、経済企画庁国民生活局の立案担当官を招いて、同法に盛り込むべき規定の具体案を巡って濃厚な議論がされた。また、一連の倒産法の改正作業においては、難解な倒産法制の中でも最も難解とされる倒産実体法の改正は、再建型の倒産法制の各立法が終わって破産法の改正作業をする際に、民事再生法、会社更生法の規定も含めて、まとめて改正するというスケジュールになっていたのであるが、難解極まりない倒産実体法の改正の検討を一から法制審議会でやっていたのでは何年かかるかわからないことから、竹下守夫・法制審議会倒産法部会長（一橋大学名誉教授）が座長となられ、倒産実体法と民法のそれぞれの分野の気鋭の学者をメンバーとする倒産実体法研究会が平成一一年秋頃に組織され、倒産実体法の個別の改正検討課題毎に、倒産実体法学者一名と民法学者一名が、それぞれの立場から基調報告をし、その後、他のメンバーも交えて討論をして、倒産法部会に提出する案の叩き台を作る作業が行われた。現行破産法典制定と併せて行われた倒産実体法の改正は、この研究会の成果に負うところが大きい。さらに、平成一三年、一四年と続けて行われた会社法制の大規模な改正は、法制審議会商法部会の学者側委員・幹事が主要メンバーとなって組織された商法研究会で、同部会の審議にかける原案の基となる素案が研究・討議されたことにより、短期間で多種多様な改正を実現することができた。また、電子記録債権法の立案に当たっては、法制審議会への諮問に先立ち、債権譲渡法制研究の第一人者である池田眞朗・慶應義塾大学教授を座長とする電子債権法研究会が組織され、同研究会において、電子記録債権制度を創設するうえでの理論的・実務的・立法技術的な検討課題の洗い出しと、その解決のための方策ないし選択肢が討議され、その成果が法制審議会電子債権法部会の審議に上程された。さらには、今般の債権法の大改正についての法制審議会での審議の開始前に、鎌田薫・早稲田大学教授を委員長とし、多数の気鋭の民法学者が集まった民法（債権法）改正検討委員会が、膨大な共同研究作業の末に、債権法改正についての多数の提言をし、これが法制審議会民法（債権法）部会での審議の重要な資料となったことは周知のとおりである。これらの各種研究会ないし委員会は、いずれも、商事法務研究会の会議室において、夜七時頃から九時、一〇時、ときには一一時頃まで行われ、商法改正研究会などでは、このような白熱した議論が概ね月二回のペースで重ねられたし、債権法改正検討委員会では、土日に長時間の会議が行われることも何度もあった。

なお、法務省民事局の名誉のために付言するに、これらの研究会等のすべてが専ら商事法務研究会の費用負担で行われていた訳ではなく、同局も立案作業の予算獲得に微力を尽くし、獲得した予算は、これらの研究会等に投入していた。しかしながら、これらの研究会等のうち、同局からの委託事業として行われた幾つかの研究会も、その規模や開催頻度に見合う経費のすべてを同局の予算で賄うことはできず、不足部分は、松澤さんたちのご尽力により、商事法務研究会に公益事業として費用負担していただいていた。

私が関与した研究会等のみでも以上のように多数に及んでおり、民事立法の大半は松澤さんを筆頭とする商事法務研究会の方々のご助力によって実現できたと言って過言でない。このことは、商事法務研究会が正真正銘の公益法人であることを証明するものである。

松澤さんが古稀を迎えられるに当たり、民事立法における松澤さんのご尽力、ご功績の一端をご紹介し、民事立法の恩人である松澤さんに改めて深く感謝申し上げる次第である。蛇足ながら、松澤さんの容姿・風貌は、初めてお目にかかった平成二年八月と、二六年が経った現在とで、ほとんど変わりがないように思われる。いつまでもお若いと解するべきか、四半世紀前から既に大人の風格を備えておられたと解するべきかは、民商事法学界の難問かもしれない。いずれにしても、松澤さんには、いつまでも、平成二年当時からの大人の風格のまま、民事立法の恩人であり続けていただきたいと願っている。

●しせき・まさみつ＝横浜地方・家庭裁判所川崎支部長

「商事法務研究会」と立法

清水　湛

Atsushi Shimizu

商事法務研究会専務理事の松澤さんが本年古稀を迎えられるとのこと、日頃明るく元気に活躍されている姿を拝見していると、とてもそのような歳には見えないが、これからますます活躍されるための一つの通過点として、まずもってお祝いを申し上げたい。

＊

商事法務研究会との出会いから今日に至るまでの長い付き合いは、私が昭和三七年九月に東京地裁の判事補から法務省民事局付に転じたときから始まる。着任早々に当時同研究会の専務理事を務めておられた鈴木光夫氏（故人）とお会いする機会を得たが、氏は昭和三〇年に金融財政事情研究会から独立して商事法務研究会を設立され、その年の一〇月に、今日まで続く雑誌「商事法務」の第一号を発刊された方である。鈴木さんをはじめ関係者の尽力により同誌は商事法関係の権威ある専門誌として成長し、学界や実務界において高く評価されるに至っているが、これとともに商事法務研究会が、ＮＢＬ誌の発刊及び各種の出版や学者、実務家等による研究活動の支援等各種の活動を通じて、商事法・企業法務関係の知識の普及啓発に留まらず、商事法関係の立法にも大きく貢献するに至っていることは周知のとおりである。これは鈴木さんの学界、実務界の事情に通じたその力量によっていることはもとよりであるが、同時に、中馬賢氏、相澤幸雄氏などなど、今日の松澤さんに繋がる多くの優秀な企画者、編集者を育てられたことによることは言うまでもない。

編集者といえば昭和三九年の民事訴訟法の改正により導入された手形訴訟制度について、立案担当者の一員であった私は、鈴木さんの熱心な勧めによりその解説書を商事法務研究会から出版したが、編集を担当された蟻川啓一郎氏（故人。早くして亡くなられた）の熱心な励ましにより、急遽、口述速記によりとりまとめたものである。大変思い出深いものであるが、当時は今日と違って手形による決済が主流であり、それだけに不渡り等のトラブルも多く、その迅速な処理を求める経済界の強い要望を踏まえて、商事法務研究会としても手形訴訟制度の実現を強く推進しており、その熱意に押されたものであった。

平成五年に法務省を去るまで通算して二十数年、私は法務省に勤務したが、その大部分は民事局における立法事務や民事法務行政であり、その間に前述の手形訴訟制度の創設、戦後における大きな懸案の一つとされていた借地法・借家法の改正、山陽特殊鋼等の倒産を契機とする会社更生法の改正、強制執行法の全面改正（民事執行法）、新根抵当制度の創設、数次に及ぶ会社法の改正など、多くの民事法、商事法の改正作業に直接に、あるいは間接に関与してきた。我妻榮先生の主導の下に、直接担当した新根抵当制度の創設（昭和四六年）は忘れ難いが、これとほぼ同時進行していたところの公認会計士による外部監査制度の導入等を目的とする昭和四九年の商法改正は、私の直接の担当ではなかったものの、税理士会の強力な反対等もあって、法制審議会の答申後、国会提案に至るまで長期間を要し、関係方面に心配をかけることになったが、この間の事情の一端を知る者の一人としてこれまた忘れ難いものである。

なお昭和四九年の商法改正の際の国会の附帯決議により会社法の全面改正の問題が宿題として残されたが、たまたま商法担当の参事官が欠けていたということもあって、当時民事局第四課長（現在の商事課長）の職にあった私が問題点の整理を担当することになり、鈴木竹雄先生、矢沢惇先生をはじめ諸先生方の御指導を得て取り纏められたものが、昭和五三年に民事局参事官室名で「会社法根本改正の問題点」として公表された。これを出発点として以後数次にわたる会社法の改正作業が行われている。

これらの立法作業の過程で商事法務研究会が果たした役割には、一つ一つ挙げるまでもなく誠に大きいものがあったと言える。雑誌「旬刊商事法務」誌上における立法上の問題点等についての学者や実務家の多数の論説、同研究会が推進し、支援した学者、実務家等による研究会等における研究・検討の結果や、各種調査の結果等が立法作業に有益であったことはもとよりのことであるが、それとは別に日常的に接することの多い商事法務研究会の編集者等から、学会の動向や、実務界の実情等について直接聞く話には、例えば編集者との何気ない会話のなかにも重要なヒントになるものがあるなど、立法作業を円滑に進めるのに有益なものが多々あったように思う。法務省の場合、立案担当者の多くは裁判所、検察庁からの出向者であり、裁判や検察の実務を通じて、ある程度企業法務の実情等を知ることができるが、商事法務研究会の編集者、例えば松澤さんがそうであるように、日常的に企業関係者等の実務家や学者の先生方と接触している方々からの話には、啓発され、得るところが多くあると言える。なお私が民事局在任中に今は亡き星野英一先生のご苦労を煩わした民法の現代語化について、先生は若い学者の方々による研究会を組織されて現代語化の原案をまとめられ、これにより法制化がされたが、その研究会の運営は、商事法務研究会に負うところが多くあり、この点においても同研究会の果たした役割には大きいものがあったと考えている。

一本の法律が成るについては、法務省の場合であれば、学者や弁護士等の実務家のほか、経済界をはじめとする各界から選ばれた委員・幹事によって構成される法制審議会での調査・審議、さらには国会での審議が最も重要であることは当然である。これを表舞台とすれば、法案の準備にあたる立案担当者等の仕事は裏舞台と言うことができよう。商事法務研究会の活動はこの裏舞台において一つの大きな力になっており、それがまた同研究会の伝統にもなっていると言うことができる。

松澤さんは、このような商事法務研究会のよき伝統を確りと受け継いで、最近においては債権法改正問題に取り組まれるなど、引き続きより良い法制の整備に協力を惜しむことなく活躍されている。深く敬意を表する次第である。

法務省を離れて既に二〇年以上経過しており、私が立法に直接に関与することはもう無いが、お陰さまで松澤さんをはじめ商事法務研究会の関係者の皆さんとは現在もいろいろな機会にお会いし、立法の動向等貴重なお話を聴く機会を得ている。

松澤さんが今後とも引き続いて、あの明るい笑顔で元気に活躍されることを期待し祈念する次第である。

●しみず・あつし＝弁護士（笠井総合法律事務所）

松澤さんと研究会の思い出

清水　響　Hibiku Shimizu

松澤さんが古稀を迎えられるというので、執筆のお誘いをいただいたものの、私には「日本法の舞台裏」などというテーマは重い。だから、以下に書く話は、単なる昔話である。

＊

松澤さんと商事法務研究会といえば、法務省民事局内で新規立法や法改正を検討する際、正式に法制審議会を立ち上げる前の基礎作業として学者を交えての研究会等を行うに当たり、皆が頼りにしていた存在であった。しかし、私が裁判所から法務省民事局参事官室に出向した平成四年当時、私が局付検事として担当することになった国際私法その他の渉外案件は民事局内ではマイナー科目であり、専任の担当参事官もおらず、私と松澤さんとの仕事上の接点といえば、私の前々任者の時代に始まり、前任者の時代に既に終了していたウィーン売買条約についての研究会がある程度だった。私は、前任者からこの研究会の報告書を書くように言われていたにもかかわらず、知らない研究会のまとめをするのが嫌で逃げ回り、結局、書かずに異動するという不義理をしたのである（松澤さんごめんなさい）。

その後、平成八年から九年にかけて、短期間ながら財産法の担当になった。当時の財産法グループは、裁判所出身のＩ参事官、検察出身のＭ局付および私の三名の構成であり、成年後見研究会、借地借家法研究会、罹災都市借地借家研究会、債権譲渡研究会という四つの研究会を動かしていた。私は、各研究会の途中の数回に出席し、弁当を食べて、審議メモを書いただけで、まったく役に立っていないのだが、振り返ってみると、これらの研究会は、その後の成年後見のための民法改正、債権譲渡登記の新規立法、定期建物賃貸借の制度創設等につながっている。研究会の中には商事法務研究会以外にお願いしていたものもあったと思うが、どれがそうだったか記憶は定かではない。いずれにせよ、海の物とも山の物ともわからない時に、次から次へと研究会の面倒をよくみていただいたと思う。

個人的に私が感謝しているのは、平成一四年頃に立ち上げた法例の改正研究会である。基本法の大改正時代を迎え、民事局参事官室も大所帯になっていたが、民事局における立法の中心が民法や商法等の基本法という雰囲気に変わりはなかった。私は、当時、参事官として、身分法と国際私法を兼任していたのだが、参事官に就任した際も、上司から検討を指示されたのは当時二回目の世論調査の結果を待っていた選択的夫婦別氏制度のほか、人工生殖子といった身分法のテーマが中心であり、法例改正については、特に検討の指示はなかった。国際私法は、準拠法の指定という特殊な分野を対象とする独特の法律であり、そこでいう「私法」の範囲を含め、未だに私自身よく理解できていない科目である。しかし、その基本法規である法例は平成元年に身分法関係部分の改正がされた後、ほぼ手つかずの状態であったから、この機会に見直し、現代的な内容にすべきであろうと思った。そこで、当時のH局付らとも相談し、夫婦別氏や人工生殖子の立法検討の合間をぬって、局内の決裁をとり、法例の改正のための研究会を立ち上げることにした。冒頭に述べた不義理をしていたにもかかわらず、松澤さんは嫌な顔一つせず、商事法務研究会でこの研究会を引き受けて下さった。この研究会は、最終的に「法の適用に関する通則法」として成立した法律（平成一八年法律第七八号）の検討の出発点となった研究会である。私は、お願いした以上、研究会から法制審、国会審議を経て法案成立まで責任をもって関与するつもりだった。しかし、諸般の事情により、急遽、不動産登記法の改正の手伝いを命じられ、民事第二課に異動したので、法例改正の研究会に関与したのは最初の数回だけという申し訳ない結果となった。もっとも、異動先の不動産登記法の改正についても、商事法務研究会で研究会が行われており、法案成立後、不動産登記法の一問一答の原稿を出すことができたから、この点で多少は恩返しができたかもしれない。

様々な研究会は、私にとっては、各法分野の著名な学者の先生方の議論に直接触れることができた貴重な機会であり、法案の検討のみならず、法律家として、自分の考えの至らなさを知り、成長するためにも有用だったと思う。もう私が関与することはないと思うが、将来的には、法解釈学だけではなく、法社会学や社会工学的な分野の学者の知見を入れて、立法事実や立法政策の検証をすることができるような研究会があってもよいのではないかと思う。

*

商事法務研究会で行われる研究会は夕方に開催されることが通常であり、夕食の弁当が出る。松澤さんは、時間があるときは、研究会にも出席されることがあった。どの研究会だったかは覚えていないが、研究会が行われる会議室の蛍光灯の下で弁当を食べていたとき、隣に座った松澤さんから、「いつも同じ弁当ですみませんね」と言われたことがある。私は、不規則な役人の生活をしていたので、「いえ、研究会があると規則正しく夕飯が食えるのでうれしいです」と思ったままに答えた。すると、松澤さんは、何が可笑しかったのか、愉快そうに、わははと声を出して笑っておられた。もう何年もお会いしていないが、松澤さんのことで一番思い出すのは、このときの会議室で聞いた笑い声である。

●しみず・ひびく＝東京地方裁判所判事

日本と私法統一条約

曽野　裕夫
Hiroo Sono

日本は、ハーグ国際私法会議（ＨＣＣＨ）、私法統一国際協会（ＵＮＩＤＲＯＩＴ）、国連国際商取引法委員会（ＵＮＣＩＴＲＡＬ）における私法統一活動に、かなり早い時期から関与している。

ＨＣＣＨ（一八九三年設立）には、一九〇四年の第四回会議で欧州以外からの初めての参加国となって以来、継続して参加している（二度の大戦中は会議は開催されていない）。国際連盟の機関として設立されたＵＮＩＤＲＯＩＴには、一九二六年の設立時から参加し、戦後、日本の国際連合加盟と同じ一九五六年に構成国に復帰してからは、日本から理事が選ばれ続けている。ＵＮＣＩＴＲＡＬ（一九六八年設立）では、構成国は国連加盟国から選挙で選ばれるが（任期六年）、日本はＵＮＣＩＴＲＡＬ設立時から継続して構成国に選ばれ続けている八ヵ国のひとつである。

しかし、これらの機関が作成した私法統一条約の締結状況をみると、日本は積極的であるとはいえない。ＨＣＣＨ作成の条約では、家族法分野の四条約（「遺言の方式に関する法律の抵触に関する条約」〔昭和三九年条約九号〕、「子に対する扶養義務の準拠法に関する条約」〔昭和五二年条約八号〕、「扶養義務の準拠法に関する条約」〔昭和六一年条約三号〕、「国際的な子の奪取の民事上の側面に関する条約」〔ハーグ子奪取条約〕〔平成二六年条約二号〕）と司法共助等に関する三条約（「民事訴訟手続に関する条約」〔昭和四五年条約六号〕、「民事又は商事に関する裁判上及び裁判外の文書の外国における送達及び告知に関する条約」〔昭和四五年条約七号〕、「外国公文書の認証を不要とする条約」〔昭和四五年条約八号〕）を締結しているものの、ＵＮＩＤＲＯＩＴの条約はひとつも締結していない。UNCITRALの条約についても、一九八〇年に採択された「国際物品売買契約に関する国連条約」（ウィーン売買条約、CISG）に、ようやく二〇〇八年になって加入したのみである（平成二〇年条約八号）。

これはどのような「舞台裏」によるのだろうか。現在行っている共同研究から得た着想であるが、他の機関やアドホックな外交会議で作成された私法統一条約も視野にいれて通時的な傾向と重ね合わせてみると、日本の私法統一条約の締結には、時代による波があることがみえてくるように思われる。

第一期は、不平等条約改正をめざして法典編纂に邁進していた時期から、一九三三年に国際連盟を脱退するまでの期間である。この間、日本は「工業所有権の保護に関するパリ条約」と「文学的及び美術的著作物の保護に関するベルヌ条約」（ともに明治三三年勅令無号）、船舶衝突条約（大正三年条約一号）、海難救助条約（大正三年条約二号）、ジュネーブ手形法・小切手法条約（昭和八年条約四〜九号）をはじめ、多くの私法統一条約を締結している。この時期にはUNIDROIT作成の条約はまだなく、UNCITRALも誕生していないが、HCCHについては、HCCH側の事情によって実現しなかったものの、日本は司法共助関係の条約の締結を模索していた。この時代は、欧州を中心に国際的な私法統一が活発化し、日本の学界でも、田中耕太郎『世界法の理論』（一九三二〜三四年）を初めとする私法統一に関する研究が相次ぐなど、国際協調に向けた気運が高まっていた時期といえる。しかし、その後の世界情勢は、日本の条約締結だけでなく、私法統一活動全般の熱気を冷ますものであった。

第二期は、一九五一年にサンフランシスコ平和条約を締結して国際社会に復帰してから、商事法分野では高度経済成長期の一九七〇年頃まで、家族法分野については一九八〇年代半ばまでである。これは、HCCHの戦後の本格的再開（一九五一年）、日本のUNIDROITへの再参加（一九五六年）、UNCITRAL設立・参加（一九六八年）の時期とも一致する。この時期に日本は、他の機関や会議が作成した、国際航空運送についてワルソー条約（昭和二八年条約一七号）、ブラッセル船荷証券条約（昭和三二年条約二一号）、「外国仲裁判断の承認及び執行に関する条約」（昭和三六年条約一〇号）（ニューヨーク条約）や、ＨＣＣＨが作成した司法共助関係の条約（上述）等、今日の国際経済にとって必須の法的基盤といえる条約を締結している。戦前に作成されていたワルソー条約や船荷証券条約は、第二次世界大戦がなければ日本ももっと早く締結していたであろう。また、家族法分野では、この時期にＨＣＣＨの三つの国際私法条約（上述）が締結されている。

このように、日本は、国際社会への参入が課題となった二度の転換期が、国際的にも私法統一への気運の高まった時期と重なり、そのつど必要性の高い私法統一条約を締結してきたといえそうである（ＨＣＣＨの条約の締結が相対的に多いのは、二〇〇一年まで法制審議会に常設の国際私法部会が置かれていたことの成果かもしれない）。

ところが、第二期のあとは、締結済みの条約の改正に相当する条約や議定書の締結（例、船荷証券条約の改正議定書、国際航空運送についてのモントリオール条約等）を除けば、新規の条約締結は二〇〇八年のＣＩＳＧ締結までなかった（もっとも、「国際商事仲裁に関するＵＮＣＩＴＲＡＬモデル法」〔一九八五年〕と「国際倒産に関するＵＮＣＩＴＲＡＬモデル法」〔一九九七年〕に基づいて「仲裁法」〔平成一五年法律一三八号〕と「外国倒産処理手続の承認援助に関する法律」〔平成一二年法律一二九号〕が制定されている）。ＣＩＳＧに続いては、国連国際法委員会が二〇〇四年に作成した「国及びその財産の裁判権からの免除に関する国連条約」（主権免除条約）を二〇一二年に、ハーグ子奪取条約を二〇一四年に締結している。主権免除条約は、その作成過程で日本が主導的地位を占めたという特殊事情があるようなのでさしあたって措くとして、ともに一九八〇年に成立したＣＩＳＧとハーグ子奪取条約が成立から約三〇年を経て相次いで締結されたことの「舞台裏」には、それらが成功した条約であることと同時に、企業の国際競争力を確保するため、また、国際社会における名誉ある地位を占め続けるために、いよいよ締結が必要になったという第一期・第二期と通底する側面があるように思われる（強い外交圧力のあったハーグ子奪取条約においてそのことはより鮮明である)。

私法統一は万能薬ではない。しかし、その限界をみきわめつつ、日本が、受け身の条約締結パターンから脱却し、国際的な私法秩序の形成を牽引する役割に覚醒する日が来ることも待たれるところである。

＊

松澤三男さんは、国際社会に対する日本の法律学・法実務の貢献について強い関心を持たれてきたように思われる。私事にわたるが、私は、駆け出しの頃から国際的な私法統一に関する研究を進めるにあたって松澤さんに理解、支援、そして温かい励ましをいただく機会を得た幸運の持ち主の一人である。この場を借りて感謝申し上げたい。

また、法務省におけるCISG締結作業(二〇〇六～〇八年)は、松澤さんが事務局として一九九〇年代前半と二〇〇六年からの二期にわたって辛抱強く支えてくださった研究会活動の蓄積に助けられた。二〇〇八年一一月に、UNCITRAL事務局長や内外の有力なCISG研究者を招聘した「CISG東京会議」を成功裡に開催できたのも、事務局をつとめてくださった松澤さんの獅子奮迅のご活躍のおかげである。日本のCISG締結にとっても、松澤さんは恩人なのである。

松澤三男さんが古稀をお迎えになられること、心からお祝い申し上げます。

●その・ひろお＝北海道大学教授、前法務省民事局参事官

立案作業で学んだこと

髙山　崇彦
Takahiko Takayama

松澤様、古稀を迎えられましたこと、心よりお祝い申し上げます。

私が松澤様と面識を得ることができたのは、平成二〇年七月に法務省民事局参事官室に異動してからのことでした。ご案内のとおり、当時は、「平成の大立法時代」と呼ばれる状況にあり、参事官室からも、複数の法案を毎国会提出していました。この間、松澤様を始めとする商事法務の皆様方には、研究会や分科会等で立案の下支えとして大変お世話になりました。

私が立案作業に関与させていただいた法律は、民事再生法の個人再生の特則の創設に始まり、会社更生法および破産法の全面改正、債権譲渡特例法の一部改正（動産譲渡登記制度の創設等）、保険法の制定（法制審議会での検討段階まで）であり、さらに、これらの法律に関連する政省令の制定作業にも携わることができました。これらのいずれの法案においても、その成案に至るまでには、商事法務研究会での研究会等における細部に及ぶ詰めの検討作業が欠かせませんでした。特に、会社更生法の立案の際に、午後いっぱいに及ぶ長時間の法制審議会での審議を終えた後に、場所を八丁堀にある商事法務研究会の会議室に移して、夜中まで分科会で重要論点に関する検討をしていただいたことは忘れられません（局付は、その後、さらに法務省に戻っての作業が残っていましたが）。

私は、裁判官に任官して四年目から一一年目までの六年九か月間にわたって参事官室に在籍する機会を与えられました。したがって、裁判所にいれば、特例判事補として過ごすはずであった期間のすべてを参事官室での立案作業に充てたことになります。その後、裁判所にいったん戻ったものの、裁判官を退官し、現在は弁護士をしておりますが、今の私が在るのは参事官室での立案作業の経験があったからこそだと感じています。

すなわち、私が主に担当しています企業法務における弁護士の業務の一つに、クライアントの新規ビジネスに関する意向を受け、それを実現するための方策を考え出すというものがあります。この作業は、立案の過程において、利害関係者からの意見を聴取し、既存の法制度との平仄を保ちながら寄せられた要望を新たな制度として構築するという作業に類似します。たとえば、（私は直接の担当ではありませんでしたが）倒産法の改正によって各倒産手続に創設された担保権消滅制度は、工場等の事業の継続に欠くことのできない財産を利用したいという倒産会社の要望と、当該財産の価値を優先的に把握している担保権者との利益調整を図ったうえで、倒産手続の中で担保権という実体法に基づく権利を消滅させることができるというまったく新しい制度といえます。また、民事再生法の個人再生の特則も、それまでは破産するしかなかった経済的窮境に陥っている個人の債務者に対して、小規模個人再生と給与所得者再生という二種類の簡易な方法で再生を図ることのできる制度を創設し、さらには、いわゆる「住宅ローン特則」において、住宅資金特別条項を定めた再生計画が成立した場合には、保証会社から金融機関への代位弁済は「なかったものとみなす」こととされ、法律関係が遡及的に巻き戻されるという画期的な制度まで創設されました。このような無から有を生み出す発想と、それを実現するための制度設計に必要な手続面の構築を考える訓練を積めたことは、新規ビジネスに関する相談の場面だけでなく、契約書において従来にない条項を作成する際にも役立っています。

また、立案作業においては、新たな制度を創設することによって不利益を受けると感じる業界の意見にも耳を傾け、妥協点を探る必要があります。たとえば、動産譲渡登記制度を創設した際のパブリック・コメント手続において、日本倉庫協会より、倉庫業の実務においては、デリバリー・オーダー（D／O）を持参した者に寄託物を引き渡しているところ、寄託者から寄託物の譲渡を受けたと称する者がその旨の登記事項証明書を持参して引渡しを求めた場合には、倉庫業者はこれに応じなければならないとの誤解を生じさせ、実務が混乱するというような懸念が寄せられました。そこで、検討を重ねた結果、倉庫業者の立場に配慮して、代理人（倉庫業者）によって動産（寄託物）が占有されている場合に、代理人が当該動産の登記上の譲受人から引渡請求を受けたときは、代理人は、遅滞なく、本人（寄託者）に対して当該請求に対して異議がある場合には相当の期間内に述べるべき旨を催告し、異議が出されなかったときは、当該動産を譲受人に引き渡しても代理人は損害賠償責任を負わないという、動産債権譲渡特例法の中ではやや異質な規定を設けることで対応しました。このような経験は、対立する交渉の相手方との落としどころを見出したり、逆提案をする際に役立っています。

さらに、立案作業の課程では、関係団体はもちろんのこと、国会議員、関係省庁、法制審議会の委員等、様々な方々に法案の要点等を説明をする機会が与えられます。ここでは、相手方の関心事項に合わせた資料を準備し、短い限られた時間の中でいかに要領よく説明するかがポイントとなります。このような経験は、クライアントの役員会での案件の報告（要点を絞って、図やイラストを多用して説明すること）や、契約や紛争の相手方との交渉術として活きています。加えて、当時の厳しくも優しい上司の指導により、法制審議会の部会資料や条文案の作成作業を通じて、論理の流し方・反対意見への配慮の仕方から「てにをは」の使い方まで、法律書面や契約条項を作成する上でのスキルの多くを学びました。

このように、法務省民事局参事官室での立案作業の経験は私の血となり肉となり、これによって法曹としての礎が築き上げられました。それから約一〇年が経過し、私も相応の年齢を重ねました。今後は、松澤さんが後輩の方々に対してされてきたのと同様に、私も参事官室で学んだ多くのことを後輩に伝えていかなければならないと思っています。

●たかやま・たかひこ＝弁護士（ＴＭＩ総合法律事務所）

昨今の民事法制改革を通して

中原　裕彦
Hirohiko Nakahara

1　はじめに

私は、これまでに、経済産業省経済産業政策局あるいは法務省民事局参事官室における在籍を通じて、直接・間接に多くの立法に携わらせて頂いた。特に、一九九〇年代の後半から現在に至るまでの間は、民事法制改革が著しく進展した時代であり、多くの方々からご教示を賜りながらこうしたダイナミックな経験をさせて頂いたのは本当に幸運であったとしか言いようがない。そして、こうした中では、まさに松澤専務理事をはじめとする皆様のご尽力の下で、商事法務研究会において多くのことを学ばさせて頂いてきたことに改めて感謝申し上げたい。

2　民事法制改革小史

昨今の民事法制改革について、私が多くの方からお教え頂き勉強をさせて頂いたものすべてをここで挙げることはできないが、幾つかを取り上げさせて頂くと、まずは会社の組織再編に関するルールが大きく整備されてきたことが挙げられる。純粋持株会社の解禁（平成九年独占禁止法改正）、株式交換制度の創設（平成一一年商法改正）、会社分割制度の整備（平成一二年商法改正）、組織再編における対価の柔軟化（平成一七年新会社法制定）等を経て、国際的にみてもほぼ最先端といっていいメニューが整備されたのではないか。

また、昨今取り上げられることが多い、いわゆるコーポレート・ガバナンスに関する制度整備についても充実した取組みがなされた。平成一四年商法改正では、初めて選択制という方法が導入されることとなり、定款の定めに基づいて社外取締役が過半数を占める指名委員会、報酬委員会および監査委員会を設けることとしたときは、監査役を置かず、業務執行者も執行役として取締役の中から選ばなくとも良いこととされる現在の指名委員会等設置会社の制度が導入された。こうした指名委員会等設置会社の下では、取締役会から業務執行者に対して、監査役会設置会社におけるそれよりも大幅な権限移譲が可能であることとされた。上記の選択制の考え方はさらに応用され、平成二六年会社法改正では、監査役に代えて監査等委員会を置くこととする監査等委員会設置会社の制度も設けられた。これにより我が国の会社法の下では、監査役（会）設置会社、指名委員会等設置会社および監査等委員会設置会社の三類型が存在することとなった。

そして、何と言っても、倒産法制について、戦後最大のヒット作とも称される民事再生法を皮切りに、会社更生法、破産法、特別清算手続等に係る抜本的な改革がなされたことが挙げられる。こうした関係者の皆様のお取組みもあってか、昨今の世界銀行のdoing businessのビジネス環境ランキングにおいては、わが国の倒産関連の取組みは、ほぼトップクラスに位置付けられており、税制やその他のわが国制度のランキングと比べると、圧倒的に群を抜いていることを指摘することができる。

3　立法事実と制度改革

こうした大きな制度改革を成し遂げていくことは決して容易なことではないことはいうまでもない。その難しさの一つに、例えば、ある現状を改善して欲しいという要望が立法事実として存在したとして、そうした要望に係る規定を改正すると、直接的に関連する規定以外にも大きな影響を与えることがあり、それら全体を見据えたうえで制度改革が成し遂げられなければならない点が挙げられる。

しかしながら、多くの場合においてそうした他の規定への配慮も含めて制度改革の可能解の範囲を探るのは、法制的な観点からの解決可能性を探ることはもとより、それに関連する関係団体、ひいては国民の理解が得られるかという観点からの解決可能性を探ることが必要になる。政府における公式な審議会において何がしかの課題について相応の検討を開始するためには、課題の解決についてのある程度の目算を得ていることが必要になるものの、抜本的な制度改革に関連する場合には、改革の影響が広範囲に及ぶことからそうした目算を得ることの困難性があり、それが時として検討が遅いとの批判を受けることにつながったこともあったのではないか。

こうした中にあって、商事法務研究会において多くの関係者の皆様が集い、多くの課題について思考実験ともいうべき検討がなされてきたことを通じて、立案担当者においても、決して容易ではない論点に係る解決可能性について有益な示唆を得ることができたものと言うべきである。

4 終わりに

昨今のＩｏＴや、人工知能、新しい金融技術の著しい進展の中で、わが国企業も競争の軸を変える非連続なイノベーションを視野に入れていかなければならないほか、コスト競争の面でもこれまでに類をみない範囲でしのぎを削らなければならなくなってきている。

環境が大きく変化していく中で、新たに様々な課題が生じてくることになろうが、今後とも広がったフィールドの中で、課題の解決に向けた最大限の努力を惜しまない所存であるし、今後とも関係者の皆様から多くのことを学ばさせて頂く機会を頂戴することができれば誠に幸甚である。

●なかはら・ひろひこ＝内閣官房日本経済再生総合事務局参事官（経済産業省）

「新旧・旧新」の思い出

花村　良一
Ryoichi Hanamura

松澤さんとの出会いは、私が、裁判所から法務省へ出向し、民事局参事官室で、民事手続法担当の局付となった平成六年頃のことだった。

当時の私は、裁判官に任官し、東京地裁民事部で二年余りの左陪席裁判官を務めた後、アメリカ合衆国へ一年六か月の留学をし、帰国すると同時に法務省へ出向したばかりであり、法律実務家としても四年目の駆け出しであった。

そんなある日、NBLの編集長であった松澤さんが職場を訪ねてこられ、「編集長の松澤です」と、あのにこやかな笑顔で挨拶をいただいた。当時からNBLは、最新の企業取引、ビジネス上の法律問題や、各種の法律改正の動向をいち早く伝えてくれる、貴重な法律雑誌として、広く知れ渡っており、私が担当していた民事訴訟法の全面改正についても、折に触れて、改正作業の動向を取り上げていただいていた。

今でこそ、法改正の審議・検討の進捗状況については、ほぼリアルタイムで、インターネットを通じて情報発信することが可能となっており、法制審議会の部会における審議の議事録や、関係各界へのパブリックコメント（かつては、意見照会と呼んでいた）およびその結果概要の発表も、法務省のホームページを通じて、機動的に行うことができるようになっており、関係各界への周知方法にも事欠かない状況であるといえるが、当時は、NBL等の法律雑誌で、節目節目に、審議状況をニュース・情報欄で紹介してもらったり、中間試案や改正要綱案の概要・意見照会の結果等については、立案担当者の執筆による論稿として連載してもらうこと等が、唯一の情報提供の方法であった。決して総頁数が多くないＮＢＬの貴重な紙面の中で、立法動向の紹介にかなりの紙面を割いていただいたことを思うと、編集作業上、大変なご迷惑をかけた場面も多々あったのではないかとの危惧を禁じえない。

さて、民事訴訟法の全面改正法は、平成八年の通常国会に法案として提出され、紆余曲折を経て、一部修正のうえで、同年六月に可決成立した（平成八年法律第一〇九号）。この改正においては、従来の民事訴訟法（明治二三年法律第二九号。以下「旧法」という）の一部改正という手法をとらず、実質改正を行わない規定を含む、すべての規定を平仮名・口語体の表記に改めて、民事訴訟手続に関する単行法を新たに制定する方式が採用された。通常、法律の一部改正法案を作成する際には、改正後の新しい規定と改正前の旧来の規定との相違を一見して理解することができるように、改正後の規定を上段に、改正前の規定を下段に配した「新旧対照表」を作成し、法案の参考資料として添付することとされている。前記のとおり、平成八年の民事訴訟法全面改正に当たっては、新法制定方式がとられたために、正式な参考資料としての「新旧対照表」は必須のものではなかったが、立案担当者としては、四〇〇条（制定当初の条文数）にもわたる大法案ゆえ、旧法の規定との対比を容易にする必要性は極めて高いと判断し、事実上の資料として、「新民事訴訟法　新旧対照表」を作成し、関係方面への参考に供していた。ところで、民事訴訟法の全面改正にあたっては、編別構成についても、近年の立法例等に即して見直しを行ったために、規定の配列や位置・順序についても、大幅な変更が加えられた部分が多数あり、実際に立案をした担当者自身でさえも、従来の民事訴訟法のある条文が、新法のどの部分に設けられているかを探すのに苦労をすることが間々あった。そこで、仕事の合間をぬって、担当者内部の手控えとして、旧法の規定を基準に、旧法の各規定が新法のいずれの規定に対応するのかを一覧することができるようにするために、旧法の規定の順番・配列で、旧法の規定を上段に、新法の規定を下段に配した「旧新対照表」の作成にとりかかることとした。当時は、職場においても、ようやくワープロ専用機からパソコンへの移行が済んだ時期であり、各四〇〇条にも及ぶ新旧の規定を、手作業でカット＆ペーストするという地道な作業を経て、「旧新対照表」が完成した。完成した「旧新対照表」は、立案担当者の間でも、大変便利な資料として、大いに参照していただいた。当初は、もっぱら内部資料として使用していたが、このような資料は、旧法の規定に長年慣れ親しんできた実務家や研究者にとっても有用で、広くニーズがあるのではないかという意見が出てきたため、ＮＢＬ編集部に相談したところ、新旧対照表と旧新対照表とをセットにしたものを別冊ＮＢＬという形式で出版することをご快諾してくださった。こうして、平成八年七月に、別冊ＮＢＬ三五号として『民事訴訟法　新旧・旧新対照条文』が公刊された。幸い、同書は好評を博し、初刷分は、比較的早期に完売に至ったと聞いている。

その後、新しい民事訴訟法に対応する最高裁判所規則である民事訴訟規則（平成八年最高裁判所規則第五号）が平成八年一二月に制定された。新しい民事訴訟規則においては、新法で導入された新たな制度に係る手続的事項が定められるとともに、旧法の規定のうち、手続の技術的・細目的な事項については、民事訴訟規則の中に盛り込まれる前提で法律では定めないこととするなど、法律と規則との守備範囲についても整理がされたことから、より一層、民事訴訟法と民事訴訟規則の各規定について、相互に関連・一体のものとして理解する必要性が高くなっていた。そこで、新・旧の民事訴訟規則の規定をも盛り込んだ形で、新旧対照表・旧新対照表を作成し直すこととし、これが、平成九年四月に、別冊ＮＢＬ四〇号『民事訴訟法・民事訴訟規則　新旧・旧新対照条文』として公刊された。同書についても、多くの方々に広くご利用いただき、民事訴訟法の施行に向けた準備を進めるうえで有益な情報を提供するものとなったと考えている。

その後も、全面改正による新法が制定される際には、新旧対照表と旧新対照表をセットの資料として提供することが定番化したといえるが（別冊ＮＢＬ七七号『改正会社更生法　新旧・旧新対照条文』、別冊ＮＢＬ八七号『改正破産法　新旧・旧新対照条文』等）、改正民事訴訟法の旧新対照表という見慣れない資料につき、前例もなく、どの程度ニーズがあるか、世の中に受け入れられるのかがわからない状況の中で、公刊することをご決断してくださった松澤編集長には、ただただ感謝するばかりである。

●はなむら・りょういち＝司法研修所教官（判事）

審議会あれこれ

藤田　耕三　Kozo Fujita

1　審議会の設置

戦後七〇年の司法制度改革の流れの中で、その総仕上げともいうべき今般の司法制度改革は、わが国の司法制度を論ずる際に最も重要な意義を有することは異論のないところであろう（座談会「戦後七〇年——司法制度の改革と『法の支配』」法の支配一八〇号〔二〇一六年〕）。私は、思いがけず、その基本的方向性を示す司法制度改革審議会の審議に加わることとなったのであるが、平成一一年七月から始まった二年間の審議は、委員にとって相当に過酷なものであった。当時、学習院大学の客員教授を務めていた私は、午前中の授業が終わると、電車を乗り継いで新橋駅で下車し、タクシーの車中でサンドイッチなどを頬張りながら、西新橋の審議会場に駆け付けたものである。審議が山場にさしかかると、問題のある論点についての議論が白熱し、激論となることも稀ではなかった。当時、審議会での議論は公開されるべきものとされていたので、審議会の会場には、天井にテレビカメラが二台埋め込まれていて、会場の建物の上層階に関係者の控室が用意され、報道機関、出版社や法曹関係者等が詰めかけていて、リアルタイムで審議を傍聴していたのである。その中には、旧知の商事法務研究会の松澤さんも含まれていた。事あるごとに見かけていたから、審議に精勤されていたのではなかろうか。激論に疲れて帰途に就こうとするときに、エレベーターの前でにっこり笑みかける松澤さんの温顔に接すると、「貴方のお立場はわかっていますよ」と語りかけてくれているように思えて、ほっとしたものである。

2　重要な論点

審議の対象となった論点が極めて多岐にわたったことは、審議会の意見書を読んでもらえばおわかりいただけると思うが、中でも意見が分かれて議論が白熱したテーマの中には、「法曹一元の採否」と、刑事訴訟手続での「陪審あるいは参審のいずれを選ぶか」があった。

法曹一元の採否については、昭和三九年の臨時司法制度審議会でも主要なテーマとされたが、現実の諸条件が満たされるに至っていないとして、将来の課題とされていた。審議会でも弁護士会側が採用を強く主張されて、主要な議題の一つとなったのである。キャリアシステムを廃止して、練達の弁護士から裁判官を採用するということになると、判事補制度は廃止することになる。判事補に任命されて五年が経過すると、職権特例が認められて、判事と同じ職権を行使することができるようになる。当時このような特例判事補が全国の裁判所で、単独裁判や合議体の右陪席を務めていたのである。ことに離島、僻地の支部で支部長を務めていた特例判事補がかなり多数に上っていた。したがって、もし判事補制度を廃止するということになると、何百人かの後継の判事が必要になるが、その給源は弁護士任官に頼るしかない。しかし、当時の弁護士任官の人数は、到底そのような規模には達していなかったのである。そこで、裁判所としては、判事補制度を廃止することになっては、現実の裁判所の体制が維持できなくなるとして、強い危機感を持っていた。審議会では、そのような状況を縷々説明したのである。

刑事訴訟手続での国民参加は、審議会の主要なテーマの一つであった。国民の参加は当然の前提として、英米型の陪審かそれともヨーロッパで主流の参審的な基本構造にするかということで、これまた激論が重ねられた。審議会でも二つに意見が分かれたのである。国民主権を徹底する立場からは、陪審制度の採用が主張されたが、当時英米での陪審による誤判の研究が公にされていたこともあり、被告人の利益の観点から慎重に考慮するべきであるとの反論もあった。

3　設置当時の経緯

ところで、そもそも、政府に審議会を設けて、司法制度改革を審議するべきだとの論議が出てきた際には、このように司法制度の改革を議論しなければならないほど制度が放置されてきたのは、その任を果たすべき法曹三者が内輪もめに終始して改革を放置してきたからであるとして、当初は法曹三者は審議会のメンバーには入れるべきではないとの極論さえあった。その後そうもいかないから入れるには入れるが、議決権は与えないとの議論を経て、ようやく正規のメンバーに入ったのである。そこで、審議会がスタートした頃は、法曹三者はかなり肩身が狭い思いをしていたもので、委員で研修所同期の中坊公平弁護士が、私に向って、

「風当たりが強いから、最初はおとなしくしていよう。」

と言ったくらいであった。最初の各界からのヒアリングでは、あまり発言もせず、おとなしくしていたが、二年目の春ぐらいから基本的方向の議論が始まると、そうもしていられないから積極的に発言するようになり、最後はお互い激論を戦わして、たしなめられるくらいになってしまったのである。

4　夏期集中審議

そうして、上記の法曹一元と陪審か参審かの問題については、二年目の平成一二年八月七日から三日間にわたって行われた集中審議が重要な意義を持っていた。この夏季集中審議はいつもの会場を離れて他の同時中継の設備のない会場で行われたので、審議の一部始終は、会議後の会長、副会長らによる記者会見で概略しか伝わらなかったのである。この夏季集中審議で決定にまでは至らなかったのであるが、前述した二つの問題の一応の方向性が見えてきたように思われるのである。松澤さんも、きっとあの温顔で、日参していたのではあるまいか。

●ふじた・こうぞう＝弁護士（田辺総合法律事務所）

刑事法の一隅から

松尾　浩也
Koya Matsuo

商事法務研究会の企画に招かれると、その昔プラトンのアカデミーで「幾何学を知らざる者、門に入るべからず」と宣告されていたことを想起し、「商事法を知らざる者」は参加をためらう。しかし、今回の企画は「松澤専務理事の古稀を祝う」ということなので、その趣旨に心から賛同する気持ちさえあれば足りると思い、列に加わることにした。

＊

罪刑法定主義の支配下にある刑法では、日本法の形成にまず重要な役割を果たすのは立法である。筆者は、昭和四〇年、法制審議会刑事法特別部会幹事に任命され、立法過程の末端に触れた。もっとも、委員だけで五〇名を超える大型の部会であったから、末席の幹事に発言の機会はほとんどなく、委員の間で交わされる激しい議論を傾聴する日々であった。部会長の小野清一郎先生は熱心に議事をリードされ、ときには先生の大喝一声を聞くこともあった。議事録はむろん作成されたが非公表で、表紙には「秘無期限」の朱印が押されていた。立法の「舞台裏」は緞帳の陰に隠れて見えなかったのである。

八年余の審議を経てとりまとめられた「改正刑法草案」は、各種の六法にも掲載されて存在感は高まったが、一方で批判も強く、結局これに基づく法律案が国会提出に至らなかったことは周知のとおりである。法務省から「草案」に修正を加えた「代案」が提示されるなど、合意への努力も払われたが、実を結ぶには至らなかった。このとき民商事法の場合の「商事法務」のように、改正作業をサポートする民間の組織があれば事態は違っていたかも知れない。

刑法改正作業の挫折は、昭和五〇年代から平成初期に至る長い期間、刑事立法の停滞という副作用をもたらした。コンピュータ犯罪の新設等わずかな例外を除くと、「立法府はピラミッドのように沈黙している」と嘆息される時期が続いた。状況の変化が始まったのは平成を迎えてからである。罰金刑の額について臨時措置法による暫定的処理を廃し、刑法典の規定そのものに修正を加えたのが平成三年、片仮名書き、文語体の条文を現代的な表記に改めたのが同七年であった。いずれも、法典の全部に及ぶという意味では広く、一方、内容にはあまり立ち入らないという点では薄い改正で、「ミルフィーユの生地」のようだと評された。

しかし、立法への門は開かれた。手続法については平成一一年に通信傍受を認める改正が行われ、刑法典には同一三年に「支払用カード電磁的記録に関する罪」の章が新設された。それ以来、実体法、手続法ともに部分改正は活発であったが、いちいち言及することはできない。大規模の包括的な改正として特筆すべきなのは、平成一六年の裁判員法の制定およびこれに伴う刑事訴訟法の改正である。平成一一年に設置された司法制度改革審議会の取り上げた論点の中には、重要な項目として国民参加の問題が含まれており、審議を経るうちにそれは「刑事訴訟の一定の事件への参加」に収斂した。しかし、委員の支持は陪審制と参審制の両者に分かれていた。

審議会は、存続期間もあと半年ほどに押し迫った平成一三年一月、この問題のためのヒヤリングを企画し、藤倉皓一郎氏、三谷太一郎氏、及び松尾浩也を招請した。三人は、この順に意見を述べたが、これは期せずして絶妙の順序であった。英米法の大家である藤倉さんは、「法の実現における私人の役割」と題して、田中英夫・竹内昭夫両教授の古典的論文を引用しつつ市民参加の意義を語り、大正陪審法の成立について透徹した研究業績のある三谷さんは、「政治制度としての陪審制――戦前日本の経験に照らして」の表題で、明治・大正期の動向のほか、欧米の学者多数の言説を紹介し、最後に「シビリアン・コントロール」の語で締めくくった。お二人のプレゼンテイションで昂揚した雰囲気に助けられて、松尾は裁判員制度の構想を提示し、ヒヤリングを終えた。

司法制度改革審議会は、その年の六月に意見書を発表したが、審議の状況は報道機関に公開され、また民間の出版社が『月刊司法改革』を刊行するなど、透明性は高かった。意見書の具体化については司法制度改革推進本部で検討が重ねられ、平成一六年に裁判員法が成立するとともに、関連して刑事訴訟法の大幅な改正が実現した。これは、大正陪審法が刑事訴訟法とは無関係に、いわば孤立の状況で立法されたこととの顕著な差異であった。施行まで五年の準備期間が設けられたのは大正陪審法の場合と同じであるが、裁判員法については、法曹三者の協力のもと、数百回の模擬裁判および模擬選任手続が行われ、有意義であった。なお、逆説的ではあるが、裁判員制度に否定的な意見も活発に表明され、報道機関が一時これを熱心に取り上げた結果、この新しい制度に対する国民の理解は急速に進んだ。

＊

刑事立法の「舞台裏」については、語るべきことは次第に少なくなったようである。しかし、その「運用」について多くの論点があることは言うまでもない。特に近年は司法と福祉、医療、教育等との連携の重要性が関心を集めている。そこではきめ細かい舞台裏の努力が必要であろう。

●まつお・こうや＝東京大学名誉教授

国会答弁案の作成事務

深山　卓也
Takuya Miyama

1　はじめに

私は、平成八年秋に裁判所から民事局参事官として法務省に異動して以来、昨年一〇月に法務省民事局長を退任するまで、途中二年ほど裁判所に戻って裁判実務を担当した時期を除き、約一七年間にわたって法務省に勤務し、民事法の立法に直接、間接に関与してきた。

民事法の立案担当者にとって、法制審議会で議論を重ねて法律案要綱を策定し、これを法律案に仕上げて国会に提出し、国会審議を経て法律が成立するまでの一連の過程には、様々なハードルが存在する。その一つが国会答弁案の作成である。本稿では、民事法を例にとって、一般にあまり知られていない国会答弁案の作成事務の実情を紹介したい。

2　質問通告と質問取り

民事法をはじめとする法務省の提出法案は、衆議院・参議院の法務委員会で審議されるが、法務委員会の理事会で特定の日に法案の質疑を行うことが決定されると、各党は、実際に質問をする議員（「バッター」）を決める。バッターとなった議員は、質疑の前日までに法案の担当省庁である法務省に「質問通告」をするのがならわしである。質問通告とは、国会での質疑に先立って、あらかじめ質問の内容を担当省庁に伝えることである。平成一一年には、与野党で質疑の前々日の正午までに質問通告をする旨の申し合わせがされているが、この申し合わせは、実際には、ほとんど遵守されておらず、多くの議員は、質疑の前日の午後、しかも夕刻になってから質問通告をする。

質問通告は、慣行として行われているので、その方法に決まりはないが、多くの議員については、法案の担当者（民事法であれば法務省民事局の局付）が国会議員会館にある議員事務所にアポをとって赴き、具体的な質問内容を聞いてくるという方法によっている。これを「質問取り」というが、質問取りの前に質問の概要を記載した書面をあらかじめファクシミリで法務省に送付してくる議員もいるし、そうではなく、まず議員事務所に来てくれという議員もいる。議員事務所では、議員本人または秘書から用意している質問が告げられ、これについて局付との間でやりとりがされたうえで、質問内容が確定されることになる。中には、局付から法案の内容についてレクチャーを受けつつ、その過程で質問内容を考えて伝えるという時間のかかる方法をとる議員もいる。いずれにせよ、こうした質問通告により、議員の側も誤解に基づく質問や答弁が期待できない質問を避けることができ、答弁する側も事前準備により的確な答弁をすることができるので、充実した国会審議が可能となるのである。

質問取りの際には、質問内容の確定とともに、それぞれの質問の答弁者を大臣、副大臣、大臣政務官あるいは政府参考人（民事局長）のいずれにするかを議員に決めてもらう必要がある。その際、大臣等の答弁負担を軽減するため、法案の細目的事項に関する質問については、できる限り政府参考人を答弁者にするよう頼み込むのも質問取りに行った局付の大事な仕事である。

もっとも、質問通告の方法は様々であり、質問取りを認めず、質問内容と答弁者とを記載した書面をファクシミリで法務省に送付し、質問内容に不明な点があれば、電話で担当者からの問い合わせを受け付けるといった方法をとる議員もいる。さらに、少数ではあるが、ごく簡単な質問要旨（「法案第○○条について」とか、「法案中の○○制度について」といったもの）と答弁者とを記載したメモを送付してくるのみで、担当者からの問い合わせは一切受け付けないという議員もいる。こうした議員については、質問要旨を踏まえて問われる可能性のあるあらゆる質問を想定したうえで、これに対する答弁案を作成せざるをえないことになる。

3　答弁案の作成

法案を担当している局付（法案の大きさにもよるが三～四名程度のことが多い）は、質疑前日の夕刻から、手分けしてバッターとなる議員の議員事務所を次々と回って質問を取り、法務省に戻ると各議員の質問内容を一定の書式が定められた「問い表」の形にする。すべてのバッターの問い表が完成するのは、午後七時～九時頃になってしまうのが普通であり、それから、ようやく本格的に答弁案の作成が始まるのである。

法務委員会の審議時間は、法案の大きさ等により様々であるが、丸一日の審議となると審議時間は六～七時間に及び、一時間当たり二〇～二五問程度の質問がされるのが通例なので、すべてのバッターの問い表ができあがってみると、翌朝までに一〇〇問以上の質問について答弁案を作成しなければならないことも珍しくない。

もっとも、法案審議の事前準備として、担当者は、あらかじめ質問されそうな事項を想定して答弁案を用意している。こうした想定問を小さな法案でも一〇〇～二〇〇問、大きな法案になると一〇〇〇問以上も作成しているが、実際の法案審議になってみると、想定問でそのまま対応できる問いの数は、半数前後にとどまることが多い。

答弁案は、まず、質問取りから戻った局付が原案を作成するが、これに担当の参事官→官房審議官（民事局担当）→民事局長が順次手を入れ、大臣の答弁については、さらに官房秘書課長も手を入れたうえで完成するという決裁システムがとられている。局付が作成した原案がそのまま最終の答弁案となるのは稀であり、多くは、決裁の各段階で相当程度手が入れられるし、いずれかの段階で答弁案のスタンスを全面的に変更すべきであるとして差し戻されることも少なくない。また、法務省の他部局や他の関係省庁、さらには、最高裁判所事務総局（民事局、家庭局等）と答弁内容を相談する必要があるものもあり、答弁案の作成には多大の時間と労力とを要する。そのため、すべての答弁案ができあがるのは未明になるのが普通であり、大量の質問がされると、翌朝までにすべての答弁案の作成が終わらない――午後の質疑の答弁案は午前中に完成させる――といった事態も生ずる。最終的に、答弁案は、バッターとなる議員ごとに冊子の形でとりまとめられるが、丸一日の審議の場合には、すべてのバッターの答弁案を積み上げると、片手では持ちきれないほどの分量になる。

質疑の当日未明にすべての答弁案が完成したとしても、民事局長をはじめ立案担当者は、午前六時～七時頃からは、答弁内容を大臣等にレクチャーしなければならないので、ごく短時間の睡眠を取るか、あるいは、徹夜状態のままレクチャーを行い、これを終えると、その足で法務委員会の質疑に臨むことも少なくない。

4　おわりに

このように、民事法の立案担当者にとって、質疑前日の国会答弁案の作成は、多大なエネルギーを要する負担の重い事務である。近年、女性の活躍推進やワーク・ライフ・バランスが重要な政策目標とされていることから、今後は、質問通告がより早期にされ、この事務の負担が軽減されることを大いに期待したいところである。しかし、将来の見通しはさておき、現時点においては、一本の民事法が国会で成立する裏側には、短時間睡眠を強いられ体力を消耗しながら国会答弁案を作成している立案担当者の苦労があることをおわかりいただければ幸いである。

●みやま・たくや＝さいたま地方裁判所長（元法務省民事局長）

衆法・参法と閣法と

村松　秀樹
Hideki Muramatsu

「霞が関」で仕事をするようになってから、思いのほか長くなった。最初に「法務省民事局」という内示を受けたのもかれこれ一五年以上前のことになったが、とはいえ、裁判所を離れて法務省に勤務した諸先輩方の中には、私の何倍もの期間を法務省に捧げておられる方たちも少なくない。

そのような、私の長いとも長くないともいいにくい法務省における法案立案経験の中で、一つとても印象に残っているできごとがある。それが議員立法への対応である。

法律の制定の過程にはいろいろあるが、法務省民事局にいれば民事基本法制を所管する立場から数年に一度（それ以上か）の法案立案作業を経験するのが通常である。一定の事情に基づいて立法を検討することとなり、基礎的な研究を経て法制審議会を立ち上げて、中間試案をパブリック・コメントの手続に付し、最終的な要綱をとりまとめ、与党の了承を得たうえで国会に法案として提出し、その間には、長くつらい法制局審査が待ち構える……というのが大なり小なり違いはあるものの、我々の立案作業の「テンプレ」であるといえる。

他方で、このような流れの対極にあるものとして、議員立法対応がある。議員立法というのは周知のとおり、国会議員が法案を立案し、法案提出に至るというものである（ちなみに、内閣提出法案は「閣法」と呼ばれ、他方で、議員提出法案は議員の所属による提出先議院の違いにより「衆法」、「参法」と呼ばれる）。もとより、技術的な点も多い法案の立案を国会議院ご本人やその秘書だけで行うのは効率的でないことから、国会には衆議院・参議院にそれぞれ法制局が置かれ、この議院法制局の担当者が議員を補佐し、法案の実現に向けた様々な業務を遂行している。これは、まさに法案作成およびその実現という極めて特殊かつ高度な専門的素養・経験を要する作業を担うものであり、ある意味、民法の（準）委任契約が古典的に想定するような業務といえるだろう。そのためか、法制局の方たちは、案件を持ち込んだ国会議員のことを（まるで弁護士のように）「依頼者」と呼び、さらには、複数の依頼者間のコンフリクト（利益相反）を気にしており、興味深い。

さて、そのような議員立法とのお付き合いの中でも私にとって最も印象深かったのは「配偶者からの暴力の防止及び被害者の保護等に関する法律」（平成一三年法律第三一号。以下「DV防止法」という）の改正であった。DV防止法には、基本法としての性格を有する部分や、行政機関を名宛て人とする規定等も含まれるが、その主要な部分として、裁判所が「保護命令」を発令し、DV夫（妻）の暴力からの保護を図る制度が組み込まれている。したがって、その改正ともなれば、法務省のほかにも、内閣府男女共同参画局や厚生労働省・警察庁との調整が必要となるほか、裁判所にも目配りが必要であり、さらには与野党の関係する国会議員との調整が必要となってくる。

私が関与したのは、平成二五年にされた改正（平成二五年法律第七二号。施行は平成二六年）であり、「生活の本拠を共にする交際相手」からの暴力およびその被害者にもDV防止法の適用範囲を拡大したものであったが、この際にも、そもそも、拡大が適切か、拡大するとしてどのような概念を用いれば問題がないのかなどが議論となり、派生的に裁判所の運用状況はどうかなどが議論された。特に、与党における審査にあっては、単なる交際相手を「配偶者」と同様に扱うことが伝統的家族観とマッチするかなども問題とされ、関係する国会議員、参議院法制局の担当者、関係省庁等の担当者がそれぞれに注力し、国会の会期終了間際になって急遽改正法案が提出され、一気に成立するというアクロバティックな展開を見せた。

この際、特に強く印象に残ったのは、参議院法制局の面々の成立に持ち込もうという意欲であり、自らの進める法案の内容が重要なものであるという純粋な使命感であるが、他方で、彼らは、いい意味でも悪い意味でも国会議員との距離感が近く、議員立法の立法過程は私が普段経験するものと比べてもよりダイナミズムにあふれるものであった点も印象深かった。

我々の仕事の進め方は、とにかく、一歩一歩丁寧に利害調整や根回しを進めていくというものであり、一つ一つ積み上げていくという印象があるが、議員立法はよりダイナミックなものという印象を抱いた。もっとも、このような立案過程におけるダイナミズムの違いは、結果的に、それに応じた法案の内容の棲み分けを生じさせているようにも思われる。

私としては、議員立法におけるそのようなダイナミックさにある種の心躍る感覚を抱きつつも、内閣提出法案（とすることが望ましい法案）においては丁寧な立案過程が望まれるという言わば当然の作法を改めて再確認しなくてはならないと感じるところである。

●むらまつ・ひでき＝法務省民事局参事官

伯楽

山岸　憲司　Kenji Yamagishi

「平ら」という言葉があります。私の出身地である新潟県の地元で、年寄りが使っているのを聞きました。「あの人は平らだからねぇ……」と好意的に使われていました。「えこひいき」することなく「公平」である。権威にこびず、下の者を軽んじない。そういう人柄を指すようでした。辞書を引くと出ていますから方言ではないようですが、東京では、そういう言い方をあまり聞いたことがありません。

松澤さんは「平ら」な人です。なにものにも囚われず、自由な発想で、多くの人たちと分け隔てなく付き合い、まさに「平ら」に話をし助言をし、それぞれの人たちが業績を世に問うときに、また、法案を策定しようとするときに、黒子として、あるいは舞台裏で、サポートしてきました。

「平ら」な人のところには、「情報」と「人材」が集まります。

多くの学者が、法曹が、官僚が、企業法務の人たちが、松澤さんのサポートを受けて切磋琢磨して才能を花開かせていきました。

私どもも、『リース取引法』（商事法務研究会、一九八五年）の出版に先立つ、ＮＢＬへの連載の頃から、松澤さんにお世話になりました。

髙木新二郎先生や須藤正彦先生の口添えがあったとはいえ、まだ実績のない若手弁護士たちの勇気とやる気を引き出し、連載を任せ、また単行本の出版に漕ぎつけるまで、本当に暖かく見守り応援していただいたのは三十数年前のことになります。その後の『不動産取引』（商事法務研究会、一九九二年）の出版でも随分とお世話になりました。

最近になって、多くの実務法律家、学者の皆さん、立法に関与された皆さん等の話をお聞きする機会があると、「松澤さんに大変お世話になった」という人が何人もいます。

今回、原稿をいただくことになった関係者の一覧を見ただけで、松澤さんが、幅広く「平ら」にお付き合いし、それらの人たちが、それぞれの使命を果たして社会に貢献できるようにサポートしてきたことが理解できます。

松澤さんは、伯楽の中でも「名伯楽」であると言っていいと思います。

私は、若い頃、弁護士会の中では研修族の端くれとして、研修の充実、発展、そしてまた東京弁護士会の法律研究部の創設や紀要『法律実務研究』の創刊等についても、情熱を傾けて懸命に走り回ってきましたが、松澤さんから多くの助言を受け、その後も、『法律実務研究』の割り付けや出版をはじめとして多大な協力をいただいてきました。そして、そのような研修出版活動の中から、実務法律家が次々と新たな著作物を世に問うのを応援していただき、さまざまな分野で活躍する弁護士等の後押しをしていただきました。

そんな中から、さまざまな法改正を実際にリードする実務法律家、さまざまな法分野で議論の方向性に強い影響力を与える人材も輩出しました。松澤さんに舞台に上がる機会をさりげなく与えられ、育てられた人もたくさんいます。

私が、昔、法制審議会民事訴訟法兼強制執行法部会において幹事の末席に加えられ、民事保全法の立法に多少携わった際にも、また、その後の民事訴訟法の改正の際にも、さまざまな場面で黒子として動き、さりげなく多くの力を発揮してきました。

民法（債権法）改正問題が議論され始めた頃、議論を軌道に乗せるまでは、紆余曲折がありました。私は、日弁連内の検討組織の座長としてしばらくの期間携わったものの、会長に就任してしまい、いつものことながら学問的な高みを目指すに至らずに終わっているわけですが、そのような経過の中でも、松澤さんは、情報を提供してくれましたし、法案の検討、確定まで、いろいろと活躍されました。内田貴先生との膝を交えての会談をセッティングしてくれたのも松澤さんでした。

どの藩邸にも木戸御免で飄々と出入りし、いろいろな人の間を取り持った土佐の偉人をも彷彿とさせる能力も発揮してきました。

公明正大で「平ら」な松澤さんは、謙遜な人柄と自然体で大きな働きをしてきたのでした。極めて特異な存在であると言ってもいいでしょう。

今般、二〇一七年のローエイシア東京大会の開催に向けて、その準備活動に私も携わることになりましたが、それらついても、二〇〇三年の東京大会に引き続き、松澤さんには格別の助言協力をいただいています。

まったくドメスティックな弁護士である私が、このような国際化に向けた活動の責任の一端を担う覚悟をしたのは、一つには立場上やむをえなかったということもありますが、私の「憤り」ともいえる気持ちもあります。日本の法曹のグローバル化への対応力を強化するために、日本の弁護士がもっともっと積極的に活躍しなければならない、韓国、中国の弁護士たちがあれほどアグレッシブに頑張っているにもかかわらず、日本の弁護士たちが後れをとっているということに苛立ちを覚え、もっと高みを目指せ、もっと深く、もっと幅広く、と檄を飛ばしたい気持ちからです。

そんなことについても、松澤さんの共感をもらい、語り合いながら、日本の若き法曹、学者、実務家の皆さんが、もっともっと国際的に活躍する、あるいは、日本に在留する外国人の方々に対する法的サービスを充実するといった課題にもみんなが取り組む、そのためのジャンプ台にしたいと考えて参画しているんだ、思いが共有されないのであればいつでも身を引くんだと少しだけ肩肘を張り、逆に松澤さんから宥められながら、いろいろと助言をいただいています。

いつものように、まったく気負うことなく「アッ、ほれっ、……」と意見を出してもらっています。これからも、松澤さんには、多方面で、一肌も二肌も脱いでいただく場面があると思います。健康に気をつけて、まだまだ頑張っていただきたいと願っているところです。

●やまぎし・けんじ＝弁護士（元日本弁護士連合会会長）

松澤さんと立法学研究会

山本　庸幸
Tsuneyuki Yamamoto

平成七年七月頃、大森政輔内閣法制次長（当時）から、「立法学研究会」を立ち上げるので、参加しないかというお話があった。そのとき私は、通商産業省で繊維製品課長をしていたが、その直前まで参事官として内閣法制局に五年間勤務していたから、そのご縁で呼ばれたのである。

それまで立法を対象とした実証的な研究があるにはあった。ところがいずれも、立法過程に焦点を置いて行われたものばかりである。もっと真正面から立法というものをとらえて、立法を巡る実情とその問題点を客観的に明らかにし、現実の立法に効果的に生かせるような研究は、どこにも見当たらなかった。そこで、大森政輔内閣法制次長と鎌田薫早稲田大学教授が中心となって、「立法学研究会」を作ることにしたそうだ。この研究会では、「憲法、行政法、民法、商法その他の多分野の研究者と、行政府において各種の立法作業に関与した経験を有する実務家が一同に会し、ともに研究する」ということになったという。

私は、もともと学究的なことに興味があったし、確かに立法学という学問分野は聞いたことがないから、それを新たに開拓するのも面白そうだと思って、喜んで参加させていただくことにした。定例会合の場所は、社団法人商事法務研究会の会議室である。会合に出席したところ、このお二人のほか、学者側は、宇賀克也東京大学教授、長谷部恭男東京大学教授および上村達男早稲田大学教授、行政官側は法務省の寺田逸郎氏、大蔵省の後藤敬三氏、自治省の松永邦男氏、衆議院法制局の橘幸信氏等の錚々たる方々がおられた。そこで初めてお会いしたのが、商事法務研究会の松澤三男編集長（当時）である。

振り返ってみると、この研究会が一一年間もの長きにわたって続けられたのは、いうまでもなく大森次長、鎌田教授のお二人の人柄とリーダーシップによるところが大きい。それに加えて、いつものように敢えて気安く「松澤さん」と呼ばせていただくが、人格者で名伯楽の松澤さんがおられたからこそ、そのご人徳と人の能力を引き出す力が大いに与って、これほど続いたのだと思う。

研究会は、各人が順番に研究成果を発表し、それを議論するという形で進んでいった。テーマは、政策立案過程や国会審議の実情と問題点、法制度・立法技術の整備・体系化等である。立法実務面の経験とそれを客観視する学問的視野との融合を目指して、一流の学者と議論するのは、とても勉強になった。学者側も実務家の発想が面白かったようで、話は弾んだ。

会合は、夕方の七時頃から始まるが、商事法務研究会の会議室に着くと、松澤さんの人懐こい笑顔に迎えられる。特に何ということはないが、その笑顔を見ていると、議論がうまくかみ合うような気がするから、不思議なものである。まず、皆でお弁当を食べながら雑談をするのだけれど、松澤さんはといえば、これまた溢れるほどの笑みで、冗談を飛ばす。

それに引きずられるようにして話が始まり、議論はしばしば深夜に及んだものである。その間、松澤さんは、出たり入ったりして、他の会議と掛け持ちし、その合間に自席で仕事をしつつ、我々の会議室にまた顔を出しと、非常にお忙しい。そうこうしているうちに、午後一一時近くになって、さすがにもう帰ろうということになった。私は挨拶をしようと松澤さんのお席に立ち寄った。すると事務室全体が消灯されているその暗い中で、松澤さんの机だけが点灯されていて、そこで黙々と仕事をされている。いったい、何時になったら帰るのだろうと、皆で不思議に思ったくらいである。

こうして立法学研究会は、松澤さんをはじめ石川雅規さんなど商事法務研究会の皆さんに何かとお世話になり、その長きにわたって行った研究活動を暖かく見守っていただいた。そうやって続いた三一回もの会合の研究成果は、松澤さんの「もうそろそろ、いかがですか」というお勧めで、平成一八年になって

『立法学講義』という書物にとりまとめることができた。また、私自身もこの研究活動に触発されて、東京大学の公共政策大学院や法科大学院、そして早稲田大学の法科大学院で、立法学を教える機会にも恵まれた。

ところで、この研究会はただ長く続いただけではない。驚くことに、そのメンバーの中から、寺田逸郎最高裁判所長官、大森政輔内閣法制局長官、鎌田薫早稲田大学総長という各界のトップを次々に輩出した。これは単なる偶然か、それとも共に研究して切磋琢磨したおかげか、あるいは松澤さんという名伯楽がおられたせいか、それはよくわからないが、いずれにせよ特筆すべきことであろう。

そういうわけで、松澤さんにはとても感謝をしているが、実は私はひとつだけ、松澤さんに悪いことをしたので、この稿を借りてお詫びをしたいと思っている。あれは研究会の忘年会が終わって、松澤さんと一緒に電車に乗ったときのことである。私が、「この間、古いアルバムを整理していると、自分が大学生のときの写真が出てきて、それを見たら、髪の毛の量が今の三倍もあったので、嫌になりました」と、何の気なしに言った。すると松澤さんは、いつものとおりニコニコしながら、「そんな……私を見て下さいよ」と言う。ふと、松澤さんの頭を見た私は、二の句が継げなかった。

●やまもと・つねゆき＝最高裁判所判事

民法・消費者法

ウィーン売買条約への加入

内田　貴
Takashi Uchida

二〇〇八年七月、「国際物品売買契約に関する国際連合条約」（ウィーン売買条約）への加入が国会で承認され、同条約は二〇〇九年八月一日から日本でも発効した。日本は、国連の国際商取引法委員会（ＵＮＣＩＴＲＡＬ）でのこの条約案の審議に当初から参加し、同条約を採択した一九八〇年四月のウィーンでの外交会議にも参加していた。しかし、（例によってというべきか）条約の署名国には加わらず、その後所定の一一カ国の加入が達成されて、一九八八年に条約として発効した段階でも、原始加盟国に名を連ねることがなかった。それから二〇年を経て、ようやく加入が実現したのである。

日本の加入が遅れた理由は様々あろう。しかし、一番大きいのは、加入したところで国際売買を最も頻繁に行なっている商社などが、条約を使って取引することはまず考えられず、従って実務的に加入のメリットがない、ということである。確かに、それは事実で、加入したあとも、日本には今日に至るまでウィーン売買条約を適用した裁判例が一件も存在しない。これは主要加盟国の中でも際立っている。つまり、紛争になる場合、ならない場合を含め、日本企業の中ではウィーン売買条約はこれまでのところあまり使われていないのである。しかし、いま使われないから加入するメリットがない、というのは事実だとしても、メリットがなければ加入する必要がないか、というと話は別である。

日本が加入しないことは、アジアでは少なからざる意味を持っていた。東アジアおよび東南アジアでは、中国が原始加盟国に名を連ね、当初の署名国の一つであったシンガポールが一九九五年に加入しているが、その後しばらく加入国が現れなかった。日本に対して、なぜ加入しないのかとの照会もあった。しかし、その理由が、ウィーン売買条約に問題があると考えているからではないとわかってからは、韓国が二〇〇四年に加入し、日本の加入後にはベトナムが続き、さらにASEAN諸国には加入に向けた検討をしている国が生じている。日本の加入は、アジアへの条約の普及という観点からは一定の意味を持ち得たのである。しかし、日本は、その貢献をしなかった。

では、ウィーン売買条約をアジア諸国にも広めることには、日本にとって意味があるのだろうか。ここから先は政治判断の問題である。グローバルに市場が広がる中で、国際取引のインフラとなる取引法、とりわけ最も基本となる売買法が、公平な内容を持ったものに国際的に統一されることは、紛争解決の予測可能性を高め、国際取引の法的コストを軽減するだろう。少なくとも、自社の約款で契約をすることができない中小企業にとっては、大きなメリットがあると思われる。今後、日本の中小企業が、とりわけアジア諸国との取引に携わる機会が増えるであろうことを考えると、短期的な実益の有無を超えて、取引法の国際的統一の方向に貢献することは国益にかなうのではないか。そんな政治判断が必要となる。

このような、法の領域における長期的・国際的視点に立った政治判断を、日本の政治家はしない。そのような見識のある政治家は、日本という国家が国際社会に乗り出そうとしていた明治の時代には、確かに存在していた。しかし、近年は乏しい。そこで、そのような政治判断は官僚に委ねられる。契約法領域の場合でいえば法務官僚である。ところで、立法であれ条約加入であれ、その種の新しい動きは、いきなり世に出ると、必ず無理解な反対に遭遇するのが現実である。国益にかなう政治判断も、それを実現するには、これまた高度に政治的なセンスが必要となる。日本の官僚は、そのような政治的センスを磨くことも求められてきた。

実は、ウィーン売買条約が一九八八年に発効したとき、それを機に日本も加入することが検討されていた。主導したのは、ときの法務省民事局参事官である。その参事官の意を受けて、公益法人の中に研究会が組織され、専門の学者、実務家を集め、法務省の若手局付たちも参加して数年にわたり加入に伴う問題についての研究が重ねられた。私は東大の助教授時代に若手研究者としてこれに参加したが、私の手元に残っている記録を見る限り、少なくとも四年間は、この研究会がかなりの頻度で開催されていた。もっとも、法務省の参事官は、通常、数年で人事異動がある。このため、このような長期に及ぶプロジェクトになると、一人の参事官が最後まで面倒を見ることができない。参事官が替われば、前述の政治判断についてのスタンスも異なるので、求心力にも変化が生ずる。この種の研究会に続いて、法制審議会などの正規の立法プロセスに乗せるには、条約への加入を求める「風」が実務界から吹く必要があるが、このときは、残念ながらその風を吹かせるには至らなかった。

その後、二〇年近くを経て、かつて条約加入に向けた検討を開始する政治判断をした参事官が、民事局長に着任し、再び、しかし今度はより上級の決裁権限のもとで、動きを再開した。問題の専門性に鑑みて、極めて異例ながら、専門の中堅学者を担当参事官に就け、二〇〇六年秋にシンポジウムを開催して、批准に向けた検討を法務省が開始したことを世間に宣言した。同時に、研究会が再度組織され、前回の研究会の成果を踏まえて急ピッチで加入に向けた検討が行なわれた。また、役所の外では、加入を当然と感じる空気を一気に醸成し、政治家の支持も取り付けて加入の実現に漕ぎ着けた。

これは、深い見識と広い視野をもった法務官僚がなし遂げた貴重な成果というべきである。とはいえ、事実はそれほど単純ではない。私は、二〇年以上前の研究会以来、条約加入に至るまでのプロセスの舞台裏を見てきたが、言えることは、いかに優れた法務官僚といえども、いざ事を進めようとすると、その意を汲んで動いてくれる、役所の外のサポート役が必要だということである。例えば、役所内に正式の組織を作る前に、下準備のための研究会を役所の外に作ろうとすると、そのメンバーを選び、一人一人に参加を要請し、会合の場所を準備し、資料を整える等々の裏方の作業が必要となる。それに伴う費用の工面も必要である。日本の立法プロセスは、このような、官僚とそれを支える裏方との協働作業の中で進行していくことが少なくない。

このことを、視点を変えて言うならば、信頼するに足りる見識と視野を持った法務官僚を見抜き、その人物の意を受ける形で、ウィーン売買条約加入に向けた準備作業をお膳立てした人物がいた、ということである。それが松澤三男氏である。

＊

ところで、右の法務官僚が長期的・国際的視野に立って始動させた立法には、ウィーン売買条約への加入の外に、もうひとつ大きなものがある。債権法を中心とした民法の抜本改正である。これについても、語るべきことは多い。しかし、いまはまだその時ではない。

●うちだ・たかし＝東京大学名誉教授

選択的夫婦別氏制度の導入論議

加藤　朋寛
Tomohiro Kato

松澤さんの面識をいただいたのは、平成五年四月に法務省民事局付を命ぜられ、身分法担当として参事官室に勤務していた際であった。当時、法制審議会民法部会身分法小委員会（以下「身分法小委員会」という）で婚姻および離婚制度の見直し審議が行われており、その成果は、平成八年二月の法制審議会答申「民法の一部を改正する法律案要綱」に結実した。しかし、いわゆる選択的夫婦別氏制度（以下「選択的別氏制」という）の導入や嫡出である子と嫡出でない子の相続分を同等とするとの方向性等が家族の秩序を破壊するとして一部の激しい反発を招き、法案提出に至らなかった。当時、身分法小委員会の審議状況に応じ、節目ごとに各方面に説明を行ったが、選択的別氏制については、当初から倫理に反するとする強い反対が少なくなく、説明はできても理解はしてもらえないということが当たり前のように繰り返されていた。そのような中、折に触れ、松澤さんから励ましの言葉をいただいたことは、誠にありがたく、改めて御礼申し上げたい。

ところで、婚姻による家族は、社会の最も基本的な共同体であり、次世代を生み育てる基盤であって、そのあり方は、社会にとって重要な関心事であり、性的倫理とも密接に関連しつつ、社会の慣習や宗教的規範等によって規律されてきた。そのような婚姻のあり方を変えようとすれば、従来の倫理観に基づく強い反発を招きかねないことは、「民法出テテ忠孝亡フ」と言われた旧民法を巡る法典論争の例にも見られるとおりで、選択的別氏制の導入についても、強い反対が出てきておかしくない。そのような中で、これを導入するためには、必要性と許容性の両面において、国民の理解と支持を得ることが必要であった。

この点、難しかったのは、そのような反対にもかかわらず、選択的別氏制を導入しなければならないと言えるだけの決め手に欠けることであった。氏が多面的な性格を有しており、いずれの性格を重視するかで夫婦同氏制度への受け止め方も異なるため、改正の必要性に対する共通認識を得にくかったのである。個人の個性・同一性の徴表として氏を捉える立場からは、婚姻による氏変更は自己の人格否定ともいうべき苦痛であっても、家族の名称として氏を捉える立場からは、その苦痛は理解困難である。むしろ、後者からは、前者の氏の変更を苦痛とする主張が家族の利益より個人の利益を優位に置き、婚姻を軽視するものと受け止められていた可能性すらあった。そのような中、唯一、夫婦同氏制に伴う問題点として、ある程度の共通認識が得られたのは、女性の社会進出に伴って顕著になってきた社会活動上の不利益であるが、これも、通称使用の拡大に向けた動きが始まったばかりの時期でもあり、通称使用により解決すべきとの意見に反論できるだけの事実の提示は困難であった。

結局、選択的別氏制導入の必要性については、氏の多様な性格を前提に、個人の個性・同一性の徴表としての性格を重視する者の人格的利益にも配慮し、選択の余地を認めるべきであるとの寛容論ともいうべきものを軸に説明せざるをえなかったが、夫婦別氏が倫理に反すると考える者に対しては、寛容論自体が受け入れ難いことは明らかというべきであったろう。

このように、決め手に欠ける選択的別氏制導入論であったが、一方で、氏を異にすることが家族の一体性を害し、婚姻の意義を薄れさせるなどの消極意見の論拠も、渉外婚姻等により夫婦・親子間で氏を異にする家庭が少なからずあることなどを考えれば、観念論に過ぎず、事実とは異なるように思われたし、夫婦が氏を異にするという一事をもって、その共同体および構成員を法的保護と規律の埒外に置くことは不適当と思われた。そのような思いで改正作業に携わっていたが、そうであれば、具体的事実を踏まえつつ、別氏を選択した夫婦によって形成される家族の姿や、その家族共同体および構成員たる夫婦と子とに働くべき規律を提示し、消極論者の懸念に答え、その解消に努めることで、抽象的な価値観や理念の応酬とは異なる対話が生まれ、建設的な議論を深めることもできたのではないかとも思う。ただ、実際には、選択的別氏制導入論の中にも様々な考えがあり、子の氏のあり方の議論に顕著であったように、別氏夫婦によって形成される家族の姿を示すことも容易ではなかった。

法制審議会の答申から二〇年弱を経た平成二七年一二月、最高裁判所大法廷において、夫婦同氏制度についての初の憲法判断が示されたが、これに先立つ報道や論説の中には法制審議会答申当時の意見と変わりないものが多く、この間の議論の深まりが感じられなかったことは、いささか残念であった。しかし、前記大法廷判決も、夫婦の氏のあり方が引き続きの立法政策上の課題であることを否定していないのであり、少子高齢化の進行が顕著である一方、女性の活躍を始めとする一億総活躍社会が目指される状況の下で、改めて婚姻による氏変更が社会生活に与える影響や、通称使用の実情、さまざまな事情で氏を異にする家族の実情等を踏まえた建設的な議論が深まることを期待している。

●かとう・ともひろ＝広島地方検察庁検事正

消費者団体訴訟制度（差止請求及び被害回復）

加納　克利
Katsutoshi Kano

1　消費者団体訴訟制度とは

消費者契約法上、内閣総理大臣の認定を受けた適格消費者団体が、消費者被害の未然防止・拡大防止を図る観点から、事業者の不当な行為について差止請求をすることができることとされている。また、「消費者の財産的被害の集団的な回復のための民事の裁判手続の特例に関する法律」（以下「消費者裁判手続特例法」という）上、内閣総理大臣の特定認定を受けた特定適格消費者団体が、消費者被害の集団的な回復を図る観点から、事業者の共通義務について確認をした上で（一段階目の手続）、消費者から授権を受け、債権の届出等をすることによって、消費者の債権の内容を確定することができる（二段階目の手続）こととされている。これらの制度について、「消費者団体訴訟制度（差止請求及び被害回復）」といわれることがある。

2　日本法における意義

少額多数被害が拡散的に多発するという消費者被害の特性に鑑み、被害の未然防止・拡大防止及び被害回復を図る制度の創設が要請されていた。これに対応する制度の一つとして、消費者団体訴訟制度が創設された。差止請求制度は、平成一八年の消費者契約法の改正により導入され、平成一九年六月に改正法が施行された後、差止請求の対象が景品表示法・特定商取引法・食品表示法に拡大されている。また、平成二五年の消費者裁判手続特例法の制定により、被害回復のための制度が導入され、平成二八年一〇月に同法が施行される予定である。

消費者団体訴訟制度には、大きく分けて二つの意義があると考えられる。

一つは、司法制度改革の中での意義である。いわゆる司法アクセスの改善のための方策の一つとして、司法制度改革推進計画の中で、消費者問題の分野で団体訴訟制度の導入を検討すべきこととされ、内閣府において検討が行われた。差止請求制度は、その検討の結果、適格消費者団体の認定・監督の仕組とともに、適格消費者団体による差止請求権を規定するものである。また、差止請求制度の運用状況をも踏まえつつ、適格消費者団体の中からさらに特定認定を受けた特定適格消費者団体を手続追行主体とする二段階型の訴訟制度として発展させたのが、被害回復制度である。

もう一つは、消費者政策及び消費者団体の役割という文脈の中での意義である。消費者被害の防止・救済は消費者政策の中でも重要な課題であるが、制度の担い手を誰にするかは制度設計をする中でも重要な問題であり、本制度では、行政ではなく、消費者個人でもなく、行政の認定を受けた消費者団体を制度の担い手としている。行政の認定・監督を適切に行うことによって制度の信頼性を確保しようとする側面ももちろんあるが、民間団体としての消費者団体の力を活用するものであり、民間団体が公益的業務を担うという意味合いもある。

3　検討された課題

まず、当初導入された差止請求制度の検討においては、自ら被害を被ったわけではない消費者団体が何故に差止請求権を行使することが許容されるのか、という点が一つの大きな課題であった。結局のところ、政策目的との関係で、どのような主体が担い手として相応しいかという政策的な問題であり、一定の目的のもとに組織された体制を整備し、十分な活動実績を有していることなどから、制度の担い手として適切な差止請求権の行使が期待できる者を認定する枠組みとしている。理論的にはなお検討の余地があるものと思われる。

次に、被害回復制度の検討においては、一段階目の手続における判決の効力が何故に二段階目の手続に加入した消費者に及ぶことが許容されるのか、という点が一つの大きな課題であった。事業者の応訴の負担を過度なものにしないようにしながら、いかにして集団的な消費者被害の回復の実効性を確保するかという問題であり、被告となる事業者の係争利益の把握可能性等との兼ね合いから、対象事案として消費者契約関係にある場合を基本にすることとしつつ、判決の効力が前述の消費者に及ぶこととしている。判決の効力をどのようにするかは、集団的な被害回復のための制度を検討する上での根本的な問題であり、制度設計の検討をする際も、比較法的な観点やわが国の民事訴訟制度との整合性といった観点も踏まえ、様々な選択肢を検討する中で、消費者・事業者双方の関係者のコンセンサスが得られたものとして、いわゆる二段階型の訴訟制度を創設することとされた。

4　残された課題

一つは、本制度の担い手である適格消費者団体及び特定適格消費者団体に対する適切な支援を行うことである。既に、制度の積極的な周知・広報を行うことはもちろん、国民生活センター等の情報提供や地方消費者行政推進のための枠組みを活用した資金的な支援を行っているところであるが、さらに、制度を持続可能なものとする観点から、情報面・資金面での支援を検討する必要がある。

次に、特に違法性の強い事案において被害回復の実効性を確保するため、加害者の財産の隠匿・散逸を防止する方策を検討することである。本制度は、被害の防止・救済のために民事訴訟制度を活用するものであるが、いわゆる悪質業者への対処として民事訴訟制度に限界があることも否定できない。行政措置等、より迅速かつ強力な措置を導入すべきことが考えられるが、他方で、制度的な枠組みや実効的な運用・執行体制の在り方等、検討すべき課題も大きく立ちはだかっている。引き続き検討する必要がある課題である。

5　松澤さんのこと

以上のような消費者団体訴訟制度は企業法務にも一定の影響を与え得るものであり、制度の内容や考え方について企業関係者にも広く周知をする必要がある。松澤さんおよび商事法務には、各種の説明会や座談会等の企画を通じてお世話になった。改めてここに記して御礼申し上げる次第である。

●かのう・かつとし＝消費者庁消費者制度課長

債権法改正での松澤さん

亀井　明紀
Akinori Kamei

私は経済産業省の職員ですが、平成二〇年から二四年にかけて法務省に出向し、民事局で債権法改正を担当するチームで仕事をするチャンスを得ました。ここで「チャンスを得た」と書いたのは、私が着任した当時、学者の先生を中心に、民法の契約ルールの現代化という大きなプロジェクトが走っていたからです。近々提言がまとめられ、法務省でも検討をすることになりそうだ、ということも聞きました。こんな歴史的な仕事に巡り合うとは何と幸運なことなのか、きっと学者の先生も実務家も、そして法務省も機運が盛り上がっているに違いない、と思いながら喜んで法務省に向かったのを覚えています。

ところが、です。法務省に着任してみるとだいぶ事情が違っていました。まず、学者の先生の議論にはとても興奮しました。民法学者はもちろん、民事訴訟法や商法の日本を代表する先生方が、そもそも論（なぜ、このような規定が置かれているのか、現代の社会に照らすとどのようなルールがよいのか）について、時間を忘れて議論していました。しかも、既存の条文の解釈にとどまらず、ではどういうルールがよいのかという立法論を繰り広げていました。日本を代表する先生方が学生に戻ったかのように議論をしている、これはなかなか見られる光景ではありません。期待以上でした。

しかし、盛り上がっていたのはここまでで、それ以外の学者、実務家（弁護士、企業の法務部）は盛り上がっているというよりも、債権法の見直しそのものに強い抵抗感がありました。これには正直驚きました。私が経済産業省に入った当時は、商法を改正するように法務省に対して相当な働きかけをしていたものです。その結果、商法は様々な改正が重ねられ、平成一七年には会社法もできました。これは非常によい仕事だったと思います。同じように、民法の契約に関するルールは、明治三一年の施行以来一度も変えられていません。他方でこの間、日本は大きく資本主義国として成長しており、資本主義を法的に支える契約ルールも当然、時代に合わせる必要があるのではないかと思うのですが、どうもそれはこの世界での常識ではないようでした。私はとても不思議に思い、この抵抗感はどこからくるのだろうか、と観察をしたところ、大きく二つの抵抗感があるようでした。それは、①条文は古くてわかりにくいが、条文には書かれていない解釈で補正すればよいので特に困っていない、②条文を変える必要があるが、変えるのであれば自分の理論に従ったものに変えたい（しかし、そうはならないので、改正すること自体に反対）というものです。特に学者や弁護士といった「法律のプロ」の方々にこのような抵抗感が強いように感じました。

しかし、考えてみればおかしな話です。契約ルールの直接の利害関係者は契約の当事者となる一般の消費者や取引の最前線で格闘する企業です。こうしたユーザーの利用実態に照らして必要なルールがわかりやすい形で示されているのかが重要なのであって、「ルールは古くて分かりにくいが解釈で補正して使っているので改正する必要なし」、というのは解釈を熟知している「法律のプロ」の論理でしかないように私には思えました。他方、民法は法律の中でも「基本中の基本」のルールであり、「法律のプロ」の向こう側にいる真の利害関係者には敷居が高く、改正の要否や内容についてはどうしても弁護士や学者といった「法律のプロ」にお任せ、となってしまっているようにも思いました。そこで、この債権法改正の議論を「法律のプロ」の内々の議論にとどめずに、その外側にいる企業や消費者に届けることができないか、と思っていたところに出会ったのが松澤さんでした。

松澤さんにこのような問題意識をお話し、この債権法改正の動きを学者や弁護士だけでなく、一般のユーザーにも届けたいと相談をしたところ、松澤さんはそれに加えて、この改正は将来に向けての大切な課題でありぜひ若い人に積極的にかかわってもらうべきだ、と仰いました。この一言は債権法改正の動きを支えてきた松澤さんならではのコメントだと思います。債権法は一〇〇年超の間、一度も手を加えられてこなかった法律であり、それを現代社会に合わせたものとする改正は次の世代に対して果たすべき自分たちの責任なのだ、という視点です。そのようなやりとりがあり、企業の法務部門にいる若手社員に集まっていただき、債権法改正の各論点についてどのように考えたらよいのかを意見書としてまとめていただきました。その際留意したのは、学者から提言された論点について単なる賛成・反対という態度を示すだけでなく、企業の取引実態に照らしてどのような改正案だったらよいのか、自らのこととして提言をしていただく、ということです。私たちも法務省の担当職員として検討会に参加させていただきましたが、企業の皆さんには本業でお忙しい中時間を作っていただき、真摯に検討していただきました。こうした動きが実現したのは、松澤さんの豊富な企業ネットワークと正しい問題意識があったからだと思います。

このように各種論点について経済界の意見を出してもらうということと併せて、そもそも債権法を改正する意義について経済界の経営層にも理解していただき、支援してもらえないだろうかという相談もしました。その度に、人脈を駆使し、普段では会えないような経済界のリーダーをご紹介いただいたり、シンポジウムを開催していただいたりしました。経済界のリーダーからいただく大所高所からのご指摘はとても刺激的でこの仕事は非常に楽しかったことを思い出します。債権法改正というとかく専門的、技術的な仕事に見られるかもしれませんが、この改正の意義を理解していただき、改正に向けた機運を盛り上げていくという仕事は松澤さんでしかできなかった仕事だと思います。

＊

以上、「債権法改正での松澤さん」のうちのごく一部分であると思いますが、私が見聞きしたエピソードをご紹介させていただきました。「日本法の舞台裏」を支えてこられた松澤さんに敬意を表するとともに、これからも引き続き支えていただくことをお願いして、筆をおきたいと思います。

●かめい・あきのり＝元法務省民事局付

かけがえのない時間

河上　正二　Shoji Kawakami

研究室の隅に移籍以来未開封のままになったダンボール箱が二つあり、上と横に、「約款法研究会・現代契約法研究会」という小さな貼紙がある。筆者が大学に就職して研究・教育生活を始めて間もない頃、八丁堀にある商事法務研究会の会議室で月一回開催されたこの研究会は、個人的にもかけがえのない会合で、実に多くのことを学ばせていただいた貴重な時間の記憶である。メンバーには、星野英一先生を座長に、岩城謙二先生をはじめ、野村豊弘・廣瀬久和・内田貴・早川眞一郎・森田宏樹・沖野眞已・山田誠一、大村敦志といった諸先生がいた。来たるべき民法・契約法の改正に向けて準備するという触れ込みではあったが、実にのびのびと、自由に議論を楽しむような研究会であった。当初、山田・大村・河上が幹事役になって、議論の素材を提供するべく簡単な報告書を用意していた時期が長かったが、多くの場合、岩城先生等から滅多打ちにあって、原形をとどめない議論が続いた。

その頃、星野先生や岩城先生が、席上ふと漏らしたコメントが、あとあとの研究にとって大きな糧とヒントになった。「判断力不足・詐欺的勧誘・法外な値段のそれぞれが少しずつ重なって、……」と話せば、「そりゃあ、『合わせて一本』だな」、「ＳＦ商法でものを買わされているときってのは、瞬間的意思無能力状態だね」、「約款規制法は、まるで労働基準法みたいなもんだ」、「『状況の濫用』を法制化するとなると、トイレに行きたいのを我慢していたといって契約を取り消せるわけですか」、「河上さんは、当事者の意思、意思と言うけれど、そこを意識（イシキ）と言い換えれば良いんじゃないの」、「それは気がつかなった」といった会話は、今も懐かしく思い出す。

この研究会の一応の成果は、NBL誌に連載され（四六九号以下）、「現代契約法論」という書物になる一歩手前まで作業が進んだが、（誰とは言わないが）原稿がそろわず、結局、幻の書籍になってしまった。手元には、今でもゲラがある。一九九一年の私法学会で「現代契約法論」と題するシンポジウムが開かれた後も（私法五四号）、研究会は継続した。その間、国民生活審議会で「消費者契約法」の制定に向けた議論が始まり、河上・山田が参画し、この研究会の議論の成果をもとに、法案策定作業にも協力した。座長は落合誠一先生で、当事の事務局における実質的担当責任者が、現在の消費者庁の川口康裕次長であった。結局、中間試案あたりまでは、研究会からの提案が相当盛り込まれ内容も豊かであったが、後に、見送られるものが増えて、最終的には、必要最低限とされたルールのみが残ったときの残念な思いは、今でもはっきりと記憶にある。京都大学の潮見佳男さんが、「中間試案は、そこからスタートするべきもので、一から議論をやり直すなんてありえない」と怒ってくれたが、結局、「小さく産んで、大きく育てればいい」と説得されて、非力を痛感させられた。一九九九年のことである。一七年後の今、山本敬三さんや後藤巻則さんとタッグを組んで、消費者契約法の実体法部分の改正に取り組んでいるのも、何かの因縁かと思うこの頃である。

この約款法研究会は、現代契約法研究会と名を改めて継続したが、その事務方を最初から最後まで務めてくださったのが当時NBL編集長であった商事法務研究会の松澤三男氏であった。松澤氏は、研究会のすべてに参加し、会議のあいだ中、笑顔を絶やさずに我々の議論を聞きながら、内容について一切口を挟まず、文字通り黒子に徹しておられた。未熟な我々のような駆け出しの者の議論にも熱心に耳を傾け、ひたすら研究会が滞りなく進行することにだけ気を遣っておられた。松澤氏の徹底した事務局的姿勢に、「編集者とはかくある人のことか」と頭の下がる思いがし、こうして支えてくださる方のためにも、いい加減な議論はできないと緊張したものである。松澤氏は、研究会が終わった後のお茶の時間になると、きまって、「あのときの、あの議論は大事だと思う」と熱っぽく励ましてくださったり、つたない原稿にも目を通してくださったらしく「この間の、例の原稿は良い。僕は好きだなぁ」と、いつもの黒子とは違って、編集者としての見識で様々な話をしてくださった。少しでも若い研究者の良いところを伸ばそうという、その気持ちが嬉しかった。

駆け出しの書生時代に、こんな素敵な環境が与えられていたことに、今更ながら、感謝の気持ちでいっぱいである。研究時間にゆとりがなく、思うように種々の研究会にも参加できないようになった現在、若い研究者の方々には、少しでも多くの方々と議論する場に身を置いてほしいと思う。

●かわかみ・しょうじ＝東京大学大学院法学政治学研究科教授

夫婦別姓、敗れたり

小池　信行
Nobuyuki Koike

夫婦は同じ氏を称すると定める民法七五〇条の規定と、女性について再婚禁止期間を設ける同法七三三条一項の規定が憲法に違反するかどうかが争われた二つの訴訟事件で、最高裁大法廷は、平成二七年一二月一六日、前者については合憲、後者については禁止期間一〇〇日を超える部分は違憲である旨の判決をした。この判決の数ヶ月も前から、最高裁が上記の憲法問題にいかなる判断を示すのか、わが国社会の関心は高まりをみせ、マスコミでは合憲・違憲両論が賑やかに飛び交った。家庭のお茶の間でも、これらの法律問題に併せて現代における家族の在り方が、二〇年振りに話題になったようだ。「二〇年前」に何があったかというと、法務省が選択的夫婦別氏制度の創設および女性にとっての再婚禁止期間の短縮を含む「婚姻・離婚法制の見直し」のための民法改正法案を国会に提出しようとしたのだった。平成七年から平成八年初頭にかけてのことである。

＊

一九七〇年代に国連の主導で始まった女性の地位向上運動は世界各国に広がり、特にヨーロッパ諸国では、家庭における男女の実質的平等を実現する観点から家族法の改正が行われ、その一環として選択的夫婦別氏制が採用された。わが国においても、昭和五〇年代から活発になった女性の社会進出を背景として、平成の時代に入った頃には、内閣府に置かれた男女共同参画推進本部が策定した行動計画において、男女共同参画型社会の形成のため、男女平等の見地から、民法が定める夫婦の氏や待婚期間のあり方の見直しを要するという提言がされるに至った。これを受けて法務省では、平成三年から法務大臣の諮問機関である法制審議会民法部会身分法小委員会（小委員長は加藤一郎東大名誉教授）において、これらの問題を含む婚姻・離婚法制全般の改正について審議を開始した。この審議の経過と内容は節目ごとにマスコミ報道がされて、国民の耳目と関心を集めていったが、平成六年七月に民法部会が民法改正要綱案を公表し、その審議が終盤にさしかかった平成七年秋には、マスコミ報道も国民の関心も最高潮に達した感があった。しかし、この要綱試案に盛り込まれた「選択的夫婦別氏制」に対しては、当時の政権与党であった自由民主党から強い拒絶反応が示されたため、結局、法務省は改正法案の国会提出を断念せざるをえなかった。その後今日まで、少なくとも「選択的夫婦別氏制の導入」や「待婚期間の見直し」を内容とする民法改正法案が国会で実質審議されたことはない。冒頭にあげた二つの訴訟は、これらの制度改正を求める人たちが、二〇年近くの時を経て、「国会がダメなら、裁判所で」との思いで提起した訴訟なのである。

私は、平成五年七月に、法務省民事局参事官のポストに就き、前任者から引き継いで、法制審議会で進行中であった上記の民法改正作業の事務方を務めることになった。この人事異動に当たっては、当時の上司であった清水湛民事局長から、「選択的夫婦別氏制は法制審議会では多数意見かもしれないが、国会議員の間では様々な意見があるところだろうから、担当参事官は苦労することになるよ。もっともマスコミには名前が売れるだろう」と激励（？）を受けた。当時の私は、選択的夫婦別氏制は、夫婦は同氏であるべしとする規制を緩和して、当事者の意思により別氏を称することができるという一つのオプションを付加するだけのものだから、他人が容喙するような問題ではないと単純に認識していたので、正直に言って、清水民事局長が「苦労する」と仰られた言葉の意味をさほど深刻には考えなかった。しかし、その後ほどなくして、この言葉の意味を幾度も噛みしめることになる。

私が法制審議会に関与するようになって約一年後、同身分法小委員会の検討も進捗して、婚姻・離婚法制に関する基本的な問題のいくつかについて、一応の結論ないし方向が示されるに至った。そこで、平成六年七月、参事官室名で「婚姻制度等に関する民法改正要綱試案」をとりまとめて公表し、各界に意見照会をした。その中で、夫婦の氏については、夫婦の氏のあり方、子の氏の決定方法、子の氏変更の可否を通じてそれぞれ一定の考え方に基づいてA案からC案までの三類型を提示した。このうち、A案は別氏夫婦の子の氏は婚姻時に定めるというもの、B案は別氏夫婦の子の氏はその出生時に定めるというもの、C案は呼称として婚姻前の氏を称することを認めるというものである。

この「要綱試案」を公表したころから、この問題に対する国会議員の関心も高まってきたようで、与野党を問わず、法務省に対し頻繁に部会、勉強会等への出席要求が舞い込むようになり、私の主たる仕事の場は霞が関から永田町に移った。これらの会合を通じて私が知ったのは、議員の間には、たとえ選択的であるにしても夫婦が別氏を称することについて強い反対意見があり、この意見の方が圧倒的に優勢だということだった。反対意見の主要な論拠は、夫婦同氏制こそわが国の伝統であり、文化であって、夫婦とその間の子が同じ氏を称することによって家族としての絆や一体感が守られている、だから、選択的にではあっても、夫婦が別の氏を称することを認めるのは好ましくない、というものであった。清水民事局長の忠告が身にしみてわかったのはこの時で、「こんな状況で果たして法案を提出できるだろうか」という不安が頭をよぎるようになった。賛成派の一人である与党議員もこの事態を憂慮されて、「できるだけたくさんの議員に会って理解してもらうしかない」との助言を受けた。そこで、ローラー作戦と称して、議員会館の部屋をこまめに回ることにした。このローラー作戦は平成七年初めから約一年間継続し、その間一五〇人を超える議員に説明に赴いたが、反対意見の相当数は個人の歴史観、国家観、家族観、人生観の深みにまで達するものだったから、私の説明はあまり説得力を持たなかった。中には、議員会館の部屋を訪れて、「法務省が何事か？」と聞かれ、「夫婦別姓の件でご説明に伺いました」と答えたところ、「私は反対だ。説明はいらない。帰れ」と追い返され、すごすごと退散したこともあった。

このような国会の厳しい状況は、もちろん逐一身分法小委員会にも報告した。同委員会の審議では、当初から、婚姻によっても氏を改めないのが原則（同氏になるためには特別の合意が必要）であり、別氏夫婦の子の氏はその出生の時に定める（子が複数のときはその氏はバラバラでも構わない）という意見（前記のB案）がむしろ有力で、前記の国会議員の主要な反対意見との間には一八〇度に近い乖離があった。この状況にかんがみて、身分法小員会は、反対意見との間隙をできるだけ埋めて、何とか改正法案を国会に提出し国民的な議論の場を設定することを優先すべきであるとの観点から、審議の軌道修正を図り、現行制度に近いA案を基本とする制度を最終案とすることに決した。そして、この案が平成八年二月に開催された法制審議会総会で承認されたのだが、それでも自民党の理解は得られなかった。

＊

結局、法務省は、平成八年三月に民法改正法案の国会提出を断念した。法制審議会の長い歴史の中で、法務大臣に対する答申がされたのに法案を提出できなかったのは、民事法の分野では、これが初めてであった。「夫婦別姓、敗れたり」というのが、万策尽きた私の感慨である。あれから二〇年。あの時ヨーロッパから吹いてきた風は、今はない。最高裁でも道は開けなかった。法務省が再起する気配も、いまだ感じられない。「夫婦別姓」は袋小路に入ったままである。

●こいけ・のぶゆき＝弁護士

消費者行政の仕事と商事法務・松澤さん

薦田　隆成
Takashige Komoda

法学士でない私にとって商事法務研究会、そして松澤さんとのご縁の始まりは、昭和五九年から二年ほど、経済企画庁国民生活局（当時）の総括課長補佐として、初めて消費者行政に関わったときである。

当時は、関係各省庁が担当する消費者政策に係る連絡調整や企画立案を、経済企画庁国民生活局が行うこととされていたが、消費者利益保護のための関係諸制度が現在のように整備されてはおらず、内閣総理大臣の諮問機関である国民生活審議会の消費者政策部会（竹内昭夫部会長、のちに北川善太郎部会長）による調査審議を消費者行政の推進力とすることが極めて重要であった。同部会の委員の人選を行うに当たって必要な情報をいただいたり、審議に必要となる種々の調査の実施・運営等の面で、ご縁のありがたみを実感したことを記憶している。

そのころ、約款適正化の問題や店舗外取引などの取引多様化の中での消費者問題、あるいはサラ金問題、そして経済社会の情報化や国際化の進展と消費者利益、といった課題に日々取り組んでいたが、昭和六〇年に表面化して世間の注目を集めた豊田商事事件では、国会対応を含め、局長以下が走り回ることとなった。「現物まがい取引」による被害ということなのだが、今のような特商法や預託法等がない中で被害が拡大し、詐欺事件としての立件以外にどう対応できるのか、といった議論をした。事件被害者が提起した国家賠償請求訴訟については、国民生活局が後々の最高裁判所段階まで対応することとなった。

平成七年六月に消費者行政第一課長として国民生活局に戻った時には、消費者被害救済の問題に国民生活審議会が長年取り組んできた成果として、製造物責任法（PL法）が、非自民党政権の時代（羽田孜内閣）に既に成立していた。同法施行（平成七年七月一日）の直前であったので、新法の消費者への周知やADRの整備等が課題となっていた。

一方で、PL法のようにモノを対象とするのではなく、契約に係る消費者取引をめぐる問題への取組みがますます重要な課題となってきており、現在の消費者契約法（平成一二年公布）に至るプロセスの、いわば比較的初期の段階であり、国民生活審議会消費者政策部会（金子晃部会長、のちに落合誠一部会長）において、消費者取引の適正化の問題として濃密な調査審議を行っていただいたが、その過程でも松澤さんに大変お世話になった。

国民生活政策課長に異動してから、市民活動を促進するための法制度に関する仕事に携わった。議員立法である特定非営利活動促進法（NPO法）の成立までは在任しなかったが、最初に衆議院で同法案が可決された平成九年六月の段階においては、法律案の名称は「市民活動促進法案」であり、政府側の担当課長として、局長の答弁資料や麻生太郎大臣による可決直後の衆議院内閣委員会での発言案の作成責任者を務めた。

労働政策研究・研修機構の研究所副所長、そして連合総研所長の時代には、法律といえば主として労働法を勉強する立場となったが、労働組合にとっては、今次の民法改正や会社法のゆくえ等も関心の高いところであったので、旬刊商事法務の購読者であった（商事法務メルマガの読者は今も続けている）。東大BLC公開講座には何度も参加させていただいた。特に江頭憲治郎教授の講義には、連合総研の若い研究員を連れて聴きに行った。

国民生活局と国民生活審議会は、平成一三年の省庁再編により経済企画庁から内閣府に移管され、その後、平成二一年九月からは、消費者庁と消費者委員会へと、発展的に改組された。消費者庁は、消費者行政の一元化を実現するために設置された司令塔としての組織である。個人情報保護や公益通報者保護法、物価政策などを含め、広い分野にわたって数多くの法律を所管し、消費者生活者のための行政機関として、その役割は今後益々大きくなっていくことが期待されるが、ここに至るまでの歩みの中で、商事法務研究会さん、松澤三男さんの貢献は非常に大きなものであったと思う。

●こもだ・たかしげ＝公益財団法人連合総合生活開発研究所顧問

裁判外紛争処理、消費者契約法
——松澤さんとの思い出

坂田　進
Susumu Sakata

裁判外紛争処理

私が松澤さんと出会ったのは、平成五年四月ごろのことである。当時、私は経済企画庁の国民生活局に設置された「総合的消費者被害防止・救済検討室」（いわゆる法律制定のたこ部屋）で製造物責任法の制定に関する業務を担当していた。

当時、国民生活審議会で製造物責任法制定をめぐる議論が活発に行われていた。民法七〇九条の特則をどのように定めるかという点が最大の論点ではあったが、仮に法律が制定された場合に裁判にならないようなケースはどのように紛争解決されるのかという論点も大きな課題であった。

ＮＩＲＡ（総合研究開発機構）から委託されて社団法人商事法務研究会において「裁判外紛争処理機関のあり方に関する研究」が始まったのが平成五年四月であり、国民生活局の上司とともに、この研究会の傍聴をすることになった。「編集長」という肩書で松澤さんも研究会に参加されていたが、当時公務員になって四年目という若造の私の姿は松澤さんにはどのように映っていたことか……。

研究会では、新堂幸司先生が委員長を務められ、宇賀克也委員、内田貴委員、高田裕成委員、高橋裕委員、中村芳彦委員、松下淳一委員、和田仁孝委員という民事訴訟法、民法、行政法などの分野の錚々たる顔触れの先生方が集って、製品関連被害、特に裁判での救済になじみにくい少額被害を中心として、紛争を簡易迅速に解決するための裁判外紛争処理機関の必要性とその具体的あり方について検討を行った。これだけの先生方を集められるのは、やはり松澤さんを措いてほかにはいないな、と実感したものである。

同研究会では同年八月まで検討が行われたが、とりまとめられた報告では、製品横断的な行政型の裁判外紛争処理機関の充実方策として、都道府県に条例で設置された苦情処理委員会において、機動的な審理の促進、事業者の協力の確保を図ることなどにより、その利用を促進し、製品関連被害の簡易・迅速な解決に役立てるとの提言がなされた。

報告の内容は国民生活審議会消費者政策部会で新堂委員長より説明がなされ、最終的には国民生活審議会意見「製造物責任制度を中心とした総合的な消費者被害防止・救済の在り方について」において、「少額被害等に係る裁判外紛争処理の在り方」の提言に大きく反映されることとなった。

こうした議論の積み重ねもあって、世の中ではADRという言葉も定着し、「裁判外紛争解決手続の利用の促進に関する法律」も平成一六年に制定されたが、その一〇年以上前から、ADRの研究を松澤さんが手掛けていたことを考えると、その先見性の高さにも敬服するところである（なお、消費者問題の横断的な行政型のADRとして、国民生活センターには現在、紛争解決委員会があるが、同委員会を設置するために独立行政法人国民生活センター法が改正されたのは、平成二〇年四月のことである）。

消費者契約法

製造物責任法が制定された平成六年以降、国民生活審議会消費者政策部会の主要なテーマは契約の問題に移っていった。国民生活センターと全国の消費生活センターをオンラインで結ぶネットワークシステムであるＰＩＯ-ＮＥＴ（パイオネット）には契約に関する相談が全体の約八割ほどに達しており、そうした契約に関するトラブルの解決の処方箋をどう描くかが重要な課題となっていた。

平成一〇年四月、私は経済企画庁国民生活局に設置された消費者契約法検討室の課長補佐となった。当時の議論としては、①契約の締結過程の問題（消費者がだまされたり、無理やり契約させられたりするトラブルに対して、民法の詐欺・強迫以外に、どのようなケースについて意思表示の取消しを認めるべきか）、②契約の内容の問題（契約の中には消費者にとって不当に不利益な条項が入っている場合があるが、どのような場合を無効とするべきか）という大きな二つのテーマがあった。

②の対応策については、消費者契約における不公正契約条項に関するEC指令など外国に例はあったものの、①については民法の詐欺・強迫を乗り越えて取消しを認めているという例は見当たらなかった。

そうした中で、法務省民事局には「現代契約法制研究会」が設置され、国民生活審議会が平成一〇年一月にとりまとめた「消費者契約法（仮称）の具体的内容について」と題する中間報告について、主として民法の観点から検討を加える作業が行われた。

研究会の庶務を委ねられていたのは商事法務研究会である。座長の能見善久先生を始め、大村敦志先生、沖野眞已先生、鎌田薫先生、河上正二先生、廣瀬久和先生、星野英一先生、山本敬三先生という民法学の泰斗が委員となられたが、こうしたメンバーを揃えられたのは松澤さんのお力も大きいように思えた。

法務省にお許しをいただいて、研究会の傍聴をさせていただくことができた。研究会では「消費者契約法（仮称）の論点に関する中間整理」が平成一一年四月にとりまとめられたが、研究会でのご議論が消費者契約法の制定の大きな拍車となった。

消費者契約法は消費者と事業者との間で締結される契約すべてに適用されるので、関係する事業者は厖大なものとなり、調整は難航を極めた。困ったときや行き詰まったときには、私のカウンター・パートであった法務省民事局付の杉浦正典検事に相談し、的確なアドバイスをいただいた。また、当時の始関正光参事官、小川秀樹参事官をはじめ法務省民事局の関係者の皆様には、色々な局面でサポートをいただき本当にお世話になった。

様々な議論の曲折を経て、平成一一年一一月には、国民生活審議会消費者契約法検討委員会は「消費者契約法の具体的内容について」をとりまとめた。同報告をもとに、経済企画庁は法案作成作業を行い、平成一二年通常国会に法案を提出、平成一二年五月には消費者契約法案は全会一致で可決成立した。

＊

古稀を迎えられた松澤さんの消費者法分野でのこれまでのご貢献に御礼申し上げたい。

（本稿の意見にわたる部分は筆者の個人的見解である）

●さかた・すすむ＝元経済企画庁国民生活局

かくして「消費者の権利」法定へ
——消費者基本法制定への道程

田口　義明
Yoshiaki Taguchi

わが国で消費者問題が顕在化し消費者行政が本格的に始まったのは約半世紀前の一九六〇年代半ばである。その骨格を定めたのが一九六八年、議員立法により制定された消費者保護基本法（旧基本法）である。その基本的考え方は、消費者は事業者に比べ弱者であるから行政が全面的に保護するというものであった。世界に目を転じると、当時、先進諸国では「消費者の権利」という考え方が一般化しつつあった。米国ケネディ大統領が一九六二年に連邦議会に送った「消費者の利益保護に関する特別教書」で示したように、消費者の安全が守られること、必要な情報を知らされること、適切に選択できること、意見を反映されること等は消費者の権利であり、その権利実現を図るのが政府の責任だという考え方である。

わが国の旧基本法制定過程でも、消費者団体等からは消費者の権利を盛り込むべきとの主張がなされたが、結局、条文に規定するには至らなかった。以来、消費者の権利を基本法に明記することは、消費者問題に取り組む人々の悲願となった。

基本法改正への第一幕：国民生活審議会

転機は二一世紀とともに訪れた。当時、消費者をめぐる情勢は大きく変化しつつあった。ＩＴ化やグローバル化が急速に進展し規制緩和が広範な分野で進むなか、消費者が各地の消費生活センターに寄せる相談の件数は著しく増加し、内容も複雑・多様化していった。事業者サイドでは、食品の偽装表示、自動車のリコール隠し等消費者の信頼を損なう企業不祥事が頻発していた。

こうした環境変化に対し、消費者は弱者なのだから行政が全面的に保護するという従来の考え方で対応することはもはや困難であり、消費者政策の理念の抜本的な転換が求められた。まさに「新しい酒は新しい皮袋に」であり、「二一世紀型消費者政策」というタイトルの下、その模索が始まった。検討の場は、内閣府に設置されていた国民生活審議会の消費者政策部会。部会長は落合誠一東京大学大学院教授。私は、内閣府国民生活局審議官として、その事務局役を務めていた。

国民生活審議会では、基本法の改正を睨みつつ、喧々諤々の議論が交わされた。大きく分けると「権利派」と「自立派」の対立であったといえよう。権利派は、世界の潮流を踏まえ、まずは消費者の権利から出発すべきという主張で、主に消費者団体や弁護士の方々。他方、自立派は、規制緩和・情報化の進展等消費者をとりまく環境が大きく変わったのだから、いつまでも「保護される消費者」であってはいけない、まずは消費者自身がきちんと情報を入手して「自立した消費者」を目指す必要があるという主張で、主に産業界の方々。権利派からすると、消費者自立論は、市場メカニズム優先のマーケットに生身の消費者を裸で放り出すようなものであり、消費者政策の後退につながると主張。これに対し自立派は、消費者に権利をと言うなら自立が前提だと主張する。

かくして議論はがっぷり四つ。事務局としては内心やきもきしていたが、二〇〇三年五月、何とか消費者政策部会報告がとりまとめられた。そのポイントは、消費者像を「保護される者」から「自立した主体」へと転換するとともに、消費者の権利を明確にすべし、というものであった。

基本法改正に立ちはだかった「二つの壁」

こうして大まかな青写真が描かれ、基本法改正に向け機運が大きく盛り上がったわけだが、実は、裏方を担う事務局としては二つの大きな壁に直面していた。一つは「権利論の壁」、もう一つは「法律事項の壁」であった。前者は、消費者の権利はいわば理念のようなもので法的権利といえるのか、という問題。後者は、政府提出法案（閣法）として国会に提出するためには、具体的な権利・義務を定める等の「法律事項」がなければいけない、というものである。

審議会の報告書としては、消費者の権利明記を含めた基本法の抜本改正が打ち出されたものの、事務局としては、この二つの壁を乗り越えなければ前には一歩も進めない。法制当局の感触を探ってみると、まさに箸にも棒にもかからないという状況であった。かつて映画にあった「八甲田山　死の彷徨」という言葉が頭をよぎったのを覚えている。

基本法改正第二幕：議員立法へ

この苦境にあって、二〇〇三年七月、自民党内閣部会の下に消費者問題プロジェクトチーム（PT）が設置されるという情報が入ってきた。我々事務当局にとっては、まさに渡りに船であった。自民党PTでは、岸田文雄座長、河野太郎事務局長という体制の下、基本法改正に向けた議論がスタートした。公明党や民主党でも基本法改正に向けた検討が始まり、かくして議員立法への道が開かれることとなった。

自民党では、権利論、自立論をめぐる議論の末、二〇〇四年二月に自民党案がとりまとめられた。そのポイントは、消費者の自立支援を基本とし、自立支援に当たって消費者の権利確保に必要な施策を推進するというものであった。一方、公明党も同月、消費者問題対策PT（大口善徳座長）で骨子がとりまとめられた。公明党案は、消費者を「保護の対象」から「権利の主体」に転換し、消費者の権利尊重と自立支援の両方を基本とするというものであった。直ちに両党間で調整が行われた結果、消費者の権利尊重と自立支援を基本とするという大枠が固まった。

与党内調整で最後まで残った論点はやや意外なものであった。消費者が自ら必要な情報を収集するなど、その果たすべきことを「責務」とするか、これまでどおりの「役割」にとどめるか、という問題である。これは、一見、規定の表現振りの問題のようにも思えるが、実は、消費者政策が想定する消費者像、あるいは権利論と自立論のどちらに重きを置くかという本質的な問題と深く係わっていた。条文の見出しとして「努力」とか「努め」等の代案も検討されたが、結局、この問題は共通見出しという手法で乗り越えられることになった。一般に法律条文では各条に見出しがつけられるが、いくつかの条文をまとめて共通見出しとする方法もある。そこで、事業者、事業者団体、消費者、消費者団体について規定した改正基本法案の五条から八条をまとめて、五条に「事業者の責務等」という共通見出しをつけ、この「等」によって、消費者に関する規定の七条もカバーすることとされた。当時、両党間の調整に当たっていた岸田自民党PT座長が、ふと「こういう問題で基本法改正がまとまらないようなことになれば、政治家は何をやっていたと言われるだろうね」と呟かれた。政治家の大局観、見識を垣間見た一言であった。

基本法改正案は、その後、民主党等との調整を経て、二〇〇四年五月一二日、衆議院内閣委員会に委員長提案として提出され、同月中に衆・参両院において全会一致で可決・成立した。法案提出後は実にスピーディな進展であった。

基本法改正は個別の法・政策を前進させる「推進力」

旧基本法から消費者基本法への改正により、弱い消費者を「保護」する行政から、消費者の「権利」をベースとする行政へと基本理念が大きく転換した。同時に、この基本法改正は、個別消費者法の強化改正にも大きなインパクトを与えた。消費者団体訴訟制度を導入する消費者契約法改正（二〇〇六年）、特定商取引法・割賦販売法の強化改正（二〇〇八年）、裁判外紛争解決手続（ADR）を整備する国民生活センター法改正（二〇〇八年）等がその後相次いで行われ、さらに消費者庁設立（二〇〇九年）等へとつながっていく。基本法改正は、個別の法律や政策を大きく前進させる「推進力」とも言えるのではないだろうか。

●たぐち・よしあき＝名古屋経済大学教授・消費者問題研究所長
（元内閣府国民生活局長）

今はなき中間法人法を振り返って

谷口　園恵　Sonoe Taniguchi

1　平成一二年四月、法務省民事局付として赴任した私は、ほぼ真っ先に同局の官房参事官室（後の民事法制管理官室）に足を向けた。旧知の先輩であった故原田晃治氏が当時官房参事官であられたからだが、そのとき、官房参事官と楽しげに談笑しておられた松澤さんにご挨拶申し上げたのが、松澤さんと直接お話した最初であったように思う。その後、何かと困難な局面を迎えたときに、松澤さんの温かなお励ましに勇気づけられた思い出は尽きないのだが、なぜか一番印象に残るのは最初にお会いしたときの松澤さんの屈託のない笑顔なので、当時担当した中間法人法のことを振り返ってみようと思う。

我妻榮『新訂民法総則』（岩波書店、一九六五年）一三八頁には、「中間的な法人」と題した一節に、「同業者ないし同一の社会的地位にある者の間の相互扶助ないし共通の利益の増進を目的とする団体は、公益法人でもなく、営利法人でもないから、とくに法律の規定がなければ、法人格を取得することはできない。」、「かような中間的な事業を目的とする社団についても、一般的に、法人格を認める途を開くべきだと考えられる。いいかえれば、民法・商法上の法人の目的による区別を、公益と営利とにせずに、営利と非営利（中間的なものを含む）とにすべきであろうと思われる」と記されているが、時を経て、その名もずばり「中間法人法」と題する法律が生まれ、そして消えていったことは、現在、どれだけの人の記憶にとどめられているであろうか。

2　平成八年一〇月、法務省は、民事局内に法人制度研究会を設けて、営利法人等への転換に関する問題を含む公益法人制度の問題点や、中間法人制度を創設する場合に生ずる法的な問題についての検討を開始した。そして、平成一一年九月から、法制審議会民法部会法人制度分科会において、中間法人制度についての審議が進められ、平成一二年二月には「中間法人（仮称）制度の創設に関する要綱中間試案」がとりまとめられた。その後、関係各界における意見照会と法制審議会の機構改革を経て、平成一三年一月、検討を引き継いだ法制審議会法人制度部会において「共同法人（仮称）制度の創設に関する要綱案」がとりまとめられ、同年二月の法制審議会において原案どおり採択され、法務大臣に答申された。これを受けて、法務省において、法案の立案作業が進められ、同年三月に「中間法人法案」が国会に提出され、同年六月に可決され成立した。

ちなみに、中間試案では「中間法人（仮称）」とされていた法人の名称が、要綱案では「共同法人（仮称）」に改められたのは、法人制度部会における審議の終盤で、創設される法人の名称を「中間的な法人」一般についての講学上の呼称のままとするわけにはいかないであろうという問題意識から、複数の候補を挙げて議論がされた末の苦心の選択であったが、「共同法人」という名称は、創設される法人の特質を的確に表すものとして広く支持を集めるには至らず、結局、法案の立案段階では、元の鞘に収める形で「中間法人法案」とされた。

3　法務省において中間法人制度の創設についての検討が進められた背景には、当時、積極的に不特定多数の者の利益の実現を目的としない非営利団体に対してまで公益法人として設立許可が与えられ、結果として、公益法人制度に対する社会的批判を招く状況に至っているのは、中間法人制度が存在せず、公益法人制度以外に法人格取得の道がないことに起因するとの指摘がされており、公益法人の健全な発展に資する観点からも、中間法人制度の創設の必要性が提唱されていたことがあった。このような問題意識に対応して、中間試案においては、公益法人から中間法人への組織変更の制度を設けることについての検討も盛り込まれていたが、中間法人法では、その実現は見送られた。公益法人制度に対する社会的批判の一因は、法人格の取得と公益性の判断や税制上の優遇措置が一体となっており、営利法人類似の法人や共益的な法人までが公益法人として税制上の優遇措置を受けていたことにあったが、この問題を解決するには、政府全体として公益法人制度そのものの抜本的かつ体系的な見直しに取り組むことが必要であった。

しかるところ、平成一四年三月に「公益法人制度の抜本的改革に向けた取組みについて」が閣議決定され、次いで、平成一五年六月に「公益法人制度の抜本的改革に関する基本方針」が閣議決定され、さらに、平成一六年一二月に「今後の行政改革の方針」が閣議決定されて、その中で「公益法人制度改革の基本的枠組み」が具体化され、①公益性の有無にかかわらず、準則主義により簡便に設立できる一般的な非営利法人制度を創設すること、②民間有識者からなる委員会の意見に基づき、一般的な非営利法人について目的、事業等の公益性を判断する仕組みを創設することとされた。これに基づき、内閣官房行政改革推進事務局において、法案の立案作業が進められ、平成一八年三月、「一般社団法人及び一般財団法人に関する法律案」、「公益社団法人及び公益財団法人の認定等に関する法律案」および「一般社団法人及び一般財団法人に関する法律及び公益社団法人及び公益財団法人の認定等に関する法律の施行に伴う関係法律の整備等に関する法律案」の公益法人制度改革三法案が国会に提出され、同年五月に可決され成立した。

こうして、公益法人と中間法人を包摂する一般的な非営利法人制度である「一般社団法人・一般財団法人」制度が創設されたことにより、我妻先生の提唱した法人制度が実現し、非営利・非公益の法人制度として設けられた「中間法人」制度は存在意義を失うこととなり、中間法人法は廃止され（整備法一条）、六法全書から姿を消した。

4　中間法人法案の立案を担当していた当時は、先輩から、「民事局が所掌するのは民事基本法だから、

長年勤務していても、一部改正でなく新規立法に携わることは滅多にないので、貴重な経験だよ」と羨望まじりに教えられたものだが、かくも短命に終わった民事基本法というのも、あまり例がないように思う。

中間法人制度についての審議が進む過程で、法制審議会の機構改革が行われ、常設の「民法部会」はなくなり、「民法部会」の下に置かれた「法人制度分科会」での審議に始まった検討作業は、新たに設けられた「法人制度部会」に引き継がれた。また、その後の法務省民事局では、司法制度改革関連法案を含め、多数の法案の立案作業を併行して進める立法ラッシュの状況となり、全面改正や新規立法も稀有のできごとではなくなった。こうして振り返ると、中間法人法は、短命ではあったものの、わが国の立法史の中で重要な一頁がめくられようとしていた時期の一コマに位置していたといえるのかもしれない。

●たにぐち・そのえ＝東京地方裁判所部総括判事

民法分野の立法に関与して

野村　豊弘　Toyohiro Nomura

1　はじめに

大学の学部・大学院で法学の勉強を終え、学習院大学に就職してから、法学の教育・研究に従事してきたが、法制審議会をはじめとして、審議会等の審議に参加し、多くの立法に関与してきた。本稿では、その関与について、時系列的に振り返ってみたい。

2　約款規制・国民生活審議会

フランス政府給費留学生として、一九七六年から一九七八年にかけて、ストラスブール第三大学で学ぶことができた。留学した当初は、学位論文の主題であった錯誤法理の研究を発展させることを考えていたが、当時のフランス民法（および、その周辺の法律）の新しい動きにも関心を持つようになった。帰国後、日仏法学会での報告（学会では、講演とされていた）は、そのような関心の成果をまとめたものであった。（註一）この報告では、その対象をフランス民法典の改正に限定していたので、報告ではまったく言及していないが、契約に含まれる不当条項に関する一九七八年法にも注目していた。その後、商事法務研究会の松澤さんからのお誘いがあり、約款規制に関する研究会に参加するようになった。そして、当時、経済企画庁所管の国民生活審議会における消費者契約約款の規制に関する審議にも委員として参加することになった。当時の審議は、立法による規制ではなく、約款を使用している業界を代表する委員が審議に参加し、最終的な報告書の提言を踏まえて、業界が自主的に約款の内容を改めるという手法をとっていた。比較法的に見て、日本的な発想であるという印象を受けるが、前述のフランス法においても、不当条項委員会の勧告に従って、事業者が約款を改定するという柔らかな仕組みをとっているなど、事業者の自主的な取組みを重視している例も少なくない。

その後、北川善太郎先生を団長として、欧州の約款規制の実情を調査することとなった。約三週間の日程で、フランス（パリ、ストラスブール）、ベルギー（ブリュッセル）、イギリス（ロンドン）、スウェーデン（ストックホルム）、西ドイツ（ボン、ベルリン）を訪問するものであった。今日と違って、海外の調査がそれほど広く行われてはいなかったこともあり、多くの重要な情報・資料を得ることができた。[註二] たとえば、約款取引の実態として、自動車売買における価格条項（「引渡日の価格による」旨の条項）が大きな問題になっていることを知った。日本と異なり、売買契約が成立してから自動車が引き渡されるまでにかなりの日数を要することから、このような条項が問題となっているということであった。また、約款規制の状況として、イギリスでは、事業者団体の定める取引準則（code of conduct）による自主的な規制が行われているということであった。また、ベルギーでは、消費者団体から、居住用建物の賃貸借契約について、契約書ひな型を販売していて、雑誌販売による収益とともに団体運営に役立っているという説明も受けた。ところで、この調査には、松澤さんも同行し、雑務を引き受けていただいた。当然のことながら、三週間の間、インタビューの予定が詰まっていて、合間に名所旧跡を訪れることはできなかった。今でこそ、海外に行くことも少なくないが、当時としては、残念な思いをされたのではなかったかと推察している。

このような、経済企画庁との関係で行っていた約款取引に関する調査研究は、立法化に結びつくものではなかった。その後、国民生活審議会および法制審議会における議論を経て、平成一二（二〇〇〇）年に消費者契約法が制定された。

3 借地借家法・法制審議会

法制審議会民法部会は、昭和六〇（一九八五）年六月から借地借家法の改正について、審議を開始したが、私も民法部会幹事として審議に参加することとなった。その二、三年前に建設省において、借地方式を活用して住宅を供給するための法的課題を検討する研究会が行われ（記憶があまり正確ではないが、星野英一先生のお薦めであったように思われる）、それに参加していた。そのときには、法務省では借地借家法の改正を考えられていないということであったが、その後状況が変わったようである。

当時の法制審議会では、民法部会が常設されており、その下に財産法小委員会と身分法小委員会が置かれていた。借地借家法の改正は、財産法小委員会で審議されたのであるが、在京の委員・幹事を中心にまず準備会で審議をし、ある程度審議が進んだところで、財産法小委員会で審議をし、そのような審議を繰り返して、ある程度まとまったところで、民法部会で審議するという方式がとられていた。現在と異なり、大学教授、法務省担当官、裁判官および弁護士という法律の専門家だけで会議が構成されていたので、かなり緻密な法律論が展開されるのが通例であった。私のような新米にとっては、毎回事前にある程度勉強しておかなければ、なかなか発言ができないという雰囲気であった。一ヶ月に二、三回の会議が開かれるので（一回は三時間）、かなり負担になるが、貴重な勉強の場でもあった。このような審議の中途で、二回にわたって、審議内容を公表し、各界の意見照会を行い、最終的に平成三年一月に民法部会で借地法等改正要綱が決定され、同年九月に借地借家法が成立した。

その後も、民法部会での審議に参加してきたが（具体的には、婚姻制度の見直し、成年後見制度、製造物責任法、借地借家法改正[註三]などに関与してきた）、平成一一年の審議会制度の改革により、具体的な諮問に応じて、部会が設置され、委員が任命される方式に変更された。生殖補助医療により生まれた子の親子関係（平成一三年四月に部会での審議が開始されたが、平成一五年に審議が中断したまま現在に至っている）、包括根保証における個人保証人の保護（平成一六年三月から八月まで部会で審議がなされ、平成一六年に民法が改正されている）、戸籍法の改正（平成一七年一一月から平成一八年一二月まで部会で審議がなされ、平成一九年に戸籍法が改正されている）、児童虐待との関連における親権制度の見直し（平成二二年三月から一二月まで部会で審議がなされ、平成二三年に民法の改正がなされている）、民法債権法の改正（平成二一年一一月から平成二七年二月まで部会で審議が行われ、平成二七年に民法改正法案が国会に提出されている）に部会長あるいは部会長代理として審議に参加してきた。また、法制審議会の総会にも委員および会長として加わってきた。

以上のように、三〇年間にわたって、民法分野の多くの改正審議に関与してきた。

4 おわりに

国民生活審議会、法制審議会のほかにも、著作権法の改正、特定商取引法の改正、遺失物法の改正等多くの法改正に関わる審議に参加してきた。その過程において、法律学者の果たすべき役割について考えてきた。また、星野英一先生からは、先生の著作や審議会における発言から、法律学者の法制審議会における役割を多く学んだように思う。（註四）当初の法制審議会民法部会のようにほとんど法律の専門家から構成される会議では、あまり気にすることなく、純粋に法律論を述べていたように思う。しかし、最近のようにいろいろな分野の代表者が参加している会議では、法に関する専門的知識を有する研究者として、どのような位置に立つべきかを考えさせられることが少なくなかった。一定の利益を代表している委員とどのように異なるのか、なかなか明確にできないところである。依然として私にとっては、解決できていない課題であるといわなければならない。

（註一）拙稿「フランスにおける最近の民法典改正」日仏法学一〇号（一九七九年）七九頁。

（註二）この記録は、国民生活審議会消費者政策部会報告とともに、経済企画庁国民生活局消費者行政第一課『消費者取引と約款』（大蔵省印刷局、一九八四年）として、公刊されている。

（註三）定期借家権の導入等が検討されたが、最終的に法制審議会での審議は中止された。しかし、改正そのものは議員立法により行われた。その経緯について、稲葉威雄ほか編『新借地借家法講座①』(日本評論社、一九九八年)一三頁以下(内田勝一)参照。

(註四)野村豊弘「星野英一先生と民事立法」論究ジュリスト七号(二〇一三年)一四九頁参照。

●のむら・とよひろ=学習院大学名誉教授

製造物責任法導入の転機となった川井健先生の決断

平野　正宜
Masataka Hirano

総理大臣の諮問機関であった国民生活審議会では昭和五〇年、五六年の二度にわたり製造物責任（ＰＬ）法をわが国へも導入する必要性について報告したが、導入により制度が濫用され不当な損害賠償請求を誘発することを危惧する産業界の反発が強かったことから、立法化には至っていなかった。本稿では従来産業界と消費者代表の間で意見の対立が特にはなはだしかった「推定規定」についてどのように対処し、答申にまとめていったかを中心にご紹介する。

＊

推定規定が主要な論点であることを最初に教えてくれたのは、法務省民事局の寺田逸郎参事官（現最高裁長官）であった。平成二年、国民生活審議会消費者保護部会の事務局を務める消費者行政第一課長に着任し、ＰＬ導入が仕事だと言われ、即立法作業までを行うには課の職員の絶対数が全く足りないと感じた。そこで、審議会での意見集約までは経企庁が行い、立法作業は所管の法務省にお願いできないかと考え民事局を訪問した。当方の事情を説明すると参事官はアッサリＯＫ。ただし要綱試案（昭和五〇年の私法学会で報告された民法・商法・民事訴訟法の専門家からなる研究会がまとめたＰＬ立法案）にとりあげられている①推定規定と②消費者被害に係る賠償の履行確保の二点については国民生活審議会において結論を出すとの条件付であった。着任早々でＰＬ法についての理解が不十分の頭では、②については履行確保のための賠償責任保険を強制できるかなど他省庁所管事項もかかわり法務省だけでは決められない事情は理解できるが、①こそ法務省の専門知識が必須とされる部分ではないかと、若干不思議に思いながらも、取り合えず立法作業は引き取ってもらえると安心した。しかし宿題をこなすには外部の専門家の知恵をお借りしなければならない。役所には新たな研究会経費の予算手当が無かったので、総合研究開発機構（NIRA）の下河辺淳理事長にお願いし確保した。再度寺田参事官を川口康裕補佐（当時）と共に訪問し、そこで川口補佐が研究会座長に相応しい何人かの候補者を挙げた中から参事官が選ばれたのは川井健（故人）先生であった。早速アポを入れると、指定されたのは、今はなき旧弁護士会館のロビー。元一橋大学学長という以外に予備知識のない私は緊張して少し早めに薄暗いロビーの椅子に座って待っていると、定刻前に大きな革鞄を下げた小柄な白髪の紳士がお見えになり「川井です」とだけおっしゃられた。早速これまでの経緯と寺田参事官の宿題の答えを出す委員会の座長をお願いすることに加え、産業界には推定規定に対する危惧が強いことをご説明したところ、「やはりそうですか」一瞬間をおいてから「わかりました」とだけいわれました。こちらは大役を引き受けていただきホッと安堵しただけだったが、その時先生がどのようにお考えになりどのような決断をなされて承諾されたかについてまでは考えが及ばなかった。こうして推定規定の専門的議論はNIRAから商事法務への委託調査に委ねられた。

　昭和六〇年にECにおいて加盟各国へPL法の導入を求めるEC指令が成立し、これに基づき各国で検討が進められたこともあり、わが国でもPL法導入の機運が高まり、公明党、社会党、弁護士連合会等が次々と法案を公表し、平成二年には私法学会で学者グループ案が議論された。EC指令には推定規定は盛り込まれていなかったが、わが国での提案には、若干の表現の差はあるもののすべて推定規定を設け、被害者側の証明負担の軽減を図る提案がなされている。すなわち、当時のわが国の法曹関係者には、それまでの日本の裁判の特殊性が意識され、製造物責任の要件のうち欠陥の存在と因果関係の存在について被害者の立証の困難を解決するために推定規定をおく必要があるということはほぼ共通の理解であると[註一]考えられていた。川井グループの研究会でも推定規定の必要性を主張する参加者が多数を占めていたように感じられ不安になった。数回にわたる研究会で当初予定した事項の討議を終え、推定規定グループの報告原案は川井委員長自らが書かれ、グループの最終検討会に提出された。早速その「まとめ」を見ると、推定規定は設けないと読める。研究会で出ていた推定規定必要論はどう処理をしたのかと各論に戻り読み返すと、まず推定規定の問題点を指摘し、次に「一方……と言う意見もあった」と推定規定の必要性についての意見や、別の見解ももれなく指摘し、最後に「この研究会としては……」と結論をまとめている。研究会ではこの原案は大きな修正も無く了承されたと記憶している。審議会の事務局を務める我々のような立場では、報告書とは議論の異なる方々の審議の中から双方が納得できる妥協点を探してまとめるものと考えていたので、委員会終了後、川井先生に「びっくりしました！」と申し上げたところ、ニコッと笑われながら「この方法は大学紛争の時思いついたんですよ」とだけお答えになった。想像するに、学長として紛糾する教授会の意見をまとめる際、結論に至る論理を先ず展開し、次にそれと異なる意見があったことを具体的に紹介、最後に教授会としてはこの結論を決定しますと宣言する。結論が公表されて世の中に受け入れられればそれで良し、仮に批判を受ければ、結論に反対の教授は自らの主張が報告書に紹介されており賛同したわけではないと主張できる。責任は結論をまとめた学長がとる、と言う形で紛糾する教授会を乗り切ってこられたのかと想像した。考えてみれば川井先生はドイツ法を始めとする欧州法制度に造詣が深く、要綱試案作成作業にも参加されており、研究会でどのような議論がされるか十分承知のうえで、産業界の危惧を取り除くために、始めからこの結論を導くとの考えで研究会の座長を引き受けたと考えるのが自然かもしれない。初めてお会いした旧弁護士会館のロビーでの「わかりました」の一言には、単に委員会の委員長を引き受けるだけでなく、おそらくはPLをわが国に導入するために、推定規定を設けないと言う結論をまとめるという決意の表明も含まれていたのではと感じた。

国生審の議論は与党政策審議会からの宿題もあり、予定の二年では結論が得られず、一年延長して審議が続けられたが、そこでいよいよ「推定規定」の取扱いについて審議する会議が開催された。微妙な問題なので事務局説明ではなく、川井先生に直接審議会での説明をお願いした。会議では商事法務研究会への委託調査報告書(註二)に基づき淡々と説明された。審機会メンバーのうち家電や自動車等大企業の法務部幹部の方々は、推定規定導入をどう阻止するかで準備を重ねてきたのにその必要がなくなり沈黙。一方消費者団体側の委員は川井先生の論理構成に反論の糸口もなく沈黙。結果、実質的な質疑は殆どないまま報告は審議会で了承された。最大の対立点が解消された国生審の議論は、その後一気にＰＬ制度の導入の方向に勢いを増すこととなった。ただ、審議会では了承されたとしても、その時点では学会の少数意見であり、川井先生の立場は微妙。数ヵ月後、川井先生にお会いすると「先日星野英一先生(註三)にお会いしたら『良い報告書をまとめられましたね』と言われました」と満面の笑顔でご報告を受けた。川井先生の決断は学界でも受け入れられた。

備考：川井健先生にはその後、

(1)「ボランティア等の支援方策に関する総合的研究」ＮＩＲＡ研究報告書 NO.950069（平成七年一〇月商事法務委託調査）

(2)「生命倫理法案」～生殖医療・親子関係・クローンをめぐって～平成一四年一〇月私法学会シンポジウム（平成一七年四月商事法務研究会）で研究を主導していただいたが、平成二五年鬼籍に入られました。謹んでご冥福をお祈り申し上げます。

(註一) 経企庁消費者行政一課編『製造物責任法の論点』（商事法務研究会、一九九一年）九一頁。

(註二)「日本型製造物責任制度のあり方に関する研究」ＮＩＲＡ研究報告書 NO.920011（平成四年一一月、商事法務研究会委託調査）。

(註三) 星野英一先生は平成五年三月に設けられた民事局長の私的研究会「製造物責任制度の法制に関する研究会」の座長を務められていた。

●ひらの・まさたか＝元経済企画庁消費者行政第一課長

消費者契約法・M&A研究会異譚
――松澤さんの厚情に感謝を込めて

藤岡　文七
Bunshichi Fujioka

1　松澤さんとの出会い（消費者契約法）

松澤三男さんとの出会いのきっかけは消費者契約法である。一九九七年七月、私は経済企画庁消費者行政第一課長に着任した。消費者行政や法律とは縁遠い世界にいたのだが、課長席の一番下の引出しの奥に、国民生活審議会消費者政策部会（部会長：落合誠一東京大学教授〔当時〕）が一九九六年一二月にまとめた「消費者契約の適正化に向けて」の報告書が収められていた。前任者からの申し送りは、「この報告書は机の奥にしまっておくように」というものであった。

わが国の消費者政策のあり方を私なりに体系的にまとめる過程において、多様なサービスが出現するグローバル化の時代における消費者を守るルールのあり方として報告書を法律にする必要性を考えた私は、当時法律に強い幾人かの有識者に聞いてみたが、一様に否定的な返事しか返ってこなかった。当時のＩ局長が述懐するに、「局内は君の部下も含め皆首を横に振っていた」。

落合誠一先生にお聞きすると、「役所がやる気ならやりましょう」（ということは霞が関はやる気がなかった？）とのことであったので、一番抵抗すると思われる通産省にまず打診をした。当時の通産省の担当課長は立派な方で、「省として反対はしないが、立法化に時間を十分かけてくれ（二年間）」ということであった。法務省は「通産省はじめ各省が反対しないのであれば……」、大蔵省は金融取引法の立法化が課題となりつつあったためむしろ賛成「気味」（関係業界は激しく抵抗……）といった状況のなか、主な省庁を説得し庁内手続に入った。一番の抵抗勢力は庁内にあった。法律を知らない愚かな国賊のように言われたが、直属局長の支援（？）もあって当時のO大臣に説明したところ、一言、「いいではないか、一年でやろう」。

組織の反応は早い。すぐ立法化に向けて検討する優秀な若手が配置された。その頭が現消費者庁次長の川口康裕氏であった。氏曰く、「立法化の検討に向けて松澤三男さんに相談しましょう」。松澤さんとの最初の出会いだった。松澤さんの支援を得て商事法務研究会のご協力をいただき、わが国一線級の先生方に技術的、専門的な見地からの検討が徹底的に行われた。

星野英一先生、松本恒雄先生をはじめとする錚々たる先生方にお世話になった。

外回りは私の担当である。当時、消費者団体は野党と理解され、与党には労働組合対応の部会はあっても消費者対応の部会はなかった。大蔵省から出向のH官房長が党の幹事長に直談判し、党に検討部会を立ち上げてもらった。党での検討が始まり、業界団体への説明、説得を頻繁に行った。

当時、いくつかの業界団体の抵抗は相当のものだった。「女房・子供がどうなっても知らないぞ」、「業界団体を創り利権を獲得しようとしている」などといった脅迫、暴言や雑言を立派な業界団体の代表や企業の幹部が公の場を含め平然と言ってくる状況であったが、すべてに反論した。最近でも、企業の首脳からは、「君は野党ではなかったのか」と言われている（自由、民主主義と市場主義を最大価値に置き、わが国社会と文化の繁栄を願う一国民）。金融取引法検討の場でも、金融業界から消費者契約法に対する非難の声が上がり強烈に反論すると、R議長から、「ここは代理戦争の場ではない」と諭されたように、現場ではそのような論争場面が数多くあった。

少なくない役所関係者が業界団体にお世話になっており仕方がないのだが、幹部の受けもいいわけがなく、私は法制定半ばで定期異動になり、その後暇になった。

2　松澤さんの相談（基本法の英訳）

しばらくして、松澤さんから相談があった。「我が国の基本法を英訳したいのだがどうすればいいか」というものであった。わが国のグローバル化対応の必要性に信念をもって対応する私を理解いただいたうえでのご相談であったと思っている。

法務省の所掌ではないかと思ったが、法務省は当時関心がまったくないとのことであり、といっても基本法なので特定省に振るわけにもいかず、「どこも担当しなければ内閣府に来る」との考えから、パチンコ方式を松澤さんに提案した。玉の最終的受け皿を内閣府経済社会総合研究所にお願いすべく、事情を話して香西泰所長（当時）に頼み込んだ。香西所長は、「なんで引き受けねばならないのか」と難色を示されたが、国としての重要性をご説明し最終的には了承をいただいた。

そこで、松澤さんに「最終的な受け皿あり」と官邸に持ち込んでいただき、落ちどころを見ていたところ、某省が見事に事案をさらっていき、英訳は実現することになった。

現在、基本法に英訳があるのは、松澤さんの業績である。

3　松澤さんに相談（M&A研究会）

二〇〇四年七月、内閣府の経済社会総合研究所に異動になったことを幸いに、かねてより考えていたM&A研究会を開催することにした。当時、M&Aという言葉はあまりなじみがなく、香西所長に「M&Aをやりたい」といったところ、「なぜそんな際物を」と言われた。ここでその意義について説明する余裕はないが、その後納得をいただき、研究会の座長について松澤さんに相談をした（所長にはその後研究会を高く評価いただいた）。研究会は学際的なもので、性格上リスクもあるので、法律に強い先進的なしっかりした先生はいないか、という相談であった。そこで、とりあえず「落合誠一先生に相談」で意見が一致し、先生にご相談に伺ったところ、「私がやりましょうか……」という一言があり、松澤さんと二人で大変驚いた。研究会では野村修也先生ならびに大杉謙一先生をはじめとする多くの先生方にもお世話になり、大変ありがたく思っている。

私が当時考えていたM&Aは、グローバル化の時代にわが国を持続的発展に向けるためのM&A推進であり、決して事業収奪型あるいは買いたたき型のM&Aではなかった。推進に向けて、M&A事情はもとより法律、経済、企業活動、国際情報等幅広い分野の情報を集約する必要がある。しかし、研究会が発足して半年後に経産省に企業価値研究会ができ、企業関係者の多くの関心が買収防衛策に集まり、肝心の持続的発展に向けての前向きのM&Aへ関心が少し霞んだことは残念であった。

それでも、落合先生と香西所長（その後、岩田一政日本経済研究センター理事長）の支援を受けて研究会は五年続き、その後、活動は日本リサーチ総合研究所のM&Aフォーラムとして継承されている。

4　その後（日越大学構想）

二〇一〇年夏、私は内閣府審議官を最後に退官した。M&Aには、研究所を離れてから十分関与できなかったので、「さあ……」と考えていると、役人時代にやっている仕事に関与すると「役所から目をつけられる」状況もあり挫けてしまった。

ご縁もあり、ハノイに大学設立の話が持ち上がったので、その構想（日越大学構想）を企画・推進する中でグローバル展開におけるM&A推進を考えることにし、今日に至っている。消費者政策も大学構想の視野には入っているのだが、どうも、わが国の知識人・役人・企業人は、根本的にグローバルな構想力が欠けていると考える。言葉ではなく、文化に対する知見こそが重要なのである。戦後の大学教育の基本的な欠陥だと思う。

松澤さんとは引き続き氏の温かい友情の下にあると（勝手に）思っている。
これからも松澤さんと共に歩めればこれに勝る歓びはない。

●ふじおか・ぶんしち＝一般社団法人日本リサーチ総合研究所理事長
同日本ベトナム経済フォーラム専務理事・事務局長

商事法務研究会、松澤さんとの思い出

堀田　繁
Shigeru Hotta

私が消費者行政関係の仕事に初めて携わることになったのは、かれこれ三〇年ほど前のことである。現在はすでに役所を退職しているが、新聞報道や消費者庁のホームページ等で、気楽にではあるが最近の消費者行政や立法の動きについてもそれなりに興味深く眺めている。

さて長い間、商事法務研究会や松澤さんには多くの研究会の立上げやその運営等でお世話になってきた。お世話になったという意味は、松澤さんのこれまでの功績は、私などが知らない研究会や商事法務研究会本体の発展にあったと思うが、私たちの立場でいえば、消費者法の各分野で「議論・検討の場」を提供していただいたこと、委員の人選に当たり松澤さんの持っておられた「知のネットワーク」を活用させていただいた、ということである。

個人的な話になってしまうが、消費者行政の流れをちょっと振り返ってみると、二〇〇九年に消費者庁が設立されたことは、最大のできごとであることは確かだが、それ以外にも行政的な規制から民事ルールへの拡大、消費者団体訴訟制度の導入、企業の自主的な行動基準の設定、コンプライアンスの浸透等も大きな変化であり、消費者にとっても行政にとっても、大きな前進であった。そして、政策を進める準備段階において、商事法務研究会が主催する会合で、専門の学者、委員の方々からアイデアやご示唆を頂いてきた。そうした場で私自身も勉強させてもらったことを、ありがたくまた懐かしく思い出している。

松澤さんとのことになると、古い話でもあるので、いつ初めてお会いしたのか、思い出すのが難しい。多分一九八六年か八七年ころであったと思う。私がパリに本部のある経済協力開発機構（ＯＥＣＤ）での三年間の勤務を終え、経済企画庁（当時）の消費者行政第一課課長補佐として日本に戻ってきた後のことである。恥ずかしながら消費者行政などまったくわからない、いわば素人。それから異動は何度かあったが、消費者行政の担当課長や国民生活局総務課長、同局審議官まで消費者行政との縁が続き、松澤さんとのお付き合いも続くことになった。松澤さんとお会いした最初の頃は、消費者問題に対して何をしたらいいのか、まだまだ途方に暮れることも多い時期だった。

なぜだったのか。今から考えると、一つには、消費者行政が多くの省庁にまたがっており、具体的な個々の消費者問題はそれぞれ担当の省庁が責任をもって対応していることがある。幅広い分野であるので当然だが、私が所属していた（経済企画庁時代の）消費者行政第一課は、消費者行政の総合的な調整をおこなうとされ、年一回開かれる消費者保護会議の庶務の役割も担っていた。もちろん、その都度起きる悪徳商法の問題等個別問題にも、対応しなければならないが、「もぐらたたき」ではない、省庁横断的な消費者行政というのはどのようなものか、いろいろ迷っていた。

さらにもう一つ、消費者問題というと、事業者と消費者の対立といったイメージでとらえられがちであるが、これに対しても少し違和感のようなものを感じていた。消費者団体＝消費者ではないし、消費者も自由な事業活動から利益を得るはずである。消費者にも、事業者にも意味のある行政はどのようなものか。ぼんやりながら考えていた。

一方、一九八〇年台後半に大きな問題となっていたのは、一つはアメリカやヨーロッパで問題となっていた製造物責任（ＰＬ）問題である。日本でも製造物責任法の制定の必要性が叫ばれていた。もう一つは、約款の問題であり、特にスポーツジム等新しいサービスの分野における約款の公正さの問題が、国民生活審議会等でも議論されていた。こうした新しい問題が、当時はまだはっきりとはわからなかったが、その後日本の製造物責任法や消費者契約法の立法につながっていくことになった。こうした課題に取り組み、先生方と議論をすることを通じて、私の持っていたもやもや感も解消し、またルールを通じた事業者と消費者の間での公正な関係作りという、骨太で、横断的な政策の立案に役立つと思えるようになった。

時間はやや飛ぶが、二〇〇〇年代に入り松澤さんに裏方をお願いした研究会の中で印象的なのが、「二一世紀型の消費者政策の在り方について」というテーマで開催した研究会だった。消費者契約法が成立した後、立ち上げられた研究会であった。これも私たちが以前から持っていた問題意識も含め、検討してもらいたかったテーマだった。検討事項が多く、もちろん解答など簡単に見つかるものではないが、研究会での議論はおもしろく、有益でもあった。その後の消費者政策部会の議論を経て、今後の消費者行政の課題や方向について、一定の整理ができたのではないか。実際その後議員立法で消費者基本法を見直しが行われる時も、ひいては消費者庁の設立へと動く際にも役立ったと思っている。

＊

最近は松澤さんにお会いする機会もなくなったが、これまでどおり議論の場を提供していただくとともに、消費者庁の応援をしてもらえるよう、さらにお元気でご活躍されることを願っている。

●ほった・しげる＝流通科学大学経済学部特任教授

北川善太郎先生と松澤さんと消費者契約法

松本　恒雄
Tsuneo Matsumoto

1　松澤さんと初めてお会いしたのは、私が京都大学の大学院で北川善太郎先生の指導を受け始めた頃なので、四〇年余り前のことになる。

松澤さんは、当時の社団法人商事法務研究会から一九七一年一〇月に創刊されたＮＢＬ（創刊当初はNew Business Law）の編集を担当されており、北川先生は、その創刊号から「現代契約のはなし」を連載されていた。

私のいささかあいまいな記憶によると、一九七四年だか、七五年だかのある日、商事法務研究会の当時の専務理事であった鈴木光夫氏とともに松澤さんが来京されて、北川先生と何かの打ち合わせをされたのに同席し、そのまま祇園のどこかの宴席でご相伴にあずかったのが、松澤さんとの初会であった。その話しぶりは当時も今も変わらない。

北川先生は、文系の研究者としてはめずらしく、組織として事業を行うという発想が強かった。典型的には一般財団法人比較法研究センター（設立当初は京都比較法センター）の設立・運営であるが、そのような北川社中を支える番頭格（丁稚の私から見れば芦屋雁之助のような存在）に、永田眞三郎元関西大学学長、山下孝之弁護士（三宅合同法律事務所・故人）、そして松澤さんを、私は勝手になぞらえている。これら三氏から、学界、法曹界、行政、企業法務のキーパーソンを紹介されたり、付き合い方のヒントや裏話をいろいろ教えられたりした。

2　その後、松澤さんがプロデュースした調査研究にも様々な形で関与させていただいた。その中でも、現在の職場である独立行政法人国民生活センターとの関係では、消費者契約法の制定に向けた準備作業のための海外法制の調査を挙げなければならない。そもそも、消費者契約法の重要なルールである不実告知の取消権（同法四条一項一号）および故意の不告知の取消権（同法四条二項）は、英米法の不実表示法理の一部を取り入れたものであるが、松澤さんに初めてお会いした頃に私が取り組んでいた修士論文のテーマが、まさに不実表示法理を中心としたものであった。

国民生活審議会が消費者契約の適正化のための立法という課題に本格的に取り組み始めたのは、製造物責任法の制定にめどがついた後のことである。すなわち、規制緩和推進の流れの中での消費者政策の次の課題を検討した第一四次国民生活審議会消費者政策部会消費者行政問題検討委員会が、一九九四年一一月の報告「今後の消費者行政の在り方について」で、消費者取引の適正化という課題をとりあげ、その基本的な方向性を打ち出した。

これを受けて、第一五次国民生活審議会消費者政策部会では、消費者取引検討委員会を設置して検討が進められ、一九九六年一二月に「消費者取引の適正化に向けて」との報告がとりまとめられた。そこでは、契約締結過程、契約条項、紛争解決、情報提供・消費者教育という四つの論点が整理されている。

次いで、第一六次国民生活審議会消費者政策部会では、消費者契約適正化委員会を設置して検討が進められ、一九九八年一月には消費者政策部会中間報告「消費者契約法（仮称）の具体的内容について」が出された。そこでは具体的な条文に近い形で提案がされていたが、翌一九九九年一月に出された同部会報告「消費者契約法（仮称）の制定に向けて」では、慎重論が打ち出された。

最後に、第一七次国民生活審議会消費者政策部会で、消費者契約法検討委員会を設置してさらに検討が進められ、一九九九年一一月の検討委員会報告「消費者契約法（仮称）の具体的内容について」で、ようやく法案の内容が固まり、同年一二月に部会報告として承認された。

このように数次の審議会を経て、当初のプランよりかなり小振りながら、消費者契約法の制定への道が固まった。そして、消費者契約法は、二〇〇〇年四月二八日に成立し、五月一二日に公布され、翌二〇〇一年四月一日から施行されている。

その間、国民生活審議会での審議の参考のために、商事法務研究会が、当時の経済企画庁の委託を受けて海外の消費者契約の法制度や消費者行政の実態の調査を断続的に行った。私も、国民生活審議会の部会や検討委員会の委員として審議に加わる一方で、調査活動にも従事した。

手元に残っている古い資料では、製造物責任法制定の議論が収束を見せていた時期である一九九三年一〇月二四日から一一月六日まで、イギリスとフランスの約款調査に出かけたのを皮切りに、調査メンバーとして何度も海外出張をしている。このときのイギリスでは、当時の貴族院裁判官であったゴフ卿のオフィスで紅茶をごちそうになってから貴族院本会議を傍聴して、貴族院議長でもある大法官（ロード・チャンセラー）の生態を実感したり、今やヨーロッパ消費者法研究の第一人者であるゲラント・ハウエルズ教授（現香港大学教授）のシェフィールドの自宅に泊めていただき、生協運動発祥の地であるロッチデールやブロンテ姉妹が育ったハワーズをドライブするといった貴重な経験をした。

フランスでは、当時パリ大学で在外研究中だった鎌田薫教授（現早大総長）と合流したが、一一月一日（月）がフランスでは万聖節の祝日であることを知らず、一日余ってしまったので、ナント大学で在外研究中であった鎌田先生の弟子の横山美夏大阪市立大学助教授（現京大教授）も誘って、モン・サン・ミッシェルまでみんなで一泊旅行し、ソバ粉のクレープとカルヴァドスを楽しんだのもなつかしい思い出である。この際の報告書は、一九九四年三月に商事法務研究会から「我が国における約款規制に関する調査」として公表されている。

一連の海外調査でとりわけ私の興味を惹いたのは、事業者団体の自主的取組みを重視したオーストラリアやカナダの消費者政策のアプローチであり、自主行動基準（code of conduct）や業界オンブズマン、共同規制（co-regulation）の重要性であった。私は、これらを、「市場を活用した消費者政策」と呼んで、消費者政策の第三の波の構成要素と位置づけている。二〇〇二年一二月に、国民生活審議会消費者政策部会自主行動基準検討委員会がまとめた報告書「消費者に信頼される事業者となるために——自主行動基準の指針」は、これらと同様の方向性を示すものであり、二〇〇四年の消費者基本法の改正において導入された自主行動基準の推奨（同法五条二項、六条）へとつながっていく。

海外調査の際に懇意となった元オーストラリア競争・消費者委員会（ACCC）のビル・ディー氏（現コンプライアンス苦情アドバイスサービス代表）や元カナダ産業省消費者局のカナハン・ウェッブ氏（現ライアソン大学准教授）とは、その後、国際標準化機構（ISO）での社会的責任の国際規格（ISO26000）作りのWGでともに取り組んだのをはじめ、消費者保護のための規格作りでしばしば顔を合わせている。

3

日本人の平均寿命が延びたのに伴い、法律の研究者の間でも還暦記念論文集を出すことは少なくなったが、二〇一二年末に私の還暦記念論文集『民事法の現代的課題』を商事法務から出版していただけたのも、編集委員のご努力や執筆の諸先生方のご寄稿とともに、松澤さんの赤字覚悟のご協力のおかげである。恩師である北川先生は、二〇一三年一月末に不帰の客となられたが、一月になって北川先生に論文集をお送りしたところ、奥様が病室に持っていってくださった。北川先生もたいへん喜んでおられ、弟子が還暦だから自分も年だという趣旨のことを看護師さんに言っておられたと、後に奥様からうかがった。北川先生を介した松澤さんとの縁を感じる。

また、北川先生の追悼文集『北川善太郎先生を偲ぶ』を、二〇一四年の一周忌にあわせて、関係者のみ配布用の私家版として商事法務から発行していただいたことにも感謝申し上げる。

●まつもと・つねお＝一橋大学名誉教授・独立行政法人国民生活センター理事長

ゲリラ豪雨と消費者安全法

森　大樹　Oki Mori

これまでに体験したことのない激しい雨。全身ずぶ濡れになり、スーツのパンツはじっとりと足にまとわりつく。革靴からも雨がしみこみ、靴下も絞れそうなくらいの水を含んでいる。強い横風が吹き、傘は役立たず。濡れずにいるのは、水が浸みて破れないように大切に抱え込んだ紙袋に入れられた大量の資料だけ……。

＊

平成二〇年の夏は「ゲリラ豪雨」という言葉が広く使われるようになった夏である。「ゲリラ豪雨」は、同年の年末に、いわゆる流行語大賞でトップ一〇に選出されることになったが、その当時の私はそのようなことを知る由もなく、いわゆる任期付公務員として、内閣府で、消費者庁の設立に向けて、消費者安全法の企画立案業務に従事していた。消費者安全法は、消費者庁創設時に制定されたいわゆる消費者庁関連三法の一つで、消費者庁設立に際して新たに制定された唯一の実体法でもある。

消費者庁は、明治以来わが国の行政機関に根ざしている分担管理と称されるいわゆる縦割り行政において、産業振興の間接的、派生的テーマとして推進されてきた消費者行政について一定の限界があったとの認識のもと、消費者行政の司令塔としての機能を果たすことを期待して設立された行政組織である。そして、消費者安全法は、消費者庁の長としての内閣総理大臣が、他省庁が所管する法律に基づく措置が可能である場合には、他省庁の大臣に対して当該措置の実施を求めることができるなど、行政法的には異例の仕組みが導入された法律である。このように異例な仕組みが採用されたことは、何よりも当時の福田康夫内閣総理大臣（以下「福田総理」という）が、強い意志を持って平成二〇年一月一八日に行われた国会の施政方針演説において「各省庁縦割りになっている消費者行政を統一的・一元的に推進するための、強い権限を持つ新組織を発足させます」と表明し、その検討のために官邸に同年二月八日に「消費者行政推進会議」を設置したことに端を発する。同会議において「取りまとめ」が公表されたのは、会議設置からわずか約四か月後の六月一三日のことであった。そして、その二週間後の六月二七日には「消費者行政推進基本計画」が閣議決定された。内閣府国民生活局において「検討チーム」と呼ばれていた独立行政法人国民生活センター法の改正に関する企画立案業務を担当していたいわゆる「タコ部屋」のメンバーは、そのときから実務部隊として、消費者庁の創設に向けて、消費者庁に様々な機能を付与するための新法を政府提出法案として国会に提出すべく、連日のように深夜、時には朝まで作業を行うようになったのである。

一日も早く消費者の立場に立つ行政組織を作るという福田総理の強い意志のもと、消費者庁創設は、時の政権の一丁目一番地の政策として位置付けられていたため、検討チームのメンバーは少しずつ増員されながら、法案の立案業務は極めて急ピッチで行われた。そして、冒頭に記載したように、私は、その年の夏、連日、ゲリラ豪雨の中、大量の紙の資料を抱えて、内閣府庁舎（当時。いわゆる「本府庁舎」。現在は建て替えられて中央合同庁舎第八号館となっている）から中央合同庁舎第四号館（現消費者庁庁舎）に入っている内閣法制局に通い続けることになったわけである。

内畠聖寿企画官（当時）を筆頭に、古川剛課長補佐（当時）や私を含む検討チームのメンバーは、消費者行政推進基本計画に定められた消費者庁の機能・役割を実現するためには、具体的にどのような機能が必要か、そして、そのような機能を実現するためには行政法的にどのような方法がありうるのか、それは実際に運用可能な仕組みにできるのか、ということを日々議論し、手を動かしながら考え抜いた。繰り返しになるが、政治的にも極めて重要な法案という位置付けであったため、様々なところから思いも寄らぬような指示がとんでくることも珍しくなかった。たとえば、「新法に、前文を入れられないか」というご下問もあった。議員立法であればともかく、政府提出法案において、そのような体裁をとることは難しい。では、そもそも前文にどのような内容を規定したいのか。その内容を何とかして個別の条文にすべて盛り込むことができないか。それらの指示の多くは、法制的な観点からは検討されていない政治的な観点からの指示であったり、霞ヶ関の常識に反するものであったりしたため、若輩者であり、霞ヶ関の常識を知らない私にとって、かなり難しい要求もあったことは事実だが、曲がりなりにも法令上は「高度の専門的な知識経験又は優れた識見を有する者」（一般職の任期付職員の採用及び給与の特例に関する法律三条一項）として採用されていた以上、一人の法律実務家として正面から法案に向き合うとともに、アイデアを出し、多数の関係者との間で協議や調整を重ねると共に、率直に言えば政策の早期実現のために、時には妥協して前に進めることも珍しくなかった。

そのような中、忘れもしない平成二〇年九月一日。検討チーム内に置かれていたテレビにニュース速報が流れた。福田総理による緊急記者会見が間もなく行われるという。

「まさか」

当時福田内閣の支持率は低迷していたため、様々な噂はあったが、まだ、法案は完成していなかった。どれだけ法案が完成に近づいていたとしても、閣議決定して国会に提出するまで何が起こるかわからない。ましてや福田総理が退陣を表明すれば、求心力が失われ、それまでは協力姿勢を示していた他省庁が、いつ抵抗勢力に変わるか予断を許さない。ゲリラ豪雨の中、連日内閣法制局に通い詰めて、ようやく見えてきた明るい兆しがすべて無に帰することになるかもしれない。検討チームのメンバーはみな同じ思いを抱いていたと思う。

しかし、いや、やはりというべきか、その緊急記者会見で福田総理は辞意を表明した。我々は愕然とした。とはいえ、消費者庁創設に関わっていた全メンバーにとって、歩みを止めるという選択肢はなかった。

間もなく消費者庁創設のために設置されていた内閣官房消費者行政一元化準備室の松山健士室長（当時。前内閣府事務次官）から、福田内閣での最後の閣議決定は九月一九日に行われるので、消費者庁関連三法は、福田内閣のもとで絶対に閣議決定するという方針が伝えられた。

絶対に譲れない期限が決まると、霞ヶ関における様々なルールやスケジュールからすれば、例外的な対応を求めることもあったが、関係各省庁をはじめとする関係者との協議・調整を怒濤の勢いで重ねた。消費者安全法は、各省庁に対して、消費者庁に対する報告義務等を定めていることもあり、法令協議では、膨大な数の質問や意見が寄せられたが、一晩ですべてに回答して翌日には協議を終え（回答したというよりも、「打ち返す」「叩き返す」という表現が実態により即しているかもしれない）、結果として法案の文言は一言たりとも修正しなかった。そして与党の審査プロセス等も経たうえで、九月一九日（金）、福田内閣最後の閣議決定で、消費者安全法を含む消費者庁関連三法は無事に閣議決定された。

私の手帳によれば、翌週九月二三日（祝）を挟んだ両日ともに休暇を取得したことになっているので、閣議決定の翌日からの五日間休んでいたはずであるが、何をしていたのか、私にはまったく記憶がない。

＊

私は「消費者安全法」と聞くと、今でも検討チームのメンバーと共にゲリラ豪雨の中、びしょ濡れになって内閣府本府と内閣法制局を往復したあの暑い夏の夜を思い出す。

●もり・おおき＝弁護士（長島・大野・常松法律事務所）

約款規制の移り変わり

山下　友信
Tomonobu Yamashita

今では歴史的事実ということになったが、かつて約款については、約款適正化という行政規制が存在した。一九七〇年代になって消費者保護・顧客保護という観点からの約款研究が流行してきたが、行政的にも、保険や運送等の事業者の監督官庁による約款認可による規制とは異なる消費者保護のための新しい規制が必要ではないかということで、一九八〇年代早々から当時の経済企画庁の国民生活審議会の下に約款委員会を設置して取り組むこととなった。これを主導されていたのが故北川善太郎先生で、私はその少し前に約款をテーマとする論文を公表していたためであろうが、北川先生からお声がけをいただき、委員会に参加することとなった。私にとっては、行政庁の審議会・委員会に参加した初めての経験であった。同じ時期の一九八一年に日本私法学会でも、北川先生と故谷川久先生を責任者として、約款をテーマとする民商合同シンポジウムが企画され（「約款——法と現実」私法四四号）、その準備の研究会を商事法務研究会で設置してもらうこととなった。このころから松澤さんにお世話になることが増えてきたように記憶する。

約款適正化は、一九八一年と一九八四年に報告書としてとりまとめられ公表された。事業者の監督権限のない経済企画庁の下で、消費者と事業者が意見をぶつけ合いながら適正な約款のあり方について意見調整し、事業者もこれに従い約款を改善するという成果があった。保険や運送の分野の約款は、この約款適正化で改善されたものが現在でもベースになっている。しかし、あくまでも一種の行政指導であるから、対象事業分野を拡大するにつれて、言うことを聞かない業界も増えて、約款適正化は限界が明らかとなり、立ち消えになっていった。その後は、特定商取引法や割賦販売法等個別分野の規制が推進されていったが、一九九〇年代後半の規制緩和と連動して、二〇〇〇年に消費者契約法が制定され、約款規制とは少し形が変わったが、ようやく包括的民事立法が実現した。消費者契約法の制定に至る過程でも、商事法務研究会の下でたびたび研究会が開催され、これが立法の基礎的な準備作業となった。

さて、最初の約款適正化の委員会で最もシリアスな意見対立があったのが、生命保険の継続保険料の不払いの場合の無催告失効条項についてである。民法の原則からいえば、催告なくして契約を終了させるという条項は、十分に不当条項と評価される資格がある。しかし、これに対しては、生命保険業界は、民法で求められるより相当長い猶予期間を与えているということなどとともに、催告が義務づけられれば証拠として残すために内容証明郵便等の方法によらざるをえなくなり、コストが嵩むばかりでなく、そのような郵便で保険料を督促されること自体が保険契約者からの苦情の対象となると反論し、頑強に抵抗した。生命保険料は月払いであることが多いので、一回払込を遅滞すると遅滞が続くことが少なくなく、そのような保険契約者には毎月内容証明郵便等が届くとやはり保険契約者も怒り出すだろうというのである。そこでようやく妥協的な解決とされたのが、約款上は催告を義務として規定することはしないが、生命保険会社は払込の遅延している保険契約者に普通はがきで督促をする実務を徹底するということであり、これが定着していった。

無催告失効条項は、二〇〇八年の保険法の制定時にも議論されたが、やはり実務を変更するには至らなかった。しかし、底流においては、無催告失効条項については批判もあるところで、ついに最高裁でその有効性が争われることとなった。これが平成二四年三月一六日の判決（民集六六巻五号二二一六頁）で、保険会社においてはがきによる督促を行う態勢が確実に整備されている限りにおいて、無催告失効条項も消費者契約法一〇条により無効となるものではないとし、約款適正化以来三〇年を経て有効性が確認されたこととなる。もっとも、一名の裁判官の反対意見が付されていることからわかるように、この条項についてはこれからもさらに議論が続くのであろう。

今や、消費者契約法という不当条項規制立法が整備され、立法時には難産であった一般条項の一〇条も適用される裁判例が増えてきており、司法による約款規制の時代に移っていることは間違いなく、一九七〇年代に約款の研究をしていた私のような者から見ればある意味では夢のような時代になったということができる。しかし、それと同時に約款適正化のような仕組みによる約款の改善という試みは、今でも有意義なものではないかという気持ちはある。司法規制は、不当な約款条項が無効かどうかという判断をするものであるから、ある条項が不当条項として無効とされれば、事業者も約款を改善しなければならなくなるという効果はあるとしても、合理的な内容の約款を形成していくという機能は十分なものとはいえない面がある。前記の生命保険料の督促方法は、委員会における消費者と事業者のぎりぎりの折衝の中で生み出された知恵であり、これはやはり約款適正化という折衝のフォーラムがあることによって可能になったものである。このような仕組みは、実効性を持たせる工夫をすれば、現在でも試すに値するものではないかと密かに考えているところである。

●やました・とものぶ＝同志社大学大学院司法研究科教授

消費者契約法の制定と現代契約法制研究会

山本　敬三　Keizo Yamamoto

消費者契約法は、二〇〇〇年四月二八日に成立し、同年五月一二日に公布された。その制定に向けて審議が本格化したのは、一九九七年七月に第一六次国民生活審議会消費者政策部会の下に消費者契約適正化委員会が設置されてからである。一九九八年一月に公表された国民生活審議会消費者政策部会中間報告「消費者契約法（仮称）の具体的内容について」は、あるべき消費者契約法の方向性を示すものとして注目を集めた。現代契約法制研究会は、これを受けて、一九九八年二月に法務省民事局長の私的研究会として設置されたものである。

この研究会の委員は、能見善久教授（座長）、大村敦志教授、沖野眞已教授、鎌田薫教授、河上正二教授、廣瀬久和教授、星野英一名誉教授と私であり、法務省民事局からは揖斐潔参事官（当時）と齋藤聡民事局付（当時）のほか、適宜関係者が出席していた。一九九八年二月二七日に第一回会議が行われ、研究会の設置要綱によると、約一年の予定とされていた。もっとも、国生審の審議が延びたこともあり、最終的に一九九九年一二月二八日まで合計三二回の会議が行われた。会場は商事法務研究会の会議室であり、原則として一八時から三時間程度の会議だった。事務局を担当していただいたのが、当時NBL編集長を務めておられた松澤三男氏である。長時間にわたる学術的な議論にいつも楽しそうに耳を傾けておられたのが、特に印象に残っている。

この研究会が設置されたのは、消費者契約法が立法化される場合は、契約法制に関する広範かつ重要な特則となることから、民事基本法に関する問題として、法制審議会における審議が必要となることが予想されたためである。その際に念頭に置かれたのは、一九九四年に製造物責任法が制定されたときに、法制審議会において、主として民事実体法上の観点から審議を行い、その検討結果を報告として公表したことである。そこで、消費者契約法についても、法制審議会における円滑かつ迅速な審議に資するように、その準備作業として、諸外国の消費者契約法制の調査、文献等資料の収集をするとともに、民事基本法の観点からの問題点の整理を行うことが、この研究会の目的だった。実際、研究会が発足してからしばらくの間は、上記の国生審中間報告で取り上げられた項目を中心として、比較法的な検討とともに、特に民法の基本理論の観点から消費者契約法の立法化に際しての問題点を洗い出す作業が続けられた。

ところが、半年ほどたった時点で、研究会の位置づけが変化することになった。当時の法務大臣の指示により、法制審議会では消費者契約法制に関する審議が行われないこととなったためである。ちょうどこの時期に審議会の構成員のあり方等について議論があり、その余波としてこのようになったという憶測もあるが、真偽は不明である。いずれにしても、後の目から見れば、消費者契約法制にとって一つの転轍点になったと評することもできそうである。

こうした事態が一九九八年九月九日に開催された第一〇回会議において明らかにされ、研究会としてその後どのようなスタンスで検討を進めるかが問題となった。当面の方針としては、国生審で報告を取りまとめるにあたって盛り込まれるべき法務省側の意見の基礎とし、さらに各方面における議論の参考に資するため、研究会での検討を続け、主として民法の観点から問題点を指摘することが目指された。その成果として、一九九九年四月に、「消費者契約法（仮称）の論点に関する中間整理」が公表された（NBL六六四号〔一九九九年〕四四頁）。「中間整理」と銘打たれたのは、同年一月に第一六次国民生活審議会消費者政策部会報告「消費者契約法（仮称）の制定に向けて」が公表されたものの、その後も第一七次国民生活審議会消費者政策部会の下で審議が継続されることとなり、研究会においてもまだ意見を一本化するまでにはいたっていなかったためである。しかし、「中間」という名称からもうかがわれるように、この時点ではまだ、最終的に研究会として何らかの意見を表明する可能性は含みとして残されていた。消費者契約法は現代民法の一部をなすものといっても過言ではなく、そのような観点からの検討を十分に行わないまま立法がされてしまうことに対する危機感がその背景にあった。

もっとも、法制審議会において審議を行わないのであれば、法務省――それも民事局長の私的研究会――が立法に向けた意見を公表するのは難しいといわざるをえない。そのため、最終的に、研究会としての意見を公表することは見送られることとなった。しかし、民法の観点から行ってきた検討は、消費者契約法の意義と課題を理解するために役立つと考えられる。そこで、一九九九年一二月に第一七次国民生活審議会消費者政策部会報告「消費者契約法（仮称）の立法に当たって」が公表され、立法の具体的内容が固まったのを受けて、研究会のメンバーが――研究会での議論を踏まえつつ――個人としての立場から、その報告の内容を批判的に検討する論文を発表することになった。それが、星野英一「『消費者契約法（仮称）の具体的内容について』を読んで」（NBL六八三号〔二〇〇〇年〕六頁）、沖野眞已「『消費者契約法（仮称）』における『契約締結課程』の規律――第一七次国民生活審議会消費者政策部会報告を受けて」（NBL六八五号〔二〇〇〇年〕一六頁）、山本敬三「消費者契約立法と不当条項規制――第一七次国民生活審議会消費者政策部会報告の検討」（NBL六八六号〔二〇〇〇年〕一四頁）である。

このような検討が粘り強く続けられたのは、国生審の最終報告を受けて、政府部内で具体的な条文作成をする際に、法務省担当者が経済企画庁担当者と交渉しつつ進める作業をバックアップし、少しでも良い法案にする可能性が残っていたためでもある。例えば、消費者契約法一〇条が、国生審の最終報告で示されていたものと異なり、名実ともに不当条項規制に関する一般条項の体裁をとることになったのは、良く知られているとおり、政府部内における法案の立案段階においてである。はたして研究会の活動がそのような修正に寄与したのかどうかは、今となっては定かではない。しかし、上記NBL六八六号三四頁以下の「後記」に記したとおり、こうした修正は歓迎すべきものであり、しかも、それが現在にいたる消費者契約法の発展に繋がっていることを思えば、実に感慨深いものがある。

●やまもと・けいぞう＝京都大学大学院法学研究科教授

約款規制問題研究会のことなど

山本　豊
Yutaka Yamamoto

松澤三男さんには、私が東京の大学（上智大学）に勤務していた当時、様々な機会にお世話になった。それは、あるときには、委託調査のための研究会、あるときには私法学会シンポジウム報告のための準備研究会、あるときには取引法判例の研究会（故川井健先生の主宰された「取引法判例研究会」）であったりしたが、事務局の中心にはいつも松澤さんがおられて、行き届いたサポートと絶妙のタイミングと語り口での原稿督促をいただいたことが、懐かしく思い起こされる。

商事法務研究会が受託した調査のために設置された研究会としては、「約款規制問題研究会」（経済企画庁委託調査）、「規制緩和に伴う消費者行政システムのあり方に関する研究委員会」（経済企画庁委託調査。一九九四年七月から一九九六年二月にかけて実施）、「『消費者取引の国際化に関する調査』研究会」（経済企画庁委託調査。一九九六年八月から一九九七年二月にかけて実施）等がある。それぞれにつき海外調査も行われ、私は、一九九三年にはオランダ、ドイツ、ベルギーへ、一九九四年にはドイツへ、一九九六年にはフランス、ドイツに出張して、関係機関・研究者への聴き取り調査や資料収集に従事した。今のようにインターネット経由で簡単・迅速に関係資料が入手できる時代ではなく、また、活字では得られない貴重な意見交換を一流の研究者（たとえば、ドイツのマンフレート・ヴォルフ教授、ペーター・シュレヒトリーム教授、オランダのエーウッド・ホンディウス教授等）、各国省庁の担当者、消費者団体・事業者団体関係者との間で行うことができ、私にとってたいそう貴重な機会となった。

その中から、この小文では「約款規制問題研究会」（正式名称は「我が国における約款規制に関する調査研究会」）のことについて、つづってみたい。これは、経済企画庁（当時）の委託調査を実施するために組織された研究会であり、一九九三年六月から一九九四年二月にかけて九回にわたって開催された。落合誠一教授を座長に、太田勝造、鎌田薫、神作裕之、滝沢昌彦、松本恒雄、山下友信の諸教授と私がメンバーであった。

この委託調査がこの時期に開催された背景としては、次のようなことがあったように思われる。国の消費者行政を担う当局としては、制定が日程に上っていた製造物責任法（一九九四年七月に成立）の後、次なる立法課題を探索していた。立法措置を要する分野として誰しも指を屈するのは消費者契約の分野であった。ときあたかも、EC閣僚理事会が「消費者契約における不当条項に関する指令」（以下、EC指令という）を採択し（一九九三年四月五日）、加盟各国は、本指令を受けての国内法の見直しの要否・内容につき検討を急いでいた。

こうした状況のもと、個別約款の現状の把握、約款規制に関する理論状況の検討、諸外国における約款規制の現状の調査を行い、この調査を踏まえて、日本の約款規制の問題点とその改善策（立法的措置を含む）について検討を行うという目的で、本委託調査が実施されたのである。

本研究会の成果は、「我が国における約款規制に関する調査」と題する二八七頁の冊子（以下、「報告書」ないし「本報告書」ということがある）にまとめられた（一九九四年三月）。報告書は、本編に当たる編と理論的分析編、海外調査編の三編から構成されている。本編では、わが国における個別約款の現状と今後のわが国の約款規制のあり方について、当時の状況を、幅広くかつバランスよく叙述している。理論的分析編では、まず、そもそも問題が約款規制という仕方で設定されるべきなのか、それとも真の問題は当事者間の交渉力の格差等その背後にある問題と考えるべきなのか、立法的規制をするとしてその対象となるものは何かという論点をはじめ、約款規制の基本的構造に関わる問題点を検討し、次いで、約款規制の経済分析について論じている。約款規制の経済分析については、最近、これを詳論する研究書(註一)が公刊されたが、本報告書の理論的分析編での論述は、この方面の研究の先駆の一つに数えられるものである。海外調査編では、EC指令のほか、イギリス、フランス、ドイツ、オランダ、アメリカ、韓国の法制度の内容や運用状況につき紹介・分析している。イギリス、フランス、ドイツ、オランダについては、前述のとおり、EC指令の成立を受けて、これらの諸国でどのような国内法の見直しが必要になるかについても、当時の最新の情報が盛り込まれている。

報告書は、一九九四年四月二二日にその要旨が経済企画庁から記者発表され、翌日の新聞各紙は、「『約款規制法』必要に 経企庁報告書 消費者に分かりやすく」(日経)、「約款規制法の必要性を指摘 経企庁報告」(朝日)などといった見出しを付して、これを報じた。

報告書が提出された後、政府の審議会において立法化に向けての検討がスタートする。すなわち、一九九五年三月から審議を開始した第一五次国民生活審議会消費者政策部会が、一九九六年一一月に報告(註二)をとりまとめ、消費者契約の適正化のための「具体的かつ包括的な民事ルール」の立法化が必要であると指摘し、不当条項に関する規律に関しては、「信義則等の民法の一般原則の内容を具体化したものを解釈基準として取り込んだルールの検討が必要」であり、EC指令等を参考として、その具体的内容の検討に取り組むべきであると提言したのである。

一九九八年一月には、第一六次国民生活審議会消費者政策部会中間報告(註三)が、消費者契約法(仮称)の具体的内容に踏み込んだ叩き台を示した。中間報告に対する関係各界からの意見聴取等を経て、一九九九年一月には、第一六次国民生活審議会消費者政策部会最終報告(註四)がとりまとめられた。消費者契約法(仮称)の具体的内容に関する審議は、第一七次国民生活審議会消費者政策部会および同部会の下に設けられた消費者契約法検討委員会において続行され、審議の結果が、一九九九年一一月の消費者契約法検討委員会報告(註五)に盛り込まれ、同報告書は、一九九九年一二月の第一七次国民生活審議会消費者政策部会報告(註六)により採択された。その後、政府部内の法案作成作業を経て、消費者契約法案が第一四七回国会に提出され、二〇〇〇年四月二八日に消費者契約法が可決成立した。

約款規制問題研究会の報告書は、本編に当たる部分のみは公刊された(註七)(現在であれば、官庁のウェブサイトを通じ、報告書全体が広く情報提供されるところであろう)ものの、一般の研究者の目に触れる機会が多いともいえず、目立たぬ存在である。しかしながら、前述したような事態の推移を振り返るならば、報告書は、その後の消費者契約法制定に至る動きの起点となり、そのような意味において、「日本法の舞台裏」に属する一資料としての意義を有するといえるであろう。もとより、約款規制という切り口で問題をとらえようとする報告書とは大いに異なって、消費者契約法は、不当契約勧誘行為による意思表示取消ルールをも含むものとして、また、不当条項規制に関しては、約款条項に限定せず、消費者契約条項一般を規制対象とするものとして成立したのではあるが。


(註一) 西内康人『消費者契約の経済分析』(有斐閣、二〇一六年)。

(註二) この報告は関連資料とともに、経済企画庁国民生活局消費者行政第一課編『消費者取引の適正化に向けて』(大蔵省印刷局、一九九七年)に収録されている。

(註三) この報告は関連資料とともに、経済企画庁国民生活局消費者行政第一課編『消費者契約法(仮称)の具体的内容について』(大蔵省印刷局、一九九八年)に収録されている。

(註四) この報告は関連資料とともに、経済企画庁国民生活局消費者行政第一課編『消費者契約法(仮称)の制定に向けて』(大蔵省印刷局、一九九九年)に収録されている。

(註五) この報告は、消費者庁消費者制度課編『逐条解説 消費者契約法〔第二版補訂版〕』(商事法務、二〇一五年)六〇六頁以下に収録されている。

(註六) この報告は、消費者庁消費者制度課編・前掲(註五)六〇〇頁以下に収録されている。

(註七) 本編に当たる部分は、経済企画庁国民生活局消費者行政第一課編・前掲(註三)四五頁以下に掲載されている。

●やまもと・ゆたか＝京都大学大学院法学研究科教授

商法

法制審議会商法部会の変遷

岩原　紳作
Shinsaku Iwahara

私が最初に法制審議会商法部会に参加したのは、昭和五八年一二月一四日の第一一七回部会からであった。当時は、商法部会の下に会社法小委員会と社債法小委員会が設けられ、さらに、会社法準備会があった。実質的な審議は、小委員会や準備会、特に準備会において行われた。準備会や小委員会は法務省の赤煉瓦庁舎で、部会は別館で行われていた。

当時の部会長は鈴木竹雄先生であり、委員には大隅健一郎先生、服部栄三先生、北澤正啓先生、河本一郎先生、鴻常夫先生、竹内昭夫先生、龍田節先生等がおられて、幹事として加わったばかりの私は、部会の大先生方のご議論をただ拝聴しているばかりであった。鈴木先生が大隅先生に、「大隅君どうだろう」などと話しかけられるのを、神々の会話のようにお聞きしていた。第一一八回部会からは、経済界代表の委員として、経団連経済法規委員長でいらした鈴木先生の弟様の鈴木治雄昭和電工会長が加わられて、休憩の時間には鈴木先生と話し込んでおられたりしていて、それは和やかなものであった。

このような重々しくはあるが、和やかに行われてきた商法部会の雰囲気が変わったのは、平成九年一月二二日に行われた第一三九回部会からであった。部会長は、第一三八回部会までの竹内昭夫先生から、竹内先生のご逝去に伴い、前田庸先生に交代した。第一三九回部会においては、会社法準備会、会社法小委員会で積み上げられ固められた合併等に関する商法改正要綱案を承認する予定であった。それまでは部会に提出される要綱案は、若干の意見はあっても、そのまま承認されていた。ところが第一三九回部会においては、開会直後から、安西邦夫委員、歌田勝弘委員、竹中正明委員といった経済界の委員が、一斉に要綱案の中に含まれていた自己株式に係る規定等を激しく批判し、それまでの慣例であった委員の全員一致による要綱案の採決を行えない状況になった。そのため前田部会長は休憩をとって、菊地洋一商法担当参事官とともに経済界の委員との話し合いを行い、結局、全面的に経済界の意見を受け入れる要綱案の修正を行って、やっと承認を得たのであった。

この一月の第一三九回商法部会に始まって、平成九年は、経済界・政界による商法（会社法）立法への強いプレッシャーを受け、会社法立法の動乱、大転換点の年になった。前記の要綱案を受けた閣法としての合併等に関する商法改正がなされたが（六月六日）、この間に、自民党の太田誠一議員、保岡興治議員等による自己株式取得の例外としてストックオプションを認めるなどの初めての議員立法による商法改正がなされ（五月二一日）、これに対し多数の商法学者による「開かれた商法改正手続を求める商法学者声明」の発表が行われるという未曽有の事件が起きた（五月一二日）。この商法学者の行動の先駆けをなしたのは、江頭憲治郎先生の呼びかけであった。

このように平成九年が会社法立法の大転換点になったのは、平成元年に始まったバブル崩壊の影響が深刻化し、九年四月の日産生命保険の破綻に始まり、一一月の三洋証券、北海道拓殖銀行、山一證券の破綻、翌一〇年の日本債券信用銀行及び日本長期信用銀行の破綻と、金融危機、経済危機に陥ったことが背景になっている。株価の大暴落が株式を持合等により大量保有する金融機関をはじめとする企業の財務を悪化させ、金融機関は八％の自己資本比率規制を充たせないという問題が深刻化していた。そのため株価を支えるための自己株式取得規制の緩和等や、危機に瀕した企業の再編を容易にする組織再編法制の整備等が、経済界・政界の強い要求となった。また、バブルの崩壊は、多くの企業における不祥事の発生・発覚を引き起こし、会社役員の責任を追及する株主代表訴訟が多数提起されるようになった。これが会社経営者の危機感・不満を呼び起こし、会社役員の責任の軽減、株主代表訴訟の制限を求める運動となり、それに政治家が呼応した。法制審議会商法部会の経済界出身の委員には、平成五年の商法改正において、株主代表訴訟の手数料の軽減等を認めて株主代表訴訟を容易化したことに対する経済界の不満に応える必要があった。

このような経済界の要求に応える商法改正は、毎年のように行われ、平成一三年にはピークに達した。すなわち平成一三年には、閣法による株式制度見直しの商法改正（一一月二八日）の他に、議員立法による金庫株解禁の商法改正（六月二九日）、および役員の責任の減免や監査役制度等に係る商法改正（一二月五日）という、三本の商法改正が行われた。ここで注目されるのは、議員立法という立法手法を、閣法で必要な内閣法制局審査や法制審議会における審議を経ずに立法を行える便法として、法務省自身が利用した側面があることである。議員立法の法案の作成は、実質的に法務省によって行われ、また法制審議会の委員・幹事が、法案審議を行った自民党の特命委員会等で証言をしたり、法案作成作業に関与した。私個人としては、株主代表訴訟による経営者の萎縮防止を大きな目的とした一二月改正に対し、学者による株主代表訴訟制度研究会を立ち上げて発言をし、国会の委員会審議でも参考人として発言するなど、関与したことが忘れられない。

この間、このような頻繁な商法改正に対応するために、法務省の商法担当参事官室の陣容が大幅に拡充され、従来の裁判官、検察官以外に、経済産業省、弁護士、公認会計士、学者等が局付として加わった。このことは担当参事官のキャラクターと相まって、商法（会社法）立法の在り方を大きく変えたように思われる。特に経済産業省は、会社法立法に対する積極的な提言を行うだけでなく、自ら商法の特別法となる産業活力再生特別措置法、特定新規事業実施円滑化臨時措置法、投資事業有限責任組合法等の独自の立法を推進し、経産会社法と呼ばれるようになった。なお最近は、金融庁の影響も大きくなっている。

また、政権与党の中における商法（会社法）立法に関与する政治家の在り方も変わっていった。かつては商法の立法に大きな興味を示す政治家はあまりいなかったが、前述の太田議員、保岡議員のように、会社法立法に大きく関与する議員が現れ、経済界、とりわけ経団連の提言を受けた議員立法や閣法としての商法改正をリードすることになった。その後、政界の世代交代により会社法立法をリードする議員が変わり、経済状況も変わって、平成二六年会社法改正に見られたように、政界の会社法立法への係わり方がまた変わってきていることは注目される。

平成九年以降の商法立法の動向等を受けて、政界、経済界には法制審議会に対する強い批判が生まれた。平成一〇年には法制審議会廃止を法務大臣が打ち出す事態となった。しかしこれに対しては刑事法関係者等の法曹界等からの強い反対があって、一定の手直しを行って、法制審議会は存続することになった。手直しとして、常設の部会を置かず、特定の諮問事項について部会が置かれることになった。そして小委員会や準備会は廃止され、審議は専ら部会で行われることになった。これに伴って、同じ人物が長期間にわたって委員を務めるということはなくなり、部会の委員・幹事に若手が登用されることになったし、部会における議論が中身の濃いものとなった。このようにして平成一七年の会社法制定や二六年の会社法改正が行われた。

＊

このように私の乏しい経験からしても、過去三〇年余りの間に、法制審議会における会社法立法は大きく変わってきた。しかし、平成一〇年頃の法制審議会批判を受けても存続したように、法制審議会という諮問機関の意義は変わらないように思われる。

●いわはら・しんさく＝早稲田大学大学院法務研究科教授

会社分割法制の舞台裏には……someday

江原　健志　Kenji Ebara

私が松澤さんと最初にお会いしたのは、平成一一年に法務省民事局参事官室の局付として着任して、しばらくした頃であった。当時、私は、原田晃治さん（当時法務大臣官房参事官〔民事担当〕）の下で、商法の改正作業を担当しており、確か、原田さんの部屋で松澤さんを紹介してもらったのではなかったかと思う。その際の松澤さんのにこにことした笑顔を今も思い起こすことができる。その後、松澤さんには、局付、参事官または課長として、様々な立法のための各種の研究会の実施や社団法人商事法務研究会の運営、さらには私的な会合等において、大変にお世話になった。この場をお借りして、改めて感謝を申し上げたい。そして、この松澤さんに最初にお会いした当時に私の所属する商法担当グループが行っていたのは、会社分割法制の創設に係る商法改正の作業であった。

＊

改めていうまでもないが、民事基本法の立法作業においては、内部における検討、研究会における検討、法制審議会における検討、内閣法制局の予備審査における検討、国会審議を通じての検討等、様々な場面で、様々な問題点に遭遇し、これを乗り越えていく必要がある。会社分割制度は、合併制度の合理化を図るための平成九年改正および株式交換・移転制度を創設するための平成一一年改正に続くものとして、平成九年の独占禁止法の改正によって解禁された純粋持株会社の整備を象徴とする企業組織の再編のための法整備の一環という位置付けが与えられるとともに、昭和五〇年から続けられてきた一連の会社法分野の全面改正作業において残された最終課題でもあった。このような意味において、会社分割制度の創設に係る商法改正は、それを前提として再編計画を具体的に立てていたわが国有数の金融機関を始めとする経済界が待ち望んでいた喫緊の課題であるとともに、法務省民事局としても、成し遂げなければならない重要なテーマであった。

この会社分割制度の創設に係る商法改正は、平成一二年二月に法制審議会総会において決定された法律案要綱に基づき、同年一月に召集されていた第一四七回国会（常会）にその商法一部改正法案が整備法案と共に提出され、同年五月に「商法等の一部を改正する法律」（以下「平成一二年改正法」という）として成立し、同月三一日に同年法律第九〇号として公布される形で実現した。この経過だけをみると、順調に進められたようにも見えるが、その成立に至る過程においては、様々な問題が立ちはだかった。会社分割制度は、法人の合併や個人の相続と同様の包括承継を生じさせるものであり、しかもこれらの既存の制度と異なって部分的な承継であること等から、その理論的な整理には困難が伴ったが、この問題とは別に、政策的な問題として、分割に伴う労働者の保護が重要なテーマとなった。これは、前国会である第一四六回国会（臨時会）において成立した民事再生法における論点が多分に影響したものであったが、その対応として、商法本体の規律として、①会社分割の対象を「営業」に限定したこと（紙幅の都合上、個々の規定の記載は省略させていただく。以下同じ）、②分割計画書等の記載事項である承継に係る権利義務に「雇用契約」を明示したこと、③債務の履行の見込みがない分割を認めないこととしたこと、④債権者保護手続を設けたこと等の手当てをしたほか、平成一二年改正法附則において、⑤分割会社が一定の時期までに労働者との協議をするものとするとともに、⑥会社分割に伴う労働契約の承継について別に法律で定めることを明示し、「会社分割に伴う労働契約の承継等に関する法律」が制定されている。このうち②および⑤は、国会における審議の過程で修正され、盛り込まれたものであり、また、⑥のように会社分割のための特別法まで制定されたこと自体からも、この論点がいかに重要であったか、そして、それにもかかわらずこの商法改正を実現する必要性がいかに高かったかがおわかりいただけるものと思う。

時は過ぎ、商法中の会社法部分の表記および内容の現代化を図るため、平成一七年に新会社法が制定された。この新会社法の制定過程で特に政治的な論点としてクローズアップされたのは、いわゆる合併対価の柔軟化および外国会社に関する規律の当否であった（この点に関し、平成一二年改正法と新会社法の審議に係る衆議院および参議院の各法務委員会の付帯決議の内容を対比すると、その関心事項の違いがよくわかる）。そして、この新会社法においては、この当時に注目されることはなかったものの、会社分割制度についても、重要な規律の実質的な改正が行われた。具体的には、上記の事項のうち②および④から⑥までについては、ほぼそのままの形で規律が維持されたものの、①については、会社分割の対象が「事業に関する権利義務」とされるとともに、③についても、少なくとも法令の文言上は会社分割の実体的要件から外されることとなったのである。このような新会社法の規律の下、会社分割を始めとする組織再編は、より機動的かつ柔軟に行うことが可能となった。

もっとも、会社法の制定直後から、債権者の保護を十全ならしめる必要があるとの指摘がされるようになり、問題事例の救済に当たっては、法律の規定による会社分割による財産の移転そのものについて法律行為に関する民法の一般規定である詐害行為取消権の直接適用を肯定すべきであるという解釈論が提唱されるような状況となった。その後、いわゆる「濫用的会社分割」などという言葉が認知されるほど、会社分割を用いた問題事例が現われるようになり、最高裁判所も、個別事例の解決として、結論において詐害行為取消権の適用を肯定するに至った（最判平成二四・一〇・一二民集六六巻一〇号三三一一頁）。このような状況を踏まえ、新会社法の制定から一〇年が経とうとする平成二六年六月二七日に同年法律第九〇号として公布された会社法の一部を改正する法律においては、会社分割等における債権者の保護を図るため、分割会社に知れていない債権者の保護のための債務の履行の請求や、詐害的な会社分割における債権者の保護のための債務の履行の請求という法制上の手当てがされることとなった。

＊

こうして見てくると、会社分割という制度一つをとってみても、その創設後、わずか一五年程度の間に、めまぐるしく改正が行われており、その方向性も一定しないようにも考えられる。このような一連の経過を捉えて、批判的な指摘がされることもあるようである。制度創設の立案担当者の一人として、また、その後の改正にも直接または間接に関与する機会を得た者として、感ずることは多々あるところである。声を大にして申し上げたい。これらの舞台裏には……。

残念ながら、このことを語るには、指定された字数を大幅に超過してしまうことになりそうである。この続きは、亡くなった原田さんと原田さんが好きであった某所のラーメンを食べながら語り合うこととしたい。松澤さん、もちろん、その際はお付き合いしていただけますよね……someday

●えばら・けんじ＝東京地方裁判所部総括判事

コーポレート・ガバナンスと松澤さん

落合　誠一
Seiichi Ochiai

1　昨年（二〇一五年）は、「コーポレート・ガバナンス元年」とも言われる。わが国企業のガバナンスがいわゆるモニタリング・モデルの取締役会へ移行する曙光がかいま見えたことは確かである。何と言っても、それは、昨年六月から東京証券取引所の上場規則に取り入れられた「コーポレートガバナンス・コード」のインパクトである。

もっともわが国企業のガバナンス改革のスピードアップのためには、ガバナンス・コードのようなソフトローのみならずハードローである会社法も重要である。しかし昨年五月施行の平成二六年会社法改正は、新たなガバナンス類型として監査等委員会設置会社を設けたが、ガバナンス類型の選択は、依然として経営者の意思に任せている。その結果、経営者は、監査役（会）設置会社、監査等委員会設置会社、指名委員会等設置会社のいずれかを選択できるから、現状では、上場会社において監査等委員会設置会社へ移行するのは三〇〇社超であり、監査役（会）設置会社が今なお多数を占め、モニタリング・モデルに最も適したものと考えられる指名委員会等設置会社は、きわめて少数にとどまっている。

確かにガバナンス・コードは、会社法とは異なり、独立社外取締役の二名以上の選任遵守を求めており、それによって経営者についてのモニタリングの中核とも言うべき独立社外取締役の設置は大きく前進したとは言える。しかし残念ながら、二名程度の選任では、モニタリング・モデルの取締役会の実現には程遠い。モニタリング・モデルの取締役会は、今や世界標準となっている。しかしながらわが国の場合は、ハードローにおいてもソフトローにおいても、その世界標準と比べれば、いわば周回遅れである。その意味でまさに「コーポレート・ガバナンス元年」であり、世界標準に追いつくための第一歩が踏み出されたにすぎない。モニタリング・モデルの取締役会が主流になるには、なお一体何年を要するのであろうか。道は遥かに遠いのである。

2

ところでわが国のモニタリング・モデルへの移行を唱道する民間による活動は、いつ頃から行われていたのだろうか。実は、確かなところは、一九九〇年代の初めからであり、その当時はコーポレート・ガバナンスと言う言葉自体もあまり知られていなかった。そうした先駆的な民間活動において「コーポレート・ガバナンス・フォーラム」の存在は大きかったと言えるであろう。「フォーラム」は、一九九四年一〇月にわが国企業のガバナンスの向上を目的として結成され、勉強会・研究会等を通じて理解を深め、年に一回の大会（年次大会）を開催して、その研究成果を発表し、また提言する活動を精力的に行っていた。「フォーラム」がユニークであったのは、企業側と研究者側とが互いに共同して活動を進める点にある。それは、どちらか一方のみの努力・活動では、ガバナンス改革は、到底、実現しえないと考えていたからである。それゆえ学界と実業界からそれぞれ一名を出す共同理事長制がとられ、言葉の良き意味での産学共同体制が真に実現されていたのである（おおむね法人会員は、二〇社超、個人会員は、約二五〇名）。

私の「フォーラム」との関係は、二〇〇五年一二月に開催された第一二回年次大会において奥島孝康早稲田大学総長（当時）から学界側からの共同理事長を引き継いだことから始まる。そしてその時点から、企業側からの共同理事長であった鈴木忠雄メルシャン株式会社社会長（当時）とともに「フォーラム」の活動に参加することとなったのである。

3

「フォーラム」は、わが国企業のガバナンスを向上させるとの使命感に燃えて精力的な活動・提言等を続け、わが国のコーポレート・ガバナンスの理解と普及に努めた。無論それは、役員・会員の献身的な努力に負うものであるが、松澤さんなしには、それほどうまくはいかなかったのであり、本当によく陰に陽に「フォーラム」の活動を支援してくださった（いつものように松澤さんとお呼びするのをお許しください）。

例えば、「フォーラム」の年次大会開催案内を「旬刊商事法務」に毎年掲載してくださったのは、松澤さんであり、大会の後の懇親会にも、常に顔を出してくださったのも松澤さんである。また一九九八年五月公表の「コーポレート・ガバナンス原則――新しい日本型企業統治を考える」をさらにモニタリング・モデルに近づけるべく改定された「コーポレート・ガバナンス原則二〇〇六」の内容を紹介する論稿も、二〇一一年一一月に「フォーラム」と「全国社外取締役ネットワーク」、「コーポレート・ガバナンス研究所」との共同提言「会社法制見直しに対する意見書」も、いずれも「旬刊商事法務」に掲載することができたが、これもすべて松澤さんのご配慮である。

4

「フォーラム」は、二〇一二年一月に、上記「ネットワーク」、「研究所」と統合して「日本コーポレート・ガバナンス・ネットワーク」に発展解消し、安心して実業界側の共同理事長である北城恪太郎日本アイ・ビー・エム最高顧問とともに共同理事長を終えることになった。

今はなき「フォーラム」の軌跡を振り返ると、「フォーラム」のこうした活動が、昨年の「コーポレート・ガバナンス元年」の到来にいささかなりとも貢献があったものと密かに自負するものがある。もっとも松澤さんのサポートなしにはそれは不可能であったと思う。

私自身は、松澤さんには、色々な場面で、例えば、国民生活審議会での消費者法立法活動等においても大変お世話になった。ここにその一班を記して、松澤さんの古稀を心からお祝いし、深く感謝の意を表する次第である。

●おちあい・せいいち＝東京大学名誉教授

平成二六年改正会社法の舞台裏

神作　裕之
Hiroyuki Kansaku

1　平成二六年六月二七日に公布された改正会社法（平成二六年法律第九〇号）は、法制審議会に設置された会社法制部会（部会長：岩原紳作東京大学教授〔現早稲田大学教授〕）の検討に基づき、二〇一二年九月七日に法制審議会において決定され法務大臣に答申された「会社法制の見直しに関する要綱（以下、「要綱」という）」にほぼ忠実に則ったものである。ところが、「要綱」第三部第一において提言されていた、金融商品取引法上の規制に違反した者による議決権行使の差止請求に関する規定は、法案に設けられることすらなく、平成二六年改正会社法によっては実現されなかった。これは、他の株主が義務的公開買付け、全部買付義務または強制的全部勧誘義務に違反した場合において、その違反する事実が重大であるときは、株主は、当該他の株主に対し、違反して取得した株式について議決権の行使をやめることを請求することができる権利を創設しようとする提案であった。金商法上の公開買付規制の所定の違反に対し、議決権の行使の差止めという会社法上重要な株主の権利を制約することを認めるものであり、金商法と会社法の新たな関係を創設するものとして、理論的にも注目に値する提案であった。

衆議院の法務委員会において、谷垣法務大臣は、要綱の右提案が法案化されなかった理由について、次のように説明した。すなわち、「政府部内における検討過程で、金融商品取引法における公開買付規制の違反があったからといって、株式売却の機会を奪われた株主に対して、損害賠償請求等による損害の回復という方法を超えて、他の株主の基本的な権利である議決権行使の差止請求権まで認めるのが相当かは疑問である」という強い指摘があったためである（平成二六年四月二三日衆議院法務委員会会議録〔谷垣法務大臣答弁〕）。公開買付規制が遵守されていれば、公開買付けが強制され、株式売却の機会が付与されていたはずであったところ、公開買付けがなされなかった場合に、当該違反した他の株主に対する損害賠償請求権が成立する余地はありうるところ、そのような可能性をさらに超えて株主権の中核的権利である議決権の停止を認めることは、正当化できないという理由付けであると解される。

議決権行使の差止めが株主権の重要な一部を制約するものであることは、法制審議会会社法制部会においても、十分に認識されて議論されていたと思われる。したがって、この理由付けだけでは、法案に盛り込まれなかった理由として、必ずしも説得的であるとはいえない。要綱に定められていた提案がそもそも法案にも盛り込まれなかった舞台裏について、私は不案内である。そこで、より根本的な理由や問題点がなかったのかどうか、推察をしつつ、省みてみたい。

第一に、要綱の提案は、議決権行使の差止請求権を株主に対し付与するものであり、株主の権利として構成していた。このことが、売却機会を奪われた株主の利益に対する侵害という観点からすれば、株主権の本質的権利の一つである議決権を制約することが損害賠償請求権を超えた「過剰な救済」であるという議論に結び付いたと考えられる。株主の差止請求権という構成ではなく、端的に議決権の停止という提案であれば、「過剰な制裁」かどうかという観点から議論ができたであろう。すなわち、強制公開買付義務のような公開買付規制に違反した場合のサンクションが現状では十分でないという認識の下、「適切な制裁」を付与するという観点から、議決権行使の停止というサンクションが適切かどうか、過剰な制裁になっていないかというエンフォースメントの観点から、議論がなされえたと思われる。

第二に、議決権行使の差止請求権の創設という提案の背景には、それにより、行使してはならない議決権の範囲を明確にする法的安定性確保の要請があった。すなわち、要綱は、株主の差止請求権は、違反の事実が生じた日から一年以内に行うことが必要であるとして、行使期間を限定したうえで、差止請求する株主は、株式会社に対してもその旨および理由を通知しなければならず、株式会社は、二週間以内の日を株主総会の日とする株主総会においては、差止請求がなされたのにもかかわらず、当該株主の議決権を行使することを認めることができるとする旨を提案していた。この規律の趣旨は、会社が適切な対応ができるように会社に対しても差止請求をすること、およびその理由を通知させるとともに、株主総会の直前に差止請求がなされ、株主総会までに仮処分命令が間に合わなかったときは時間的余裕がないために会社が当該差止請求の理由の存否等について調査・確認することが困難である場合が多いと考えられることから、会社の裁量により、議決権行使を認めるものである。法的安定性に対する会社の利益を確保するための一つの工夫であると考えられる。しかしながら、法的安定性を重視する一方、規律としては、不徹底で恣意性が残る感が否めない。

このように、「舞台裏」を翻って推察することにより、要綱の問題点や課題も明らかになることが期待される。将来の立法に対する教訓となりえよう。

2　私が松澤さんに初めてお会いしたのは、約款の不当条項に対する立法論の議論に資するために、約款の実態調査を商事法務研究会から依頼された際だったと記憶している。私は、まだ大学の教員の職についたばかりであったが、松澤さんは、わざわざ研究室まで、収集した大量の約款をお届け下さるとともに、調査について全面的なご協力をお約束くださった。さらに、お言葉通りに惜しみない助言とご協力をいただいて調査が一通り終了した際には、その成果を出版する可能性等についても親身に懇切なご説明をいただいた。私自身の調査がどの程度実際にお役に立てたのかは、はなはだ心もとないが、松澤さんの研究者および研究に対する大らかな信頼と、細やかな配慮は、立法の様々な場面で直接的または間接的に多大な貢献をしてきたものと思う。

●かんさく・ひろゆき＝東京大学大学院法学政治学研究科教授

商法改正と会社法制定の思い出

神田　秀樹
Hideki Kanda

松澤三男さんには、三五年以上にわたり、研究会を始めとしてさまざまな場で大変お世話になってきている。その思い出のなかには本書の題名である舞台裏にかかわるようなことがらも少なくないが、活字にすることができないこともあるので、本稿では、商法改正と会社法制定についての雑感を述べることで、責めをふさがせていただきたい。

＊

私は、一九八二年から一九八四年まで、生まれて初めて日本を出てアメリカで在外研究をする機会を得たが、帰国して半年後の一九八五年一月に、法制審議会商法部会の幹事に就任させていただいた。その後、同部会の幹事・委員として、商法改正（会社法改正）に関する同部会における審議に参加させていただき、貴重な経験をさせていただいた。商法部会方式が終了した後は、二〇〇二年から二〇〇三年にかけて「会社法（株券の不発行等関係）部会」に参加させていただき、同部会の審議終了後は、「会社法（現代化関係）部会」に同部会の審議が終了した二〇〇四年までの間、参加させていただいた。この最後の部会は、二〇〇五年の会社法制定に向けた審議をした部会である。

以下の記述は、拙著『会社法入門〔初版〕』（岩波書店、二〇〇六年）一五頁以下に述べた私の理解を簡略化して述べたものである。二〇〇一年には六月、一一月、一二月と三度も商法改正がされた。二〇〇二年は一回、二〇〇三年も一回、そして二〇〇四年も改正がされた。しかし、実は、これらの改正は本当は二回で行われるはずだった。法務省が二〇〇〇年の七月と九月に公表した方針は、議員立法と法制審議会の審議とを複線的に実施するというものであった。株主代表訴訟と監査役制度は議員立法で、それ以外の改正は法制審議会の審議に基づいて行うと整理したわけである。だからそれぞれ一回、合計二回で済むはずだった。ところが結果としては、二〇〇一年に三回改正がされ、二〇〇二年・二〇〇四年改正と、何回もの改正となった。これはなぜだったのか。

議員立法による改正がいつ実現するかというのは、予測ができなかった。実際には二〇〇一年の一二月改正で実現した。他方で、法制審議会のほうは二〇〇二年の通常国会での改正法の成立を考えていた。したがって、本来であればその二つで全部カバーできるはずだった。ところが二〇〇二年の通常国会に法案提出を予定していた諸改正の一部が一年前倒しになって二〇〇一年の六月に実現した。そしてまた、残りの一部が前倒しになって二〇〇一年の一一月に改正された。その経緯は次のとおりである。

二〇〇二年改正予定であったもののうち、二〇〇一年六月改正として一年前倒しになったものは、いわゆる「金庫株の解禁」（自己株式の取得および保有制限の緩和）である。当時、毎年三月になると決算対策と称して株式市場が低迷することを防ごうとしていたためである。大量の株式を保有していた当時の金融機関等の決算に悪影響が及ぶことを防止するために、毎年三月になると慌てて土地再評価法や株式消却特例法等の特別の法律を議員立法で作った。二〇〇一年にもそれは行われた。しかし、二〇〇一年には、こうした対症療法よりも基本的な制度の整備をするほうがベターだとの認識が強まり、当初は二〇〇二年に法制審議会の審議を経たうえで改正する予定だった商法改正予定事項の一部を前倒しして、改正を実現した。正確には、株式市場を下支えするためには、こうした改正を三月のうちに市場に伝えることが重要であった。つまり改正するということを三月のうちに宣言するのが大事であって、そうすることにより株式市場が崩れないように下支えしようというのが当時の政策判断であった。この改正は結局三月に改正をすると宣言して実際の改正は六月に実現した。急いだためこの改正は議員立法の形をとった。しかしこれはもともと二〇〇二年に改正する予定だった事項なので、法務省が協力することを公式に表明した。

もう一つが二〇〇一年一一月の改正である。これも前倒し改正で、本来二〇〇二年に改正する予定の事項であった。前倒しした一番大きい項目は、会社関係書類の電子化、とりわけ株主総会関係の書類の電子化である。これも当初二〇〇二年の通常国会での改正を予定していたのであるが、二〇〇二年の通常国会となると、五月か六月の成立となるので、二〇〇二年の六月の株主総会に間に合わない。実務界からは、スピードの速いＩＴ化の時代に、二〇〇二年六月の株主総会から電子投票制度を使えるようにしてほしいとの強い要望が出された。そこで、前倒しして、ついでにいくつかやれそうな項目を合わせて二〇〇一年一一月に改正を実現した。これは議員立法ではなくて、政府提出法案という法制審議会の審議に基づく伝統的なルートであった。

六月改正は二〇〇一年の一〇月一日から施行されたが、非常に急いだために、半年間は取得した自己株式を処分することは凍結させた。これは会計と税のルール整備が間に合わなかったからである。会計と税のルールは二〇〇二年三月末までに作るから半年間は待ってくれという異常な事態であった。二〇〇一年一一月改正は二〇〇二年六月の株主総会に間に合わせないといけないので、二〇〇二年の四月一日に施行された。これに基づいて二〇〇二年六月の株主総会ではいくつかの上場会社で電子投票が使われた。

次に、議員立法として、二〇〇一年一二月改正が実現した。これは、監査役制度の強化、取締役等の責任の一部免除制度の新設、株主代表訴訟制度の改正を内容とするものである。

そして、二〇〇二年五月改正は前倒しした事項以外の残りの事項についての改正であり、改正項目も多い（法制審議会での審議に基づく政府提出法案）。本来すべての改正を二〇〇二年に行うはずだったが、一部は二〇〇一年六月、一部は二〇〇一年一一月に前倒しされたため、この二〇〇二年五月は残りの項目の改正となった。ついでに言えば、二〇〇三年の七月にも改正が議員立法でされているが、これは二〇〇一年六月の自己株式の改正を大急ぎでやったために、改善を要すべき点があり、それを修正したものである。なお、本来二〇〇二年改正で行う予定であったうちの公告制度の電子化と株券の電子化については、官報の電子化プロジェクトの遅れ等の事情で、先送りとなった。その結果、これら二つは、二〇〇四年改正で実現した。

これに続いて、二〇〇五年に「会社法」が制定されるに至った。なぜ、二〇〇五年に新しい会社法の制定が実現したのか。それにはいろいろな複合的な原因がある。大きな流れのなかでは必然であったともいえるが、同時に二つの偶然的な事情が重なったことが大きい。一つは「現代語化」（法律の条文を平仮名口語体にすること）、もう一つは「現代化」（法律の内容を現代にふさわしいものにすること）と呼ばれていることがらである。会社法案の国会審議も順調とはいえなかった。二〇〇五年三月に会社法案が国会に提出される直前に「ニッポン放送事件」が起きた。一部で会社法は敵対的買収を容易にするとの批判が出された。その結果、合併等の対価柔軟化の改正部分だけは施行を一年延期するということで法案の国会提出が行われた（会社法は二〇〇六年五月に施行されたが、この改正部分だけは二〇〇七年五月に施行された）。国会審議の場でも、与野党間での調整の結果、政府が提出した法案は衆議院において一部修正を受けた。利益供与に関する取締役の責任強化、株主代表訴訟の制限規定の削除、そして自己株式の市場取引による処分を認める規定の削除がその修正内容である。最後の項目は一七九条という条文を丸ごと削除する結果となった。そのため、六月に国会を通過し七月に公布された会社法は、成立時から「第一七九条　削除」と書かれた奇妙な姿となった。

●かんだ・ひでき＝学習院大学大学院法務研究科教授

平成二六年改正会社法について

坂本　三郎　Saburo Sakamoto

会社法の一部を改正する法律（平成二六年法律第九〇号。以下「平成二六年改正会社法」という）が平成二七年五月一日から施行されている。筆者は、法務省民事局における担当参事官として、平成二六年改正会社法等の立案に携わった者である。平成二六年改正会社法等を立案するに当たっての調査・審議が行われた法制審議会および同会社法制部会の議事録はすべて公開されている現在、語るほどの「舞台裏」があるわけでもない。しかし、平成二六年改正会社法は、法制審議会の要綱（以下「要綱」という）が決定された後、法案の提出までに一年以上の年月を要したこと、また、要綱にはなかったが法案に盛り込まれたものや、要綱にはあったが法案には盛り込まれなかったものがあることなど、当該議事録からはうかがえないこともある。

そこで、本稿では、その経緯等について、これまでも別稿で説明しているところであるが、(註一)まとまった形で説明することにも資料的な意義があると考え、述べることとしたい。

1　国会への法案の提出まで時間を要したことについて

要綱は、平成二四年九月七日に開催された法制審議会第一六七回会議においてとりまとめられた。この段階では、同年秋に臨時国会が召集されれば、そこに法案を提出することを目指していた。しかし、当時の国会の状況等に鑑み、同年一〇月二九日に召集された臨時国会（第一八一回国会〔臨時会〕）への法案の提出は見送られた（同国会において衆議院が解散され、それに伴う衆議院議員総選挙により自民党が過半数を獲得し、政権交代が起こっている）。そして、衆議院が解散されたことに伴い廃案となった法案を改めて国会に提出する必要が生じ、法務省においては、特にそのような法案が多かったことなどから、平成二五年通常国会（第一八三回国会〔常会〕）への法案の提出も見送られた。

そのような中、平成二五年秋の臨時国会（第一八五回国会〔臨時会〕）への法案の提出と成立を目指したが、同年九月四日、嫡出でない子の法定相続分についての民法の規定を違憲とする最高裁判決[註一一]が出されたことから、法務省では、これに対応するための民法改正法案を早急に国会に提出する必要が生じた。その影響もあって、法案が国会に提出されたのは、第一八五回国会（臨時会）の会期末間際の同年一一月二九日となった。

要綱決定後、法案の提出まで時間を要することとなったのは、以上の経緯によるものである。

2　社外取締役を選任することが相当でない理由の株主総会における説明等

法制審議会会社法制部会においては、社外取締役の選任を義務づけるかどうかについて、大きく議論が分かれたが、最終的に、要綱では、上場会社等の一定の会社につき、社外取締役がいない場合には、社外取締役を置くことが相当でない理由（以下「相当でない理由」という）を事業報告の内容とすることとされた。また、法制審議会では、要綱のとりまとめに際して、金融商品取引所の規則において、上場会社は取締役である独立役員を一人以上確保するように努める旨の規律を設ける必要がある旨の附帯決議がされた[註一二]。この要綱および附帯決議は、会社法施行規則および金融商品取引所の規則にそれぞれ所要の規定を設けることを前提に、一種のコンプライ・オア・エクスプレイン・ルールを導入することが意図されていた。

しかし、法案の国会提出に先立つ自由民主党政務調査会法務部会における議論においては、社外取締役（独立取締役）の選任を義務づけるべきであるとの意見が強く主張され、また、社外取締役を置かないことの理由を説明することとしても、雛形に従った説明や、社外監査役がいることによって社外者による監査・監督は十分に機能しているとの説明がされることになるのではないかとの指摘や、コーポレート・ガバナンスを強化する方向性をより明確にするためには、社外取締役の導入を促進するための規定を法律である会社法に設けるべきであるとの指摘がされた。

このような指摘等を踏まえて、法案に株主総会で相当でない理由を説明しなければならないこととする会社法三二七条の二を加えるとともに、法案が成立した後の省令改正において、事業報告等における相当でない理由の記載は、個々の会社の各事業年度における事情に応じてしなければならないことや、社外監査役が二名以上あることのみをもって相当でない理由とすることはできないことを規定すること（会社法施行規則一二四条三項等）として、法案を提出するに至った。

その後、法案の成立やコーポレートガバナンス・コードの成立等を契機に、上場会社等において社外取締役の選任が大きく進んだことは、(註四)記憶に新しいところである。

3　金融商品取引法違反の場合の議決権行使の差止請求

要綱では、株主は、全部買付義務等の一定の金融商品取引法上の規制に違反した者による議決権の行使の差止めを請求することができるものとすることとされていた。

しかし、その後の法案作成過程における政府部内での検討過程において、金融商品取引法における公開買付規制の違反という要件と会社法における議決権行使の差止めという法的効果との結びつきが十分でなく、損害賠償請求等の金銭による他の株主の損害の回復（具体的には、株式の売却の機会を与えられなかったことによる損害等の回復を意味するものと考えられる）を超えて、株主の基本的な権利である議決権の行使について差止請求を認めるほどの不利益はないのではないかとの指摘を受けた。要綱においてその違反により議決権の行使の差止請求を認めることとされた金融商品取引法上の規制は、いずれも株式会社の支配関係に変動が生ずる場合に係る規制であり、当該規制に違反した者による議決権の行使を差し止め、当該者による株式会社の支配の取得を防ぐことが、損害賠償以上に株主の利益の保護に直接結び付くものとは考えられるものの、このような指摘を受けたことを踏まえ、今回の法案においては、これに関する規定を設けないこととした。

(註一) たとえば、筆者編著『一問一答平成二六年改正会社法〔第二版〕』(商事法務、二〇一五年) 五頁、八四頁、九一頁、三七八頁参照。

(註二) 最大決平成二五・九・四民集六七巻六号一三二〇頁。

(註三) 過去に民事法に関する法制審議会の要綱のとりまとめの際に附帯して決議がされた例としては、平成一六年九月八日に開催された法制審議会第一四三回会議で「動産・債権譲渡に係る公示制度の整備に関する要綱」がとりまとめられた際に附帯要望事項が決議されたことなどがある。

(註四) 平成二七年七月二九日に株式会社東京証券取引所が公表した「東証上場会社における社外取締役の選任状況〈確報〉」によれば、社外取締役を選任している東京証券取引所の上場会社 (市場第一部) の割合は、九四・三%である。また、平成二八年六月一七日付の同速報によれば、同割合は、九八・五%とさらに上昇している。

●さかもと・さぶろう=法務省民事局商事課長

鈴木、竹内両先生の思い出

吉戒　修一
Shuichi Yoshikai

「どのようにして、ソーセージと法律が造られるかを知らない者の方が安眠できるだろう」（ビスマルク）という言葉がある。ソーセージも法律も、その製造過程は知らない方が精神衛生に良いということだろう。

私は、法務省民事局在籍当時、商法担当の参事官として、平成五年と六年の商法改正作業を担当した。法制審議会や国会での審議は立法作業の表舞台といえるが、それが円滑に進行するためには舞台裏での仕込みや根回しといった裏方の作業が欠かせない。また、その作業の中で事柄の方向性が決まることもある。そこには、利害を巡る厳しい対立があり、関係者は、それぞれの立場から真摯に動いたが、とはいえ、綺麗ごとばかりでもなかった。その意味で、練達の政治家であったビスマルクの前言は当たっている。

ここでは、そのような俗な話はさておいて、平成五年と六年の商法改正作業当時、身近でご指導をいただいた、法制審議会商法部会の鈴木竹雄部会長（東京大学名誉教授。一九〇五～一九九五年）と竹内昭夫会社法小委員長（東京大学名誉教授。一九二九～一九九六年）の両先生の思い出を綴ってみたい。

＊

平成二年の商法改正後も商法改正作業は継続していたが、平成四年四月に商法担当の参事官の交替があり、前任者から私が引き継いで担当することになった。早速、準備作業に着手したが、私が、五月に米国に出張し、また、七月に日米構造問題協議フォローアップ会合の会社法に関する交渉に参加するなどしたため、法制審議会商法部会の審議は、その年の夏に再開された。

商法部会の審議は、通例、二週間に一度、小委員会を開き、そこでの検討がまとまった段階で、商法部会を開くというスケジュールで進行する。

週初めのお約束の時間に、南麻布の鈴木竹雄先生宅にお伺いし、審議資料を説明し、進行について打合せをするということが、平成四年から六年にかけて続いた。先生は、改正事項の内容や審議の進め方等については、細かいことは言われず、大所高所からの意見を言われた。打合せ後は、こちらが先生のお話をお聞きする番であり、その際には、昭和二五年改正を始めとする戦後の商法改正の回顧談や戦前戦後の商法学者の月旦やご自身が務められた会社の監査役の経験談等、興味深い話をされた。その中で特に印象に残っている話は、戦前のパリで、大隅健一郎先生と初めて会われた時のことだった。鈴木先生は、昭和一一年から二年間、フランスに留学されたが、その折、留学を終えて帰国の途上にパリを再訪された大隅先生と二日間ほど、歓談の機会を持たれた。今と違い、戦前は、箱根の山を越えて、東西の学者が直接交流する機会がなかったので、同世代の大隅先生と意気投合できたのがとても嬉しかったと話された。戦中を経て戦後、両先生の交遊は再開され、今につながっているのが伺えた。

改正作業も大詰めとなり、平成五年二月一〇日に商法部会を開催して商法改正要綱案を審議し、採択する運びになった。その前に、私は、部会委員である大隅先生を西宮のお宅にお伺いし、審議資料等を説明するとともに、部会出席の意向をお尋ねした。大隅先生は、「商法部会に出るのもこれが最後になるかもしれないから、出席する」と言われた。帰京し、鈴木先生にも、同様にお尋ねしたら、先生は、「大隅先生が出られるなら、僕も出席するよ」と言われた。その時の商法部会は、斯界の両雄が並び立つ晴れの舞台となった。そこで、両先生は、それぞれが務められた会社の監査役の経験に基づいて、改正要綱案中の監査役制度の改正について積極的に賛成するとの発言をされた。両先生のご発言は、担当参事官として実に有り難いご意見であり、深く心に沁みた。

竹内先生に対しても、委員会審議の前に護国寺の先生宅にお伺いし、審議資料の説明と進行等の相談をさせていただいた。打合せ後は、奥様に出していただいたお茶とお菓子をいただきながら、しばし雑談をさせていただいた。その際、私が、根回し等で接触した政府、与野党、経済界その他の関係者の動向等、俗っぽい話をすると、ご病気のため外出が不自由な先生は、そのような世間の生臭い話を興味津々の様子でお聞きになり、持ち前の鋭利俊敏な頭脳から、「国の審議会の委員は、所属の組織の代弁者ではないのだから、もう少し立場を離れた見識のある意見が言えないのかなあ」とか、「会社関係者の言い分は、体温計の温度を上げないようにしておいて、平熱だから会社は健全なのだと言うようなものじゃないか」とか、鋭いコメントを発された。前者は国の審議会の委員の在り方に関する意見であり、後者は株主代表訴訟制度の改正に関する意見であるが、いずれも、先生の年来のご意見であった。そのほかにも、警抜でウイットに富んだお話をされたが、それをメモ等に残しておく余裕がなかったのが、今となっては悔やまれる。

その当時、商法部会では、株主代表訴訟制度の改善策として、原告株主の負担を軽減するため、原告が勝訴した場合、提訴費用のうちの相当額を会社に請求できるとすることを改正事項に上げることは既定となっていた。それをさらに進めて、下級審で請求額説と民訴費用法四条二項準用説とに分かれていた株主代表訴訟の訴額の算定について、後者の見解を採用し、訴額を算定不能なものとみなして、訴訟費用の負担を大幅に軽減する提案をするかどうかについては、事務当局として、まだ踏み込めないでいた。しかし、平成三年以降、頻発していた損失補塡、飛ばし、反社会的勢力との不明朗取引等の会社不祥事の状況を見れば、この検討を避けて通ることはできず、会社法小委員会の審議の俎上に前記の訴額の算定に関する改正案を上げることにした。これを記載した審議資料を竹内先生にご説明した時の先生の満面の笑顔が記憶に残っている。この改正案については、委員会審議の中で、消極説や時期尚早論も少なからず開陳されたが、議論の大勢は、前記の会社不祥事の状況を踏まえて、株主代表訴訟が有効に機能するようにすべきであるという積極説に傾き、これに竹内先生の後押しもあり、商法改正要綱、そして商法改正法へと結実した。

平成五年の商法改正後、しばらくの間、株主代表訴訟は、多数提訴され、濫訴の弊が懸念されたが、それも次第に落ち着き、今では、この制度の存在が、会社の経営判断の考慮要素の一つとなり、業務執行の適正に寄与しているように思われる。

鈴木、竹内両先生に身近にご指導をいただいてから二〇年余が経過した。その間、会社法は大きく変貌したが、今の会社法について、泉下の両先生は、どのようにお考えか、お尋ねしたい気もする。

*

松澤三男商事法務研究会専務理事には、かねてから色々な機会でご厚誼をいただき、また、商事法務の刊行物への拙稿の掲載や拙著の上梓等で大変お世話になった。松澤さんが古稀を迎えられる機会に、あらためて祝意と謝意を表したい。

〈参考文献〉

田中英夫＝竹内昭夫『法の実現における私人の役割』（東京大学出版会、一九八七年）
鈴木竹雄『幾山河――商法学者の思い出』（有斐閣、一九九三年）
拙稿「世紀のエールの交換」拙著『平成五年・六年改正商法』（商事法務研究会、一九九六年）
『鈴木竹雄先生追悼文集』（鈴木竹雄先生追悼文集刊行会、一九九六年）
竹内昭夫『息を数えて――竹内昭夫随想集』（有斐閣学術センター、一九九八年）

●よしかい・しゅういち＝弁護士、元東京高等裁判所長官

民事訴訟法・民事執行法・倒産法

東西倒産実務研究会の思い出

池田　靖
Yasushi Ikeda

松澤三男さんと私が親しくお付き合いさせていただくようになったのは、一九八七（昭和六二）年から始まった東西倒産実務研究会にまで遡る。

この研究会は、東京の高木新二郎弁護士と大阪の今中利昭弁護士が呼びかけ人となり、東京と大阪の倒産実務のベテラン弁護士各一三名の計二六名、それに東京大学の青山善充教授、一橋大学の伊藤眞教授、京都大学の谷口安平教授等が加わって組織されたのである。「かねてより倒産事件の処理実務について、関東と関西ではかなりの違いがあることが認識されており、お互いに関心をもちながらも、その経験や意見を交流する機会に恵まれなかった」ことから、「弁護士サイドでお互いにざっくばらんにどこが違うのかということを議論しながら研究する」ことを目的にしていた。このような研究会が東京と大阪の弁護士有志と研究者で組織されるというのは、当時としては、きわめてめずらしく、画期的なことであった。

しかし、研究会では、初めから大阪方式が優れていて東京方式は改めなければならないという議論が大勢を占めていた。たとえば、東京では、和議の保全命令を発令するについては、債権額の四分の三以上を有する債権者の同意を得ることを要件としていたが、そのような運用は、せっかくある和議という手続をまったく利用できなくするものでけしからんし、そのような運用を許している弁護士もいかがかというものであった。東京では、和議をほとんど利用していなかったので、大阪の先生方の話を一方的に聞くだけであった。次はいよいよ会社更生とか会社整理という、東京で利用している手続に議論が移るのだが、そこでも東京地裁民事八部の運用は、計画の内容まで裁判所が立ち入るもので、強権的でけしからんという議論になるあり様であった。

研究会は、東京と大阪で交互に開催し、研究会が終われば、料理屋に場所を移し懇親会を行うのだが、大阪で行った研究会・懇親会の後は決まって帰りの新幹線のなかでも酒盛りになった。我々東京の弁護士は、研究会での議論で鬱屈しているため、他の乗客の迷惑などおかまいなく、また酒盛りになり、大声で議論をはじめる始末であった。

しかし、研究会での議論をとおして、和議の根本的な問題は、和議が成立しても和議条件どおりには履行されないため和議法ではなく詐欺法だと揶揄されていること、また、更生計画にしても整理計画にしても、客観的な条件による枠を設けることが必要であることなどが明らかになった。

結局、研究会は一九八七（昭和六二）年から一九八九（昭和六四）年まで一二回、それ以降は年に二回、二〇〇一（平成一三）年まで二一回、計三三回開催されたが、その間松澤さんはすべての研究会をアテンドし、我々弁護士の悪酒にも辛抱強く付き合って下さった。研究会の成果は、「東京方式・大阪方式——倒産実務研究シリーズ」として、一九八八（昭和六三）年に『和議』（シリーズ一）、一九八九（平成元）年に『会社更生・会社整理』（シリーズ二）と『破産・特別清算』（シリーズ三）として商事法務研究会から出版されたが、当時は、バブル経済のまっただなかだったので、そんなに売れないだろう、赤字にならなければいいが、と大いに心配した。ところが、それはまったくの杞憂であった。一九九六（平成八）年から始まった法制審議会の倒産法改正審議のなかで、この研究会の三部作は高く評価され、文献のなかで最も多く引用されたそうだから、まさに立法の舞台裏にあって、参考にされた書籍になったのである。辛抱強く、耐えに耐えて出版まで持ち込んだ松澤さんの苦労が報われたと私も大変嬉しかった。

松澤さんとは、その後もいろいろな舞台でご一緒させていただいた。最近では、二〇一五（平成二七）年三月にとりまとめられた「事業再生に関する紛争解決の更なる円滑化に関する検討会」の報告書もそうだ。松澤さんに事務局として活躍いただいた成果であって、これも、多数決による私的整理の成立として近く法律改正に結びつくのではないかと期待している。

こうしたことを顧みると、バブル経済のときには倒産法改正を念頭におき、また東西倒産実務研究会で議論していた頃は「決してよいものとは思えない」といって誰も信用していなかった「私的整理」を、今日のように、何故民事再生手続に入る前に私的整理をしないのかといわれるまでその性格を変えてしまったのは、次から次へと時代を先取りするクリエイティブな発想をもって行動する高木新二郎弁護士と松澤さんとの深い信頼関係があったからに違いないのである。

松澤さんには今後も元気でご活躍いただきたい。

●いけだ・やすし＝弁護士（三宅・今井・池田法律事務所）

株式会社産業再生機構法

江崎　芳雄
Yoshio Ezaki

企業・事業売買は今や通常の投資手法だが、こうなったのは最近のことだ。その「認知」に産業再生機構は多大な貢献をした。機構の設立は二〇〇二年一〇月三〇日の「改革加速のための総合対応策」で打ち出され、設立準備室が内閣府にでき、翌四月一六日には機構が設立されるという急展開ぶりだった。

機構の設立と業務

機構設立の動機は不良債権問題の根本的な処理だ。バブル崩壊は一九九〇年だが二〇〇一年に至っても「企業、銀行のバランスシート調整はまだ途上であり銀行は金融調整機能を発揮していない」（緊急経済対策）という有様だった。不良債権の処理は一九九五年の住専問題で躓き、その後の大手証券会社、銀行の破綻を契機とした金融三法の成立にもかかわらず捗っていなかったのである。漸く二〇〇二年九月の小泉改造内閣で竹中氏が金融担当大臣となり、二〇〇四年までに不良債権問題を終結させるとの方針のもと動きが活発になった。

機構の業務は過剰債務で窮境に陥っているものの再生の見込みのある企業に対し、債務を削減し再生計画を実施させ甦らせることである。そのため非メインの金融機関から再生を見据えた評価額で債権を買い取り、メインバンクとともにその再生に取り組む。評価額と債権額面との差額が放棄されることにより企業の債務が減る。しかし二〇〇二年当時かかる活動はなじみが薄く、「銀行から債権を時価で買い企業を再生する」業務を部外者に理解してもらうのは甚だ難しかった。銀行の不良債権を切り離し塩漬けにしたまま熱りを冷ますのだろうという冷たい反応が多かった。

公と私

機構の動作モデルは銀行協会の私的整理のガイドラインだ。しかしこれは私的ゆえに債権のメイン銀行寄せが生じるなどの問題があり使い難かった。そこでそのスキームを公的関与により強制力を増したものとし、債務削減と再生計画の迅速・円滑な実施を図ろうというのが基本的な設計である。機構には金融機関による債権回収の一時停止や再生不可で法的整理になった場合、再生過程でのつなぎ融資は優先されるなどの法的措置が盛り込まれている。また農水系統金融機関、公的金融機関も債務削減の対象となる。

片や公的側面が強くならない工夫も凝らされている。本来、債務の削減と再生は民間ベースで行われるべきものだからである。そこで機構は政府が認可する株式会社という前例のない形をとり、社長以下民間の専門家で構成され、支援決定等に各省は「意見を述べる」だけであり、決定は機構の裁量だ。その他随所に公的色彩を薄める工夫が盛り込まれている。このように「公的」と「私的」の「よいとこどり」をしようというのだから法案作成には多くの難問が伴った。法制局幹部の修文が相次ぐという椿事まで起きた。

専門家の力

作成過程では準備室の面々は弁護士、研究者、実務家等百人以上の方々に意見を聞いて回った。法的処理では何が不足か、私的整理のガイドラインでは何が不足か、現場では何が問題か等々である。これに対して各専門家から大変熱心かつ真摯な協力をいただいた。なかにはパートナー弁護士から海運の債権は非常に複雑な仕組みになっているといった具体例をご教示いただいたこともある。「授業料」云十万円である。

こうして一月二八日に法案は閣議決定され二月下旬より国会審議が始まった。この頃でも議員に説明に回っても相変わらず仕組みを心底納得いただいたと感じられることは多くはなかった。しかし委員会の参考人質疑での専門家の説明・質疑応答を契機にムードが変わった。例えば、銀行がこんな低い金額では債権は売れないと売却を拒否した場合はどうするのかとの質問に、「では裁判所に持ち込みましょう。再生計画もできているのですぐに法的整理になります。ただし債権の回収率は機構の提示するものより大幅に低くなります」と言えばよいといった具合だ。専門家の発言は値千金である。

こうして法案は四月二日に異例の速さで成立した。機構の存続期間は時限だ。債権の買い取りは業務開始から二年間。買い取り後三年以内に売却等の処分をしなければならない。つまり長くても五年で業務の結果が出る。債権を高値で買えばたちまち赤字が露見する。不良債権を塩漬けになどできないスキームだ。

さて社長の斉藤惇さん、再生委員長の高木新二郎さんを始めとする専門家が続々機構に参集した。株式会社とはいえ法律に基づくものなので給与等の待遇は極めて低い。にもかかわらずこうした専門家が集まってくれた。

オフィスの選定にも苦心した。まず丸の内という条件。さらに出入りが容易に露見する場所では企業も銀行も信用不安を恐れて相談には行けない。結局四方八方から出入り可能でエレベーターも複数あるビルを探し出した。

期待のバブル

五月八日に機構が業務を開始するとマスコミで「期待のバブル」が発生した。F社が機構に行く、N社だ、S社だと大企業の名前が紙面に踊る。下相談や再生計画の策定等に少なくとも数か月はかかり、買い取り発表はその後だがそんなことにお構いなく遅い・遅いの大合唱となった。八月に出た一号案件は熊本のバス運輸会社。バス事業の再生には市営バスの再編を織り込むという公的機関ならではものだったが小粒だと一蹴された。

時間軸の差

その後、外部が期待したほどには案件は出てこなかった。そもそも機構は「待ち」の機関である。窮状企業とメインバンクが機構に支援要請に来ないと話が始まらない。ところが金融機関は機構による不良債権処理には及び腰だった。そもそも銀行と機構の間で処理のスピード感が異なっていた。銀行は「段階的接近法」を墨守する。まずある程度の債権放棄等を行い、当面企業側の努力に期待する。それが不足であれば再度放棄するというものだ。銀行の債権放棄額も小出しで傷も小さい。これに対して機構は一挙に過剰債務を処理し外部からニューマネーが入るところまで持っていくというのが基本だ。そもそも悠長な不良債権処理を行ってきたゆえにバブル崩壊後一〇年以上たっても不良債権が片付かなかったのだから、短期決戦という機構法の設計は的確なものだと思うが金融機関はなかなか変われなかった。ダイエーが二度の銀行主導の再生計画を経てもうまくゆかず、結局機構の支援を受けた事例がこれを雄弁に物語る。

二〇〇四年になると金融庁は専門家からなる「再建計画検証チーム」を作り、銀行検査時に債務者企業と銀行が作成した再建計画の妥当性をより厳密に検証し始め、銀行も悠長なことを言っておれなくなった。このころから機構を取り囲む情勢は大きく変わる。九月三〇日の日経新聞社説でＵＦＪ銀行が不良債権の抜本的処理を決断し大口融資先の問題企業を再生機構に持ち込むのは、今まで不良債権処理が銀行の体力の範囲内で行われてきた証拠だと論じているのがその象徴だろう。

さて、機構は一年早くＥＸＩＴを終え解散した。残余財産額は九四〇・三億円、株主への分配金を除いて四三二・八億円を国庫に納付した。また活動中の納税額は三一二億円だ。

●えざき・よしお＝元内閣府産業再生機構設立準備室長

国際民事訴訟法研究会のことなど

小杉　丈夫
Takeo Kosugi

松澤さんの顔を見ると必ず思い出すことがある。今から四〇年前、一九七六年頃の冬のことだった。夕刻、都内のホテルでのパーティがあり、松尾翼弁護士と二人で出席した。

商事法務研究会からは鈴木光夫専務理事が松澤さんと井上修二さんを連れて出席していた。その席で、若い判事補を伴った東京地裁・鈴木潔判事（通称ケツさん）と一緒になった。当時、ケツさんは東京地裁所長代行であったか、まさに飛ぶ鳥を落とす威勢があった。沢山の人に慕われるケツさんだったが、酒が入ると、時に常軌を逸することがあった。

パーティが終ったところで、松尾弁護士の誘いで、麻布仙台坂の松尾宅でこのメンバーで飲み直すことになった。酔いが回るほどに、ケツさんが、鈴木専務理事を初めとする商事法務研究会の三人に絡み始めた。「だいたい、ほかの法律雑誌は皆、俺のところに来るのに、お前のところは挨拶もない。けしからん」というような話で、止るところを知らない。私がなだめようとすると「留学帰りのお前が退官しても、裁判所の若手は多士済々だ。お前が抜けても裁判所はびくともするものではないんだ」と、攻撃の刃が私の方に向って来る有様で手がつけられない。お付きの判事補は黙って神妙に控えているばかりで何の役にも立たない。頃合を見て、お引取り願おうと、松澤さん、井上さんと、ケツさんを立たせようとしたが、思いのほか握力が強くて（テニスで鍛えているという話だった）思うにまかせず、靴をはかせるのにも手こずった。

ようように、お伴の判事補もろともタクシーに押し込んでお帰り願ったのだが、三〇歳になるかならないかの若手社員の松澤さんが、時に、鈴木専務理事の楯になって、天下のケツさんの悪口雑言を笑顔を絶やさず受け流す度胸の良さと如才なさに、すっかり感服した。「この男は、将来きっと商事法務をしょって立つに違いない」と思ったことだった。それだけ、その時の印象が強かった。その後の松澤さんの活躍ぶりは、四〇年前の私の直感が正しかったことを裏付けている。

一九九一（平成三）年の年の暮、松澤さんから、国際民事訴訟研究会のメンバーになって欲しいという声がかかった。これは、当時進行中の民事訴訟法の全面見直しの立法作業に関係していた。この立法作業は、一九九〇（平成二）年二月から法制審議会民事訴訟法部会（部会長：三ヶ月章東京大学名誉教授）により調査、審議が開始された。そして、一九九一（平成三）年一二月には、法務省民事局参事官室による「民事訴訟手続に関する検討事項」が公表された。この検討事項の一つに、国際民事訴訟があり、国際裁判管轄、国際的訴訟競合、外国判決の承認及び執行につき、検討することとなっていた。

今日ほど日本の国際化が進んでいなかった当時は、これらの問題についての裁判例は少なかったし、学者の議論もどちらかといえば理論面に片寄っていた。また、実務の中で、このような問題を取り扱う法律事務所、弁護士も限られていた。そのような情況の下で、立法担当者としては、これらの論点について、学者、弁護士を交えてのつっこんだ討議、検討が必要と判断されたのであろう。

松澤さんは、法務省民事局から特に要請を受けて、この課題検討のために、学者、弁護士と法務省立法担当者による研究会を立ち上げ、実施する裏方を引き受けたのであった。私も喜んで参加することを即答した。

松澤さんの働きで決まった国際民事訴訟法研究会のメンバーは、後記のとおりであった。今見ると、実に豪華な顔ぶれである。石黒一憲教授、小林秀之教授に声がかかったのは、「法制審に加わっていない学者の意見も聞きたい」という、柳田幸三参事官の強い希望によるものだった。

研究会は、商事法務研究会を会場として、一九九二（平成四）年一月から六月までほぼ月一回のペースで計七回開催された。会議の進め方としては、毎回、学者、弁護士から一名が発表者となり、法務省会員からの質問、参加者の討議という形であった。個々の議論については憶えていないが、マレーシア航空事件の最高裁判決等をテーマとして、自由闊達な議論が展開された。そして、研究会後は、松澤さんが設定する夕食に流れて、引き続き、国際民事訴訟法のさまざまな問題を議論しつつ親睦を深めることができて、楽しく充実した時間だった。

研究会の成果は、これも松澤さんの計らいで、順次、発表者が「国際民事訴訟法の検討課題」としてＮＢＬに連載した。

このような形で、法務省民事局の民事訴訟法の立法作業のお手伝いをしたわけだが、その後の国際民事訴訟法規定の立法作業の道のりは平坦ではなかった。一九九六（平成八）年の民事訴訟法に関する改正要綱試案で国際裁判管轄規定については「我が国の裁判所で審理および裁判することが担当でない場合を除き、国内土地管轄規定を準用する」と注記されるだけの形に後退し、同年の民事訴訟法改正要綱では、国際裁判管轄規定の立法化の記述は全く姿を消して、先送りになってしまった。

現行民事訴訟法は一九九六（平成八）年六月一八日に成立し、一九九八（平成一〇）年一月一日から施行されたが、国際裁判管轄の規定が民事訴訟法第二章第一節に、「日本の裁判所の管轄権」として追加立法されたのは、実に、成立から一五年後の二〇一一（平成二三）年のことであった。

松澤さんには、昨年、私が発起人の一人となった谷口安平先生のシンガポール国際裁判所判事就任のお祝い会の裏方のような私的なお願いを含め、四〇年にわたりたくさんのことでお世話になった。いつも笑みを絶やさず、面倒を見て下さる御厚意とお人柄に、改めて深い感謝と敬愛の意を表し、ますますのご活躍、ご健勝をお祈りする。

［国際民事訴訟法研究会 名簿］（肩書きは当時のもの）

青山 善充（東京大学教授 委員長）
石黒 一憲（東京大学教授）
小川 秀樹（法務省民事局局付）
菊池 洋一（法務省民事局局付）
小杉 丈夫（弁護士）
小林 昭彦（法務省大臣官房司法法制調査部部付）
小林 秀之（上智大学教授・弁護士）
始関 正光（法務省民事局局付）
下田 文男（法務省民事局局付）
道垣内正人（東京大学助教授）
戸田 信久（法務省大臣官房司法法制調査部参事官）
内藤 潤（弁護士）
藤下 健（法務省民事局局付）
本林 徹（弁護士）
柳田 幸三（法務省大臣官房参事官）

●こすぎ・たけお＝弁護士（弁護士法人松尾綜合法律事務所）

会社更生法実務とNBL

古曳　正夫
Masao Kobiki

1　倒産法実務が書斎型からフィールドワーク型へ

私は一九六三年に弁護士登録をし、森良作弁護士の事務所に入った。森弁護士は、日本特殊鋼（特殊鋼メーカー）、佐藤造機（農機具メーカー）、興人（繊維メーカー）等の大型更生事件の管財人を務めた早川種三氏の信任を得ていたので、事務所の最年少新人である私は早い時期から会社更生の匂いをかいで過ごした。

当時の倒産法の実務書といえば、ヴェテラン書記官が執筆したものが圧倒的に多く、そのため内容は倒産企業から裁判所に提出する申立書と裁判所の決定書で埋められ、書式集の体裁を帯びていた。

そういった参考書の影響かどうかはわからないけれど、倒産法に携わる弁護士は、事務所と裁判所を往復する日常業務の合間に倒産法の仕事をこなしたから、倒産企業の経理部長が相談ごとを抱えて弁護士事務所を訪れて弁護士の戻りを待ち、戻った弁護士から法的な指示を受ける、という動きが多かった。つまり弁護士は事務所に鎮座していることが常識だったのである。

そのような執務形態のもとでは、たとえば倒産企業が何十台もの営業車を所有権留保特約つきの売買契約によって取得し使用していた場合等において、ある日の夕方売り主が会社に来て、全車両を引き揚げてしまう、などという事態が起こりえた。もちろん倒産企業の社員は「それは困る」と抵抗するが、相手から「所有権はこちらにあるのだぞ！」と詰め寄られると、こちらにそれもそうだという気持ちがあるものだから、押し切られてしまいがちなのである。

翌日報告を受けた弁護士が「なぜ私に相談せずに渡したのだ！」と怒っても、その倒産企業はその時点ですでに営業の遂行が不可能に近い事態に追い込まれてしまっているのである。

森弁護士は、弁護士は常に倒産企業に身を置かなければならない、という持論の持ち主だったから、私たちは朝自宅から倒産企業に直行し、夕方事務所で報告し打ち合わせをするという生活だった。

倒産企業に詰めていると、多くの債権者がきて、前記の車をはじめ、コピー機等の事務用品、工場の最新鋭の工作機械、原材料等を引き揚げようとする。引き揚げの理由は所有権留保、代金不払いによる契約解除等々。倒産企業に何年も勤務したヴェテラン社員でも、会社がつぶれて債権者が押しかけてきたとき、何と言って引き揚げを拒むのかに通暁している者は全くいない。ここが弁護士の出番でなくて、どこに出番があろう。

その現場で起こる問題は、倒産法上の難問ではなく、ほとんどが民法問題である。その問題をめぐり、はげしく利害が対立する債権者とやり合う交渉には、一種独特の鮮烈な迫力があって、担当する弁護士のアドレナリン分泌を刺激してやまない。倒産法の案件を書斎型で行うなんてもったいない、ほんとにもったいないと言いたい。

倒産法案件のフィールドワーク型処理に興味を示してくれたのが商事法務研究会である。私のような駆け出しの若輩者にNBL誌への連載を許してくださったのである。そして私の事務所に原稿を取りに来てくださったのが、若き松澤三男さんだった。たぶん彼は、電車に乗り街路を歩いて私の事務所のあるビルに到着するまでにどっさり汗をかいていて、たぶんビルの入口で大きなタオルで顔と頭の汗を拭き、そのうえで、やあ、と事務所に入ってくるのだろうと私は想像している。いつお会いしても、彼は風呂上りの顔をしているからである。

さて、彼の役目は原稿を取りに来るだけではなかった。執筆に全く不慣れな私が、ヒーヒー徹夜してもうまく書けなかった原稿を、すみません、とそっとお渡ししたあと、すぐに彼から電話がきて、「あそこのところを読んで、涙がこぼれました」なんて言ってくれる。彼が素人執筆者を激励する役目を果たしてくださったお蔭で、私は何とか連載を完結でき、その後商事法務研究会が単行本として『闘う更生会社』を出版してくださって、その後も毎年のように増刷してくださった。いま倒産法案件を書斎型で行う弁護士が見当たらなくなったのは、松澤さんをはじめとする商事法務研究会のお蔭である。

2 不動産バブル最盛期の土地と財産評定

会社更生法は、倒産企業の収益力によって会社資産を評定し、それに従って債務を弁済せよ、と規定している。法律の規定によれば、市街地に工場をもつ企業と山間部に工場をもつ企業とでは、収益力が同じなら会社の資産額も同じ、弁済額も同じになる。会社更生では工場を売却しない、稼働させる、という前提で評定するので、不動産の売却価格は関係ないのである。

しかし、不動産を売却価格で評価し、抵当権をつけて貸付けしてきた銀行は納得せず、売却価格を加味することによって弁済金額を増やせ、という違法な要求をしてくる。違法な要求だけれど、債権者集会で賛成多数を得られないと更生計画が成立せず、破産の道を歩むほかなくなるので、管財人は多数票をもつ銀行との交渉に苦労していた。前記の早川種三氏の周りに東京地方裁判所で選任された管財人が集まり、自然発生的に「管財人会」が生まれ、銀行との交渉の方法を研究していた。

商事法務研究会はこの点についての論述に、広くNBLの誌面を提供してくれた。それにもかかわらず、この問題に関しては悪戦苦闘の時代が永く続いた。すなわち、

(a) 一人の裁判官が何を勘違いしたか、「管財人会」は倒産企業が弁済額を減らすための相談をする、けしからん会だ、と理解するに至り、管財人を善導して、弁済額を増やさせることが裁判所の役目だと表明し、実行に励んだ時代もあった。

(b)『条解会社更生法』の執筆者である尊敬すべき学者先生方が、改訂版で、財産評定にあたり、不動産の売却価格をも参照すべし、というヘンな意見に路線変更されたときは本当に悲しかった。

その後バブルが弾け、すべての銀行が倒産状態に陥ったとき、驚くべき現象が起こった。銀行はすべての都市の目抜き通りに本店・支店をもつから、もしそれらの資産が売却価格で資産評定され、それに従って債務弁済を迫られたら、生き残る銀行はなかったはずであるが、政府主導で行われた銀行再生の中では収益力一本で算定された。

そのころ私は弁護士資格を返上したが、その後の倒産法実務は、かねてからアメリカ倒産法の研究をし、商事法務研究会から出版もしておられた革命児・高木新二郎弁護士が中心となって、収益力をもって企業価値を算定する方式に改革され、銀行もピタリとそれに同調するに至ったことは心底喜ばしい。

逆風の時代に、高木弁護士が東京と大阪の倒産法弁護士を組織した東西倒産実務研究会を熱心に応援してくれたのは松澤さんであった。

商事法務研究会が新法の制定・普及に永年尽力したことは世に知られているが、私は松澤さんの率いる同会が倒産法制の改革と実務普及の舞台裏で、大きな活動をされたことを特記したいと思う。

●こびき・まさお＝元弁護士

倒産法改正の舞台裏

才口　千晴
Chiharu Saiguchi

はじめに

大学の後輩である松澤三男さんが人生七〇年の古稀を迎えられた。

慶祝このうえなく、喜寿の先輩としてお互いの健在を寿ぐものである。

彼には東西倒産実務研究会、倒産法改正のみならず個人的にも『特別清算手続の実務』、最高裁判事退官記念随筆『弁護士任官判事のつぶやき』の刊行等多大の恩義を受けている。

彼の古稀記念誌のタイトルをなぞって舞台裏を語るとなれば「倒産法改正」をおいてない。思い出すままに彼の功績を交えて書き綴ることにする。

東西倒産実務研究会のこと

倒産法改正の原動力となったのが「東西倒産実務研究会」である。

今や倒産事件を得手とする倒産村の若手諸士はこの研究会の存在すら知らない時代となったが、年号が平成に変わる昭和の末期に倒産村の大御所高木新二郎先生が大阪の今中利昭先生と諮り、東西の倒産事件処理の較差をめぐり創設した研究会である。当初の動機は、「詐欺法」と喧伝されていた「和議法」の是正にあったが、その後研究対象が会社更生、会社整理、破産、特別清算にまで及んだ。

メンバーは、高木、今中両御大以下、故三宅省三、清水直、家近正直先生、新進気鋭の故田原睦夫、宮﨑誠、松嶋英機、多比羅誠らの諸士、そして特別会員として、青山善充、伊藤眞、谷口安平教授らの総勢三〇余名であった。

東京と大阪を交互に往復して一〇回にわたる検討・研究を重ねた成果本が『東京方式・大阪方式 倒産実務研究シリーズ一〜三』「和議」（一九八八年九月）、「会社更生・会社整理」（一九八九年二月）、「破産・特別清算」（同年九月）である。

この研究会の下支えをしてくれたのが社団法人商事法務研究会と松澤さんをはじめとするスタッフである。会場の設営、新幹線や宿泊等の手配のみならず倒産村の猛者連中の喧々諤々の議論の整理・集約、発刊はさぞかし大変であったろうと旧懐とともに感謝して余りない。

研究会の成果が裁判所を啓蒙して手続は徐々に改善され、法務省に倒産法改正の端緒を開かせた。

倒産法改正のこと

平成八年一〇月に開始された倒産法制の全面的見直し作業は、同一六年一〇月の破産法制定をもって倒産実体規定の整備を完了した。

法務省、裁判所、学者、行政官、実業界、労組、弁護士会等の各分野を代表する錚々たるメンバー約五〇人が約八年間にわたり合計六五回の審議会を開催して完遂した画期的な立法作業であった。

倒産法改正にまつわるエピソードはいろいろあるが、「味方から鉄砲」や「弁護士会メンバー退席騒動」が特記すべきことである。

前者は、弁護士会の意見集約も容易ではないため、部会で唐突に異論が開陳され、竹下守夫部会長から「弁護士会の意見はどちらですか」と質されたこともしばしばあった。その都度、「両論とも正論」と回答してその場を繕った。後者は、倒産法制の厳罰化につき弁護士会メンバーが挙って異論を唱えたことである。法務省刑事局や刑法学者等が新法である民事再生法に倒産犯罪の罰則を盛り込むと提案した時点での攻防戦である。弁護士会の反対は、故田原睦夫委員の「牽強付会」演説で火蓋を切り、甲論乙駁を経て、最終的に小生の「弁護士会委員・幹事の退席」宣言にまで至った。審議は中断し、竹下部会長の時宜を得た「継続審議」の裁決により当日は収拾されたものの、事態を重く見た日弁連が会長声明を準備するなどの不測の事態が発生したため、関係者の調整に時間を要し、辛うじて倒産犯罪の規定は新破産法の改正に委ねるとの結論を得た。

このような経緯の中で、倒産法制改正の論点の洗い出しから、「倒産法制に関する改正検討事項」等を逐次発表することができたのは、商事法務研究会、就中、松澤さんの尽力によるものである。準備会、議事録や速記録の作成、検討事項の集約・発表までのすべてを商事法務研究会に依存したのみならず、松澤さんには、弁護士会委員と法務省委員との調整の仲介役までして貰った。

余談ではあるが、民事再生法施行後、一〇余年を経た平成二三年一〇月七日、倒産法部会委員・幹事の「同窓会」が開催された。六〇余人が再会を喜び合い、松澤さんをはじめ商事法務研究会の担当者の労をねぎらうとともに談論風発し、さながら戦友会の趣きであった。

おわりに

理論書も実務書もない特別清算手続について多比羅誠弁護士と研究と検討を重ね、NBLに連載した内容を集約した『特別清算手続の実務』を昭和六三年に刊行してくれ、また約四年八ケ月仕官した最高裁判事退官記念随筆『弁護士任官判事のつぶやき』（私家版）の刊行を勧めて発刊してくれたのも松澤さんである。

前者は、当時、いわゆる「倒産五法」の一つである特別清算の研究が不充分な中で手探りで体系化した実務書であるが、松澤さんは索引まで付けて体裁を整えてくれ、後者は、青天の霹靂で任命され、資質と実績に乏しい人生修行の物語をコンパクトにまとめあげてくれた。経験と実績から時宜を得て両書に日の目を見させてくれた彼のセンスと技量に改めて感謝するものである。

最後に、飄々とした人間性が醸しだす幾多の功績に対し敬意を表するとともに、ますますの活躍と幾久しい厚誼を願うや切である。

●さいぐち・ちはる＝弁護士（ＴＭＩ総合法律事務所）

事業再生ADRの立法前夜

須藤　英章
Hideaki Sudo

1　事業再生制度研究会

事業再生ADRは、平成一九年五月の産業活力再生特別措置法（以下「産活法」という。現・産業競争力強化法）改正によって誕生したが、そのもとになったのは平成一八年九月の「事業再生制度研究会報告書」（経済産業省と法務省が共同事務局を務める研究会の報告書）であった（この報告書は、商事法務二〇〇九年三月発行の『裁判外事業再生の実務』一三七頁以下に収録されている）。

事業再生制度研究会は、松下淳一、山本和彦、山本克己の三教授と、岡正晶、小林信明と須藤の三弁護士を委員として、平成一八年六月から八月にかけて六回の研究会を開催し、そこでの議論を九月の報告書にまとめた。

2　当時の状況

緊急避難的な時限立法によって設立された産業再生機構による債権買取や新規案件の受付は平成一七年三月に終了していた。私的整理ガイドラインに基づく私的整理は行われていたものの、産業再生機構の設立後は、多くの案件が同機構に持ち込まれていたので、同機構の再生案件の受付終了後は、制度的な裏付けのある民間主体の自律的な事業再生メカニズムの構築が、わが国の産業活力の再生にとって急務と考えられていた。

3　認証紛争解決事業者による私的整理

事業再生制度研究会では、平成一九年四月から施行されることになっていた裁判外紛争解決手続の利用の促進に関する法律（一般に「ＡＤＲ法」と略称されている）に基づく認証紛争解決事業者が、私的整理による事業再生の担い手として適切であろうとされた。その後の産活法改正で、法務省の認証と経産省の認定を受けた事業再生実務家協会が平成二〇年に設立され、数多くの案件を処理していることは周知のとおりである。

4　特定調停を受皿に

万一、認証紛争解決事業者による私的整理が不成立に終わった場合の受皿については、平成一一年に議員立法（特定債務等の調整の促進のための特定調停に関する法律）によって生まれていた特定調停が想定された。この場合、複数の調停委員の日程調整のために調停期日が遠い先になってしまうことを避けるために、単独の裁判官による進行もできるようにし、また、既に私的整理において債権者調整が行われていることに鑑みて、調停前置の例外として直ちに調停に代わる決定（民事調停法一七条による決定）も出せることが望ましいともされた（産業競争力強化法五二条参照）。しかし、その後の事件処理の実情を見ると、事業再生ＡＤＲが不成立の場合の受皿としては、会社更生や民事再生が利用されることが多く、特定調停を受皿にする構想は必ずしも好評だったとは言えないようである。

5　プレＤＩＰファイナンスの考慮規定

私的整理も不成立に終わり、調停に代わる決定に対しても異議が出た場合は、会社更生や民事再生等の法的倒産手続が申し立てられることになるが、この場合に、先行する私的整理において融資された運転資金（プレＤＩＰファイナンス）の優先性が問題となる。プレＤＩＰファイナンスに係る債権については、私的整理の対象債権者との間では、対象債権よりも優先して随時弁済されることが同意されている。しかし、法的倒産手続になると、更生債権者や再生債権者は金融機関債権者には限られなくなるから、この優先的取扱いの合意を全債権者に及ぼすことは困難になる。研究会では、同意した債権者とプレDIPファイナンスを供与した債権者を一つのグループとして、グループの代表者が一括して弁済金を受領し、これをグループ構成員に優先合意に応じて分配をするという案も考えられた。この案は法的には異論の余地のないものであるが、それ以外の債権者に対する優先性は認められないから魅力の乏しいものである。これでは、プレDIPファイナンスを安心して供与してもらうには不十分である。そこで考えられたのは、産業再生機構法三一～三三条に採用されていた衡平考慮規定に類する規定を盛り込む案である。プレDIPファイナンスに係る債権を優先的に取り扱う更生計画や再生計画を認可するにあたって、①この借入れが更生会社や再生債務者の事業の継続に不可欠であったこと、②プレDIPファイナンスの供与時にこれを優先的に弁済することを対象債権者が同意していたこと、この二点について認証紛争解決事業者が確認していることを、裁判所は考慮のうえ、この計画が債権者間の衡平を害しないか否かを判断するというものである（産業競争力強化法五九条、六〇条参照）。

6　事前の意見交換と高木新二郎博士

この報告書によるスキームの構築に決定的な役割を果たしたのが、高木新二郎博士であった。高木博士が、インソル八原則を範として私的整理ガイドラインをとりまとめ、かつて事件屋が跋扈した私的整理を透明性の高い合理的な手続にしたことは遍く知られている。高木博士は、ともすれば「メイン寄せ」が起こりがちな私的整理の現況を憂慮し、事業価値の毀損を最小限にして再生を実現するスキームの構築を望んでおられた。多数決原理を私的整理に導入することも方策の一つとして考えられていたようである。

高木博士の行動は迅速であった。この研究会の委員は勿論のこと、それ以外にも立法に影響力のありそうな学者や実務家と会合をもち、私的整理の実情や新たな立法の必要性を訴え、忌憚のない意見交換を行った。東京での会合に参加できない関西の有力者を歴訪し、同様の意見交換を行った。私も大阪や京都に同道させていただいた。これらの会合に参加した若手実務家（現在では大家になっている）が、「法律はこうやって創られるんですね」と興奮気味に語っていたのが印象的だった。

この事前の懇談会では、さまざまなことが議論されたが、事業再生分野における私的整理の実情、直面している問題点等について情報を交換することができ、研究会における審議を実態に即した実りあるものにするうえで大変有意義なものであった。

7 多数決による事業再生ADR

高木博士や筆者の願いは、新立法による私的整理の中に多数決原理を導入することであった。対象債権者の大多数が計画に賛成しているのに、ごく一部の債権者が同意しないために私的整理が不成立に終わるのは残念である。最終的には法的倒産手続で同旨の計画が成立するにしても、その間の事業価値の毀損を避けたい。このような問題点を、この事前の懇談会においても大いに議論した。しかし、憲法の財産権保障に反するのではないかなどの反論が多く、学者の先生方の賛同を得ることはできなかった。研究会報告においてもこの案は取り入れられていない。この問題については、さらに約一〇年後に山本和彦教授を座長とする「事業再生に関する紛争解決手続の更なる円滑化に関する検討会」において取り上げられ、平成二七年三月に三段階の提言として纏められた。また、同年七月には「多数決による事業再生ADR」というテーマで事業再生実務家協会主催のシンポジウムが開催され、段階を追っての立法化が期待されている（山本和彦「多数決による事業再生ADR」NBL一〇五九号〔二〇一五年〕三一頁、須藤英章「事業再生手続の迅速化を目指して」商事法務二〇七八号〔二〇一五年〕六二頁）。

●すどう・ひであき＝弁護士（東京富士法律事務所）

「民事再生法」の由来

瀬戸　英雄
Hideo Seto

平成八年一〇月から始まった倒産法制見直し作業の先陣を切ったのは、使い勝手が悪いとひどく不人気であった「和議法」（大正一一年制定）に代わる「新再建型手続」を検討すること、すなわち、中小企業でも使いやすく機能する再生手続を新設することであった。法制審議会倒産法部会（以下、部会）は、まずこの新再建型手続に集中的に取り組んだが、聞きなれないＤＩＰ型手続を採用する方針を打ち出したことや「新再建型手続」という呼称の効果もあって各界から注目と期待を集めていた。

さて、部会審議も大詰めを迎え、いよいよ具体的な立法準備となるとこの新しい手続法を何と名付けるべきかが難題となった。当初、事務当局が考えていた名称は、「債務調整手続に関する法律」（債務調整法）であった。その趣旨は、新再建型手続の基本スキームが、無担保の一般債権について債権者と債務者という利害対立するものの調整を行い、これを権利変更することによって事業を再建していくことを目的としていること、清算計画も載せられる弾力性のある手続であることを示すためには名称に「再建」や「再生」を入れない方がよいこと、その一方で、「債務整理」では会社をたたむような印象があるので、「債務調整」が新法には似つかわしいとのことであった。そのため、事務当局が平成一一年四月に提出した要綱案は、「債務調整手続（仮称）に関する要綱案」と題されていた。

ところが、この名称は、部会でもあまり評判がよろしくない。銀行出身委員は、「これでは専ら債権者に犠牲を強いる債務カットのための手続のような印象があり、安易な申立て、濫用の懸念が生じる。むしろ経済的に窮境のある債務者の再建・生活の安定を主眼とした手続であることを明確にする名称がふさわしい」との意見を述べ、また労働界出身委員からも、「主として中小企業の再建を対象とする新しい再建型手続であることを明確にすべきで、債務調整手続の名称は再検討すべき」との意見が出された。これら有力な提言を受けたこともあり、部会では、法の名称はその手続の性格全体のイメージを形づくるものなので、なお検討し、よりよいアイデアがないかと幅広く意見を求めることになった。

そのような折、少人数の委員・幹事による次回部会の進行に関する打合せ会が法務省内で持たれた。そこでは新法の名称をどうすべきかも当然に話題に上る。幹事として出席していた私は、新法の名称は「民事再生法」としては如何か、と提案した。新法が目的とするのは、経済的に窮境のある企業および個人の「再生」であり、しかもわが国における再建型手続の一般法となるものであるから「民事」を冠として「民事再生法」が一目して法の目的を理解できる明快な名称ではないかと理由を述べさせてもらった。しかし、その場における評価はいま一つ、というよりも並居る論客から一蹴された。いわく、債権者と債務者の債務調整の手続に「民事再生」とは何とも大仰である、対象債務者が会社の場合は民事のみならず商事の問題も絡んでくるし、民事訴訟と刑事訴訟のような対応する手続法が他に見当たらないなどであった。提案者としては、新法にふさわしい格好の名称と自信を持って提案しただけに、いささか不満であったが、賛同者がいないのでは致し方ない。

ところが、その数日後、法務省から日弁連に届いた新法の名称に関する意見諮問には、「事業等再生法」、「再生調整法」と並んで、なんと「民事再生法」も候補に上げられているではないか。これを見つけたときは、正直嬉しかった。あきらめかけていた迷子の子犬に巡り合ったような気分だ。日弁連において、「民事再生法」は、制度目的である再生を前面に押し出しており、新しい倒産手続の基本となる法律にふさわしい名称だと発言したところ、大方の賛同を得ることができた（議論が混乱するといけないので、私がこの名称の発案者だということは伏せておいた）。あとは流れに任せるだけである。その後、法務省内外でも様々な議論があったであろうが、法制審議会において、新再建型手続を「民事再生法」として立法する方針が決定された。

先の要綱案では、法の趣旨を、経済的に窮境にある債務者について、「債務者の事業の維持又は経済生活の安定を図ることを目的として、債権者及び債務者の債権債務を適切に調整するための手続」としていたが、民事再生法においては、「債務者とその債権者との間の民事上の権利関係を適切に調整し、もって当該債務者の事業又は経済生活の再生を図ることを目的とする」と修文された。ここに事業再生（個人は経済生活の再生）を法の目的とすることが明確に謳われたのである。また、これを機に一般にも「事業再生」という用語が世間一般にも広く使われるようになった。

民事再生法は、ミレニアムの年、平成一二年四月から大いなる期待を背負って施行された。バブル崩壊に起因する金融危機に直面していた社会は、このような再生手法を待ち望んでいた。新しい制度の運用マニュアルの事前準備と法の趣旨に対応した東京、大阪等大規模庁の柔軟かつスピーディな運用もあって、通常再生の新受件数は、全国で平成一三年一一一〇件、平成一四年一〇九三件とかつての和議を数倍、十数倍する激増を見た。瞬く間に、「民事再生法」は事業再生手法における不動の四番バッターの地位を確立したのである。

その後は、株主と組織に関するものとして減資のみならず増資も再生計画でできるよう改正され、また社債に関する取扱いも整備されるなど、再生手続としてさらに進化を遂げている。また、運用面においても、管理型民事再生手続の積極的な活用も行われるようになった。

近年は、倒産件数全体が漸減したことや裁判外事業再生手法の発展もあって、平成二五年以降の申立件数は二〇〇件前後まで減少しているが、そのような中で、私的整理から民事再生へ移行した場合の先行手続との連続性、手続の対象となるものが総体としての事業活動であることから要請される運用の柔軟性と機動性、そして最強の再建手続である会社更生との相互接近等、より効果的な事業再生手法として発展することへの期待はますます強まっている。さて、「民事再生法」の名称が導く自律展開の先には、何が見えてくるのであろうか。

●せと・ひでお＝弁護士（平成八年～一六年 法制審議会倒産法部会幹事）

民事執行法制定秘話

園尾　隆司
Takashi Sonoo

民事執行法は、昭和五三年四月二四日、国会に提出されたが、法律が成立したのは約一年後の昭和五四年三月二三日であった。それからすでに三六年を経過した今、この法律制定の裏話をしてみたい。各人の官職はいずれも当時のものである。

*

強制執行制度の改正作業は、昭和二九年七月、法務大臣から法制審議会に対し「強制執行及び競売に関する制度を改善する必要があるとすれば、その要綱を示されたい」との諮問がされたことに始まる。途中一時、執行官制度創設に力が注がれたが、執行官法成立後の昭和四三年に審議が再開され九年間の審議を経て、昭和五二年二月二三日、民事執行法案要綱が決定され、同年春、法務省民事局において条文化の作業が開始された。私がこの法律の制定作業に関係するようになったのは、同年四月に最高裁民事局付となってからであり、その間に民事執行法の条文化作業から法律の制定までの一部始終を現認することとなった。

法案審議が開始されてから昭和五二年晩秋までは、一〇〇年ぶりの法改正と肩に力が籠もる法務省民事局の熱気を帯びた局議に加わる毎日であったが、年末になって情勢が急変した。翌年の通常国会にいわゆる弁護人抜き裁判法案が提出されることが決まり、審議が難航することが予想されたことから、その法案提出の直後に民事執行法案を国会に提出し、弁護人抜き法案の審議の後押し機関車の役割を果たせという

「天の声」が聞こえてきたのである。ある総理の「天の声にもたまには変な声がある」というのは言い得て妙である。一〇〇年ぶりの民事基本法全面改正であり、今後の民事基本法改正の先駆けとなるべき民事執行法案を、刑事手続法の単なる一部改正法案の後押し機関車として使用するとは何事であるかと、法務省民事局の面々が悲憤慷慨してみても、法案作成の担当者に過ぎない者が、時の政治の流れに抗しうるものではない。

急ピッチで昭和五二年末までに法務省での条文化作業を終え、直ちに民事執行法原案が内閣法制局に審査のために提出され、昭和五三年の年始から法制局審査が開始された。急を要するため、法制局審査に最高裁規則制定に当たる最高裁担当者も加わり、休日返上で連日、朝一〇時開始、午後一一時終了という過酷な法制局審査が始まった。私たち最高裁担当者は最高裁民事局会議室に泊まり込む日々で、審査終了後は最高裁に戻り、夜一二時ころから三宅弘人民事局第一課長と富越和厚民事局付と私の三人で反省会および翌日向け作戦会議が行われた。午前三時ころ議論を終え、会議室の床に貸布団を敷いて就寝する。

庁舎内で泊まると朝八時半まで眠れるから便利である。職員が登庁する九時直前に職員食堂に行けば足りるからである。問題は運動不足で太ってくることである。私たちは大学で、大河内一男総長から「太った豚になるよりは痩せたソクラテスになれ」と教えられたので、太ることに一抹の不安を感じたものである。しかし「痩せた豚になるよりは太った豚になるほうがよい」と考えることにした。帰宅は交替で週一日。入浴のためである。真冬ゆえ、寒さをしのぐのに会議室の床よりは絨毯敷きの局長室の床が良さそうなので、会議室で寝泊りを始めた数日後、睡眠時に局長室に忍び込んで布団を敷き、密かに寝場所を局長室に変更した。起床後は局長出勤前に臭気取りのため窓を全面開放して、部屋を寒気にさらす日々であった。事情をご存じない井口牧郎民事局長は、折りに触れ「体調は大丈夫か」と気遣ってくれたが、先輩の富越局付は「体調は大丈夫ですが体型が崩れました」などと答え、毎夜局長室に忍び込んで寝ていることはおくびにも出さない。このようなときに先輩の立派さを感じさせられる。局長室で寝る日が続き、昼間局長に呼ばれて入る際に、危うく入口に靴を脱ぎそうになるのを押しとどめるのに苦心した。

昭和五三年三月七日に弁護人抜き裁判法案が国会に提出されて即日法務委員会に付託され、早く民事執行法案を国会提出せよという上層部からの圧力が強まった。しかし、町田顕法制局参事官は少しも動ぜず、法案作成を急ぐ浦野雄幸法務省参事官から説明を受けても、疑問があると四〇分あまりも黙考する。それがたびたびに及ぶが、「一条審査するのに三時間かけるから参事官という」などと称して町田参事官は動じない。このやり取りは圧巻であった。四〇分あまりも黙考が続くと、居眠りをしているのではないかと疑わしくなるが、やおら言葉を発した町田参事官の指摘が黙考の末の正鵠を得たものであることを知り、疑念を持った下役一同、無闇に人を疑ってはならないと大いに反省をさせられたものである。

突貫作業で法案の第一読会（一巡目審査）、第二読会……と第七読会までの審査が続き、四月半ばにヘトヘトになって審査の終了を迎え、泊まり込み態勢も解除された。法案は四月二四日、国会に提出された。法案提出後にいくつか準用条文の明白なミスを見つけたが後の祭り。法務省宇佐見隆男民事局付と私との疲れた末の作業でのケアレスミスであった。謝罪ばやりの今なら大臣が陳謝する騒ぎになったかもしれないと思うと、幸せな時代だったと思う。

民事執行法案は、こうして弁護人抜き法案の後押し機関車として国会に提出された。四半世紀にわたる法制審議会審議を経て一〇〇年ぶりの全面改正となった民事基本法案も、刑事手続をめぐる対決には形無しであった。しかも、国会では、与野党対決法案の後押し機関車となった素性が漏れたらしく、あわれ民事執行法案は「強制執行の強化により労働運動が弾圧されるおそれがある」とする濡れ衣を掛けられて審議が立ち往生し、通常国会会期中に成立せず、継続審議となったうえ、次の会期において、手続の要の一つである不動産引渡命令の執行力を骨抜きにしかねない修正案の提出を余儀なくされた。法案の重要部分に深手の傷を負った後、提出後一年経った翌年の通常国会においてようやく成立の見通しが立った。法務省と日弁連の折衝により、弁護人抜き裁判法案を廃案にして運用改善策を講じるとの合意が成立する見通しとなり、これでようやく民事執行法成立のめどが立ったのである。

民事執行法は、昭和五四年三月二三日、不動産引渡命令の発令要件を限定するという手痛い修正を受けたものの、何とか成立するに至った。一方、くだんの弁護人抜き裁判法案は、成立しないまま会期満了を迎え、廃案となって争いの幕が閉じられた。後押し機関車による後押しは徒労に帰したのである。一七年後の平成八年になって、不動産引渡命令に関する規定を当初の民事執行法案のとおりに戻す一部改正法が実現したことは喜ばしいことであるが、これを当初の民事執行法案に掲げていた担当者の側から見ると、わが子民事執行法には、とんだことからとんだ回り道をさせたという思いに駆られる。

＊

一〇〇年ぶりの民事基本法全面改正法案である民事執行法案が、刑事手続法案の後押し機関車として使用されたことによるお疲れが出たせいか、民事執行法の成立に中心的に尽力された浦野参事官が逐条解説書を出版された時期は遅く、まずは逐条概説民事執行法という簡素な書籍を執筆されたうえ一休みされ、若き編集者松澤三男氏がリードする商事法務研究会から条解民事執行法が出版されたのは、法律成立後六年を経た昭和六〇年のことであった。今は昔の民事執行法制定秘話である。

●そのお・たかし＝弁護士（西村あさひ法律事務所）

倒産再建等の法制と実務の改革

高木　新二郎　Shinjiro Takagi

ＮＢＬの編集者であった松澤三男さんと出会ったのは一九七五年の夏だった。翌七六年一月にＮＢＬに掲載された「所有権留保売買目的物の取戻しと必要費有益費償還請求権」と題する処女論文を投稿したところ、どこの馬の骨かわからない私の原稿を採用して下さった。それ以来、とりわけて倒産法とその実務に関する研究活動に関しては「すべて」松澤さんに「おんぶ」に「抱っこ」している。こうして書き上げてみると、ここに記述した倒産法制等の改革は松澤さんなしにはありえなかったし、現在の私自身の存在も考えられない。

濫用視された和議

弁護士業務を開始した一九六三年以前から九〇年代の前半までは、倒産や民事執行の分野では、事件屋、整理屋、占有屋等のアウトローが跋扈していたし、九一年に成立した暴対法の運用が定着するまでの間は、暴力団がそれらの輩にかかわっていた。汎用されていた手形不渡によって初めて倒産が表面化した時には、われ先にと債権者が押し掛けて機械器具、商品、仕掛品、原材料は持ち出されて、工場や事業所はスケルトンにされた。倒産再建法は公正衡平な倒産処理と再建を行うための強力な武器のはずであったが、会社更生法は中小企業には重すぎる手続であったし、和議法は特に関東地方では裁判所の頑な運用によって使い物にならなかった。遠い過去の一部の先輩の心無い運用により、裁判所は和議が濫用されるものと決めてかかっていた。「取付け騒ぎ」を鎮静化させるには、弁済禁止を含む一般的保全処分が不可欠であったが、その発令の前提として、和議可決に必要な四分の三以上の債権を有する債権者の同意書の提出が求められた。平穏裡にそれだけの同意書がとれるなら保全処分は不要である。かくして和議法は事実上の死法だった。使いやすい倒産再建法が私の悲願であった。

会社整理に光明

そんな時に東京地裁民事八部から建築会社の会社整理の検査役、続いて管理人に選任された。一九三八年の商法改正により英国のDeed of Arrangementを参考にして作られた会社整理の制度はほとんど利用されていなかったが、会社更生を担当する商事部は、会社整理を中小企業用の「ミニ更生」として運用し、破産部（民事二〇部）と違って中立後間もなく保全処分を出してくれた。これは広めなければと乏しかった参考文献を集め、一年半の間、徹夜で原稿を書き上げ、NBLに連載し、『商法上の会社整理手続』（一九七七年）として出版してもらった。拙著で三刷まで版を重ねたのはこの本だけだ。この本によって松澤さんが私を「倒産弁護士」として世に出してくれた。

米国連邦新倒産法

留学中であった園尾隆司判事補（当時）が法曹時報に執筆した論文により、一九七八年にチャプター・イレブンを含む米国連邦改正倒産法ができたことを知った。DIPや自動停止（automatic stay）等驚くべき内容を含むものであったが詳しい紹介は現れなかった。仕方がないので英語の勉強を再開し、条文から始めて原書を手に入れて模索した。世界を席巻する革命的立法であることが徐々にわかってきたが、書物を読んでもわからないことが多く、原書や記録で名前を知った実務家や学者にテレックスを打ってアポイントをとり、渡米して質問を重ねることを繰り返し、結局、数十回渡米した。文化や商習慣の違いから質問の趣旨が理解されず悪戦苦闘したが、予測したとおりチャプター・イレブンに刺激を受けたヨーロッパ先進諸国は次々と倒産再建法を改正した。米国新法の紹介を通じて日本の倒産法改正を促す目的で論文を執筆し、これまた松澤さんにお願いしてＮＢＬに連載してもらい、『米国新倒産法概説』として一九八四年に出版した。この本は当時米国勤務の方々に参考にしていただいたようだが、世に出した途端に不満足な個所が多いのに気付き、追って改訂することを約束して絶版にしてもらった。約束を果たして『アメリカ連邦倒産法』を出せたのは、山形地裁所長になった一九九六年のことだ。しかし、またもや欠点が目についたのでわが儘をいって絶版にしてもらったが、この本をアジア諸国の学者がコピーして丁寧に製本し背表紙に金箔文字を入れて下さっているのをみて感激した。

東西倒産実務研究会と一連の倒産法改正

東京弁護士会に倒産法部が創立され、私が部長になった一九八六年、松嶋英機弁護士とともに、大阪の今中利昭・田原睦夫（故人）の両弁護士に呼びかけて東西倒産実務研究会を発足させた。東西の練達の士が毎月一回、東京と大阪に交互に集まり倒産実務の問題点について議論した。和議保全処分を解禁するなど、東京に比べて柔軟な運用をしていた大阪との違いを浮き彫りにして、東京での頑なな運用を変えさせ、さらには使いやすい倒産再建法の改正に繋げたいとの隠れた意図があった。私の気持ちを察して下さった松澤さんは、研究会の事務局を引き受けて下さった。それまでは実務家と研究者との交流は少なかったが、京都大学の谷口安平、東京大学の青山善充、一橋大学の伊藤眞の三教授を引っ張り出してくれた。研究会は一年以上続き、その成果は『和議』、『会社更生・会社整理』、『破産・特別清算』（一九八八～九年）の三部作として商事法務研究会から出版され、一連の倒産法改正の過程で最も多く参照された文献になった。

その後も私は、使いやすい倒産法を求め内外の倒産法とその実務の研究を追いかけて拙稿を発表し続けた。最高裁判所事務総局民事局監修『倒産法制改正関係資料』（法曹会、一九九八年）によれば、一連の倒産法改正作業のなかで最も多く参照された文献は拙著や拙稿であったようだが、そのほとんどは商事法務研究会の出版になる。出版を引き受けてくれただけではない。松澤さんは八〇年代から学位取得を勧めて下さり、二〇〇二年に倒産法に関する拙稿のうちの主なものをまとめて東洋大学に提出したところ博士（法学）の学位を授与された（『新倒産法制の課題と将来』〔商事法務、二〇〇二年〕）。これも松澤さんのお蔭である。

民事裁判・民事執行・民事調停

こうして松澤さんに励まされながら続けた研究活動を通じて、私の人生観・世界観は大きな変容を遂げた。二五年半にわたる在野弁護士生活の後に、一九八八年に裁判官に任官したのもそれ故である。翌八九年に東京地裁破産部の部長代行になったが、バブル絶頂期で再建事件がなく、念願だった和議保全処分に関する実務運用を変更する機会がなかった。やむをえず部内の合議で裁判官の賛同を得て、今後は和議保全処分発令に関する実務を改め、事前に債権者の同意書提出を求めないこととした。その代わりに保全処分発令後一週間以内に債権者集会を開催して多数の同意書を集めて提出してもらうことにした。これまたNBLに「東京で和議が少ない理由」（四四五号〔一九九〇年〕）と題する論文を掲載して公表した。内部の合意を得るには一挙に同意書をまったく不要とはできなかったが、東京での和議運用に道を開き、民事再生法施行直前に東京地裁破産部が大きく転換する先鞭を付けることができたと自負している。私は、九一年から九五年まで東京地裁で民事通常部、執行部、調停部の部総括を担当し、民事裁判・執行・調停実務について、従来の実務とは異なるプラクティスを発案して実行した。その後の複数の民事手続法の改正にあたって参考にしていただけたものと勝手に想像しているが、それらの内容については『随想弁護士任官裁判官』（商事法務、二〇〇〇年）を参照願いたい。

動産担保登記法制（ABL）

二〇〇一年に「担保・執行法制の在り方に関する研究会」の座長を松澤さんの命により引き受けた。この研究会には内田貴東京大学教授や山本和彦一橋大学教授もおられた。その成果は経済産業省が組織した研究会に引き継がれ、二〇〇五年の「動産及び債権の譲渡の対抗要件に関する民法の特例等に関する法律」の立法となって結実した。それが今日のAsset Based Lendingの隆盛を招いた。

事業再生研究機構等

二〇〇一年一〇月に商事法務研究会主催で、民事再生手続に携わる関係者の参加を得て、「民事再生手続運用はどうあるべきか――施行一年間の実績を踏まえて」と題する大シンポジウムを開いた（別冊NBL六五号）。その成果をもとに伊藤眞教授と私が共同代表理事となって事業再生研究機構を設立したが、その事務局も松澤さんのご厚意により商事法務研究会に引き受けてもらった。その後も事業再生実務家協会等さまざまな組織を立ち上げたが、松澤さんに応援してもらい、いずれも活発な活動を続けている。

私的整理（事業再生ADR）の多数決

二〇〇一年に全銀協、経団連が組織した研究会の座長となって「私的整理に関するガイドライン」を作ってそれを活用して多数の事業会社を再生させた。不良債権処理と事業再生をさらに加速するために、二〇〇三年に政府の関与の下に株式会社産業再生機構が設立され、私がその産業再生委員長に就任し、四一の大中企業グループを再生させたが、五年の存続期間を一年前倒しにして解散し二〇〇七年に清算を結了した。早めに解散させたのは民間主導の再生ビジネスを活性化させるためであった。そして、機構後の事業再生のツールとしての事業再生新立法を提案した（「事業再生の近未来・倒産破綻前再構築――事業再生新立法の提案」（法曹時報五八巻九号〔二〇〇六年〕）。それを受けて経済産業省と法務省の協議の結果、二〇〇八年に産業活力再生特別措置法（産活法。その後に産業競争力強化法（産競法）となった）によって「事業再生ＡＤＲ」の制度が設けられた。私的整理ガイドラインの後継ともいうべき制度で、法務大臣の認証と経済産業大臣の認定を受けた事業再生実務家協会が専門家である手続実施者の関与の下で、金融債権者だけを対象とする公正衡平な私的整理手続を行っているが、その最大の難点は計画案成立のためには、対象債権者全員の同意を要することである。そこで私の提案により、二〇一四年三月、学者・実務家を構成員とし、経済産業省、法務省、金融庁、最高裁判所、日本銀行、日本政策投資銀行、三菱東京ＵＦＪ銀行をオブザーバーとする「事業再生に関する紛争解決手続の更なる円滑化に関する検討会」が発足した。二〇一五年三月に立法提案を含む報告書を完成させ関係省庁に提出し、現在、立法化の準備が進められている。この検討会もまた松澤さんの肝いりで商事法務研究会が事務局を引き受けて下さった。「私的整理の多数決」という言葉どおりではないが、多数の賛成を得た事業再生計画を迅速に裁判所が認可することによって、近く少数反対債権者を拘束する新たなスキームが誕生する可能性がある。

＊

こうして日本の倒産法制・スキーム・実務（私的整理も含む）の改革は「縁の下の力持ち」である松澤さんと商事法務研究会の力添えなしには実現しなかった。他の民商事法分野でも同じではなかろうか。

●たかぎ・しんじろう＝弁護士、博士（法学）
（フロンティア・マネジメント㈱、モルガン・ルイス・バッキャス法律事務所）

民事訴訟法立法と弁護士、裁判官

高橋　宏志
Hiroshi Takahashi

私は民事訴訟法の研究者であるが、立法に際しての弁護士、裁判官の思い出を綴ることとしたい。

平成八年新民事訴訟法の制定過程の思い出は強い。あるとき、何の問題であったかは覚えていないが、部会長はある項目につき弁護士会提案に沿う決定をしたのだが、そのとき部会長は今回は弁護士会の提案を容れたのだから、別の問題で弁護士会の意向に沿わない項目では弁護士委員も許容していただきたいという趣旨の発言をされた。一度でなく発言されたように記憶している。と、大阪の弁護士委員が、毅然として、あるいは憤然として、そのような取引めいたことを言われるのであれば、今回の項目は弁護士会提案に沿って決定していただかなくて結構である、と発言されたのである。傍らで聞いていた私は、その毅然とした態度に感銘を受けた。問題は一つひとつ別であるから、ある問題で受け入れてもらえば他の問題では引くという駆け引きは、あるべき法律を作るという法制審議会の作業にはふさわしくないというのは理想論として、その通りである。しかし、それを貫くのは現実論としては容易ではない。部会長からの誘惑に敢然として反対する気骨ある弁護士さんが、まだいらっしゃるという感銘を受けたのである。

他方、対極的な弁護士もいた。弁護士委員・幹事は事前に協議して統一戦線を組んで発言されるのが普通であったが、その弁護士さんは時々、法務省参事官の原案に賛成する発言をされ、あわてて他の弁護士さんが反対意見を言われることが散発した（頻発ではなかったと思うが）。事前の協議に沿わない発言をされたのだと推察された。学者委員・幹事からすれば、事前の協議等せずに、自由に自分の意見を言うのは委員・幹事として当然のことであり、自由な発言自体は歓迎すべきことと思われたのだが、その弁護士さんの発言は、当局への迎合とまでは言わないが、参事官原案に賛成する方向ばかりであるのは気になったところである。

別の民事手続法の立法の際に、内容はこれまた覚えていないが、ある弁護士さんが強い提案をされた。その提案内容は、研究者の私にも理に適っていると思われ、私は内心、その提案に同調し、それに沿った発言もした。しかし、最終的には、その提案は立法内容とならなかった。私は無念であり、そっと当該弁護士さんの顔を窺ったのだが、その弁護士さんは何事もなかったような涼しい顔をされていた。私は愕然とし、同時に、先輩から言われていたことを思い出した。弁護士ないし弁護士会の提案は、本気で言っていない場合があるので注意が必要だという忠告である。そうか、私は真剣に実現を目指したが、当の弁護士さんは立法できれば無論うれしいだろうが本気ではなかったのか、とほぞをかむ思いであった。本心ではないことも熱意を込めて弁論する演技力を弁護士は身に付けているということであろうか。いや、私がナイーブすぎたということであろう。

裁判官では、これも平成八年新民事訴訟法の制定過程であるが、参事官が主観的予備的併合につき細かい難点を指摘して立法を見送るという総括をした。と、参事官の先輩である裁判官委員が、激しい口調で、そのような難点があるのは百も承知である、しかし、実務上、主観的予備的併合があればよいのにと感ずる事態がある、その事態を放置しておけというのは承服できないという趣旨の発言をされた。その気迫には圧倒された。参事官も、見送ると言ってしまった主観的予備的併合の復活は業腹であったであろう、しかし、同時審判の申出がある共同訴訟（民事訴訟法四一条）が立法されたのである。私も、主観的予備的併合の立法に賛成であったので、気骨ある裁判官がいると、これまた感銘を受けたのである。

もっとも、裁判官委員・幹事によっては、受け入れたくない提案に反対するのに無理な論法を平気で（と思われた）使う人もいた。事実に反すると思われることも発言されることがあった。判決にそんな論法、事実認定を使用したら上級審で必ず取り消されると思われるものを使うのである。民事手続法の立法にあっては、裁判官・裁判所は立法の名宛て人であり、業界委員・幹事と同じ面があるということであろうか。どういう論法であったか具体的に思い出せず書くことができないのが、我ながら遺憾である。

さて、商事法務研究会の松澤さんは、われわれ研究者を常に暖かく見守り、激励してくださった。が、時には厳しいお叱りを受けることもあった。私がまだ若手であった頃であるが、ある民事訴訟法研究者の態度、特に出版社の編集者に対する態度が横柄で問題だと松澤さんが私に向かって言われたことがある。私の態度のことではない。別の学者の態度である。思わず、なぜ私にそういうことを言われるのかと訊ねると、高橋がその学者に苦言を言うべきだ、と言われるのである。それが高橋の役割だと言われるのである。そこで、おそるおそる苦言をその学者に伝達した。ずいぶんといやな顔をされた記憶がある。ともあれ、私がそういう役割だということには今でも疑いの気持ちはあるが、これなどは、松澤さんが学者を常に見守り、問題のある学者の行動には注意を促し、学者が学者であるよう心を砕いてくださったということである。これまた学者を代表する立場にないが、深く感謝申し上げる次第である。

●たかはし・ひろし＝中央大学大学院法務研究科教授

「民事執行法」制定につき思い出すこと

竹下　守夫
Morio Takeshita

1　はじめに

この度、公益社団法人商事法務研究会の松澤三男専務理事には、目出度く古稀を迎えられるとのこと、長い間公私にわたりお世話になった一人として、祝賀論文集に寄稿させて頂き感謝の意を表したい。取り上げるのは、民事執行法の制定作業に関わる二、三のエピソードである。このような半世紀も前の話を取り上げるのは、当時の主な関係者の多くがすでに鬼籍に入られたので、いわゆる「第一次試案」の頃の考え方や舞台裏の一端を記録として残しておくことにも意味があると考えたためである。ただ何分古いことなので、記憶違いにより事実と異なる点があるかも知れない。

2　「第一次試案」のインパクト

周知のように、強制執行法の改正は、昭和二年に始まり、第二次世界大戦による中断後、昭和二九年、法務大臣の新たな諮問を受け、法制審議会に強制執行制度部会を設けて審議を再開した。しかし、当初は執行機関の在り方等が検討され、漸く強制執行の手続面での改正作業が小委員会で始まったのは昭和四二年秋からであった（一般に言われている昭和四三年一一月再開というのは、部会審議のこと。第六回部会における岩松三郎部会長発言参照）。その後も審議は延々と続いた。後から考えると部外者の間では、強制執行法改正作業は果たして実を結ぶのか、半信半疑に思われていたのではないかと思う。

そのような状況にあるときに、昭和四六年一二月、法務省民事局参事官室より、「強制執行法案要綱案(第一次試案)」が公表され(以下、「第一次試案」という)、関係方面に広く、大きなインパクトを与えた。これは、その後の作業を推進させるに与かって力があったと思う。そのことは、「第一次試案」の公表を契機として、当時日本の法学界全体の重鎮であった我妻栄先生が、松本烝治記念財団より資金を得て、「松本財団『強制執行法案要綱案』研究会」を立ち上げ、鈴木禄弥、三ケ月章両先生と相談のうえ、東京で二回、京都で一回、各十数名の研究者を集めてシンポジウムを開催されたことにも現れている(その全内容はジュリスト臨時増刊五一七号我妻栄編『特集・強制執行法改正と民法』(一九七二年)に収録)。さらに、日本私法学会でも、昭和四七年一〇月八日に丸一日をかけて「シンポジウム・強制執行法改正と実体法」が行われた(私法三五号三頁(一九七三年))。これらのシンポジウムで取り上げられたテーマは、強制執行法が実体法(民法)と関わる事項を中心としたが、いずれも強制執行法の改正がいよいよ実現に向けて本格的に動き出したので、民法の側でも受けて立つ必要があるとの意識が漲った現れにほかならない。裁判所、日弁連は勿論、大学、経済団体等、約四〇団体からも意見が寄せられた。

「第一次試案」(上述のジュリスト五一七号に全文掲載)は、見ればわかるとおり、要綱案としては、なお不十分なものであった。それにもかかわらず、このようなインパクトを与えたのは、担保権実行を含めた執行制度改革の全体像を、初めて文章化して公に提示したことによるものであったと思う。

3　軽井沢での合宿

この「第一次試案」をとりまとめ、この時期に公表しえたのは、ごく少数の幹事により行われた番外の準備会とでも言うべき集中的検討会によるところが大きかった。昭和四二年から手続面での改正案の審議が始まり、個別の改正事項については順次検討を続けていたが、恐らく法務省民事局の上層部で、少人数による集中的議論によって全体像を固めようということになったのだと思う。番外の準備会に参加したのは、私の記憶では、宮脇幸彦（参事官）、井口牧郎（東京地裁執行部総括）、浦野雄幸（法務省民事局付検事）、渡邊忠嗣（最高裁民事局付判事補）の各氏（肩書は、いずれも当時）と私の五名であったと思う。昭和四六年夏、三泊四日位であったと記憶するが、中軽井沢にあった第一法規出版の寮を借りて合宿をした（私は軽井沢の別荘から参加）。パソコン等の便利な機器のない時代であったから、手書き・青焼きの資料で朝から晩まで白熱の議論をして、「試案」に取り込む事項、注での指摘に止める事項等を選別し、取り込む事項についてはその文章表現を検討するなどして、漸く「試案」全体の骨格を作り上げることができた。

このように言っても、「第一次試案」の各項目の内容が、この番外の準備会で決められたというわけでは、勿論ない。準備会では、それまでの小委員会、部会の審議結果を踏まえて、整理・検討し、今後策定すべき要綱案の全体像を「見える」化したのである。したがって、この「準備会案」は、その後、昭和四六年一一月中に開催された二回の強制執行制度部会での審議・検討を経て、同年一二月に「第一次試案」として公表されたのである。ただ、「試案」公表後のある日、鈴木竹雄先生から、「竹下君、今度の強制執行法案は、合宿して取りまとめたそうだね」と声をかけて頂いた。それは、大きな法案をまとめるには、合宿のような集中的な詰めが必要だとのご趣旨であったように覚えている。

4　強制執行と担保権実行との統合

強制執行制度改革の原点の一つが強制執行と担保権実行の競売との統合にあったことは、周知のとおりである。その際、特に念頭に置かれたのは不動産執行における統合であった。競売開始決定による差押え以後の手続面での統合は、「第一次試案」でほぼ異論なく実現された。問題は、担保権実行の競売の場合にも、買受人は売却代金を納入すれば、担保権の実体的存否に関わりなく所有権を取得できるという効果をいかに定めるか、またそれを認めるための要件をどう構成するかであった。これについては、「第一次試案」以前の審議でも、登記簿謄本債務名義説、競売開始決定債務名義説、債務名義は不要で競売開始に際し執行裁判所による認定を要件とする説、その際の債務者審尋の要否等錯綜した議論がなされた。「第一次試案」は、要約していえば、債務名義は不要としつつ、執行裁判所が債権者の提出した登記簿その他の文書および審尋に基づき、競売開始決定において担保権・被担保債権の存在を認定して、これを表示し、差押えを宣言する。開始決定の送達を受けた債務者は、担保権の存在を争うには、請求異議の訴えに準ずる担保権実行に対する異議の訴えを提起すべきものとする。これらの規定は、不動産執行の節の中に、「担保権実行の競売等の特則」としておくのであるから、特則に定めのない売却の効果は強制執行の場合と同じと解されるはずだ、との考えによっていた。ただ、競売開始決定に際し、債務者審尋が必要的でないのであれば、いわばその事後的補充として開始決定に対して実体的異議の申立てをも認めるべしとの意見、買受人が担保権の不存在の場合にも所有権を取得できることは明文で定めるべしとの意見が「注」として付記してあった。しかし、いずれにせよ、担保権実行の手続も、裁判所が私権の実現のため、差し押さえによって換価権を取得し、それに基づいて目的物を競売する点で強制執行と性質を同じくするとの理解を前提とし、旧競売法の下におけるような担保権に内在する換価権の実現だという考え方はとられていなかった。第二次試案は、右の「注」のうち、開始決定に対する実体異議は認めず、売却の効果を明文化した以外は、第一次試案の考え方を維持した。

それが、現行民事執行法のように一八一条一項一号ないし三号書面に関する限り、執行裁判所は競売開始決定に際し担保権・被担保債権の存在を認定する必要はなく、債務者が担保権の存在を争う手段として開始決定に対する実体的異議を認める一方（民執一八二条）、担保権実行に対する異議の訴えを削除し、また売却の効果についての明文は維持する（同一八四条）ことになった経緯は、多く事務当局内部の最終的整理作業によるものであり、外部からは窺い知れない。現在、学説上一八一条書面・開始決定に対する実体的異議の性質の理解、売却の効果の理論的基礎付けに困難を生じている遠因は、ここにあると言ってよい。そして今また、先祖がえりのように、担保権の実行は、それに内在する換価権によるもので、強制執行とは性質を異にするとの見解が唱えられている。改革の原点が見失われているように思われてならない。

●たけした・もりお＝一橋大学名誉教授

厚かましくも、困った時も

多比羅　誠
Makoto Tahira

松澤三男さんといつ知り合ったのか、正確には覚えていない。才口千晴先生と共同執筆した「特別清算手続の実務」をNBL昭和六二年七月一日号（三八〇号）から同年一二月一五日号（三九一号）まで連載してもらった時からではないかと思う。そうだとすると、三〇年間お世話になったことになる。

厚かましくも、出版社からの依頼もないのに、自分で原稿（この時は講演原稿）を雑誌に掲載してもらえませんかとお願いしたのは、「破産管財人の心得」がはじめてであった。気の弱い私としては、東西倒産実務研究会のメンバーとして、大阪までの新幹線の中や研究会のあと必ず行われる懇親会の席でご一緒させてもらったことで、親しくしていただいていると錯覚していなければ、とても、口に出すことはできなかった。

松澤さんは、快く引き受けてくれ、NBL五八一号（平成七年一一月一五日）と五八五号（平成八年一月一五日）に掲載して下さった。

それまでに私が執筆したほかの論文と異なり、「特別清算手続の実務」も「破産管財人の心得」も、自分の実務体験に基づく思いを述べたものであった。それが天下に公表され、それなりの反応があったことにより、倒産実務家として自信になり、理論的視点ではなく、倒産実務の視点から論ずる姿勢になっていった。それまで、倒産事件処理について、師匠がおらず、自己勝手流でやっており、また、更生管財人代理の体験がないと更生管財人になれないという噂の中、その体験のない自分は、更生管財人に選任されないのではないかと、将来の展望を描けない日々が続いていただけに、ありがたかった。

事業再生研究機構の代表理事をしている時、事業再生研究機構の存亡の危機が訪れた。高木新二郎先生から受け継いだ代表理事、そして伊藤眞先生と共同して代表理事をしているその時に、事業再生研究機構をつぶすことになるのか。松澤さんに泣きつき、適切なアドバイスをいただき、それによって危機を回避できた。

平成八年から始まった倒産法改正作業を近くで眺め、改正された倒産法の実務の現場で一〇年過ごした頃から、再び倒産法改正の必要を感じ、東京弁護士会倒産法部のメンバーと倒産法改正の研究会を始めた。平成二四年三月八日、研究の成果を商事法務から東京弁護士会倒産法部編『倒産法改正展望』として出版した。出版に際し、改正作業を担ってきた当時の法制審議会倒産法部会長の竹下守夫先生に刊行に寄せてお言葉をいただけないものかと頭をよぎった。

しかし、当時（今でもそうかもしれないが）、法制審議会倒産法部会のメンバーであった研究者・実務家からの、改正論議はまだ早い、もっと現行倒産法を研究し、その解釈の中で解決をはかるべきであり、すぐ立法に頼るのは安易すぎるという批判を耳にしていただけに、躊躇した。

松澤さんに相談すると、賛同していただき、松澤さん自ら、平成二四年一月六日、商事法務研究会の賀詞交歓会の席で、竹下先生にお願いして下さり、竹下先生はその場で快諾して下さった。私は嬉しくて日記に記している。

竹下先生の「本書刊行に寄せて」の中の「経済・社会の動きの著しい現代においては、既存の法律が時代の要請に良く応え得ているかを絶えず検証し、その不備・不足を修正・補充していく努力が法律家に求められる。とりわけ経済活動との関連の緊密な倒産法の分野では、一層そのことが当てはまる。その意味で、本書の問題提起は、極めて適切なものといえる。ただ、倒産法の改正は、言うべくして実現には多くの困難が伴う」は、私の心に深く刻み込んでいる。

松澤さんは、決して表舞台に登場しようとせず、舞台裏に潜んで、素知らぬ顔をして、舞台回しをしている。

私はと言えば、「困った時に」そして「厚かましく」松澤さんに相談し、解決してもらっている。

今後も、そうするつもり。どうか、お見捨てなく。

●たひら・まこと＝弁護士（ひいらぎ総合法律事務所）

病院倒産法研究会から和議法研究会、そして民事再生法制定へ

中島　弘雅
Hiromasa Nakajima

私が、松澤三男さんと親しくさせていただくようになったのは、新堂幸司先生を代表者とする「病院倒産法研究会」（略称、BH研）が、一九八六（昭和六一）年度から三年間にわたり、文部省科学研究費（当時）の補助を受けて行った倒産病院（医療機関）の全国調査のメンバーに私が加えていただいた頃からではないかと記憶している。当時、わが国では医療機関の倒産件数が急激に増加していたが、BH研による病院倒産の全国調査は、病院の倒産事件では、一般の企業倒産事件とは異なり、治療を必要とする患者という関係者を抱えている関係で、できるだけ病院の解体・清算を避け、再建の途を探ることが必要であり、そのためには、当時の和議法を中心とする再建法制では不十分であって、場合によっては「病院更生法」とでもいうべき特別な倒産法が必要なのではないかという問題関心から実施されたものであった。

倒産病院の実態調査に向けて何回か行われた打ち合わせ会と、実態調査が実施された後に開催された報告会は、商事法務研究会の会議室で開催されることが多かったが、松澤三男さんは、そのほとんどすべての会合に欠かさず出席し、BH研をさまざまな形でサポートしてくださった。また研究会の後の呑み会もよくご一緒していただいた。当時の研究会の記録を見てみると、研究会参加者として、代表者の新堂幸司先生のほか、松浦馨、故井上治典、伊藤眞、高橋宏志、故竜嵜喜助、高見進、樫村志郎、高田裕成、故宮川知法、故林伸太郎、佐藤鉄男、山本和彦、田頭章一等の先生方のお名前がある。もちろん私も参加していた。当時三二歳か三三歳であった私を含む（当時の）若手研究者が主に実態調査を担当した。

実態調査に際しては、医療機関の破産・和議事件につき全国各地の裁判所において事件記録を閲覧し、各事件の実情を明らかにするとともに、可能な場合には、当該倒産事件を担当した裁判官や、管財人、整理委員、中立代理人からも話を伺い、できるだけ各倒産事件の実態を明らかにするよう努めた。そして、実態調査が終わると、調査担当者がそれぞれの調査結果をまとめ、商事法務研究会の会議室で開催される研究会で各自の調査結果を報告した。

BH研の研究成果としては、各担当者の報告結果をまとめた報告書が作成された他、実態調査担当者それぞれが興味を持ったテーマでいくつか研究論文を執筆・公表した（たとえば、佐藤鉄男『取締役倒産責任論』〔信山社出版、一九九一年〕二八一頁以下、中島弘雅「病院倒産法に関する総論的研究」法学〔東北大学〕五七巻六号〔一九九四年〕一四五頁以下、宮川知法「病院・診療所の倒産と医療法」同一八六頁以下、林伸太郎「破産手続による病院再建」同二二二頁以下等）。ただ、上記実態調査の結果から得られた私自身の結論としては、確かに、わが国の当時の倒産手続で病院の倒産事件を処理するには、様々な問題はあるものの、それらのうちの多くは、①和議法自体の改正、②当時の破産法の規定に関する新たな解釈論的努力、③関係行政機関が医療法の建前通りに医療法人の業務・会計に関して適切な監督を行うこと、④現在関係行政機関の監督外に置かれている非医療法人の経営する病院・診療所について行政機関の監督権を及ぼすための医療法の改正、⑤病院の管理・経営体制を充実させるための法制度の充実、⑥裁判所で処理される病院倒産事件に対する関係行政機関の協力等によって、かなりの部分解決できる問題であり、したがって、さしあたり医療機関だけを念頭に置いた「病院更生法」の立法の必要はないというものであった（このことにつき、中島・前掲一八四頁参照）。BH研に参加した若手研究者も、おそらく同様の考えだったのではないかと思う。

そのため、私を含む病院倒産事件の実態調査を担当した者の問題関心は、おのずと、当時、再建型倒産手続としての欠陥が説かれて久しかった和議手続を、今後どのように改正すべきかという点に向かっていった。そして、実は、そうした共通の問題関心をもった研究者仲間に声をかけて次に実施されたのが、青山善充先生を代表者とする「和議法研究会」(略称、和議研)による全国の和議事件の実態調査であった。この和議研も、商事法務研究会の会議室で何回か会合を開催させていただいたり、研究会の成果発表の場としてNBL誌に誌面を提供していただくなど、松澤三男さんには大変お世話になった。正直なところ、おんぶにだっこ状態であったといってよい。そして、この和議研の研究成果も、青山善充編『和議法の実証的研究』(一九九八年)として商事法務研究会から刊行していただいた。

わが国では、その後、一九九九(平成一一)年末に再建型倒産手続に関する一般法としての民事再生法が成立したが、和議研が実施した和議事件の全国実態調査で得られた知見が、民事再生法の立法に際して大いに参考にされたことは、よく知られている通りである。ということは、取りも直さず、松澤さんは、現在の民事再生法の立法を陰で支えた、文字通り「陰の功労者」といえるのではなかろうか。

●なかじま・ひろまさ＝慶應義塾大学大学院法務研究科教授

法制審議会倒産法部会の「準備会」について

松下　淳一
Junichi Matsushita

平成八年に開始された倒産法の全面改正作業は、民事再生法（平成一一年法律第二二五号）の制定に始まり、個人再生手続の創設、国際倒産法制の改正、会社更生法の全面改正、破産法（平成一六年法律第七五号）の全面改正および整備法（平成一六年法律第七六号）による倒産実体法等の改正、そして平成一七年の会社法制定の中で実現した特別清算手続の改正という成果を生み出した。私は、平成一〇年に倒産法部会の幹事となり、一連の倒産法の全面改正に関与することとなった。ここでは、破産法の全面改正および整備法による倒産実体法等の改正に係る「破産法等の見直しに関する要綱案」が平成一五年七月二五日にとりまとめられるに至った頃のことについて少し思い出してみたい。

平成一五年に入って以降に限ると、倒産法部会の第二二回が一月一七日に開催され、上記の通り「要綱案」がとりまとめられたのが第三四回の七月二五日であった。平成一五年の部会の開催頻度は、一月は一回であったものの、二月から七月までは毎月二回というハイペースであり、毎回法務省から約一週間前に送られてくる数十頁の資料を会議の前に読んで考えて、資料に「どう考えるか」と記されている部分（ほぼすべてが難問であった）について一通りとりあえず自分なりの意見を用意して、部会当日は席上であれこれ議論してということで、とにかくひたすら忙しかった。倒産法部会は、金曜日の午後一時から五時までというのが通例であり、途中で休憩は入るものの、緊迫した議論が続いたため、午後五時に会議が終わるとぐったりであったと記憶している。

しかし、時としてそれで一日の仕事はおしまいではなく、倒産法部会での議論が終わった後、午後六時頃から、商事法務研究会の会議室に移って、次の部会に向けた準備会と称する会合がしばしば開かれていた。準備会は、竹下守夫部会長、担当参事官であった小川秀樹さんをはじめとする法務省の事務局、研究者や弁護士若干名で構成されていたと記憶している。手許の記録（当時の手帳）によれば、要綱案のとりまとめの追い込みに入った三月に少なくとも一回、四月・五月・六月に二回、それぞれ午後一時から五時までの金曜日の倒産法部会の後に、午後六時から午後九時過ぎまでの準備会が開催された。四時間弱の倒産法部会の後、場所を商事法務研究会に移してさらに約三時間の準備会に出席していたのであり、今から考えると、（他の出席者はそうではないであろうが）私自身は一種のランナーズハイのような状態であった。私自身は、部会や準備会の議論にどこまで貢献できたのかはきわめて怪しいのであるが、ともかくよくあれだけのスケジュールをこなせたものだと今にして思う。当時の準備会の出席者で現時点での私よりも年齢の上の方もいらっしゃったが（竹下部会長や田原睦夫先生等がそうである）、今の私にはあのスケジュールをこなす気力・体力はおよそなさそうである。

その後私は、法制審議会のいくつかの部会に幹事として参加したが、部会での審議と並行してこれだけの頻度で準備会を開催したのは、倒産法部会だけであった。手許の記録がはっきりしている平成一五年のことだけ記したが、平成一四年以前にも、「法制審・倒産法部会」が終わった後の「準備会＠商事法務」はしばしば開催されていたように記憶している。

当時の「準備会＠商事法務」には、（おそらく準備会事務局の一員として）松澤さんがしばしば同席されていたと記憶している。松澤さんは、それまでと同じように、民事立法全体の動向を把握されつつ、その文脈において倒産法改正の動向をじっくり観察されていたものと思う。倒産法の全面改正作業の中で、およそ大局観なく目の前の問題をどう考えるかに忙殺されていた私からすれば、その頃、こういう改正はどんなもんでしょうね、と松澤さんにもっと尋ねるべきであったかもしれない。もっとも、松澤さんは、

「松下先生、そこはご自分でお考え頂く方がよさそうですが」というお返事をされたであろう。

●まつした・じゅんいち＝東京大学大学院法学政治学研究科教授

東京方式・大阪方式と東西倒産実務研究会

松嶋　英機
Hideki Matsushima

1　研究会発足

東西倒産実務研究会は一九八六（昭和六一）年秋に発足した。メンバーは東京と大阪の主な倒産法弁護士二六人と学者三名であった。当時、法的倒産事件も多く、また私的整理事件も多かった。そして、東京と大阪の倒産処理手続の違いが明白となっており、両大都市においてこんなことでいいのかという疑問が湧き出してもいたのである。ここで蛮勇を振ったのが高木新二郎弁護士であった。ある日突然「松嶋君、大阪の今中利昭弁護士のところへ行くから君も一緒に行ってくれ。東西の倒産手続の違いを何とかしなければならない、大阪の田原睦夫弁護士も来るから」。関西法律特許事務所に四人が集まり、高木弁護士から研究会の趣旨、メンバー、研究内容、商事法務研究会が事務局となることなど説明があった。商事法務研究会は当時NBL編集長であった松澤三男氏が窓口であり、どの程度の説明があったか定かではないが、恐らく高木弁護士の一方的依頼で有無を言わせなかったに違いない。松澤氏も座談会の記録をNBLに掲載すればいいのだろうぐらいの軽い気持ちで引き受けたと推測される。

大阪での打ち合わせで、メンバー候補、東京と大阪で交互に開催することなど決まったが、今中、田原両弁護士は、高木弁護士がまた大風呂敷を広げているが、二、三回もやれば上出来だと思ったに違いない。実は私もそう思っていたのである。四人での打ち合わせはこの一回きりであった。

2 研究会開催

第一回は一九八七（昭和六二）年一月三日、東京の商事法務研究会の会議室で開催された。テーマは和議事件であった。東京地裁は和議事件について弁済禁止の保全命令を発令するのに債権者の一定数以上の同意を要求し、一方、大阪地裁はそのような条件はなかった。そこで東京地裁の運用を巡って、「東京の倒産法弁護士と東京地裁との間で、再建型の倒産手続は秘密裏に申立てを行う必要があるのに申立て前後に同意をとるなどもっての外である、大阪地裁は普通に弁済禁止命令を発令しているではないか。いや、大阪地裁は大阪地裁、東京地裁は東京地裁である」などといつも問題になっていたのである。東京方式・大阪方式の象徴的な運用の相違だったのである。

第一回研究会は今から二八、九年前であるからメンバー全員がバリバリの現役であった。研究会では裁判所の手続の相違にとどまらず、債権者集会の開催の仕方や債務者との関係等およそ倒産手続の全般にわたるものであった。東京側も大阪側も一流の倒産法弁護士が実務の実情、自分の持つノウハウ、理論面等それこそ惜しげもなく開陳した。午後の数時間を研究会に費やし、その後、大阪側が当日中に帰阪できる新幹線の時間をみながら会食をした。この第一回の研究会は参加者全員が知的満足感に浸り、高揚感を感じていたように記憶している。酒も食事も実においしかった。新幹線の時刻を気にしながら、「じゃ、次は大阪で」と散会したが、この充実感が事務局の松澤氏にとっては災いの始まりでもあった。

何と研究会は東京、大阪交互に一〇回も開催され、翌年四月二日に終了し、研究対象も、和議、会社更生、会社整理、破産、特別清算と倒産五法全部に及んだのである。交通費、会食代等は自己負担ではあったが、速記をはじめ商事法務研究会の負担も相当なものとなった。

実務の紹介のみならまだしも、これだけのメンバーともなると理論的な面の討論ともなる。印象に残っているのは、大阪は論客が多く大変な勉強家であり、そのうえ東京の連中が何を言っているのかと言わんばかりの勢いであった（代表の今中弁護士、事務局長の田原弁護士ならばと読者は多分ご納得されるであろう）。

しかし、東京も三宅省三弁護士、多比羅誠弁護士等の論客も多い。弁護士に加えて東西の学者の先生方の意見対立も見物であった。東京の清水直弁護士はさすがに大人で穏便であり、本来なら大声で怒鳴るはずの高木新二郎弁護士は座長という立場上珍しく穏便であった（本領を発揮されたのは後述する出版合宿であった）。

研究会終了後、膨大な速記録が残った。これだけ貴重な資料を倉庫に眠らせたままにしておくわけにはゆかない、出版すべしとなり、またまた商事法務研究会の松澤氏の出番となった。いくら仏の松澤氏でも右から左にいいですよとは承諾し難い。結論として、三冊の本にまとめ一九八八（昭和六三）年中に第一冊目として『和議』を出版することとなった。

3　出版のための合宿

合宿は静岡県裾野市のT会社の研修所で行われ、今中、高木、田原、私の弁護士と松澤氏五名で行った。一泊二日で三回行ったとのことであるが、私は最初の合宿しかあまり記憶に残っていない。何しろ和議の速記録は膨大すぎた。これを一冊にまとめるには、速記録を三分の二削除して三分の一に圧縮するべし（あるいは三分の一を削除して三分の二にするべしであったかも知れない）ということであった。どちらかであっても誰かの発言部分をバッサバッサと削るしか方法がない。私と田原弁護士（少なくとも私は）は先輩の発言部分を削除するには遠慮がある。ここが高木弁護士の出番なのである。今中弁護士と二人でそれこそ見事に出版できる量まで削りに削られたのである。当夜、作業が終了して、研修所内の喫茶店兼バーで、私と松澤氏は一杯やろうと決意していたにもかかわらず、ほんの一杯飲んだきりである。松澤氏に申し訳ない気持ちで一杯であった。翌朝は朝の四時から作業を開始したそうだ（私はもう忘れているが、飲みそこなった松澤氏の話）。このような合宿の結果、一九八八（昭和六三）年『和議』、一九八九（平成元）年『会社更生・会社整理』および『破産・特別清算』の三冊が出版された。

現在、和議法と会社整理は廃止され、会社更生、民事再生、破産、特別清算の倒産四法となっている。しかし、東京、大阪地裁のみならず全国の裁判所において倒産手続の内容やスケジュール等がほぼ統一化され、東京方式・大阪方式という言葉自体が過去のものとなっている。ここに至るについては今年古稀を迎えられる商事法務研究会の代表理事専務理事松澤三男氏の協力と苦労を我々は忘れてはならないのである。

●まつしま・ひでき＝弁護士（西村あさひ法律事務所）

松澤さんへのお願い

宮﨑　誠

Makoto Miyazaki

私の中で松澤さんの顔と名前が一致したのは、一九八七年ころ東京方式・大阪方式の「東西倒産実務研究会」における意見交換会の場であったと思う。折からの法的倒産事件の激減を前に、倒産法制の不備のみならず、裁判所、特に大阪と東京とでは手続が異なり、使いにくい半面、どちらの運用が望ましいのか、かねてから話題になっていたので、倒産弁護士が比較的暇だったこの機会を利用し、法的倒産手続の活用幅を広げるため、東西で協議をしようということになった。当初は雑誌の連載記事として想定され、件数も多かった和議（今は民事再生手続）を中心に、議論が盛り上がるかどうかも含めおっかなびっくり、とりあえず東京・大阪が交代で幹事を務める方式で始まった。始まると対抗意識（?）もあり、かつ裁判所の悪口を言い合う快感もあり、学界の巨頭の参加もあって議論は熱を帯び、長時間の議論が、和議だけで一〇回以上続き、内容も実務的でありながら、回を追うごとに（まるで民間法制審のように）精緻になっていった。この間の膨大な議論に東京でも大阪でも速記者を立ち会わせ、会場設営から始まる事務作業を一手に引き受けて下さったのが松澤さんであった。親しくなると宴会があり、合宿もあり、それぞれ皆さん、自腹参加とはいえ、出版社自体の費用も気になるところ。いろいろ無理難題を受け入れて下さる松澤さんの気配りに、あつかましさも、弁舌も一流ぞろいのメンバーの議論は盛り上がり、いつの間にか幹部の方々は和議だけでなく会社更生そして破産と協議を広げ、すべてで本を出そうという流れになっていった。当時、再建型倒産事件はあまりなく、会社更生に至っては、申立はゼロか、あっても大阪で年に一から二件、東京でもせいぜい数件であったから、普通に考えると和議（やはり件数は知れていた）や会社更生に関する座談会記事など売れる見込みはあまりなく、私も内心、「これだけ費用をかけた以上、松澤さんとしては意地でも出版せざるをえないのではないか。しかしこれを出す出版社こそ会社更生だ」と危惧したものである。当時小さい会社更生事件の管財人をしていたと言うだけで参加の機会を与えられた私にとっては、意見交換会での議論はその後の私の宝物となった。この会合に誘ってくれた同期の田原睦夫弁護士には頭が上がらない（つい最近、同君の突然の逝去の報に接し残念でたまらない。心からご冥福をお祈りしたい）。

しかし、しばらくすると、倒産弁護士が繁盛（？）する時代となり、研究会などやっている暇もなくなったが、実務交流会の本は重宝されよく売れたと聞く。私の先見の明のなさを恥じるばかりである。私はこれをきっかけに松澤さんに色々とお願いをするようになった。あの判例は入手できないか、あの学者を紹介してくれないかと言うくだらないお願いにも親切に対応頂いた。さらにここ一〇年来、私が日弁連の役員等をするようになり、東京の滞在時間が長くなるにつれ、お目にかかる機会も増え、私のお願いはエスカレートするようになった。「少なくとも商事法務の出版物、法律雑誌を全て電子化していただけないか、電子化をためらっている外の出版社のお尻を叩いてくれないか」というお願いである。事務所のOA化、IT化に努めていた私にとって、最大のガンは紙媒体の法情報であった。これは法律実務に携わる者皆の思いでもあろう。昔は準備書面の締め切りを気にしながら、事務所の床に座り込んで良い先例はないかと、判例雑誌の索引集を周辺に置き散らし、判例や論文のバックナンバーを探していると、一日勉強したような気持ちになって気分良くなったものであるが、人数が増えてくると、蔵書の管理や本の所在確認の手間が馬鹿にならないうえ、老眼による目次の検索が冗談でなく苦しくなってきた。背景にそういう個人的ニーズもあったが、手作業の情報収集は法律家の誰にとっても不経済である。アメリカは当然、韓国等の海外事情を知るにつれ、IT化に乗り遅れている日本の司法界全体に対する歯がゆい思いも強くなっていった。「司法界のIT化を進める」。私が弁護士会活動を通じて実現したい狙いの一つでもあった。

日弁連の副会長や、会長になって、全国の弁護士会にテレビ会議システムを導入し、パソコン利用の研修を導入し、機関誌「自由と正義」のPDF化を導入したが程度は知れている。法律情報の電子化に積極的でない最高裁、さらに最高裁から判例や判例解説という公的財産を入手しながら利用者の便宜を考えず、紙媒体にこだわる一部雑誌社には怒りすら感じていた。しかし怒るだけでは進展しない。膨大な法情報を持つ法律雑誌社の協力は欠かせない。松澤さんにも民間情報とはいえ、日本の司法界のためにも、責務だと思ってほしい、と強引にデータベース化をお願いし続けたわけである。松澤さんは費用をかけて、データベース化してかえって本を買う人が減り、本の売れ行きが落ちても困るし、データベースが、そもそも大学で行われている教科書中心の授業のあり方をはじめ、日本の法律文化に馴染むものだろうかということを随分気にされていた。経営者として当然の悩みと理解しつつ、それでもなお、紙情報の限界とこれからはデータベースの時代だと時代の要請を説き続けたものである。最近、商事法務の定期出版物を電子化されたこと、しかも出版後すみやかに電子情報を公開されていることを聞きとても喜んでいるが、法科大学院の数が減り、法学部に進学する学生の数も減り、法律出版社逆風の時代、電子化したことのメリット・デメリットを松澤さんに怖くて聞けないでいる。しかしながら、日本の民商事法分野の法文化を引っ張ってきたのは、間違いなく松澤さんを中心とする商事法務研究会であり、人望の厚い松澤さんには出来れば将来を見据え、法情報のさらなる電子化に向けて出版社や最高裁、法務省、日弁連、司法書士会、税理士会、企業等を糾合し、規格の統一、英語化、スマホの活用等、遅れている電子化推進の旗を振っていただけないかと期待している。

●みやざき・まこと＝日本司法支援センター理事長
元日本弁護士連合会会長・弁護士
（弁護士法人大江橋法律事務所）

平成八年民事訴訟法改正と民事訴訟法典現代語化研究会

柳田　幸三　Kozo Yanagida

1　私は、昭和六二年四月、裁判所から法務省民事局に出向し、民事手続法担当の官房参事官として、平成八年の民事訴訟法の大改正に関与した。法制審議会民事訴訟法部会（部会長・三ヶ月章東京大学名誉教授〔当時〕）は、平成二年七月、民事訴訟法手続の見直しをテーマとして改正作業に着手したが、この作業は、大規模な実質改正と条文の現代語化（形式改正）の二つを目標に掲げていたため、その作業量は膨大になり、審議が長期化することが当初から予想されていた。一方、その改正は、緊急課題であるとされていたことから、改正を然るべき期間内に必ず実現するため、審議の開始時において、二つの特別の措置を講ずることになった。その一つが審議開始時において、作業開始からその完了までの期間と審議計画を明定することであり、もう一つが限られた期間内に作業を完了させるため、人事上の特別な配慮をすることであった。

2　作業期間等の明記は、それまでの民事手続法の改正の歴史の中では、画期的であったと言える。例えば、民事執行の分野では、強制執行制度部会が昭和二九年に設置されて以来、強制執行制度の改善を目指した検討が行われたが、その成果として、昭和四一年に執行官法が制定されるまで一〇年以上の期間を要した。その後、同部会では、昭和四三年ころから、強制執行および競売の手続の改善を目指して審議が行われ、昭和五二年の「民事執行法（仮称）案要綱」の答申を経て、昭和五四年に民事執行法が制定されたが、これにも、一〇年以上の期間を要している。このような事態を招いたのは、作業期間を明定していなかったことにも一因があると思われる。

3　そこで、民事訴訟法部会は、改正検討作業を開始するに当たり、審議開始から五年間で審議を終了することを目途として審議を行うことを目標として掲げた。そして、この目標の達成を可能にするための人事上の方策として、審議中は、委員・幹事を交替させないで同一のメンバーによる審議を継続し、審議の促進を図ることになった。この方針は、改正作業を主導され、改正の早期実現を推進された三ヶ月部会長の強い意向を反映したものであり、委員・幹事の出身母体である裁判所、弁護士会、法務省の三者とも、これを受け入れ、審議終了まで基本的に同一メンバーが審議に当たるという異例の審議態勢が実現した。

4　このようにして、部会の審議は、順調に進捗していたが、審議開始から約三年を経た平成五年八月、想定外の事態が発生した。三ヶ月部会長ご自身が同月発足した細川内閣の法務大臣に就任され、部会長の辞任を余儀なくされたのである。大臣就任の翌日、三ヶ月先生が、私を大臣室に呼んで、委員・幹事を交替させないことを前提に審議を開始したのに、ご自身が部会の審議から離れざるをえなくなったことを部会の委員・幹事に詫びなければならないと言われたことは、今でも鮮明な記憶として残っている。部会長の辞任は、事務当局を始めとする関係者にとってまさに青天の霹靂であった。当時、部会では、最高裁判所への上訴制度の見直しや文書提出命令制度の改正等の審議が重要な段階にさしかかっていたため、審議への影響が懸念されたが、中野貞一郎委員に部会長代行にご就任いただき、無事審議を継続することができた。その後、三ヶ月先生は、平成六年四月に細川内閣の総辞職により、大臣の職を辞された後、部会長に復帰され、民事訴訟法改正作業を最後まで主導された。

5　さらに、民事訴訟法改正のもう一つの目標である民事訴訟法典の現代語化については、当時の民事訴訟法典は、難解な用語や表現を用いたものが多かったため、困難で、時間のかかる作業が予想された。そこで、事務当局では、審議開始の翌年である平成三年に、民事訴訟法典現代語化研究会を組織し、部会の審議と並行してその現代語化の研究を開始した。会長は三ヶ月部会長に、その第一期研究員（任期は同年四月から一年間）には若手の民事訴訟法学者であった上原敏夫、春日偉知郎、河野正憲、高田裕成、山本克己等の各氏にご就任いただき、第一期の研究終了後も、一部研究員の交替（松下淳一、山本和彦、山本弘の各氏の参加を得た）はあったものの、第五期まで約五年間にわたり研究を続けた。

6　第一期の研究においては、①民事訴訟法の全条文を平仮名・口語体に書き改めるとともに、問題点を指摘すること、②民事訴訟法の条文ごとにこれに対応する主要な外国法（ドイツ法、オーストリア法、フランス法、イタリア法、アメリカ法、韓国法等）の条文を調査し、その日本語訳を対照条文として掲げ、比較法的な観点から問題点を指摘すること、③民事訴訟法の難解な条文を洗い出すことの三点に重点を置いて、一年間で成果を得ることを目標として研究を実施した。これらの課題は、いうまでもなく、調査・検討に膨大な時間とエネルギーを要するものであり、第一期の研究員の先生方には、筆舌に尽くしがたいご尽力をいただいた。研究会は、夏季休暇中を除き、約三週間に一回の日程で会合を開き、民事訴訟法の訴訟手続に関する全条文を六人の研究員に平等に割り当て、毎回、三人の研究員が交代で報告するというスタイルで研究を進めたので、各研究員が、六週間に一度の割合で十数か条の条文について六か国の条文について比較法的な調査と翻訳を行い、わが国の民事訴訟法の条文の現代語訳を作成し、現代語化上の問題点を指摘するという作業をしなければならないことになった。

研究員の先生方には、大変苛酷な作業をお願いしたことになる訳であり、一年間、休むことなくこれらの作業を続けていただいた研究員の先生方には、今でも畏敬の念を禁じえない。三ヶ月会長は、研究員の報告書に事前に目を通されたうえ、研究会に毎回ご出席され、席上では、研究の方法論や報告書のスタイルについてまで指導・助言された。

一年間このような根気を要する困難な作業を継続することができたのは、もとより研究員の先生方の熱意と責任感によるところが大きいが、三ヶ月会長の直接のご指導がなければ、一年間という短期間に集中的に作業を行い、成果を得ることはできなかったのではないかとも感ずる次第である。

7 研究会の作業が苛酷を極めたため、研究会が、一部で、「三ヶ月タコ部屋」（措辞不適切であることをお詫びする）と呼ばれているという噂を耳にしたことがある。雑談の機会にそのことを三ヶ月先生にお伝えすると、笑顔で「そうだろうな」と述べられ、心外というよりは、研究員の先生方がそのように表現されるまで研究・作業に尽力されていることをかえって喜び、称えているようなご様子であった。最近、当時の研究員の先生方に各種会合でお目にかかる機会があるが、当時の話になると、あの時は、非常に大変で、他の研究に支障を来したこともあった（ある先生によれば、一年間ほとんどまとまった論文が書けなかったそうである）が、大変勉強になったし、研究会に参加できてよかったという趣旨のお言葉をいただくことがある。研究会の運営担当者として誠にありがたく感ずる次第である。

同研究会の一年間の研究の成果は、全二巻、合計九二六頁の中間報告書としてまとめられ、民事訴訟法部会の内部資料として印刷刊行され、立法作業の各場面で活用された。さらに、同報告書の内容は、信山社から日本立法資料全集別巻三四『各国民事訴訟法参照条文』として一般にも公開された。

8 なお、この研究会と同様に、民事訴訟法改正検討作業に寄与した研究会として、「国際民事訴訟法研究会」があり、この研究会の設置・運営については、松澤三男氏に大変お世話になった。この研究会については、小杉丈夫弁護士が、別稿「国際民事訴訟法研究会のことなど」で当時のいきさつを松澤氏との関わりを含めて、詳細に記しておられるので、ここでは、松澤氏に対する謝意のみを記すにとどめることとする。

●やなぎだ・こうぞう＝弁護士（元法務大臣官房審議官）

国際倒産法制定の舞台裏と松澤さん

山本　和彦
Kazuhiko Yamamoto

商事法務研究会の松澤三男さんにお世話になった思い出は数多い。論文の寄稿や書籍の出版のほか、倒産法改正やＡＤＲ法制定等の場面における研究会の組織・運営等お世話をいただいた事柄も多岐にわたる。その中で筆者にとって特に印象に残っているのは、国際倒産法制定をめぐる様々な出来事である。

筆者がこの国際倒産の問題に関わることになったのは、一九九五年ころＵＮＣＩＴＲＡＬ（国際連合国際商取引法委員会）においてこの問題に関するモデル法を策定することが決まり、その審議に筆者が日本政府代表として出席することが決定した時に遡る。ただ、仕事はお引受けをしたものの、筆者は従来国際倒産の問題を専門に研究してきた者ではなかったことから、大いに不安を感じていた。そこで、何かの機会にそのことで松澤さんにご相談したところ、この問題の第一人者である高木新二郎先生をご紹介いただくという話になった。当時、高木先生は弁護士から裁判官に任官され、山形地方裁判所の所長の任に在られたが、高木先生と懇意にされていた松澤さんとご一緒にご意見を伺いに山形に赴いた。その際、高木先生からは世界の様々な動向や注意すべき点についてご指導を受けることができたが、これが筆者の国際倒産との関わりのまさに出発点の思い出である。

その後、ＵＮＣＩＴＲＡＬモデル法の策定審議が開始した（結果として、合計四回の作業部会および総会での審議が行われた）。この審議においては、日本政府としてどのように対応するかを決めていく必要があったが、この点についてもやはり筆者のみでは（法務省・外務省の支援があるにしても）荷が重く感じられた。そこで、再び松澤さんにお願いし、商事法務研究会にバックアップの研究会を設置していただいた。この研究会では、モデル法の個々の条文案についてメンバーで協議して具体的な対応方針を決定していくことができ、筆者としては安心して作業部会等の審議に臨むことができた。さらに、一九九七年のモデル法策定後は、それを日本法に導入する際の問題点等について検討するため、上記研究会を継承する形で「国際倒産研究会（座長：伊藤眞教授）」を創設していただいたが、ここでも松澤さんに大いにお世話になった。これらの検討作業がその後の実際の立法の大きな足掛かりとなったものである。このような検討の過程では、やはり松澤さんの尽力で、モデル法の制定経緯および制定後の内容の解説について、NBLにおいて貴重な誌面を割いていただき、適時に公にして様々なご意見ご批判をいただく機会をもつことができた（NBL六二八号～六三九号〔一九九七～九八年〕および同六九八号～七〇四号〔二〇〇〇～〇一年〕参照）。

そしてついに、法制審議会倒産法部会において実際の立法作業に入った。その中で印象に残っているのは、倒産法の一括立法から個別立法へという方針転換の中、民事再生法の先行立法が決まった際に、国際倒産について難しい問題が発生した場面であった（以下については、山本和彦『倒産処理法入門〔第四版〕』〔有斐閣、二〇一二年〕二七六頁以下も参照）。すなわち、従来の和議法等の規定をそのまま維持すると、結果として属地主義を維持することになり、国際的な批判を免れなかった。他方で、国内法において国内手続の対外効のみを認めることは、外国からの効力の流入を否定しながら、自国の手続の効力のみを外国に及ぼすことで、むしろ略奪主義の外観を呈するものとなりかねない。そこで、それをどのように調整して立法に繋げるかが大きな課題となった。

ただ、民事再生法の立法時には、担保権の取扱い等を含めて、法制審議会本体で審議すべき課題は数多くあり、国際的な部分の問題は審議会本体において十分な実質的審議を確保することは時間的に難しい情勢にあった。そこで、非公式な対応が必要とされ、松下淳一教授（東京大学。当時：学習院大学）と筆者とで「原案の原案」的なものを作成し、竹下守夫倒産法部会長や法務省事務局も交えて（一九九九年の正月に学習院大学で）、法制審に提案する原案について率直に議論した。その中では、モデル法の規律を可能な範囲で取り入れることを目指す（しかし本格的な国内効の承認は次の立法に委ねざるをえない）との方針の下、国内倒産手続においても対外効を認める一方で、並行倒産における管財人間の協力規定等国際的な配慮を含む規律をも設け、可及的に略奪主義の外観を排する努力を図るものとされた。その結果、特にクロスファイリングの規定（民事再生法二一〇条）の導入等モデル法にも規定がなく、また当時の国際標準を上回るような規律を日本法に設けることができたことには感慨深いものがある。

そして、一九九九年一二月には以上のような規律を含む民事再生法が無事成立し、国際倒産規定が初めて日の目をみることになった。そして、その後、直ちに略奪主義の外観を完全に払拭するため、国際倒産法制の整備が（個人再生手続の創設と並んで）法制審議会の審議対象とされ、二〇〇〇年にはさらに本格的な国際倒産規定が設けられるに至った（承認援助法の制定、国際倒産管轄規定の創設等）。総体的に世界の中でモデル法の趣旨をいち早く採用したものであり、日本はモデル法採用国としてこの分野における国際的信用を回復できたものと思われる。その結果、このような国際倒産に関する種々の規律は、実際に、麻布建物やＪＡＬ、エルピーダメモリ等の重要な倒産事件において活用され、立案者の想定をも超えて日本の倒産実務において大きな役割を果たすことになった。

以上のような立法が完成した後、やはり松澤さんからのお誘いで、商事法務において国際倒産法の解説書の出版の機会を得た（山本和彦『国際倒産法制』（商事法務、二〇〇二年））。これは、筆者にとっては、教科書類を除けば、倒産法関係では最初の単著となったものであり、印象が深い（その後、国際倒産全般に関する体系的著作の刊行の約束は未だ果たせていないが）。このように振り返ってみると、国際倒産の問題をめぐっては、筆者の活動は、まさに最初から最後まですべて松澤さんのお陰であったということであり、改めて感謝の念で一杯である。

周知のように、松澤さんは様々な分野で日本の立法の「陰の立役者」として縦横無尽の活躍をされてきた。筆者は、かつて、松澤さんの還暦をお祝いする論文集のはしがきの中で、「学界、法曹実務界、経済界、官界をつなぐ貴重なパイプ役として、余人をもっては代え難い大車輪の活動をしてこられた」と評したことがあるが（新堂幸司＝山本和彦編『民事手続法と商事法務』〔商事法務、二〇〇六年〕二頁参照）、その一端は（文字どおりまさに一端にすぎないが）上記のような筆者の経験談からも窺われるであろう。そして、筆者は（国際倒産の問題以外でも）個人的に松澤さんの恩恵を最も大きく受けてきた一人であることを自覚しているが、そのような世代の最後のあたりに属するのではないかとも推測する。その意味では、筆者よりも若い世代が少し心配である。第二、第三の松澤さんが将来日本に登場することを（困難なこととは知りつつ）強く期待するとともに、松澤さんにはこれまでお世話になったことへの深甚な謝意とともに（これ以上ご迷惑をおかけすることは〔多分〕ないと思います）、今後のさらなるご健康ご活躍を心より祈念したい。

●やまもと・かずひこ＝一橋大学大学院法学研究科教授

諸法

環境法政策の進展を支える方々とともに

石野 耕也
Koya Ishino

環境法政策の歩みを振り返れば、地域の公害対策や優れた自然保護を中心に第一世代の環境法政策が始まり、地球環境問題への関心の高まりを背景に開かれた一九九二年の地球サミットを契機として、持続可能な発展を中心理念とする第二世代の環境法政策が進展してきた。環境基本法の制定（一九九三年）と環境基本計画の決定（一九九四年）は、新たな環境の時代の幕開けを画するものであった。

この時期に、環境科学会、環境社会学会、環境経済・政策学会が設立され、長年の課題であった環境影響評価法が制定された一九九七年、環境法学者、行政官、弁護士等の創意により、環境法政策学会が設立された。初代理事長には森嶌昭夫教授が就任され、その事務局は、商事法務研究会内の国際比較環境法センターに置かれ、これ以後、環境法政策の調査研究、情報交流、学術大会、研究会やシンポジウム開催、出版等の活動を通じ、環境法政策の進展を支える拠りどころとなってきた。

松澤三男さんは、当初より本学会設立に関わり、その事務局を引き受けられ、その実務は信任篤い杉山昌樹さんが長く（一時期離れられた）担当されて、広範な学会活動を一貫して支え、今日に至っている。

これ以前には、公害問題が深刻化していた時代に公害研究会を主宰され、その後、人間環境問題研究会（一九七三年〜）を指導してこられた加藤一郎教授を中心とする研究者・実務家による先駆的業績がある。環境法政策学会はこれを基礎にさらに発展させてきたといえる。

環境法は新たな法分野であり、従来の民法、行政法、国際法から生まれ、次第に独自の理念、原則、政策手法を確立、発展させてきた。第二世代の環境法政策では、汚染者負担原則から拡大生産者責任へ、未然防止から予防原則へ、優れた自然保護から生物多様性へ、現在世代の厚生から将来世代に対する公平へと、環境問題の変容に対応して法政策が展開されてきた。

この間の進展は、環境法政策学会学術大会での報告、パネル討論、関連資料を中心に、毎年刊行されてきた学会誌によって跡付けられている。

環境法令の整備が進み、研究者が増えるにつれ、様々なテキスト、解説書、研究書が多く刊行されるようになってきた。環境基本法制定後ほぼ二〇年、整備拡充された環境法令の全体像と、基本的な理念、原則、手法の到達点と課題を確認し、集大成した一冊が『環境法大系』（商事法務、二〇一二年）である。

同書は、幅広い年代にわたる法学者、行政官、実務家が、巨匠森嶌先生を前に一堂に会した合同演奏会の壮観がある。ここには、環境法政策の進展を支えてきた、環境法学者、環境政策の形成実施を担う行政官、司法の場で事件の解決をめざす法律家、さらに環境NGO、企業関係者、関連する環境科学研究者等の方々の協働作業が集約されている。他の法分野以上に、環境法政策では、学際的・分野横断的な調査研究、情報交流と議論、国境と世代を超えた智慧の結集が求められる。とりわけ、地球温暖化等で明らかとなった環境の有限性、将来の経済発展のあり方、格差等社会的公正にもからむ課題の解決に向け、広範な科学的知見を基礎に、「環境―経済―社会」の全体を鳥瞰する視野と長期的取組みが求められるに至っている。環境法政策学会会員には、法学の専門家のみならず、化学等自然科学の出身者、自治体や環境保護団体、企業の実務家等幅広い分野の専門家が含まれ、その知識経験を活かして環境法政策の発展に関わっていることも、この分野の大きな特徴である。

環境法政策の形成に関連する学風に思いを巡らせば、従来の専門分野や関係諸科学の枠にとらわれない智慧、多様な知見や見解の切磋琢磨から新たな道を探る構想力、環境の側から現在の経済社会システムを変えていく戦略的思考、情報の共有・公開と参画、自然と人の多様性への配慮等々、環境法政策の基本方針に共通する特徴が浮かび上がってくる。環境法政策学会、環境経済・政策学会および環境社会学会が、毎年環境三学会合同シンポジウムを開き、環境政策研究やその時々の重要テーマについて、それぞれの立場からの発表、交流を続けてきているのも、環境政策をめぐる多様な方法論から議論検討することが新たな学問の進歩につながるとの信念の表れかと思われる。

さて、二〇一五年は、地球環境にとって重要な分岐点となる年であった。九月に国連で持続可能な開発の目標（ゴール）ＳＤＧｓが採択され、一二月には二一世紀末まで展望した地球温暖化対策の新たな枠組みとなるパリ協定が採択された。もはや地球環境の限界は誰の目にも明らかであり、現状のまま地球破綻の道を進むのではなく、持続可能な社会と世界を構想し、その実現をめざすことが必須の課題として合意された。環境法政策に長く携わって来た者としては、地球サミットに始まった持続可能性への歩みがさらに一段高いレベルに達したと実感される。わが国では、東日本大震災と福島第一原発事故からの復興も課題である。環境を守ることを、よりよい経済発展・貧困と格差の克服にもつなげていく第三世代の環境法政策を構築、実行していくことが求められている。

＊

かくして、ほぼ二〇年間、環境法政策をめぐる調査研究と発表、オープンな議論と切磋琢磨の場を提供され、持続可能な社会づくりの歩みへの支援とその担い手の育成に、いわば舞台の裏方の役を果たしてこられた松澤さん、杉山さんはじめ、商事法務研究会の方々に、この場をお借りして感謝を申し上げ、これからも地道な舞台回しを続けていただきますようお願いして、筆をおくこととしたい。

●いしの・こうや＝中央大学大学院法務研究科教授

消えた二文字の法律名

小出　邦夫
Kunio Koide

わが国で一番長い名称の法律は、手元で調べた範囲では、「日本国とアメリカ合衆国との間の相互協力及び安全保障条約第六条に基づく施設及び区域並びに日本国における合衆国軍隊の地位に関する協定及び日本国における国際連合の軍隊の地位に関する協定の実施に伴う道路運送法等の特例に関する法律」であり、一一〇字である。逆に最も短い名称の法律は、二文字の民法、商法、刑法である（憲法は「日本国憲法」）。どれも法務省の所管する法律であり、二文字の法律名は、社会の基盤を成す基本法の証し、といえる。

ところで、私が平成一五年から民事局参事官として立案を担当した「法の適用に関する通則法」（平成一八年法律第七八号）によって法律名も含めて改正された「法例」（明治三一年法律第一〇号）も二文字の法律名であった。しかも、皇室典範（昭和二二年法律第三号）と同様、法律名の末尾が「法」や「法律」で終わらない稀有な法律でもあった。

「法例」という題名を法改正により改めた理由は後に記するが、法例の現代化に当たっては、準拠法を決めるルールである国際私法の特殊性ゆえに、国際的な法制の調和が特に重要視された。同一の渉外的な法律関係であれば、どこの国の裁判所でも同じ準拠法が適用されることが望ましいからである。しかし、一般論として、我々役人は語学力の問題もあり、外国法およびその解釈・運用の実情を調査・研究することは大変苦手である。そこで、松澤氏にお願いし、平成一四年八月、社団法人商事法務研究会に、後の法制審議会での議論の基礎資料の作成を目的として、法例の各規定の問題点を掘り下げ、主に欧州、米国の国際私法の規定と照らし合わせ、あるべき立法の選択肢を検討する「法例研究会」を立ち上げていただいた。道垣内正人（当時東大）教授に座長に、また外国法に造詣の深い、新進気鋭の若手の国際私法学者数名にメンバーとなっていただき、毎回活発な議論をしていただいた。松澤氏には、この研究会の立ち上げから運営、研究会後の夜の付き合いに至るまで様々な面で大変お世話になった。この研究会の成果は、後に『法例の見直しに関する諸問題（一）～（四）』（別冊NBL八〇、八五、八八、八九号）として刊行され、法制審議会国際私法（現代化関係）部会（部会長：櫻田嘉章〔当時京大〕教授）での議論の土台となった。担当した先生方の個性が色濃く表れた興味深いものとなり、この研究会の成果なくしては法改正は不可能であったことは間違いない。当時、初めて法律の立案作業を担当した私にとっては、この研究会での松澤氏や先生方との付き合いは本当に貴重な経験であり、いろいろなことを勉強させていただいたと思う。

さて、「法例」という用語は、法律適用の通則を集めたものを称する言葉とされ、法律の題名として用いられた起源は、中国の晋の時代の「法例律」に遡る。日本では、明治一三年に刑法を改正した際、第一編第一章に刑法適用の通則を掲げてこれを「法例」と題したのが最初だが、明治二三年に法例（法律第九七号〔施行されなかったいわゆる旧法例〕）が制定されたことにより、「法例」という言葉は、刑法の通則から一般の各種の法律に通ずる例則へとその用法が広がった。その後、明治三一年に法例が制定され、さらに同三二年の商法の改正において通則という用語が「法例」に改められ、一般の各種の法律に通ずる「法例」（一般法例）と刑法・商法の条文の適用に関する「法例」（特別法例）の二種類の用法の「法例」が存在するに至った（穂積陳重『法窓夜話』〔岩波書店、一九八〇年〕）。しかし、刑法・商法の「法例」は、それぞれ平成七年および平成一七年の法改正によって「通則」に改正されて消滅し、一般法例たる「法例」の法律名も、前述の通り、平成一八年の法改正によって消滅したのである。

穂積博士は、法律の適用に関する通則の称号として「法例」は「頗る穏当」と評価されており（前掲書）、改正法の立案に当たっても、「法例」の題名を維持すべく、内閣法制局等とも折衝したが、題名の来歴の由緒正しさはともかく、現代において一般国民から見たときの題名のわかりやすさ、という観点からは「法例」に難があることは否めず、最終的に「法例」を現代語（法の適用に関する通則）に置き換える選択をせざるをえなかった。なお、その際、「国際私法」や「国際私法（等）に関する法律」といった題名も案として検討したが、法律の施行期日の原則に関する法例一条および法律と同一の効力を有する慣習の要件に関する同二条の規定が準拠法指定のルール（国際私法）からはみ出ていることや、そもそも「国際私法」は法分野を表わす講学上の概念であり、法律の題名としては不適切とされたことなどから、これらの採用も困難であった。

法律の内容をその題名を含めて国民にわかりやすく現代語化していくことは、当時からの政府の方針であり、その流れに抗うことは難しかったのであるが、一定のルールに従って付した最近の法律の名称は、正確である反面、長くなりがちで法律のポイントが一見してイメージできず、また、無機的で親しみにくいといった評価もありうるのではないだろうか。

「法例」という二文字の趣のある法律の題名が一つ消え、冗長とは思わないが、何だか味気ない現代語の法律名になってしまったことについて、現在も一抹の寂しさと後ろめたさを感じており、今回、松澤氏にお世話になった法例研究会について感謝の意を込めて一筆書かせていただく機会を利用して、その思いを吐露させていただいた次第である。

●こいで・くにお＝法務省大臣官房会計課長（元民事局参事官）

境界確定制度研究会

後藤　博
Hiroshi Goto

平成一〇年四月から平成二〇年一月までの法務省民事局勤務当時、松澤さんに種々お世話になって、商事法務研究会で研究会を開催していただき、新制度立案の準備作業をすることができた。

筆者が平成一五年七月から課長を務めることとなった民事第二課では、不動産登記制度について、インターネットを利用したオンライン申請の手続を導入するとともに、カタカナ文語体の条文を現代語化するための不動産登記法の全面改正作業を進めていたが、併せて、全国の都市部における登記所備付地図の整備事業に取り組んでいた。地図整備の方策の一つとして、民事裁判として行われている境界確定訴訟に代えて、法務局が迅速かつ合理的に境界を確定する手続の創設を検討することとし、そのため、商事法務研究会にお願いして、平成一五年一二月から「境界確定制度に関する研究会」を開催していただいた。学識経験者、企業関係者、法律実務家の方々の参加を得て、検討を重ねた結果、平成一六年五月、「新たな土地境界確定制度の創設に関する要綱案」のとりまとめがされた。この要綱案は、土地所有者の申請または職権により、境界確定登記官が法務局に置かれる境界確定委員会の意見を踏まえて境界確定をするものとし、不服のある当事者は行政事件訴訟法による抗告訴訟を提起することができ、制度創設後は、民事訴訟としての境界確定訴訟を廃止するというものであった（ＮＢＬ七八七号四九頁参照）。

民事第二課では、平成一六年六月に成立した新不動産登記法の施行準備と並行して、土地境界確定制度の立案作業を行うこととなったが、その過程でも、境界確定訴訟を廃止して行政処分である境界確定制度を導入することの当否が最大の問題となった。要綱案のスキームでは、境界確定処分を取り消す判決がされた場合に再度境界確定処分をしなければならず、その処分も行政訴訟で争うことができるから、全体として迅速といえるのかとか、行政処分として公定力を持たせるのであれば、場合によっては多くの利害関係者の手続保障が必要であり、手続を迅速に進めることができるのかなどの指摘があった。他方で、過去に定められた境界を特定して、これを地図に反映する行為自体は、本来的な行政処分には当たらないと解されることから、制度設計としては、行政処分性のない形で登記官が境界を特定する制度を導入し、民事裁判として行われている境界確定訴訟はそのまま残ることになるという選択も可能であった。

結局、種々の検討を経て、境界確定ではなく、行政処分性のない「筆界特定」のスキームで立案作業が進められることになり、平成一七年二月に筆界特定制度を導入するための不動産登記法改正案が国会提出され、同年四月には参議院本会議で可決成立し、平成一八年一月から施行されるに至った。という次第で、境界確定訴訟を廃止して、法務局が行政処分により境界の確定をするという研究会の提言は、幻のものとなったが、筆界特定の制度は、既に施行から一〇年を迎え、全国の法務局に年間約二七〇〇件（平成二六年）の申立てがされ、土地家屋調査士等の専門知識を有する筆界調査委員の協力を得て、順調に事件処理がされていると聞いている。

筆者は、平成二四年一月に裁判所に戻り、約二年半、高裁・地裁で民事事件を担当したが、当然ながら境界確定訴訟は依然として提起されており、筆者が担当した五件ほどの事件はいずれも法務局の筆界特定手続を経たものではなかった。筆界特定を経ることで、境界確定訴訟に至らずに境界紛争が解決しているのであれば、うれしいことであるが、本当のところはわからない。法律実務家の一人として、筆界に関する専門家の知識経験を活かして運用されている法務局の筆界特定の手続が、ますます広く利用され、境界紛争の解決に役立つことを望みたい。

●ごとう・ひろし＝元法務省大臣官房審議官

「官庁エコノミストの牙城」の法案づくり

塩谷　隆英
Takafusa Shioya

はじめに

私は、昭和四一年に経済企画庁に入庁した。同庁は、官庁エコノミストの牙城と言われており、予算規模も小さく、あまり法律による権力行政には縁がない役所で、「色男金も力もなかりけり」とか「公家の館」などと揶揄されていたが、高度成長から安定成長への変わり目に、いくつかの重要法案の作成にかかわることとなった。法律職事務官の私は、そのほとんど全てに参画する機会に恵まれ、度々松澤さんにお世話になった。陰に陽にご支援いただいたのは、水質汚濁防止法案（一九七〇年）、国土総合開発法の改正案（一九七三年）、国土利用計画法案（一九七四年）、製造物責任法案（一九九三年）等であっただろう。その他に、総合研究開発機構（ＮＩＲＡ）の理事長をしている時に、『政策提言　公文書管理の法整備に向けて』という報告書（総合研究開発機構＝高橋滋共編、商事法務、二〇〇七年）を商事法務でとりまとめていただいた。研究会の構成から報告書のとりまとめまでのほとんどを松澤さんのリーダーシップのもとで進められ、研究会としては異例の「公文書管理法案要綱」付きの提言としてまとめていただいた。これがきっかけとなって公文書管理の問題が広く議論されるようになり、「公文書等の管理に関する法律」（平成二一年法律第六六号）の制定にまで発展することになった。あらためて松澤さんに感謝申し上げたい。以下、印象に残っていることを思い出すままに記す。

水質汚濁防止法案

役所に入って四年目の一九七〇年七月に経済企画庁国民生活局水質公害課に配属された。その頃田子の浦のヘドロ問題や九州の洞海湾の汚染問題等水質公害問題が連日新聞記事を賑わしていた。当時の水質公害規制は、「水質保全法」で経済企画庁長官が水質汚濁によって被害が生じているかまたはそのおそれのある公共用水域を「指定水域」として指定して水質基準を設定し、その基準に適合しない水を排出している事業所について、「工場排水規制法」によって、規制するという制度であった。全国至る所で水質公害問題が発生したので、課員総出で全国を駆け回り、水域指定の準備にまるで火事場のようであった。しかしながら、水域の水質調査を始めてから水域指定まで、平均二年半ぐらいかかるので、爆発する公害問題の火消しには、とても間に合わず、「あと追い行政」だとの批判があった。そこで、全国の公共用水域を規制対象にして、一律の排水基準を設定し、地域の実情に応じて地方公共団体がさらに厳しい「上乗せ基準」を設定できるようにする法律の制定が喫緊の課題となった。水質公害行政は、関係者が多いことから関係八省庁会議で法案の検討を行ったのだが、「水質保全法」を所管する経済企画庁と、「工場排水規制法」所管の通産省が中心であり、二省庁の事務官が合宿して法案の骨格作りが行われたこともある。農林省から出向されていた西川俊幸課長補佐の指導力は抜群で、教えられることも多かった。私は、罰則の部分を担当し、法務省刑事局に日参して堀田力検事（現・公益財団法人「さわやか福祉財団」会長）のご指導を受けた。特筆すべきは、それまでは水質基準違反をしている事業所に対して所管大臣が改善命令を発し、それに違反した事業所に罰則を科すという二段階の規制だったのを、排水基準（水質保全法の水質基準は、新法ではこう変わった）に違反した場合には直ちに罰則が科されることになったことである。「思い切って直罰規定を導入しましょう」と提案されたのは堀田さんだった。こうして制定された「水質汚濁防止法」（昭和四五年法律第一三八号）が全国の水域の水質改善に果たした役割ははかり知れない。隅田川に白魚、多摩川に鮎が戻って来たというニュースを聞くたびに、深夜の法務省で堀田さんに差し向かいで法案の審査を受けている若き事務官の姿を思い出す。

この立案過程が各省に影響して、公害関係法の新規立法または改正の動きが高まり、一四法案が出そろったので、その年の暮れに「公害国会」が開かれ、約二週間の審議ですべて成立した。また、その年の予算編成時期に、突如公害規制行政と自然公園行政を総合的に所管する役所の創設が議題に上り、一九七一年七月に「環境庁」が発足した。公害問題は、環境問題へと装いを新たにすることとなるのだが、我々の法案の検討が、その先鞭を付けたことを誇りに思う。

国土利用計画法案

一年半環境庁企画調整局に出向して、一九七三年一月に戻ったところは経済企画庁総合開発局総合開発課だった。すでに田中角栄内閣が発足していて、昭和二五年に作られた「国土総合開発法」を抜本的に改正して、「日本列島改造論」を推進しようとしていた。遅れてきた私が、国土総合開発法改正案に寄与した点はほとんどないが、一つだけ、「国土総合開発の基本理念」条項の原案作成に与った（この原案は、若干の字句の修正を加えられ国土利用計画法二条の「基本理念」に生かされている）。同法案は、第七一回国会に提出されたが、野党は、これは「日本列島改造論」を推進するものだとして強く抵抗し、「対決法案」のレッテルを貼って審議はほとんど進まなかった。そのうちに、日本列島改造ブームで全国的な地価の高騰が極度に進行して、政治がこれを放置することができなくなって来た。第七二回国会が開かれると、にわかに政治的妥協が図られることになり、衆議院建設委員会の与野党理事を中心に、国土総合開発法案の地価抑制条項部分を柱に新しい立法が模索された。この結果できたのが「国土利用計画法」（昭和四九年法律第九二号）である。法制定過程における政治と行政の協働と妥協のプロセスは、きわめて興味深いものであった。私は、この過程のフォローアップを担当したが、与野党の領袖の間を駆け回って獅子奮迅の活躍をする下河辺淳総合開発局長の驥尾に付していただけだったので、法律の制定に特段の貢献はしていない

（土地総合研究所「土地総合研究」二三巻一号〔二〇一五年〕における国土利用計画法施行四〇周年記念文集中の拙稿「国土利用計画法事始め」参照）。

製造物責任法案

製造物責任法案の検討の歴史は長く、経済企画庁の付属機関であった国民生活審議会で検討が開始されたのは一九七三年であったから、成立までに実に二〇年以上の歳月がかかったことになる。私は、その最後の一年間を経済企画庁国民生活局審議官として、多くの先輩の努力によって骨格ができあがっていたものを法案の形に整理するのに参画するとともに、政府委員として国会審議に参加した。最終段階で最も苦労したのが、血液製剤を適用除外にせよという医師会をバックにした自民党の主張との調整であった。当時自民党は野党であり、その政調会長は橋本龍太郎氏であった。政調会長室に何度通っただろうか。坂本導聡国民生活局長がまったくぶれなかったことと、政治の動きが流動化してきて、自民党が与党に復帰する機運が出て来たことなどの幸運にも恵まれて、適用除外の規定を置かないことになった。その直後に、例のＨＩＶ（ヒト免疫不全ウイルス）の混入した血液製剤の問題が浮上したので、安堵の胸をなで下ろしたことであった。製造物責任法が成立したことによって、わが国の製品の安全性が飛躍的に高まったことは確かであろう。法案成立の日、国会から意気揚々と引き揚げてきた我々を消費者団体の方々が涙を流して迎えてくれたことは、忘れられない思い出である。

●しおや・たかふさ＝元経済企画庁事務次官

『差止請求権の基本構造』に関係して

白石　忠志
Tadashi Shiraishi

松澤三男さんとは商事法務研究会のいくつかの公益活動等においてご一緒させていただき一方ならずご指導を頂戴しているが、「日本法の舞台裏」の中核をなすような民事立法や制度改革に際し関係官庁から発注されるような研究については、私はあまりよく知らない。私の不徳の致すところでもあり、私の専門分野の性格によるものでもあると思う。

そのなかでわずかに思い出すのは、最終的には『差止請求権の基本構造』（総合研究開発機構＝高橋宏志共編、商事法務研究会、二〇〇一年）という成果を生み出した「不適切な行為の差止めのための民事法的手法」の研究会に参加させていただいたことである。ここで私は、独禁法分野において平成一二年改正と呼ばれる改正（平成一二年法律第七六号）によって導入された独禁法二四条の差止請求制度について論じている（同書八一～一一二頁）。拙稿は、法案段階で研究会報告を行い、ＮＢＬに寄稿して、さらに上記単行本のために加筆修正を行ったものである（同書一一二頁）。

この平成一二年改正には種々の前史がある。独禁法違反となるような行為について民事裁判としての差止請求制度を導入することについては、通商産業省からの問題提起があり、その報告書が『不公正な競争行為に対する民事的救済制度のあり方』（別冊ＮＢＬ四九号、一九九八年）として刊行され、担当課長による解説も残されている（板東一彦「不公正な競争行為に対する民事的救済制度に関する主要論点」ＮＢＬ六四四号、一九九八年）。その後、公正取引委員会において研究会が組織され、研究会報告書が作成されて、法案が国会に提出された。

「不適切な行為の差止めのための民事法的手法」の研究会の様子それ自体は、正直言ってあまり覚えていない。ただ、ある回の終了後、八丁堀の商事法務研究会の近くの店で松澤さんが森田修さんに向かって、「平井先生と森田先生は最高の師弟関係だと思います」とおっしゃったことは、記憶に残っている。私は「日本法の舞台裏」的な松澤さんのご活躍をあまり存じ上げず、当時は尚更であったわけであるが、松澤さんの多面的なご貢献と研究に対する温かい眼差しを実感したものであった。

『差止請求権の基本構造』は、その全体としては、消費者法の分野における消費者団体等による差止請求権について検討したものであったが、この制度が実際に導入され多数の事例を生み出していることは、改めてここに書くまでもない。独禁法の特例法であった景表法も、平成二〇年の改正（平成二〇年法律第二九号）によってこの制度の対象となり、最近では判決例も現れている。

団体による差止請求ではなく、不適切な行為によって「著しい損害」を受けた者による差止請求ではあるが、独禁法二四条の差止請求制度も、徐々に請求認容例が現れ、水面下の仮処分命令申立てを含めると一定の制度的機能は果たしているように思われる。不適切な行為によって「著しい損害」を受けたと考える者は、場合によっては公正取引委員会への申告も行うが、同時に、公正取引委員会が迅速に動いてくれない場合に備え、あるいは追加的な牽制手段として、裁判所を利用することができる。このような手段の多様化は、二〇年前の検討において思い描かれていた状態に近いように思われる。さらにいえば、東京地裁において独禁法二四条訴訟を原則的に集中することになっているようである民事第八部には、平成二五年改正（平成二五年法律第一〇〇号）による審判制度廃止に伴って東京地裁で提起されることとなる公正取引委員会の命令の抗告訴訟も集中することとなったようである。裁判所において独禁法を取り扱う拠点が作られるきっかけも、差止請求制度であったということができる。

●しらいし・ただし＝東京大学大学院法学政治学研究科教授

権利行使制限の抗弁

末吉　亙
Wataru Sueyoshi

権利行使制限の抗弁（特許法一〇四条の三）の立法は、司法制度改革の一環でなされたため、司法制度改革推進本部知的財産訴訟検討会（座長は伊藤眞先生、座長代理は中山信弘先生）において検討された。同検討会での当該論点（「侵害訴訟における無効の判断と無効審判の関係等に関する改善の方向性について」）に関する議論は、計四回に及んだ（第四回〔平成一五年一月三一日〕、第九回〔同年六月二三日〕、第一二回〔同年一〇月六日〕および第一五回〔同年一二月一五日〕）。ちなみに、私は、日本弁護士連合会から推薦され（日本弁護士連合会知的財産政策推進本部事務局次長であったため）、同検討会の委員に就任していた。

同検討会での当該論点についての議論では、特許権侵害訴訟における「権利濫用の抗弁」（最判平成一二年四月一一日民集五四巻四号一三六八頁〔キルビー判決〕）に関して、産業界から、紛争の一回的解決を徹底するために、その概念が不明確な「明らか」要件を削除した無効の抗弁を立法すべきである旨強く求められた。すなわち、同最判は、「特許の無効審決が確定する以前であっても、特許権侵害訴訟を審理する裁判所は、特許に無効理由が存在することが明らかであるか否かについて判断することができると解すべきであり、審理の結果、当該特許に無効理由が存在することが明らかであるときは、その特許権に基づく差止め、損害賠償等の請求は、特段の事情がない限り、権利の濫用に当たり許されないと解するのが相当である」とするが、この「明らか」要件を削除するように産業界が強く要求していたのである。

この点、裁判所は、同最判の「権利濫用の抗弁」による判断枠組みが裁判実務的に優れているとして、この産業界の意見に反対し、日弁連では、意見が賛否に分かれていた。

しかし、ユーザーである産業界の強い上記要求を取り入れるべきであるとして、最終的には、侵害訴訟における権利行使制限の抗弁が立法されたのである（「明らか」要件は削除された）。

この時、伊藤座長は大学のみならず高校の大先輩であり、また、中山座長代理は知的財産法の師であり、私には、何とかこの検討会の議論をいい形でまとめたいとの思いがあった。他方、日弁連では議論が分かれたため、最終的には、検討会の議論をその場でよく検討して末吉の判断で結論を述べよ、との最終判断を頂いた。

私は、その責任の重さに耐えかねて、同検討会の委員であられた飯村敏明東京地裁部総括判事（当時。前知財高裁所長）に、良い制度に改正できるのか大変不安である旨弱音を吐いた。飯村さんは、独特の飯村スマイルで、「末吉さん、心配はいらない。我々の目が黒い間に、知財がこんなに脚光を浴びるのは、今回が最初で最後です」と励まして下さった。精一杯やってみろ、ということだと私は理解した。

お陰様で、私は、産業界の熱心な意見を尊重して、「明らか」要件削除の説に自信をもって賛成することができた。今でも、「どんな難局でも精一杯やる」との信念は、私の弁護士としての大切な信念のひとつとなっている。

もともと、私は、弁護士としての信念を森綜合法律事務所で叩き込まれた（当時の森綜合の雰囲気は、久保利英明＝末吉亙＝中村直人「鼎談・企業法務弁護士の矜持——今日までそして明日から」〔NBL一〇〇〇号（二〇一三年）六四頁〕から、その一端が窺われると思う）。森・濱田松本法律事務所を離れて今の事務所を開設した後、松澤三男さんから、とても暖かいお言葉を頂戴した。「いつまでも森綜合らしくあれ」と。

だから、「どんな難局でも精一杯やる」など「いつまでも森綜合らしくあれ」というのが私の大切な信条になっている。大変有り難いことである。

●すえよし・わたる＝弁護士（潮見坂綜合法律事務所）

改正行訴法の五年見直しを中心として

高橋　滋
Shigeru Takahashi

1　私の専攻は行政法であるが、商事法務、商事法務研究会、そして、松澤三男専務理事より様々な機会にご厚情を頂戴してきた。ただし、①外国環境法制の研究、環境法政策学会の活動、②公文書管理法の制定等については、適格に語りうる立場にある方々が他におられる。そこで、①・②に言及しつつ、③改正行政事件訴訟法施行状況検証研究会の回想を中心に記すことにしたい。

2　松澤専務理事に初めてお会いしたのは、約二〇年前、環境法関連の会合の折であった。松澤専務理事は、環境法に深いご理解をお持ちで、環境法の研究者、環境庁・環境省の委託調査を継続して支えてこられた。他方、土壌汚染対策の研究会（環境庁水質保全局「土壌環境保全対策懇談会」。座長＝森嶌昭夫名古屋大学教授〔当時〕。平成四年三月～平成七年六月）に参画したのを契機に、私も環境法の研究に携わることになった。現在、中立が重視される公害等調整委員会の委員を務めていることから、環境省の審議会等に加わることを遠慮させて頂いているものの、過去には、環境立法の制定等に関与する機会を多数頂いた。併せて、商事法務研究会が受託した環境省の学術調査にも参加させて頂いた（「環境法制基本問題検討会」。委員長・森嶌昭夫地球環境戦略研究機関理事長〔当時〕。平成一七年度からは暫く主査を務めた）。さらに、平成二五年からは、森嶌昭夫初代理事長、淡路剛久第二代理事長と、公害法・環境法を担ってこられた先生方に続き、環境法政策学会の第三代理事長を拝命し、大塚直（事務局長・企画委員会委員長）、北村喜宣・柳憲一郎（企画委員会副委員長）の先生方とともに学会活動を推進する立場となったが、商事法務研究会に継続して事務局を担って頂くことで充実した活動水準を維持することができている。これも松澤専務理事のご尽力の賜物であり、深くお礼を申し上げたい。また、事務局を担当されてこられた杉山昌樹氏と簗茂樹氏に心よりお礼を申し上げる。

松澤専務理事とのご縁は、これにとどまらない。私にとっては思い出の深い仕事として、公文書管理法（平成二一年法律第六六号）の制定への参画がある。恩師の南博方博士から研究の機会を頂き、公文書管理法の制定に関与することができたからであるが、研究の大きな節目となったのが、商事法務研究会に事務局をお願いした「公文書管理法（仮称）研究会」（総合研究開発機構委託研究、座長は筆者。平成一七年九月～平成一八年七月。担当は杉山昌樹氏）である。当時、福田康夫内閣官房長官の下に「公文書等の適正な管理、保存及び利用に関する懇談会」が設置されたものの、法改正を行わない範囲で運用改善を図ることを目的としていたことから、将来に備え自由な立場から立法上の論点を整理する役割を担った。研究の成果は商事法務から公刊され（高橋滋＝総合研究開発機構共編『政策提言――公文書管理の法整備に向けて〔平成一九年〕』）、法制定の際に活用されることとなった。

3　そして、冒頭に述べたように、私が語るにもっともふさわしいテーマは「改正行政事件訴訟法施行状況検証研究会」（座長は筆者。商事法務研究会公益事業。平成二二年一二月～平成二四年一一月）の活動であろう。平成一六年の行政事件訴訟法の改正は、昭和三七年に制定された行政事件訴訟法を初めて大きく改めるものであった。塩野宏先生（東京大学名誉教授）を座長として、小早川光郎先生（東京大学。以下、いずれも当時）、芝池義一先生（京都大学）をはじめとする行政法学界の中心メンバーや、市村陽典裁判官（東京地裁判事）、水野武夫弁護士、深山卓也大臣官房審議官（法務省）等の参加を得て結実した改正は、裁判員制度や法科大学院の創設と並ぶ、司法制度改革の主要な柱の一つである。

もちろん、この改正にも立場の違いによって様々な評価がありうる。特に、より抜本的な改正を求めた側には、改正法附則五〇条に基づき施行から五年後に実施を義務付けられた施行状況の検証を足掛かりとして更なる改革が行われることへの強い期待があった。そして、かかる状況については筆者も承知していたものの、平成二二年の秋に行政事件訴訟法を所管する法務省から連絡を受け、検証作業への参画を求められた時には、驚きとともに大きな不安を感ずることとなった。行政法学者の多数がそうであるように、法務省を委託元とし、研究者のほか、弁護士会、さらには、最高裁判所事務総局および法務省のメンバーが参加するなかで、議論を交わしつつ一定の結論を得る作業に加わった経験はこれまで筆者にはなかった。加えて、とりまとめの責任を果たすべき座長となったことから、かつてない緊張を感じたことを覚えている。

幸い、神橋一彦立教大学教授、山本隆司東京大学教授、深澤龍一郎九州大学教授、太田匡彦東京大学教授と、私よりやや若い世代から選りすぐった研究者の参加を得ることができ、また、弁護士会から行政訴訟に造詣の深い越智敏裕弁護士（上智大学教授）、岩本安昭弁護士が推薦されて、毎回、最高裁判所や法務省のメンバーを交え、レベルの高い議論が交わされることとなった。

行政事件訴訟法の改正の狙いは、①救済範囲の拡大、②審理の充実・促進、③行政訴訟の利便性、わかりやすさの向上、④仮の救済制度の整備、である。施行状況の検証という作業の性格上、司法統計も議論の素材としたが、主たる素材は改正後の裁判例であった。施行後五年という時期もあって、最高裁判所の裁判例は、場外車券発売施設周辺住民の原告適格を否定したことで話題となった大阪サテライト訴訟上告審判決（最判平成二二年一〇月一五日民集六三巻八号一七一一頁）のほか決して多くはなかったものの、下級審のレベルでは多数の裁判例が登場していた。検討会は概ね二月に一回のペースで開催されていったが、議論を整理する必要上、毎回、膨大な判例をかなりの時間を割いて読み込んでから会議場に駆け付けたことは、今となっては懐かしい記憶である。もちろん、研究者の意見は様々であり、弁護士会推薦委員と最高裁事務総局行政局との立場には隔たりがあった。さらに、行政訴訟の専門家の間で高いレベルの議論が複雑に絡み合いつつ展開されるのであるから、座長としての立場から、いかに議論を整理し、議論の結果をとりまとめて確認するかに、腐心のし通しであった。ただ、そのなかにあっても、法務省関係の各種会合の運営事務を長年にわたり担われてきた商事法務研究会に委託調査先となって頂いたことから、運営面について安心して会議に臨むことができた。松澤専務理事も、会議の開始前に時々顔を出され、進展状況を随時把握されていた。この点からも、公益事業として法務省の委託を引き受けて頂いた商事法務研究会(担当は簗茂樹氏)および松澤専務理事にお礼を申し上げたい。

義務付け判決、差止め判決の第三者効の問題等、改善が望まれる点を作業のなかでいくつか確認できたと思っているが、裁判例は全体として改正の趣旨を受け止める方向で動き出していることから、裁判例の推移を引き続き見守る、という法務省の方針は適当であったと考えている。かつ、その後の裁判例は、検討会で活発な議論となった取消訴訟の原告適格についても改正前より拡張する方向で定着している。引き続き、下級審を含めて、「法の支配」の理念の下に行政統制の役割を裁判所が果たされていくことを、検証研究会のメンバーとして期待している。

●たかはし・しげる＝一橋大学大学院法学研究科教授

プロローグ「改正行政事件訴訟法施行状況検証研究会」

團藤　丈士
Joji Dando

はじめて本格的に松澤さんと一緒に仕事をさせていただいたのは、私が法務省大臣官房司法法制部参事官として、日本法律家協会法曹養成問題委員会（田尾桃二委員長）のお手伝いをしていたときであった。松澤さんは、同委員会の会議に参加され、また、日本法律家協会と商事法務研究会の共催によるシンポジウム「法科大学院のカリキュラム・教育方法を考える」（平成一三年一一月一七日開催）を企画・実施された。当時、商事法務研究会は、日弁連法務研究財団と共同で法学検定試験をスタートさせていたものの、やっと二級の試験を始めたという段階であって、どうして商事法務研究会が「法曹養成」なのかピンとは来なかったが、松澤さんの頭の中には、既に、その後の、法学既修者試験、法科大学院全国統一適性試験へのビジョンができていたのであろう。

次に松澤さんのお世話になったのは、私が法務省民事局に移り、平成二一年に民事局担当の大臣官房審議官に異動し、民事立法関連の業務を担当するようになった後である。当時は、政権交代の前後の時期であり、行政の営みも大きく変動していた時期であった。民事立法関連業務もその例外ではなく、法制審議会への諮問に先立ち論点の整理等を行っていた研究会についても、随意契約ではなく、入札によることとされ、さらに、参加者が落札者だけという一者入札ではだめで、複数の参加者が確保されなければならないとされた。従前は、商事法務研究会にも、多くの民事立法課題について、法制審議会に先立つ研究会を開催してもらっていたが、入札となると、商事法務研究会には入札参加資格がないという問題があり、民事局は、質の高い研究会を組織できる能力を持ったものが落札するという保証はないという不安定な状態に置かれることになった。そのような状況のもとで、松澤さんと会う機会があるたび、「商事法務研究会は、民法上の公益法人なのだから、債権法以外でも、公益事業として、みずから、民事立法にとって有益な研究会を企画・実施されるのであれば、民事局の担当者も喜んで参加させていただきますよ」と話していたものであった。

それが現実のものとなったのが、「改正行政事件訴訟法施行状況検証研究会」であった。その後、いくつかのテーマについて、商事法務研究会による自主的な研究会や勉強会に民事局の担当者が参加させていただいたが、この「改正行政事件訴訟法施行状況検証研究会」は、法制審議会への諮問やその答申を受けた法改正につながるものではない点において、また、商事法務研究会の事業展開との関連性が高いとはいえないテーマであるという点において、他の研究会・勉強会とは趣を異にしている。そこで、本稿においては、「改正行政事件訴訟法施行状況検証研究会」が設けられた経緯について、紹介することとしたい。

*

行政事件訴訟法は、内閣に設置された司法制度改革推進本部の「行政訴訟検討会」における検討結果を踏まえ立案された「行政事件訴訟法の一部を改正する法律」(平成一六年法律第八四号。以下「一部改正法」という)により一部改正された。平成一七年四月一日に施行された一部改正法では、附則五〇条において、「政府は、この法律の施行後五年を経過した場合において、新法の施行の状況について検討を加え、必要があると認めるときは、その結果に基づいて所要の措置を講ずるものとする」とされており、それによれば、平成二二年三月末日の経過をもって、一部改正法施行後五年が経過することになるが、検証を行うべき立場にあるのは、行政事件訴訟法を所管する法務省民事局ということになる。

私は、法務省出向前、東京地裁の行政部で二年間右陪席裁判官として勤務し、また、民事局民事第二課長当時には、新司法試験の行政法の考査委員を拝命していたこともあり、改正行政事件訴訟法については関心を持っていた。大臣官房審議官に異動後、担当参事官に改正行政事件訴訟法についての施行状況の検証をどうする予定なのかを尋ねたところ、最高裁行政局、日弁連行政訴訟センターおよび法務省民事局の実務レベルで意見交換を行っており、これまでのところ、さらなる法改正の必要性を基礎づけるような事情は窺われないという報告を受けていた。そのような状況の下で、平成二二年の夏ころだったかと思うが、日弁連行政訴訟センターの皆さんが私の所に来られ、法務省として一部改正法附則五〇条にいう検証をどのように行うつもりなのかと尋ねられた。上記の実務レベルでの意見交換をもって検証作業と位置付けていると申し上げたところ、お越しになった皆さんは、法制審議会において検証が行われると考えておられたとのことであった。そこで、法制審議会への諮問は改正法案を提出することを前提にされることを説明し、現状では、法制審議会への諮問が現実的でない旨をお話ししたところ、皆さんからは、法制審議会への諮問に先立って設けられている研究会のような場でもいいから、実務者だけでなく、研究者も交えた検証の場を設けて欲しいとの強い要望があった。お話を伺うと、日弁連行政訴訟センターとしては、司法制度改革推進本部行政訴訟検討会において見送られたテーマについて、改めて、研究者を交えた場で検討してもらいたいと考えていることがわかった。当日は、研究会を設けるとしても、予算要求もしていないので、法務省として設けることはなかなか難しい旨をお話しし、検討はしてみるが過大な期待はしないでほしいとお伝えするにとどめたが、皆さんのお話を伺いながら、改正行政事件訴訟法施行後の裁判例を研究者の視点も交えてレビューすることは、実務にとって有益ではないかとの考えから、研究者を交えた研究会の設置を実現したいとの思いが強くなり、そのためには、松澤さんに相談するしかないかと考えていた。ただし、改正行政事件訴訟法の施行状況の検証が、「民商事法」を中心とした商事法務研究会の事業内容とそぐわないとして難色を示されるのではないかとの一抹の不安もあったため、少し慎重な物言いをしたのである。

しかし、それも杞憂に過ぎなかった。後日、松澤さんに、趣旨・目的をお話しして、商事法務研究会において、研究者、最高裁行政局、日弁連行政訴訟センターおよび法務省民事局関係者が参加する改正行政事件訴訟法の施行状況を検証する研究会を設けてもらえないかとお願いしたところ、「わかりました。やりましょう」との二つ返事で了解いただき、研究会設置に向けての段取りを組んでくださった結果、高橋滋一橋大学大学院教授を座長として「改正行政事件訴訟法施行状況検証研究会」が設置されたのである。

その研究会の成果が、商事法務研究会が公益社団法人に移行した後の平成二五年三月に、高橋滋編『改正行訴法の施行状況の検証』として株式会社商事法務から出版されている。同書を受け取った際に、松澤さんはこの畑違いの研究会を引き受ける時点で商事法務研究会の公益社団法人移行を睨んでいたに違いないと思ったものである。

＊

松澤さんが何を見ているのか。それは、私のような近視眼的な凡人には、一定の時が経過して初めてその一端がわかるに過ぎない。しかし、それがわかったときには、パズルが完成したときのような気持ち良さがある。これもまた、松澤さんと一緒に仕事をする楽しさの一つなのかもしれない。

●だんどう・じょうじ＝文部科学省原子力損害賠償紛争解決センター室長

売れない別冊NBL四部作
——法例の見直し

道垣内　正人
Masato Dogauchi

松澤さんには二〇一〇年の日本ADR協会設立をはじめ様々な件で大変お世話になったが、ここでは、「法の適用に関する通則法」の制定に結実した法例研究会のことに絞ることとしたい。

この本の企画のご連絡を受けた際に直ちにこれを書くのがいいだろうと思ったのは、二〇〇二年夏から二〇〇三年初め頃まで続いた法例研究会のことである。それまで、あるいはその後も、商事法務研究会で開催されたいくつかの研究会に参加させて頂いたが、それとは随分と違うものだったからである。どの研究会でも、松澤さんが何かと気を遣って下さり、最後まで会議室にいて下さったことにより、段取りよく円滑に会議は行われたのであるが、あの法例改正研究会は進め方、とりまとめの仕方は格別のものだった。

短期間のうちに精力的に会合が重ねられたばかりではなく、毎回、与えられたテーマについて報告者が作成してきたたき台をもとに、とりまとめに向けて効率的に議論が進められた。報告者は、過去の文献で指摘されてきた（当時の）現行規定の問題点、複数の改正案の提示、各案についての解説、その他の留意点に加え、同じ問題が諸外国ではどのように扱われているかという比較法の資料、以上のセットを用意して会合に臨まなければならず、かなりの負担であったと思われる（私は座長だったので、その苦労はしていない）。この研究会の成果物は、「法例の見直しに関する諸問題（一）」から「同（四）」まで四冊（別冊

ＮＢＬの八〇、八五、八八、八九号〔二〇〇三年から二〇〇四年〕として出版され、二〇〇三年五月から二〇〇五年七月にかけて開催された法制審議会国際私法（現代化関係）部会の審議における基礎資料となったばかりではなく、そのまとまりのよさから、今でも大いに活用されている資料となっている。

この法例研究会のことが印象深いのは、上記のようなハードワークだったことだけではなく、その後、何かの機会に商事法務の松澤さんではないどなたかに、上記の別冊ＮＢＬがいかに売れていないかをちょっとした話として伺ったことがあるからである。「やはりそうだったか」と強く思った記憶がある。

では、このようなことがなぜ行われたのか。本稿執筆はよい機会であったので、その原動力であったのではないかと目星を付けていた方に連絡をとって事情を伺ってみた。それは、早貸淳子さんという法務省に事務官として入省され、この法例研究会の頃には民事局参事官室で国際私法グループにいたが、現在は、一般社団法人ＪＰＣＥＲＴコーディネーションセンターの専務理事としてご活躍の方である。彼女の了解を得て、その一部を引用させて頂く。

私からの質問：早貸さんと松澤さんとの間にどのような話合いが行われ、あんな決して売れないことが明白なものを別冊ＮＢＬとして出版することになったのか、そのあたりのことを伺いたいと思い、連絡をとらせて頂きました。

彼女からの返信：一言でいえば、当時参事官室にいらした原田晃治民事法制管理官（後に官房審議官）が、ご自身も裁判官になられてから留学（米：ワシントン大学ロースクール）を経験され、「国際私法の検討資料をきちんと整理して残しておくこと」の必要性を強く意識されていたことによるものだったと記憶しています。結果、売れない別冊ＮＢＬを世に出してしまったのであれば、ご迷惑をおかけして大変申し訳ありませんでした。原田氏は「自分が会社法等の解説書の出版に協力するのは、その法自体の解説を世に出すことの必要性もさることながら、『法例』等の商業ベースにのらない法律関係の立法資料も後世に残すために出版してもらえるよう（つまり、商事法務には売れる本〔会社関係法〕で埋め合わせはするので、法例のように商業ベースに乗りにくくても本来残しておくべき立法資料は売れなくても一連の資料として出版してもらって関係者が参照できる資料として残せるように）やっているつもり＝加えて商事法務には松澤さんのような理解者がいてくださるからこそできることなのだから、早貸は遠慮しないで残しておくべきだと思うものは残せるようにすることだけ考えろ」と口癖のように申しておりましたし、実際にやりたい放題させていただきました（→これは、商事法務さんに御礼すべきことですが）。

これは初めて知ったことである。国際私法はまるで絶滅危惧種のようではあるが、今は亡き原田さんにお礼をしたい気持ちで一杯である。彼が背後にいて、こんなことを考えて下さったとは。このエピソードを知るきっかけとなった本企画に感謝する。また、そのような意を受けた早貸さんの出版ビジネスとしては不合理な要求を受け入れてくださった松澤さんに改めて感謝したい。

●どうがうち・まさと＝早稲田大学大学院法務研究科教授

公益通報者保護法

永谷　安賢
Yasutaka Nagatani

前夜

二〇〇〇年代に入ると、バブル崩壊後の不況を背景に企業不祥事が続発した。三菱自動車のリコール隠し、雪印乳業の集団食中毒、雪印食品、日本ハムの牛肉偽装事件等が次々に露見、米国でも、総合エネルギー会社エンロンの不正会計事件や代表的通信企業ワールドコムの粉飾決算等が相次ぎ、企業行動のあり方が世の関心を集めるようになった。いずれもが内部告発による発覚であった。

企業倫理は会社経営にとっての根幹である。現代社会では、企業は不祥事によって瞬時に信頼を失くし、存続問題に発展するのみならず、日本型市場経済への深刻な不信をも惹起する。しかし、そんなことはとっくの昔からわかりきったこと。やれコンプライアンス経営だ、やれ企業の社会的責任だと言われて久しいが、その間、不祥事はなくなるどころか、むしろ逆に増え、しかもだんだん悪質化しているかの感さえする。

何故こうなのか。戦後の日本経済を支えてきた企業はどこに行ったのか。そうした思いこそすれ、私は、それまで企業性悪説等考えたことはまったくなかった。しかし、ここまで繰り返されると、「ちょっと待ってくれ、どうやら不祥事はこの先も続くという前提で、どう防止するかを考える方が合理的ではないか」と、いつしか思うようになっていた。

もとより、政府の民間経済への介入は極力避けるべきである。しかし、政府が前面に出ることで少しでも事態が改善するようであれば、それもまた政府の役割というもの。普段から情報不利を強いられている消費者にわずかばかりの下駄を履かせても、それは社会正義に適うはず。事業者と消費者の情報の非対称性の典型事例で、介入は当然許される。が、この種の企業不祥事の防止には一体どういう対策が有効なのか。この課題を所管する役所の担当局長の思いはこういうふうだった。

法案

検討の場は、国民生活審議会消費者政策部会に置かれた自主行動基準検討委員会と公益通報者保護制度検討委員会であった。一橋大学大学院法学研究科松本恒雄教授を委員長に、制度導入の可否と制度設計が精力的に議論された。

この制度は日本の文化や企業風土にそぐわないし、導入のハードルは高い。最初から完璧な制度等望みうべくもなかった。とりあえず最低限のところからスタートし、不十分なところは後から補えばよい。短期間で立法化するには、それしかない。この機を逃せば制度化は二度とできないだろうと、私は考えていた。いくら時間をかけても、消費者・事業者間で新たな合意が生まれるとは見込めない一方、その間に社会的な関心、熱気が冷めてしまい、時期を失することが一番懸念された。

新制度では、何よりも、告発を奨励するニュアンスは避けたかった。内部告発に伴う負のイメージを払拭しながら、同時に、不確実な情報で職場の雰囲気が壊れ社員の意欲が喪失するような事態も回避する。企業の利益追求には社会的責任が付随するということをビジネスの風土として根付かせてほしかった。企業倫理やコンプライアンス経営に取り組むための相談窓口ぐらいは整備してほしいとの意も込めて、「公益通報者保護法」のタイトル名とした。

通報の目的を「消費者利益の擁護」に限定したことも、案の定、猛烈な反撥を惹き起こした。消費者・事業者間の相互不信は、市場重視、規制緩和、事後チェックへの政策転換が進められる中で、想像を遥かに超えて根深く、一部の弁護士も交えて、最後の最後まで激しい議論が交わされた。長年にわたる政策に対する消費者の抜き差しならない不信・不満を痛烈に感じた瞬間になった。最後は、民事ルールとして設計されたこともあり、ないよりあったがまし、初めの一歩という認識が大勢であったように思う。

余話あれこれ

審議会の議論と並行して、政府内の根回しにも骨が折れた。与野党を問わず国会議員の先生方からの反発は大きかった。与党サイドは、この法案は日本的風土、企業文化になじまないという本能的な嫌悪感に根ざすものだった。党の政調会で法案が了承になってからも、「チクリ法」、「チクリ法」との先生方の揶揄の中に、法案への反感が見え隠れした。野党サイドは、法案の中身への不満、つまり、通報目的や通報者の範囲が狭いとか、外部通報の要件が厳しすぎるとか、「公益通報者保護法」ではなく「公益通報制限法」ではないかということに尽きた。

私は、「新法が頻繁に使われるような世の中って、決していいものじゃありません。だから、我々は、こうした法律が存在するというその抑止効果で、法が使われない社会を作ろうとしているんです」、「企業行動の健全化には今やこの程度の法案は必要です。ご懸念のように法案が企業文化を歪め経済社会に害悪をなすようであれば、我々はすぐにでも法律を廃棄します。五年後の見直し条項も置かれていますが、その悪影響が明らかになれば、五年といわずその時点で廃案にします」と答えるのが常だった。

もう一つ、当初は比較的好意的だった自民党の総務会長が、ある日を境に態度を豹変されたことも記憶に鮮明だ。それは、新法の適用対象をどの範囲にするか、考え方がある程度整理できたことを説明に伺った時のこと。かねて熱心に話を聴いて頂いていただけに、私は、総務会長にこの法律の旗振り役になっていただきたいと内心期待していた。が、私の説明が拙かったのか、「税法や政治資金規正法は対象にはなりません」と説明したその瞬間、ものすごい剣幕で怒鳴られた。有り体に言えば、「政治家の不正には目をつむるから、この法律を通せ」と私が言っているように聞こえたようだった。さあそれからの収拾の難しさ。総務会長の事前了承なしには、法案は国会審議に付されることはない。法案の閣議決定・国会提出までの時間は殆どない。一週間ばかりの間にすがる思いで総務会長室に何度足を運んだことか。必死で説明に努め、漸く国会提出にこぎつけたのはリミット寸前であった。

＊

私は、この法律が、当初の目論み通り抑止力として働いてくれることを切に望んでいる。が、残念ながら、制定後一〇年超を経た今でも、東芝、東洋ゴム、旭化成等の大企業の不祥事は後を絶たない。日本の企業社会には自浄能力はないのか。倫理を欠いた資本主義に未来はない。企業経営の初心に戻って欲しいと切に願う所以である。

●ながたに・やすたか＝NPO法人活生（いきいき）ライフ理事長
元内閣府大臣官房長

公文書等の管理に関する法律

野口　貴公美
Kikumi Noguchi

松澤専務理事におかれましては、古稀をお迎えになられますとのこと、誠におめでとうございます。貴重なお祝いの企画に際して、「公文書管理法」について書かせていただく幸せな機会を賜りまして、ありがとうございます。日本の公文書管理法の成立には、松澤専務理事をはじめとする商事法務研究会のみなさまの存在が極めて大きかったといえると痛感いたしております。このおめでたい機会に、松澤専務理事、そして商事法務研究会のみなさまにむけて、この点について書かせていただき、御礼をお伝えすることで、お祝いにむけてのお原稿とさせていただけたらと願っております。

＊

日本の公文書等の管理に関する法律（公文書管理法）は、平成二一年に制定され、平成二三年四月一日から施行されています。この公文書管理法は、公文書の統一的な管理のあり方を定めると同時に、これまでは法律の対象とはされていなかった特定歴史公文書（歴史資料として重要な公文書等）の移管や利用のあり方についても定めをおく、公文書管理の通則法です。

現用文書から非現用文書までを射程にいれて、その作成・管理・利用のあり方を通則的に定める制度をつくることは、長い間、わが国の大きな課題の一つでありました。と同時に、他の種々の政策や施策の立案や制定との関係のなかで、公文書管理法の制定は後手にまわされることが多く、制度化に向けた現実的な動きがなかなか本格化することが叶わなかった制度の一つであったともいえるのではないかと思います。

長い間なかなか実現しなかった公文書管理法が、しかしようやく制定されるにいたった、その立役者として、平成一七年から平成一八年まで、商事法務研究会において開催された「公文書管理法研究会」（座長、高橋滋一橋大学大学院法学研究科教授）を挙げることができましょう。この研究会では、公文書管理制度の国際比較、制度的な論点の検討はもちろんのこと、さらに意欲的に、公文書管理法案の案文を作成することが企図されることとなりました。当時の諸情勢のなかでは、正直なところ、公文書管理法の法案を練ったとしても、それが実際の法制定の議論の俎上に載せられる可能性はそれほど高くはないという状況であったように記憶しています。しかし、商事法務研究会は、惜しむことなく、法律案を練るという目的実現に向け、ワーキンググループの設置をお許しくださり、さらにその活動を支えるべく、議論・検討研究のため、貴重な時間や、場所や、諸資源等をふんだんに提供して下さいました。結果、ワーキンググループでは、毎回、大変熱心に議論を重ねることが可能となり、その成果として、公文書管理法の甲案・乙案という二つの案をとりまとめることができたのです（研究会の成果は、総合研究開発機構＝高橋滋共編『政策提言公文書管理の法整備に向けて』〔商事法務、二〇〇七年〕としてとりまとめられています）。

振り返ってみると、ワーキンググループでまとめられた甲案と乙案とは、わが国の実情を踏まえた、わが国独自の、そしてわが国初の、公文書管理法の法律案の検討だったといえるのではないでしょうか。具体的な条文やその用語、解釈、条文間の関係にいたるまで、詳細に精緻に検討をなしたこの法律案は、その後、わが国の公文書管理法の制定にいたる流れを形成する大きな契機となり、公文書管理法制定の実現に向けた大きな誘引力となったと信じています。

＊

私自身、この研究会に参加をさせていただいたことが、公文書管理の世界に携わる一つのきっかけとなっています。現在、ご縁をいただいて、公文書管理委員会に参加をさせていただけているのも、この研究会に参加をさせていただいたからこそであると、商事法務研究会の存在に心から感謝を申し上げております。委員として公文書管理委員会に参加をさせていただくなかで、その議事の随所において、商事法務研究会における議論や研究会の成果が参照され振り返られていることも実感させていただいております。商事法務研究会でいただいた素晴らしい時間が、日本の公文書管理制度の発展と充実のために用いられている現場を体感することができている幸せを感じ、感謝を申し上げております。

●のぐち・きくみ＝中央大学法学部教授

コンピュータ・ビジネスローからＩＴ法務への発展

松田　政行
Masayuki Matsuda

現在ＩＴ法分野は、研究者にとっても実務家・弁護士にとっても重要な分野となっている。法制ごとの分野を縦軸とするならば、研究者は、横軸で研究をしなければならず、専門性の他に総合的法令の知見が求められることになる。実務家が処理する事案・事件もまた法令ごとの検討にとどまらない。ＩＴ技術を基礎に変容する社会事象を法的なスペックで分析するという作業がすべての案件、すべての法分野で行われているといって過言ではない。社会・経済・文化がＩＴによってパラダイムの変革を求められているということになる。

この大変革がはじまったのは、そんなに昔の話ではない。はじめの議論は、コンピュータ・プログラムの知的財産権的保護のあり方から始まったということができよう。コンピュータ・プログラムが経済産業省・文化庁間の立法議論から始まり、世界の趨勢から、結果的に著作権法によって権利化し保護の対象とすることが決められたのは、昭和六〇年六月七日第一〇二回国会においてである。その後、データベース、インタラクティブ送信、プロバイダ責任法、自動公衆送信、マルチメディア、ＩＰマルチキャスト、インターネット、クラウド、日本版フェアユース、電子書籍等々約三〇年間にわたりＩＴ関連の著作権法の改正が重ねられて来たということができる。これに並行して、すべての法分野でＩＴ化に伴う改正法が生じた。

米国マイクロソフト社は、日本において著作権法の改正議論が始まる前である昭和五七年には、すでにコンピュータ・プログラムの著作権法上の保護を求めて、東京地方裁判所に提訴していたのである。これが「マイクロソフト・ベーシック・インタープリタ事件」である。日本法制上未だ定まっていないコンピュータ・プログラムの保護を米国の判例を手掛りに保護を求めた事件であった。判決は、上記の著作権法改正後の昭和六二年一月三〇日に出された。この事件の提起が著作権法改正に大きな影響を与えたことは間違いのないところであろう。

この事件を米国マイクロソフト社（日本国内では当時アスキー社が総代理店をしていて実質同社の事件でもあったということができる）から任されたのは、渉外弁護士である三木茂弁護士であり、国内的・技術的な分野を担当したのが私・松田であった。訴訟の争点は、プログラムとは何か、どのように開発（記述）されるのか、著作権法上の創作に該当するか、侵害物件との複製性の有無、公開することの正当性の有無等すべて米国判例を読み日本法上どう解釈するべきかを論ずるものであって、立法と並行して議論がなされていた。

この立法過程と同事件の審議に目を付けたのが当時のＮＢＬの担当者松澤氏であった。編集者の視点というよりは、ジャーナリストの視点であったと思われる。コンピュータ・プログラムが産業の中核をなし、この法的保護問題を突破口として法制においても大変革の時代が来るという予感があったのであろう。松澤氏は、三木弁護士と私に、米国の判例を論点ごとに紹介して、日本法上（実定法が存在していない時代における、知財の位置付けと契約による取引のあり方）いかに解するかを論文として公表することを要請して来たのであった。真に先見というべきであった。三木弁護士と松田は、マイクロソフト事件の弁論と並行して、それぞれ一〇編程度の松澤氏要請の論文を書き続けた。これがＮＢＬに連載されて、はじめてコンピュータ・プログラムの知財的保護が日本で問われることになったのである。

その後に、前述のとおり昭和六〇年に著作権法が改正され、現在に至るまで著作権法だけをとってみても実に多くの法改正が重ねられ、現在のＩＴ社会にかろうじて対応している。

私は、この事件の判決の六ヶ月後の昭和六二年七月七日に商事法務研究会から『コンピュータ・ビジネスロー』を刊行し、NBL論文の多くは、この日本版プログラム保護解説にまとめられた。今になってみると、議論の余地がないほどに当然のこととして処理されている事柄が、当時としては、手掛りのないまま独りで考え悩んだ論稿も多々あった。読み返すほどに大きな間違いがないことにほっとしているような有様である。

現在IT法制の出版物は実に多く、分野もすべてに渡っている。この現況のはじまりは、三木弁護士とともに執筆したNBL論文と昭和六二年の『コンピュータ・ビジネスロー』にあったということができる。IT法分野におけるはじめての刊行ということは間違いのないところである。

この論文、出版の企画をしたのが、ほかならぬ松澤氏であった。今日の日本のIT法制を切り開いた一人ということができる。

●まつだ・まさゆき＝弁護士（森・濱田松本法律事務所）

『回想独占禁止法改正——平成一七年、二一年、二五年改正をたどる』の刊行にあたって

村上　政博
Masahiro Murakami

私は松澤さんからはこれまでに様々な点で支援をいただいたが、今回のテーマとの関係では、『回想独占禁止法改正——平成一七年、二一年、二五年改正をたどる』（商事法務、二〇一六年）の刊行にあたっての支援を欠かすわけにはいかない。

平成二七年に行政審判の廃止が確定し、竹島一彦前公取委委員長の協力を得られ、上杉秋則元公取委事務総長および松山隆英元公取委事務総長に執筆を引き受けてもらえることになって、はじめて本書の構想が具体的に動き出した。内容的には、最も改正の経緯を熟知している人物の協力を得られるものであって、立法制定史として学問的に高い価値があり、かつ末永く読まれるものとなるという確信があったが、しょせん過去の立法経緯の話であって大量に売れるようなことは期待できないことも確実であった。

松澤さんはかねてより、立法をする際にどんな議論がなされたか、国会審議はもちろん関係各界からはどんな意見が寄せられていたのかを後世に残すことは重要ではないかと言っておられた。

そこで真っ先に、松澤さんのところに伺って本件企画について相談させてもらうとともに、強い推薦を得て商事法務で出版を引き受けてもらえることとなった次第である。

この作業を無事終えた現在、このような立法制定史のような書物を出版する価値があるということをあ

らためて実感している。しかも、何よりもこのような作業にあたってはタイミングが重要であることを痛感している。本書の関係者についても、すなわち約一〇年前の平成一七年改正の事実関係についてすら正確な記憶を喚起することが難しくなっていた。

また、同書出版の教訓として、一連の改正について強いリーダーシップを発揮して、関係する事柄をもっとも詳細に知りうる竹島前委員長でさえも、立法作業に関するすべての出来事に関する知識を得て、すべての動きをコントロールしているわけではなかった。やはりまさに極めて多数の利害関係者が様々な思惑で動いた結果として、最終的にそれらの法改正が実現している。

この点からは、今回の一連の改正についてのいわゆる国際標準の競争法への移行への抵抗勢力の動きや審判廃止等への反対派の意見も紹介することを検討したが、理論的には勝負のついた事項でもあって、さらにはいまさらその動きに評価を加えるまでもないと考えたので特段取り上げなかった。むしろ、本書完成が国際標準の競争法への道に一区切りつけるものであるとともに、今後の国際標準の競争法へ向けて、裁量型課徴金（行政制裁金）の創設や不公正な取引方法の解体というさらなる法改正を促進することに役立つことを願っている。

本書作成の途中においても、竹島前委員長とのインタビュー記事が完成した段階等に松澤さんに意見を求めていたが、「多数の人に読んでもらいたい大変面白い本である」と言って励まされた。さらに、最終版については「独禁法を研究する方にとって極めて貴重な文献となるだろう」という過分なお褒めの言葉をいただいた。

後は、この本を読んでいただければすべて理解できることである。改めてその支援にお礼を申し上げたい。

●むらかみ・まさひろ＝成蹊大学客員教授、一橋大学名誉教授
森・濱田松本法律事務所客員弁護士

公益通報者保護法の公布まで

吉井　巧
Takumi Yoshii

私は平成一五年七月から平成一七年一月まで内閣府国民生活局（当時）に企画官として、公益通報者保護法の制定に若干関わったので、私が在籍していたときにおける同法の公布までの動向を、記憶している範囲内で時系列的に簡単に紹介させていただきたいと思う。

＊

私が担当企画官に着任する前には、当時、事業者による自動車のリコール隠蔽や食品の産地偽装表示等の事件、不祥事等が、事業者内部からの告発によって明らかとなる事案が多数発生している状況であった。一部に告発者が不利益処分を受けるような場合もあり、こうした告発者を法的に保護すべきではないかとの要請が高まっていたことを受けて、本書の発起人であられる落合誠一先生をはじめとした方々が中心となり、平成一五年の五月、国民生活審議会消費者政策部会のとりまとめ報告がなされていた。

私は、七月一日付で国民生活局企画官に着任し、七月七日には新制度の準備室、いわゆるタコ部屋が立ち上がり、私も含め四人（その後増員）がその部屋に放り込まれて、新法の制定に向けた作業が開始された。そのときには、既に、消費者政策部会報告を踏まえての新法の骨格のようなものはできていたかと思うが、ただ、未だに「公益通報者という呼び名でいいんだろうか」、「派遣労働者はどうするんだ」、「不利益処分の範囲をどこまでにするのか」等々の基本的な議論を交わしていたような記憶がある。

その後は、関係者の意見を拝聴したり条文の用例を検索したりで、八月のお盆前には第一次原案みたいなものとその解説資料ができあがり、内閣府の幹部説明も終わって府内の一定のコンセンサスも得られた。盆明け後は、内閣法制局の条文審査が始まるなど、政府内の主だった調整も開始され、一〇月末までには、ほぼ条文の事務的な原案が固まり、また、原案から枝葉を削ぎ落とした法案の骨子案等も作成を終えていたと記憶している。一一月以降は簡単なポンチ絵を使って、本格的な各省調整も開始していたし、必要に応じて消費者団体、労働界、事業者団体等へも順次説明をさせていただいた。

一方で、八月の盆過ぎからは与党手続も開始され、自民党消費者問題プロジェクトチームや公明党消費者プロジェクトチームにおいて、消費者、事業者等の関係者からの意見聴取や制度の中身の議論が行われた。この年は、消費者保護基本法から消費者基本法に変わる議員立法も検討されており、翌一六年の二月までに、それぞれ都合十数回のプロジェクトチームが開催され、一定のとりまとめも行われた。

以上のとおり、平成一五年の年末までに主だった関係者との調整も一巡してきたところで、一二月一一日から翌年の一月二一日までの間、法案の骨子案をパブリックコメントにかけて広く国民の意見を伺うこととなった。当時は、この問題がマスコミで大きく取り上げられていたこともあって、非常に多くの意見をいただいたように記憶している。それまでの国民政策審議会等での議論と同様、総じて、消費者と労働界、そして通報を受ける側のマスコミではもっと保護の対象を広げるべきだとの大きな声が上がり、他方、事業者はもっと限定的にならないかと思ってはいたけれどもあまり声を出してはいなかった、といったところであったと思われる。こうした議論は、その後国会での審議でも同様に続き、与野党対決の法案になっていく。

平成一六年一月からは、法案の閣議決定や国会での審議に備えて関係の国会議員への説明や与野党の事務手続が目白押しとなってくる。このような中で、二月中旬過ぎになって、与党との調整の過程において、内容を明確化するとの趣旨で急遽条文のいくつかの箇所を修正しなければならなくなった。通常ならば予算関連でない法案の国会提出は三月中旬までとなっているため、我々事務方としては二月末から三月初旬での閣議決定を目指していたが、この修正によりもう一度関係省庁や関係議員等との調整を行わなければならず、その結果、三月九日に閣議決定がずれ込み、期限ぎりぎりでの滑り込みの国会提出となってしまった。

その後は、衆参の内閣委員会に付託され審議される予定であったため、内閣委員会所属の国会議員を中心により詳しい説明を行い、四月以降いつ審議が開始されてもいいように準備を進めた。また、この年は六月一六日の国会閉会が決まっていたので、事務方としては、連休を挟んで五月中旬ぐらいまでに衆議院での審議を終えてもらい、その後の一ヶ月間で参議院での審議が終われば、国会の会期内に法律を成立させることができるとの予定を組んでいた。

しかし、衆議院本会議での趣旨説明と質疑が行われたのは、連休直前の四月二七日で、同日ようやく衆議院の内閣委員会に付託された。連休明けの五月一二日、一四日、一九日、二一日と、参考人質疑を含め都合一六時間の審議を経て、衆議院本会議において議了処理が行われたのは、予定から大幅に遅れた五月二五日となってしまった。

法案は参議院に送られ、本会議での趣旨説明および質疑が六月二日、翌三日に内閣委員会での提案理由説明がなされた。ただ、会期末の一六日も近づいていることから、我々としては提案理由説明だけでなく質疑も行って欲しかったが、他の委員会で強行採決が行われるなど、会期末に向けて与野党の対決ムードが高まってきていた。当時、参議院内閣委員会の開催定例日は火曜日と木曜日だったが、定例日の八日（火）も内閣委員会は立たずじまいであった。この頃になると、一日委員会が開催されなくても法案の審議等に大きな影響が出てしまうことになる。会期末を迎え非常に厳しい状況になってきていた。

ようやく審議が再開されたのは一〇日（木）。この日参考人質疑を含めて七時間二五分の質疑が行われ、翌一一日（金）も定例日ではなかったが、二時間一五分の質疑等がなされ、内閣委員会での採決の運びとなった。翌週、会期末二日前、一四日の参議院本会議において議了処理が行われ、非常に難産ではあったが、公益通報者保護法は予定通りめでたく成立し、その週の六月一八日に公布された。

＊

以上が、私が関わった公益通報者保護法の公布までの主な動きである。その後は、対象法令を定めた政令の制定や、商事法務研究会にも当方からの委託事業として通報制度のガイドラインを作ってもらうなど、施行に向けての準備作業にも携わらせていただいた。この制度は公益のために通報した者を保護するための民事ルールを定めたもので、制度ができたことによって、事業者による通報窓口の設置等の体制整備を促し、事業者の法令順守の意識をさらに一層高めてもらうという効果も期待していたところであるが、このような意味でもこれまで一定の役割を果たしてきたものと考えている。

●よしい・たくみ＝消費者庁審議官

世界と日本と松澤さん

四元　弘子
Hiroko Yotsumoto

少し昔のことをお話ししたい。今となっては夢物語のようだが、一九九六年、日本は、純国産のH2ロケットを開発して間もない時に、米国企業から合計三〇機もの商業衛星の打上げを受注した。欧米宇宙先進国を追いかけて、打上げ市場への参入を目指していた日本にとって、大きなチャンスだった。

この超大型発注を受けて、宇宙利用に関する国際法上の約束を担保するために、ロケット打上げ時の損害賠償措置について国内法の整備が急きょ必要になった。私は、その頃霞が関に勤務していて、この立法作業に携わった。ただ、ビジネスの話は大きくとも、当時日本では、宇宙開発事業団が年にせいぜい一、二機の打上げを実施していたのが実態で、時間のない中、法律の手当ては、当座必要な措置に限定したささやかなものになった。とはいえ、今後大量の民需に応えていくには、日本でもロケット製造能力と打上げ能力の大幅増強に加え、宇宙活動に関する法的な仕組みも整備していくことが必要になるはずで、多難ではあるが、チャレンジしがいのある未来が待っているように思えた。わくわくして楽しい時代だった。

しかし、現実は厳しく、この後日本の打上げ事業にとって、長く苦難の歳月が続くことになる。相次ぐ打上げの失敗や発注者の倒産等悪条件が重なり、三〇機の商業衛星の打上げは、結局一機も実現しなかった。以後、商業衛星の打上げは新規受注できない状況が続き、ようやく日本で民間事業者による正真正銘の商業打上げが実現したのは、実に二〇一五年のことである。

そして翌二〇一六年、民間の宇宙活動に関する新規立法が行われた。国会審議はこれからで規制の詳細も固まっていない現時点で、この法律の論評をするのは時期尚早だが、法案が通れば、宇宙活動に対する一般的な法規制が初めてできることになる。かつて当座の手当てと思って作ったロケット打上げ時の損害賠償措置は、予想外に二〇年も長生きすることになったが、この新法成立の暁には、お役御免になる予定である。ただ、法規制ばかりできて、民間の宇宙活動が進展しないのでは意味がない。今後この法律がどう運用されていくか、よくよく注視していきたい。

相前後してもう一つ、私は、日本が一九九七年に包括的核実験禁止条約（CTBT）を批准するにあたり必要な国内法の整備を行った。CTBTは、それまで世界が止められなかった地下核実験を含め、文字通りすべての核実験を禁止する条約で、冷戦終結後核拡散の脅威に直面していた世界の後押しを受けて一九九六年国連総会で採択された。

日本には、「核爆発を生じさせた者は、七年以下の懲役に処する」という誰にも知られていない刑罰規定があるのだが、これは日本がCTBTを批准するにあたって私が仲間と共に作った国内法の一部である。二〇一六年の年初、北朝鮮の水爆実験というニュースが世界を駆け巡った時、CTBTとこの罰則を久しぶりに思い出した。

一九九六年のCTBT採択当時、私はちょうどCTBTや朝鮮半島エネルギー開発機構等の国際問題を担当させられていた。日本は、当然CTBTの批准を予定していたが、この条約には、核開発能力を潜在的に持つと見られる四四か国が批准しない限り発効しないという特殊な発効要件がついていた。四四か国の中には、日本や五核兵器国の他に、北朝鮮、インド、パキスタンといった国も入っており、当初から発効する見込みは限りなく薄い条約だった。日本がCTBTを批准するには国内法の整備が必要だったが、下っ端担当官の私としては、できれば逃げたい作業で、いつ発効するかわからない条約の批准を慌てることもなかろうと勝手な観測をし、事実、批准はまだ先の話と見られていた。ところが一九九六年暮れ、上司のもとに突然橋本龍太郎総理の秘書官から電話があった。総理がCTBTを一刻も早く批准したがっているので、国内法の準備を急ぐようにとのことだった。唯一の被爆国である日本の世界平和へ向けたアピールと思われた。こうなると役所の対応は猛烈に素早い。直ちに狭い作業部屋が用意され、私はそこに入れられ、仲間と共に核実験について俄か勉強をし、条約を読んで法律事項を拾った。核実験について懲役七年という刑の重さはちょっとユニークかもしれない。

結局、日本は、フィジー、カタール、ウズベキスタンについで、世界で四番目のCTBT批准国となった。総理がこの結果に満足したかわからないが、事務方としてはまあ頑張った方である。政府は、四四か国の中では日本が最初に批准したと誇らしげに発表した。あれから二〇年、CTBTの批准国は一六四か国になったが、今も条約は発効していない。当時大慌てで作った国内法は、条約発効と連動して施行されるので、これも未施行のままである。世界はこの二〇年、一体進歩してきたのだろうか。

これらは、いずれも立法と呼ぶのも憚られるほど小さな法律である。しかし、こんなものにも日本と世界を結ぶささやかな物語があるように、どんな小さな法律にも、その裏には何か物語があるはずだと思う。

さて、こうした立法作業は、否応なくやった仕事ではあるが、結構おもしろい経験になった。内閣法制局での細かい議論ですら知的な会話に感じられて、初めて、法律について考えたり議論したりすることも満更でもないと思うようになった。そんなことも多少影響して、私はその後自分でも思いがけないことに弁護士になった。

弁護士になってみると、もちろん、この世界は甘いものではなく、それまで自分が法律実務についていかに無知であったかを思い知った。一方、目先のことに追われる日々で、世界平和や国の安全保障なんて言葉は脳裏から消え去った。進歩もしたが、退歩したところも随分ある。それでも、世界平和とまではいかないが、過去に携わった仕事にいくらか形を変えて関与する機会が時にはあり、そんな折りは少し真面目に日本にとって何が良いことなのだろうと考えたりする。弁護士の手にはとても余る話もあり、松澤さんのところに駆け込んでご助力を乞うのはそういう時である。突拍子もない話を持ち込んでも、松澤さんは驚いた顔一つ見せず、いつも手を差し伸べて下さった。

ところで、松澤さんは、福島県の南相馬のご出身で、故郷の惨状に大変心を痛めておられる。現在、国では、二度の深刻な原子力事故を経験して、制定から半世紀以上たった原子力損害賠償法の改正に向けた検討が進められている。私は、霞が関勤務時代以来、この法律との付合いが細く長く続いてきたが、松澤さんには、今回の法改正のことも時折相談していて、松澤さんは、この法律の重要性について深い理解を示して下さっている。重い課題を沢山抱えた法律であり、多くの法律家に法的議論を十分してもらいたい、そんなことを松澤さんと話している。

もう一つ、この二〇年、私がつかず離れず眺めてきた日本の宇宙開発だが、宇宙活動新法が成立すると、法的な議論は次の段階に移行する。松澤さんには、必ずやこの宇宙法の分野でもお世話になると思っているが、さらに進んで、松澤さんとご一緒に何か新たな分野を切り開いてみたいという気もしている。それが宇宙の分野なのか宇宙を飛び越えた未知の分野なのか、まだよくわからない。

どんな法律の裏にも物語があるはずと書いたが、松澤さんが物語に登場する法律は数え切れないであろう。私の弁護士人生は、松澤さんと知り合い、お世話になった月日とぴったり重なる。わが身の幸運をしみじみ思い、松澤さんには感謝してもし尽くせない感謝を心から申し上げる。

●よつもと・ひろこ＝弁護士（森・濱田松本法律事務所）

司法制度改革・法学教育・法曹養成

法テラスによる法教育

畝本　直美
Naomi Unemoto

検事任官以来、検察の現場で捜査・公判を担当していたが、平成八年の夏、法務省民事局に勤務することになり、民商事立法関係等で民事局と関わっておられた松澤さんを知るようになった。と言っても、私は、戸籍行政を担当していたため、残念ながら、当時は、仕事上の直接の接点はなかった。その後、各所を異動し、平成一九年四月、日本司法支援センター（法テラス）本部に総務部長として出向したが、ほどなくして、久しぶりに松澤さんから電話をもらった。内容は、法テラスが法教育にどのように取り組んでいくのかについてであった。法テラスは、平成一八年一〇月に業務を開始したばかりであり、情報提供、民事法律扶助、国選弁護等の各業務を軌道にのせることや、全国規模でできた新組織の体制整備に大わらわで、法テラスも法教育を担っていく必要があるとは思ってはいたものの、そちらに力を振り向ける状況になかったというのが正直なところである。電話の後、直接お会いして松澤さんの考えていることを聞かせてもらったが、今後における法教育の重要性や、身近な司法を実現するために設立された法テラスが法教育を担っていくべきことなどを熱く語られていた。そんなこともあり、当時、商事法務研究会で研究者、法律関係者、教育関係者の方々等が参加して行っていた「法教育を考える会」に私も加えてもらうことになった。そこでは、法教育とは何かという問題から始まって、平成二〇年度から学習指導要領に法教育が入ることもあり、特に教育課程における法教育の在り方やその実践方法等について真剣な議論が行われていて、それまであまり法教育とは関わりがなかった自分にとって大きな刺激となった。法的なものの見方を社会に広げることは、法の支配が行き届く社会の基盤作りとして欠かせないことであり、法教育に着眼され、各分野の人たちをつなげ、議論をする場を提供し、実践に持って行くという活動は、まさに松澤さんならではであろう。

松澤さんのおかげで、法テラスが法教育を担うことの重要性を改めて認識し、何とかしたいと思っていたところ、たまたま、東京未来塾というところから、法テラスに授業を担当してほしいとの依頼があった。東京未来塾は、日本の将来を担いうるリーダーを育成するというコンセプトで、当時、東京都が実施していたもので、資質・能力のある高校生を選抜したうえ、各自の通う高校での学習とは別に、創造性やリーダーシップが養えるよう課題解決型学習や体験型学習等を取り入れていた。その一つとして、法的な視点を取り入れた授業を、ということだったので、それなら、法教育的な授業をやってみて、法テラスの法教育の今後の在り方を考える一材料としてみようと思い、お引き受けすることにした。三日間×三時間程度の割当があったので、最初のコマは、法教育研究会による「はじめての法教育」を参考にして、ルールは何のためにあるのか、ルール作りのプロセスを、さらには、司法制度改革や法テラスが設立された理由などについて生徒達に講義した。その後、高校生たちを憲法、民法、刑法の三分野に分け、それぞれ賛成と反対のグループに分かれてディベートをさせ、社会における価値の多様性や利害の調整手段としての法の役割などを考えてもらうことにした。三分野となると、チューターも三名必要になり、刑法は自分が担当するとして、憲法は、裁判官で当時法務省司法法制部の部付だった大谷太さん、民法は日弁連での法教育の第一人者である鈴木啓文弁護士（現在、法テラス本部事務局長）に趣旨を話してお願いしたところ、お二人とも快く引き受けてくださった。私以外は、随分、豪華キャストだったと思うが、憲法分野は、アイドルのプライベート時における写真撮影を例に表現の自由とプライバシー保護を議論するもの、民法分野は、高額な化粧品の売買契約を素材に契約自由の原則と消費者保護を議論するもの、刑法分野は、賭博罪の非刑罰化の問題にした。高校生たちは事前に各自でいろいろな下調査をして、グループで意見をまとめたうえでディベートに臨んだが、自分の頭で考えている高校生が多いのには驚いた。とにかく実施してみたことにより、若く柔軟な頭のうちに法的視点を養うことは非常に意義があり、また、そうすることが十分に可能であると実感できた。法テラスには法教育への取組みに強い関心を持つ職員たちもおり、他の業務を回すのにてんやわんやの中、時間をひねり出し、白いキャンバスに自由に絵を描いていくようなワクワク感を持って、職員たちとあれこれ議論したのを懐かしく思い出す。法テラスの在任中、結局、法教育については方向性を固めることもできず、残る職員らに後を託し、平成二一年一月、出向を終えた。

私が出向中の第一期の中期目標や中期計画には、法教育への言及はなかったが、法テラスの第二期（平成二二年度～平成二五年度）中期目標の一つに、「国民に身近な司法の実現における法教育の役割が大きいこと、法教育が紛争の未然防止に役立つことを考慮し、情報提供業務の一環として、関係機関と連携して地域住民等に対する法教育に取り組む」と掲げられ、現在の第三期にも引き継がれている。これらを受け、法テラスでは、関係機関・団体等と連携して、毎年、全国各地で法教育シンポジウムを開催したり、全国にある法テラス地方事務所がさまざまな依頼に応じて法教育を実施していると聞く。今後も、成果をあげてほしいと期待しているが、これも松澤さんが、種を蒔いてくれたおかげだと思っている。

現在（本稿執筆時）、高知の地で勤務させてもらっているが、東京や大阪等の大都市とは違い、地縁・血縁の縛りが強く、場所によっては、法的にものごとを解決することが紛争解決の手段として歓迎されず、時には、さまざまな形で圧力がかかるというような例すらある。このような状況を見ると、法教育がいかに重要かを思い知る。検察庁でも、出前教室を始め、法教育を実施しているが、関係機関や学校等でもすでに多くの取組みを積み重ねており、次なるは、より戦略的に実施することが求められているのではないかと感じることがある。これについても、引き続き、松澤さんが一肌も二肌も脱いでくださることを願ってやまない。

最後に、松澤さんにとっては不名誉なこととは思うが、松澤さんとは、とある分野の良きライバルである。これからも、永遠の良きライバルでいさせてもらいたいと思っている。

●うねもと・なおみ＝前高知地方検察庁検事正、法務省保護局長

松澤さんと法教育

大村　敦志
Atsushi Omura

1　松澤さんから、今年は法教育に力を注ぎたい、という趣旨の年賀状をいただいたのは、二〇〇四年の年頭のことだった。私は、その前年に妻の大村浩子とともに、『若草の市民たち一・二』（信山社出版）を上梓していたこともあり、私も関心を持っています、という趣旨のお返事を差し上げたところ、しばらく経って電話をいただいた。その後、夫婦で食事をご馳走になりながら、法教育の話をしたように思う。すでに前年の二〇〇三年には法務省に法教育研究会が設置されており、同年末には同研究会の論点整理につき意見募集が行われていたが、この時期に至るまで、松澤さんがどのような形で法教育に関与されていたのか、私は多くを知らない。そもそもお会いして法教育の話をしたものの、だからどうしよう、という話になったわけではない。私自身、妻とともに翻訳を続けたり（『若草の市民たち三・四』〔信山社出版、二〇〇四年〕、『ある日、あなたが陪審員になったら』〔同、二〇〇六年〕）、娘の協力を得て小著を書いたりはしたが（『父と娘の法入門』〔岩波書店、二〇〇五年〕）、法科大学院が発足したばかりの時期でもあり、法教育のために何かをしようなどという余裕は、とてもなかった。

2　ところが諸般の事情により、二〇〇七年から法教育推進協議会の座長をお引き受けすることになり、自分が書きたいことを書くだけにとどまらず、及ばずながら法教育の旗振りの役を担うこととなった。以後、松澤さんと商事法務研究会からは有形無形、直接間接のご支援をいただくこととなって、今日に至っている。

なかでも最も重要なのは、「法と教育学会」の立ち上げと運営である。まず、松澤さんのご提案で関係者が集まって情報交換を行う「法教育フォーラム」が設けられた。立法にあたっては審議会での検討に先立ち、事前準備のための研究会が設けられることが多いが、この「法教育フォーラム」は、法教育推進協議会で進行している検討・調整作業を、いわば同時進行的にサポートする役割を果たしたと言える。法教育は、官庁で言えば法務省・最高裁に文部科学省、団体・組織で言えば日本弁護士連合会・日本司法書士会連合会や日本司法支援センター、学問領域で言えば教育学と法学というぐあいに、その担い手が多岐にわたっている。このことを考えると、「法教育フォーラム」はまさにその名にふさわしい集いの場・公論の場であった。そして、この場における議論を一つの起点として、「法と教育」学会が誕生することになった。

しかしながら、一つの学会を創設するには様々な準備が必要となる。「法と教育学会」は二〇〇九年一二月六日に設立準備総会（明治大学）を開き、翌二〇一〇年九月五日の第一回学術大会（明治大学）に先立つ設立総会において設立されたが、設立に至るまでの間、松澤さんは関係の方々の間を精力的に回られて設立準備委員会の組織にあたられた。委員名簿には、委員長の故星野英一東京大学名誉教授を筆頭に、学界・実務界の重鎮の先生方が綺羅星のように連なった。これらの方々は以後も、学会活動の心強い応援団となって下さった。

同学会は、以後、毎年九月に学術大会を開くほか、学会誌『法と教育』を刊行している。二〇一五年には、第六回学術大会（早稲田大学）が開かれたが、この五年の間に、分科会の数は三から一〇となり、報告数は八件から四二件へと増加している。雑誌も毎年一冊ずつ五号までが順調に刊行され、会員数は四〇〇名を超えた。この盛況を背後で支えているのは、松澤さんと商事法務研究会が担当されている事務局にほかならない。学会の開催校にできるだけご迷惑をかけないというのが、法と教育学会の運営上の特色の一つであるが、そのために事務局は膨大な事務を一手に引き受けることになる。とりわけ、松澤さんのご配慮と中心的に事務を担当している綠川さんのご苦労は大変なものである。事務局の日々の尽力がなければ、学会が立ちいかないことは、すべての会員の知るところである。

3　法教育に関しては、法と教育学会の外でも、松澤さんと商事法務研究会にはいろいろな形でお世話になっている。

まずは、各種出版物の企画を挙げなければなるまい。私自身は、『〈法と教育〉序説』（二〇一〇年）や『法教育への招待』（二〇一五年）のほかに、高校生向けの民法教科書『市民社会と〈私〉と法Ⅰ・Ⅱ』（二〇〇八、二〇一〇年）を刊行してもらっている。最後のものは、松澤さんのプランでは民法以外の科目も加えてシリーズ化する予定であり、錚々たる先生方に執筆をお引き受けいただいている。現時点では、残念ながら続巻が現れるには至っていないが、完成すれば法教育の枠を超えて、日本の法学界に大きなインパクトを及ぼすことが予想されるラインナップになっている。また、私が顧問を務める東京大学法科大学院「出張教室」の実践例をまとめた『ロースクール生が、出張教室。法教育への扉を叩く九つの授業』（二〇〇八年）も出していただいた。この本は、松澤さんのご提案でとりまとめられたものであるが、これによって、「出張教室」の活動は広く知られるようになり、東京大学総長賞も授与された。

このほか、前記の「法教育フォーラム」に「法教育レポート」というコーナーを設けていただいた。週に一回のペースで研究員の竹内さんが書いたレポートが掲載されるが、二〇〇九年夏の最初の裁判員裁判報道の紹介から始まった記事は、取材日記だけで二五〇件近くに達している（インタビューや対談・往復書簡等を加えると、全体では三〇〇件を超える）。この記録はこの五年間の法教育の実情を知るための重要な資料になっているが、私自身も「法学教育をひらく」という対談コーナーを設けさせていただいている（これまでに、君塚正臣〔憲法〕、青木人志〔比較法〕、仲正昌樹〔政治思想〕、高橋眞〔民法〕、西原博史〔憲法〕・仲道祐樹〔刑法〕、松尾弘〔民法・開発法学〕の各氏にお話を伺った）。

4　私の「法と教育学会」理事長の任期は二〇一六年九月までである。「法学教育をひらく」のコーナーも二〇一六年上半期に最後のゲスト（道垣内弘人氏を予定している）をお迎えして終結する予定である。これからは法教育の関連で、松澤さんとお会いする機会は減ることだろう。しかしながら、松澤さんがこの一〇年余の年月に、種を播き水を撒いて育てられた日本の法教育は、次の一〇年にさらに大きく育つに相違ない。これからは「応援団」の末席から学会を見守っていきたい。

松澤さんと最初にお目にかかったのは、まだ助手であった一九八三年のことであった。それから三〇年余りの間に、契約法（約款法研究会・現代契約法研究会、民法〔債権法〕検討委員会）のほか、生殖補助医療・親権さらには家族法改正の研究会でも大変お世話になった。また、国際学術交流についても格別のご配慮をいただいてきた。お世話になった度合いに軽重があるわけではないが、これらについては他に書かれる方がいるだろうと考えて、法教育のことを取り上げさせていただくこととした。

●おおむら・あつし＝東京大学法学部教授

法と教育学会の設立

大谷　太
Tai Oya

年一回開催される法と教育学会の学術大会が、今年で第七回を迎えるという。平成二二年の第一回大会から参加しているが、年を負うごとに参加者が増加し、研究発表の内容も多彩さと深みを加えてきたようである。法律学者と教育学者、法律実務家と教員が、相携えて新たな学問分野を切り拓いていくのを見るにつけ、この学会の意義を改めて実感する。そしてその度に、平成二一年に学会設立の準備をしていた際の、松澤さんの文字通りの奔走が、まざまざと思い返されるのである。

＊

平成二一年は、司法界にとって、エポックを画する年であった。一〇年がかりで進められてきた司法制度改革が、五月二一日の裁判員制度の施行によって、ひとつの結着を見たのである。

法教育も、司法制度改革の一環をなすものであった。裁判員制度導入に向け、政府の司法制度改革推進計画（平成一四年）が、「学校教育等における司法に関する学習機会を充実させるための方策を検討し、所要の措置を講ずる」としたのを契機に、法務省の法教育研究会で本格的な検討が開始された。その結果、司法に関する学習に限らず、「法律専門家ではない一般の人々が、法や司法制度、これらの基礎になっている価値を理解し、法的なものの考え方を身につけるための教育」と定義されるに至って、法教育は、司法制度の範疇を超えて、より広く、法の支配の実現を目指す教育に変貌を遂げた。とはいえ、法教育の普及・発展にとっても、裁判員制度が施行される平成二一年は、重要なターニングポイントと目されていた。

同年の春、私は、法務省大臣官房司法法制部の部付検事として、法教育を担当していた。法教育研究会の後継的機関である法教育推進協議会の事務局として、小学校向けの教材作成や、私法教育の在り方の検討作業に追われていたと記憶している。

法教育の担当者として常に感じていたのは、難解な法の理念を子どもにも実感できるように語ることの難しさと面白さであり、何より、通常の業務では接点のない教育関係者から受ける、限りない刺激であった。その一方で、法教育の意義を理解し、実践する方々の人数の絶対的不足が悩みの種であり、何とかして裾野を広げたいと考えていた。

そこに、ある日、かねてから法教育の普及の必要性を力説していた松澤さんが、私を訪ねてこられた。松澤さんは、席に着くや否や、法教育の担い手の育成方策として、「法教育フォーラム」を作ろうと思っている、と話し始めた。松澤さんによれば、手始めに、商事法務研究会に専任の担当者を置いてホームページを開設し、法教育推進協議会で作成中の教材を含む各種の法教育教材を公開するとともに、定期的に法教育に関係する情報を提供したいということであった。

法教育の推進のために願ってもない提案だったので、私も大いに勇気づけられ、話が弾んだ。しばらく話しているうち、私が、何気なく、

「韓国では法教育の学会が作られたらしいので、いつか、日本でもその種の学会ができたらいいですね」

と口にしたところ、松澤さんは、言下に、

「それはいいね。学術的フォーラムだ。今年は裁判員制度が始まる。『いつか』ではなく、すぐやりましょう。今年中に何とかしましょうよ」

と述べ、こちらが戸惑ってしまうほど前向きな姿勢を示された。

さらに驚かされたのが、その後の松澤さんの迅速極まる行動である。まず、法教育研究会や法教育推進協議会に関係が深い方々の了解を得て学会の中心メンバーを固めたうえで、学会の設立趣意書の原案を作

成された。そして、松澤さんの無限とも思える人脈を縦横に駆使して、法学界、法律実務界、教育学界の泰斗を次々にかき口説き、発起人を集められたのである。松澤さんは、律儀にも、賛同者が増える度に私を訪ね、報告をして行かれた。「さっき、松尾（浩也）先生と竹下（守夫）先生のご賛同が得られました」、「今日は星野（英一）先生が賛同して下さった。明日、塩野（宏）先生にアタックしてみる」、「元最高裁長官や元検事総長、元日弁連会長にもご賛同をいただかないといけないね」などと、汗を拭き拭き話す松澤さんのいたずらっぽい表情が、強く印象に残っている。

こうして、松澤さんの目論見どおり、平成二一年秋には学会設立の方針が確定し、盛大に設立準備総会が開催された。発起人は最終的に一五名に上り、この種の新設学会としては異例の、極めて重厚な布陣となった（中でも重立った方々は、法と教育学会の設立後、顧問に就任された。現在も、同学会のウェブサイトに顧問名簿が掲載されている）。発起人会が学会に与えた権威はかり知れないが、各発起人のご紹介によって、将来の各学界・実務界を担うホープが学会の中心メンバーに続々と加わり、法教育研究をリードするようになったことも、見逃してはならない。

なお、学会の名称については、当初、「法教育学会」とされる方向であったが、大村敦志教授（現学会理事長）が提案された「法『と』教育学会」に落ち着いた。従来の「法教育」だけが研究の対象ではなく、新しい学問分野を開拓しようとすることを端的に示した、適切な名称であったと思う。

そして松澤さんは、学術大会の開催や会員・会費の管理という煩雑で負担の重い学会事務局の仕事を、当然のように商事法務研究会で引き受けられた。これまで、法と教育学会の企画が滞りなく実行されてきたのは、同研究会の万全の事務局体制によるところが大きいことはいうまでもない。

＊

あれから七年が経って、司法制度改革を巡る情勢は様々に変化した。しかし、その総仕上げの時期に設立された法と教育学会の歩みは、一貫して力強く、着実である。もとより、未知の学問分野を開拓することの困難は、想像を絶する。大村理事長をはじめとする中心メンバーのたゆまぬ努力を抜きにして、この学会の発展を語ることはできない。しかし、私としては、法教育の進展の舞台裏に、松澤さんのあの奮闘があることが、どうしても忘れられないのである。

●おおや・たい＝法務省民事局参事官

法教育の仕事で
——ホウリス君誕生秘話

笠井　正俊
Masatoshi Kasai

松澤三男専務理事を先頭とする商事法務研究会・株式会社商事法務の皆様には、各種の研究会や書籍、法科大学院協会の運営等、様々な場面で大変お世話になっているが、私にとって、松澤専務理事との交わりで最も濃いものは、法教育に関する仕事である。

日本での法教育の充実・発展のために、松澤専務理事を中心に、商事法務研究会の皆様は、ウェブサイト「法教育フォーラム」の設営や各種催しへの協力等の日常の法教育普及活動、「法と教育学会」の事務局業務、法教育懸賞論文コンクール（後記）の共催と公益社団法人商事法務研究会賞の授与等、重要なお仕事をされている。一方、私は、平成一九年から二七年まで法務省の法教育推進協議会の委員を務め、その間、京都での法教育推進プロジェクトにも関与する機会を与えられた。また、「法と教育学会」の発足時から、その会員にしていただいている。そこで、ここでは、法教育推進協議会の取組みをご紹介し、特に、法教育マスコットキャラクターの選定とその過程での松澤専務理事のご尽力について記したい。

司法制度改革審議会意見書（平成一三年）の「司法教育の充実」の提言やそれまでの法曹・教育関係者等の取組みを受け、法教育（法律家ではない一般の人々が、法や司法制度、これらの基礎となっている価値を理解し、法的なものの考え方を身に付けるための教育といった説明がされる）を小学校、中学校、高等学校等で普及、充実させるため、法教育研究会（平成一五年から一六年まで）、次いで法教育推進協議会（平成一七年以降）が法務省に置かれ、学校、関係機関その他の法教育に携わる様々な方々と連携をしながら、法教育教材の作成、法教育の実践状況に関する調査研究、各種広報等の取組みを続けている（詳しくは、法務省ホームページのトップページから後記「ホウリス君」のイラストのボタンでリンクする法教育のページをご参照のこと）。平成二二年度から二五年度までの四年間には、同協議会、日本司法支援センター（法テラス）、商事法務研究会の共催による法教育懸賞論文コンクールが実施され、多数の優れた論文が寄せられたことも特筆すべきである。松澤専務理事と私は、その第一次審査をする法教育普及部会の委員として、論文を読み、楽しく議論をさせていただいた。これらの取組みは、いずれも今後の法教育の発展に確実につながっていくものである。

そして、法教育推進協議会の仕事の中で私にとってひときわ印象深いのが、平成二六年度に実施された法教育マスコットキャラクターの選定である。この企画は、一般公募でマスコットキャラクターを選定し、そのキャラクターに法教育の広報を助けてもらい、学校等で法教育をこれまで以上に身近に感じていただけるようにするというものである。とはいえ、法教育という一見とっつきにくい事柄について、作品の応募がどれくらいあるのだろうか、また、かわいく親しみやすいキャラクターを誕生させることができるのだろうかなどと、私は正直なところかなり心配していた。

ところが、実際にやってみると、四二六作品もの応募があったのである。そして、その中から特別審査員の審査を経て選出された一〇作品について、一般投票（有効票三四五九票）により、最優秀賞として「ホウリス君」（海山幸さんの作品）、優秀賞として「ホウホウ」（鈴木裕子さんの作品）および「ホウホウ」（塚田幸子さんの作品）が選定された。また、中学生以下の部優秀賞として「Ｌａｗ則くん」（西島康さんの作品）が選ばれた。これらの作品は、それだけ多数の応募作の中から選ばれただけあって、すべて法教育のキャラクターにふさわしいものである。

それでは、なぜ、この法教育マスコットキャラクターの公募・選定はかくも大きな成功を収められたのであろうか。そこには、もちろん、法務省公認の法教育のキャラクターに選ばれること自体の訴求力があったであろう。しかし、それに加えて、何といっても大きかったと思うのが、豪華な特別審査員の存在であった。いずれも著名な漫画家である藤子不二雄Ⓐ先生、一条ゆかり先生、村上もとか先生、そして、松谷孝征手塚プロダクション社長、鈴木晴彦集英社取締役という、その道のプロの皆様が特別審査員を務めてくださったのである。

そして、この方々の特別審査員へのご就任は、松澤専務理事が、その人脈を生かして、直接間接に依頼をしてくださった結果、実現したことなのである。まさに、松澤専務理事なくしてこの方々に関与していただくことはできなかったのであり、したがって、松澤専務理事のご尽力なくして、この企画のここまでの成功はなかったということになる。

最優秀作品に選ばれた「ホウリス君」は、ウェブサイトでご覧になればおわかりいただけると思うが、文句なしに愛らしいキャラクターで、しかも、「しっかりと法教育に参加しよう」という意欲にあふれたお顔をしている。本当に素晴らしいキャラクターが誕生したと思う。そのため、私は、お祝いのスピーチで、「個人的な希望ですが、可能であれば立体化して、すなわち、着ぐるみを作っていただき、ゆるキャラグランプリも目指すことを期待しています。そうしたら、私が着ぐるみの中に入るのかという話になるかもしれませんが」と話したのである。予算その他の問題もあるので、半ば本気、半ばウケ狙いというところであったが（実際、特別審査員の先生方にもウケて、私はとても嬉しかった）、嘘から出たまこととはこのことか、本当に平成二七年度の法務省の予算で着ぐるみが作られたのである。このお話は、同年度半ば、私が協議会委員を退任した後で松澤専務理事にお会いした時、「着ぐるみ本当に作るみたいですよ。これは、中に入らなければなりませんよ」と伺ったのが初めてであり、私は嬉しいやら戸惑うやらであった。

なお、着ぐるみが実現したのは、私が申し上げたこととの因果関係はなく、各方面から、ホウリス君の着ぐるみを作ってほしい、着ぐるみで法教育をもっとPRするようにといった声が寄せられたからとのことである。

最後に、法務省ウェブサイトの法教育のページに掲載されているいくつかの写真をもって以上の記述の証拠方法としたい。法教育マスコットキャラクターの表彰式の模様は、「http://www.moj.go.jp/housei/shihouseido/housei10_00095.html」に掲載されており、記念写真では、前列に受賞者の方々と法務大臣、中列に特別審査員の先生方を挟んで、向かって左端に松澤専務理事、右端に私が写っている。松澤専務理事の後ろは、本稿作成にあたり着ぐるみの情報を確認させていただいた萩本修司法法制部長（現・人権擁護局長）、その右の後列の皆様は受賞者のご家族と協議会委員の一部の方々である。また、前述の法教育懸賞論文コンクールの表彰式（平成二三年度から二五年度まで）の記念写真も法教育のページに掲載されており、ここでも松澤専務理事とご一緒させていただいている。これらの写真は、私にとって宝物ともいえるものである。

●かさい・まさとし＝京都大学大学院法学研究科教授

理論と理念を尊重した民事立法と法学教育改革

鎌田　薫
Kaoru Kamata

松澤三男さんは、長きにわたって、公益社団法人商事法務研究会および株式会社商事法務の中枢を担い、文字通り八面六臂の活躍をすることによって、わが国の法律学・法律実務の発展に大いに貢献してきた。

今世紀に入る頃からは、「第三の法制改革期」と称されるほどに、数多くの民事法の制定・改廃等が行われてきたが、その背景には、科学技術とりわけ情報通信技術の発達、経済のソフト化・サービス化やグローバル化の進展等に伴って新たに生じてきた社会問題がある。そして、それらの問題に適切に対処するためには、既存の法理念の転換や新たな法理念の創設が必要となる場合もある。したがって、今日的な課題に対応するための立法提案の策定にあたっては、社会の現実をしっかりと把握しながら、長期的視野に立った学理的研究を徹底して行うことが求められることになる。にもかかわらず、現実には、「政治主導」の動きの中で審議会の権限は縮小され、審議時間の短縮も求められているし、関係省庁においても、立法的課題の増加に見合った予算と人員の手当が十分にされてはいないようであり、十分な時間をかけて念入りな検討を行うことは困難な状況にあると言わざるをえない。

こうした中で、商事法務研究会は、将来の日本法のあり方に重要な影響を及ぼすであろう立法的な課題について、担当官庁や審議会における検討と並行して、あるいは担当官庁における審議に先駆けて、優れた研究者を糾合して、入念な調査と高度の理論的研究を行うことで、それらの研究結果と同一の結論が採用されなかった場合も含めて、立法の質を高めることに貢献してきた。例えば、債権法改正に関しては、二〇〇六年一〇月に「民法（債権法）改正検討委員会」を設置し、研究者を中心とした委員・幹事等総勢四五名が、二年余りの間に合計二六〇回の会議を開催して、一三〇〇時間に及ぶ審議を行い、その成果を二〇〇九年三月に「債権法改正の基本方針」として公表し（別冊NBL一二六号）、これが法制審議会民法（債権関係）部会の設置に繋がり、同部会の審議においても有力な資料として活用されることとなった。この委員会の運営に要した費用と労力は膨大なものであり、わが国の法制度の将来を想う松澤さんの大英断がなければ、これを実現することは不可能であったことは明らかであり、最大限の敬意を表したい。

幸い、私自身も、定期借家権に関する総合規制改革会議の提言をめぐる勉強会、約款規制・不当条項規制や不公正な競争行為の差止請求に関する研究会、境界確定制度に関する研究会、民法（債権法）改正検討委員会等々に参加を許され、多くの新しい知見を得ることができたし、優れた研究者・実務家との交流を深めることができた。こうした恩恵に浴することがなければ、現在の自分はなかっただろうと、深く感謝しているところであるが、比較的早くから幅広い分野で貴重な機会を得ることができるようになった由縁を振り返ってみて、法学教育の改善に向けての松澤さんの情熱が大きな要因になっていることを改めて痛感した。

最近では状況が大きく異なっているようだが、かつては早大法学部の新入生はほとんどすべて司法試験を意識していたが、司法試験の合格率は低く、現役合格者の数は極めて少なかった。その結果、学生たちは徐々に司法試験をあきらめていくのであるが、司法試験の受験を断念すると法律学を直接活かす機会がなくなったように考え、法律学に対するモチベーションが著しく低下する傾向があった。しかし、わが国では、法曹以外にも優れた法律実務家が数多く存在するし、直接法律実務に携わる人々以外であっても一定水準以上の法的素養を持つ人たちが広範に存在していることが大きな強みになってきた。とりわけ企業法務の分野では、紛争解決のための法務のほかに、予防法務・戦略法務さらには立法運動に結びつくダイナミックでクリエイティブな法律学の世界が広がっているのだから、大学での法学教育においても、企業法務の魅力、立法学の必要性や重要性等が取り上げられなければならないと考えていた。そこで、その頃出版された高任和夫氏『商社審査部二五時――知られざる戦士たち』（商事法務研究会、一九八五年）等を素材に企業法務に関心を持ってもらうための話をしたりしていたが、直接企業内法律家の話を聞く機会を作ろうということで、企画内容についてのアドバイスをいただくとともに、講師の紹介や資料の提供を受けた。さらに、立法学については、一九九五年に、大森政輔・内閣法制局長官（当時）を筆頭とする最前線の立法実務家と研究者による「立法学研究会」を発足させ、その成果を大森政輔＝鎌田薫編『立法学講義』（商事法務、二〇〇六年〔補遺二〇一一年〕）として公刊するとともに、まずは早大法学部に大森元長官担当の「立法学」を開講し、法科大学院発足後は法科大学院に山本庸幸・内閣法制局第一部長（当時。現最高裁判事）担当の「立法学」を開講するなど、多様な法律学に対応しつつある。

さらに、松澤さんと商事法務研究会は、二〇〇〇年には、日弁連法務研究財団との緊密な連携の下に、全国の法学徒に学びの目標を与えることを目的とした「法学検定試験」を立ち上げ、二〇〇三年には、法科大学院の発足に伴い、法科大学院適性試験（二〇一一年からは法科大学院全国統一適性試験）と法学既修者試験を実施し、さらには法科大学院協会の事務局も引き受けていただくなど、わが国の法学教育・法曹養成制度の発展に多大な貢献をし続けている。また、初等中等教育からの法律専門家に至るまでの法学教育全般の向上に向けて二〇〇九年に大村敦志教授らが設立した「法と教育学会」の運営も全面的に支援している。

法科大学院の発足は、企業法務や立法学をはじめとして新しい時代の要請に対応する多角的な法学教育を実現していくものと期待されたのだが、司法試験合格者数は当初の目標を大きく下回っており、その結果、法科大学院教育が司法試験対策を強く意識したものとなっている。その一方で、法学部教育は従来よりも専門性の低いものになっているようである。さらに、法科大学院進学希望者が著しく減少しているだけでなく、法学部進学希望者や法学部新入生のうちの法曹希望者の比率も大きく減少しており、社会の隅々まで法の支配を及ぼすという理念の実現が危ぶまれるのみならず、法曹資格の有無に拘わらず高度の法的素養を身につけた市民を広範に育成してきたというわが国の誇るべき特色も失われていくのではないかという懸念さえ生じつつあるように思われる。

こうした情況の下で、今、法学徒が司法試験に合格するために断片的な法律知識の詰め込みに専念することの問題性を克服するためのさまざまな仕組みの一つとして提案された法科大学院全国統一適性試験の任意化が中央教育審議会から提案されようとしている。法科大学院制度の創設を牽引してきた方々の新たな法曹養成制度に対する熱意が急速に冷めているように思われる中で、法科大学院制度や適性試験の導入を決定した文部科学省・中央教育審議会よりもむしろ商事法務研究会と日弁連法務研究財団が司法制度改革の当初の理念を守ろうとする立場を堅持しようとしていることは、誠に皮肉なことであるように思われる。法科大学院の制度面での当否についてはなお議論の余地があると思われるが、松澤さんが、民事立法についても法学教育についても、その時々の状況に応じた技術的な対応よりも、それぞれの制度の根底にある理念を大切にする姿勢を貫いていることが、ここにも示されているように思う。われわれ後進も松澤さんのこの姿勢を受け継ぎ、さらに発展していきたいと考えている。そのためにも、松澤さんがますます元気に活躍し続けることを願ってやまない。

●かまた・かおる＝早稲田大学総長

時代の要請を鋭敏に察知

小林　昭彦
Akihiko Kobayashi

松澤三男NBL編集長からの最初の原稿執筆の依頼については、二四年も前の平成四年のことであるが、鮮明に記憶している。

「アメリカの連邦議会に提出された民事司法制度改革に関する法案について至急解説を書いていただけませんか」

その原稿は、NBL四九八号に掲載された「米国の民事司法制度改革法案の概要」である。当時のブッシュ大統領は、米国の国際的な経済競争力の向上を図るため「経済競争力に関する大統領審議会」を設置していた。その審議会が大統領に提出した報告書「米国の民事司法制度改革に関する提案事項」を実施するための法案が、この法案であった。私は平成三年に東京地方裁判所から法務省大臣官房司法法制部（当時の名称は司法法制調査部）に異動し、参事官室に部付として勤務をしていた。その異動の直後に松澤さんと知り合い、その交際は現在に至る。初対面の頃、私より一〇歳ほど年上の四〇歳代であったはずだが、泰然自若とした大人物の雰囲気があり、経験豊富で頼もしい編集長との印象であった。松澤さんは、米国における司法制度改革の動向を注視し、これには参事官室も強い関心を持っていると推知して、この原稿の執筆依頼に至ったものと思われる。

＊

司法法制部は、当時、最大の懸案であった法曹養成制度の改革と並行して、民事訴訟費用等に関する法律の改正にも取り組んでいた。日米構造問題協議における米国側の問題提起をも踏まえて検討したうえで、民事司法制度を国民がより利用しやすいものとするとの観点から、提訴手数料をはじめとする申立手数料の引下げを図るための法改正であった。平成四年五月に法改正が成り、その解説を書いて欲しいというのが、松澤編集長からの次の依頼であった（「改正民事訴訟費用法の解説」NBL五〇一号）。

さらに、松澤編集長から「世界の司法制度」（諸外国の司法制度の概要を国別に紹介するシリーズ）の企画について提案があった。参事官室としても、前記の法改正のため、世界の二〇か国以上の民事訴訟費用に関する制度の調査をし、諸外国の民事訴訟費用に関する制度のほか、その制度の基本となる民事裁判制度や司法制度の在り方そのものが多種多様であることを思い知らされていた。また、法曹養成制度の改革においても、諸外国の法曹養成制度や司法制度全般に関する知識や情報の重要性を痛感していた。むろん、国際化時代を迎え、法律実務においても、世界の司法制度と関係する機会が急増し、これに関する知識が必要となっているとも感じていた。そういうタイミングでの提案であったので、これに即座に応じ、まず手始めに私がイギリスとアメリカの司法制度について書き（NBL五一二号および五一三号）、これにEC（小笠原昭夫・五三〇号等）、フランス（山本和彦・五四〇号）、カナダ（本間一也・五四八号）、ドイツ（三村量一・五四九号）、オランダ（原優・五五〇号）が続いた。

私はいったん裁判所に戻った後、平成九年に再び法務省に異動し、民事局参事官として成年後見制度の創設および遺言制度の改正を担当した。成年後見制度は、精神上の障害により判断能力が不十分な方々の権利等を擁護する制度であり、本人の意思や自己決定権の尊重、ノーマライゼーション等の現代的な理念にも配慮し、従来の本人保護の理念との調和を図りながら、できる限り利用しやすい制度を実現することを目指した。遺言制度の改正は、聴覚や言語機能に障害のある方々が手話通訳や筆談等により公正証書遺言等をすることができるようにするための法改正であった。いずれについても、松澤編集長から解説執筆の依頼があった（「新しい成年後見制度の解説」NBL六八〇号および「公正証書遺言等の方式に関する民法改正の解説」NBL六七九号)。

平成一一年七月、司法制度改革審議会が内閣に設置され、いよいよ司法制度改革が始まった。これに対応するため、私は民事局から司法法制部に異動して参事官として司法制度改革を担当した。司法制度改革審議会では、佐藤幸治会長、竹下守夫会長代理をはじめとする一三人の委員の方々により集中的かつ精力的な調査審議が行われたが、その際にも、諸外国の司法制度の調査は不可欠であり、委員が手分けをして諸外国に出張して実情調査を実施した。前記の「世界の司法制度」は、その先駆けでもあった。司法制度改革審議会は、三八回の審議を経て、平成一二年一一月に中間報告をとりまとめて公表した。その中間報告は司法制度改革の大きな方向性を大胆に提案するものであった。そのタイミングで、松澤編集長から中間報告をめぐって忌憚のない意見交換をする座談会の開催が提案された。その座談会には、能見善久・東京大学教授、小杉丈夫・弁護士、横尾賢一郎・経済団体連合会経済本部経済法制グループ長とともに私にも出席する機会が与えられた。実際にも率直な意見の交換が行われて意義のある座談会であった(「〔新春座談会〕二一世紀の司法制度を考える(上)(下)」NBL七〇四号および七〇五号)。

＊

松澤さんは、常に時代の要請を鋭敏に察知して様々な企画等を通じて最新の情報を次々と提供し、司法制度の改革や発展に多大の貢献をされてきた。松澤さんのご功績を心から称賛したい。

●こばやし・あきひこ＝東京高等裁判所部総括判事

司法制度改革の寄り道
——二〇〇四年行政事件訴訟法改正

小林　久起
Hisaki Kobayashi

二〇〇三年一〇月六日、私は徐元宇（そ・うぉんう）ソウル大学校名誉教授と朴正勳（ぱく・ちょんふん）ソウル大学校法科大学副教授（現教授）を案内して最高裁判所を訪問し、当時の町田顯長官と長官室で懇談する機会を得た。北川弘治、上田豊三、藤田宙靖、泉徳治の四名の最高裁判事もそれぞれの判事室で個別に懇談する機会をもって下さった。徐元宇教授らが一〇月四日に開催された行政判例研究会で韓国の行政訴訟法の改革について講演するため来日した機会を利用したのである（朴正勳＝徐元宇（訳）「韓国における行政訴訟法の改革（上）」自治研究八〇巻三号〔二〇〇四年〕一一一頁）。

徐元宇教授は、韓国憲法裁判所が発行した「憲法裁判所一〇年史」も翻訳して信山社から出版している。韓国の行政法の大家であることから（尹龍澤「徐元宇——韓国行政法学界の架け橋」行政法研究二六号〔韓国・韓国行政法研究所発行、二〇一〇年〕）、町田長官らに紹介し、懇談が実現した。私は司法制度改革推進本部事務局参事官として行政事件訴訟法改正の立案を担当している。「行政訴訟制度の見直しのための考え方と問題点の整理（今後の検討のためのたたき台）」を事務局に置かれた行政訴訟検討会第二四回会合で示したのは一〇月二四日であるから（http://www.kantei.go.jp/jp/singi/sihou/kentoukai/gyouseisosyou/dai24/24gijiroku.html参照）、改正の立案作業は、その時まさに佳境にあった。

徐元宇教授らとは、二〇〇二年一一月二三日に「行政訴訟制度改革」をテーマにして名古屋で行われた第五回東アジア行政法学会に参加した際、行政訴訟検討会の座長をしていた塩野宏東京大学名誉教授から紹介していただいて初めて面識を得た。日本語が堪能でまさに日韓行政法学界の架け橋であった徐元宇教授や、裁判官経験者で気さくな朴正勳教授は、初対面の時から私にとても親しくして下さった。

二〇〇三年四月一八日、韓国ソウルで韓国法制研究院（韓国政府の研究機関）と韓国行政判例研究会の共同開催による国際学術会議が「韓・日における行政訴訟法の改正と今後の方向（한・일 행정소송법제의 개정과 향후방향）」というテーマで開かれた。私は塩野宏教授と共に招かれ、塩野教授と崔松和ソウル大学校法科大学教授とが主題発表を行った後、私は、金鐵容建國大学校名誉教授の司会の下、朴正勳教授、柳至泰高麗大学校教授、金明龍韓国法制研究院副研究員と共に討論に参加した。塩野教授と同行したお蔭で、昼食会、夕食会のほか塩野教授がホテルに戻った後の二次会でも韓国の多くの行政法学者と親しくお話をする機会を得た。そればかりでなく塩野教授がソウル大学で講演する際にも陪席させていただいた。その時ソウル大学でいただいたガラス製の文鎮は、今もさいたま地裁で私の机上にある。このソウル訪問の際には、法律扶助制度の検討のため韓国大法院の紹介により大韓法律救助公団の訪問調査も行った。

二〇〇四年五月一日、ソウルで第六回東アジア行政法学会が行われ、少しばかり韓国語ができる私は、韓国の行政法学者との交流を深める機会とも考えて参加した。四月二七日に衆議院法務委員会で行政事件訴訟法の改正法案が審議入りしたばかりである。多忙であったので事前には登録せず直前に都合がつき、ゴールデンウィークで東京からソウルへの飛行機はとれず、福岡空港まで行って博多港から釜山港まで高速船に乗り、釜山空港からソウルの金浦空港に行った。ホテルの予約もなく、学会会場であるCOEXの近くを歩きながら安いホテルを見つけた。ところが会場で私を見つけた朴正勳教授は、既にチェックインしたホテルに私と一緒にいって解約し、学会で確保していたホテルに案内した。そして夜はホテル近くのカラオケに日韓の行政法学者と同行し、つたない韓国語で日韓学者の通訳をしながらカラオケを楽しむこともできた。

行政事件訴訟法の一部を改正する法律（平成一六年法律第八四号）は、二〇〇四年六月九日付けの官報に掲載された。第三者の原告適格の拡大、義務付けの訴え及び差止めの訴え、仮の義務付け及び仮の差止めの制度、公法上の法律関係に関する確認の訴え等の改正内容に関し、国会の衆参両院の法務委員会は、附帯決議において、柔軟な運用によって国民の実効的な権利救済を可能にする改正法の趣旨の周知徹底に努めることを政府に求めた（小林久起『司法制度改革概説三　行政事件訴訟法』四五九頁以下）。商事法務から刊行された『司法制度改革概説三　行政事件訴訟法』には、改正法の趣旨を周知するための中心的な役割を果たすことを期待した。

二〇〇五年四月一日の改正法施行後、最高裁大法廷は、行政事件訴訟法の改正の趣旨を実現する判例を相次いで示した（公法上の法律関係に関する確認の訴えについて最大判平成一七・九・一四民集五九巻七号二〇八七頁、原告適格の拡大について最大判平成一七・一二・七民集五九巻一〇号二六四五頁〔小田急高架化訴訟〕）。

『司法制度改革概説三　行政事件訴訟法』は、東アジア行政法学会で面識を得た台湾の翁岳生司法院院長、城仲模司法院副院長（大法官）、張登科最高行政法院院長にも贈呈した。国立台湾大学図書館の蔵書にもなり台湾の論文にも引用される。発行者は松澤三男とある。

●こばやし・ひさき＝さいたま地方裁判所部総括判事

法学検定試験の歴史と未来

新堂　幸司　Koji Shindo

記録を見ると、法学検定試験は、四級、三級は二〇〇〇年から、二級は二〇〇一年から実施されました。「既修者試験」も、ロースクールが始まる前年の二〇〇三年から、「全国統一適性試験」とともに始まっています。一五年の歴史をもつといえば立派に聞こえますが、志願者数をみると、まったく別の姿が浮かんできます。次の表をご覧ください。

［法学検定試験志願者数］

	４級ベイシック	３級スタンダード	２級アドバンスト	既修者試験
2001年	7,233	10,393	4,102	
2003年	6,422	9,903	3,187	7,221
⋮	⋮	⋮	⋮	⋮
2014年	3,226	1,925	847	1,635

志願者数の激減は一目瞭然です。厳しい財政状況にあることも、ご想像の通りです。でも、赤字を恐れていては、公益事業などやっていられません。私どもは「頑張って続けていきます」と、まずは、みなさんにお伝えしたい。

法学検定試験制度は、全国統一適性試験制度とともに、財団法人日弁連法務研究財団と社団法人商事法務研究会との共同事業として始められました。その少し前、私は、一九九二年から一九九九年まで東海大学法学部で学生たちを教えていて、授業の度に学生が法学を楽しく学ぶ方法はないものかと考え続けていました。誰でも気軽に受けることができて、法学に関する基礎知識の習得度を全国的に測り、自分の学習レベルが各大学単位でなく全国的に見てどの程度のものかがわかるような検定制度があればいい、そんな試験を利用しながら講義をしたら、勉学のモチベイションも高まるのではないかと。しかし、そのような制度を実現するには、人と金が必要であり、その実現は、はなからあきらめていました。そのようなとき、私はたまたま財団法人日弁連法務研究財団の会長を引き受けることになりました（一九九八年）。同財団は、創立したばかりで、予算規模も未知でしたし、これからどのような事業を行うべきかを模索する状況でした。そのとき思いついたのが、法学検定試験制度でした。財団から人を出せるではないか。あとはスポンサーだ。そう考えたとき、思い浮かんだのは松澤三男さんでした。その地頭力です。松澤さんが社団法人商事法務研究会を動かしてくれれば、念願の夢も実現できるかもしれないと。話をすると、松澤さんは、やんわりと、引き受けてくれました。かなり苦渋の選択だったはずです。が、そんな表情は読み取れませんでした。商事法務研究会の内をどのように口説いたのか、どんな苦労をされたのか、詳しくは聴いていません。いや、聞いても話さないのが松澤流でしょう。それはともかく、財団と社団との共同事業は、そうして始まったのでした（『東海法学』二三号〔二〇〇〇年〕一～六頁参照）。

いま、法学検定試験、さらには法科大学院の適性試験も含めて、設営者としての財政難は深刻です。商事法務研究会に財政的負担の大半をお願いした私としては、断腸の思いです。ただ、法学検定試験制度を運営して一五年を過ぎた現在、この制度について、いくつか積極的な方向を読み取れます。このことは、制度の設計・運営に携わる者の、何よりの慰めであり、励みになっています。

一つは、制度の趣旨について受験生の理解が深まったことと、他方で、作題の質が上がっている点です。去年三月に成績優秀者として表彰された合格者の声に、こんな感想文がありました。

「アドバンストコースを受験した動機は、同コースの問題が法的思考力を養う上で有効であると考えたからです。そのことは同コースの過去問集を使っての学習で実感していました。当日の試験問題も単に知識を問うだけのものではなく、条文の趣旨や制度の本質から考えて、推論して解答する良問が多数出題されました。問題を解いている段階で、新たな視点の発見もあり、時間に追われながらも充実した時間を過ごせました。私が大阪地区会場の最寄りの駅で会場までの道順を尋ねた人も別のコースの受験生でした。その方との行き帰りの道中で、受験勉強や受けた試験の感想を話し合ったことも楽しい想い出になりました。……」（中尾喜久男さん）

これは、出題者を泣かせてくれるものでした。お世辞（?）力も含めて、これだけの表現力があれば、彼は弁護士としても成功するでしょう。私どもとしては、これまでのノウハウの積み重ねをバネとして、いま、高校生や市民のための法学検定試験制度を、法教育の先導役として、鋭意、考案中です。

もう一つは、いわゆる団体受験校が五六校と一企業もあることです。各学校・企業内でまとまって受験すれば、それをきっかけに、学習仲間同士で、わいわい、がやがや議論する機会が増えます。そして、それはきっと法教育の充実に繋がることでしょう（新堂「団体戦の思い出」NBL一〇五一号〔二〇一五年〕一頁参照）。先生方も、自分の学生の学習到達度を客観的に知り、授業の参考にできます。作題者側としても、受験グループの方々の顔がみえ、話し合いの機会も増えて、作題内容に反映されることが期待できそうです。

さらに、この団体受験校の地理的分布を見ますと、東京等の大都市に集中しているわけではなく、むしろ全国に分散しているようです。昨今のロースクールの都市集中化や、新人弁護士の就職先もやはり東京中心で都会に集中していることを考え合わせますと、われわれの法学検定試験こそが、全国にわたって、市民レベルでの法の基礎知識を、法律的なものの考え方を、ひろくいえば法についてのリテラシーを底上げし、高めていくことができるのではないか。そういう役割が何となく見えてくるように思います。

それにしても、教育には金と時間がかかります。そして、人手も勿論です。それらを、じっくりとかけなければ良い教育はできません。法化社会を支える市民層は育ちません。そのことをあらためて、感じます。

●しんどう・こうじ＝法学検定試験委員会委員長・東京大学名誉教授

司法改革の序章

但木　敬一
Keiichi Tadaki

新憲法が施行されて一〇年余り、国民主権下の司法はいかにあるべきか、司法の理想像ともいうべきものが法学者を含めた法曹界を中心に論議され始めた。それに加えて裁判所は訴訟の遅延と任官希望者の減少という現実的課題にも直面していた。

こうした事情を背景に、一九五八年、法務省は、司法制度に関する法令案の作成や内外の司法制度の資料の調査等を所掌する司法法制調査部を設置した。六二年には臨時司法制度調査会法が内閣に設けられた。同調査会は、①法曹一元の制度、②裁判官及び検察官の任用制度及び給与制度に関する緊急に必要な基本的かつ総合的な施策を調査審議することを目的とし、二年間という審議期間の期限が付されていた。司法全体の改革機運の盛り上がりを反映して、調査会の会長には我妻栄東大名誉教授、衆議院議員四名、参議院議員三名、五鬼上堅磐最高裁判事はじめ裁判官三名、馬場義続検事総長はじめ検察官三名、長野国助元日弁連会長はじめ弁護士三名、法律学者や経済界から有識者四名という豪華メンバーとなった。二年間の審議は六二回に及び、六四年九月に意見書がまとめられ、池田総理に提出され、国会に報告された。

意見書は、二〇〇ページ近くにわたる熱意に溢れた意見と提言で満たされている。まず法曹一元の制度については、「これが実現されるならば、我が国においても一つの望ましい制度である」としつつ、「この制度が実現されるための基盤となる諸条件はいまだ整備されていない」との見解であった。そのうえで、「現段階においては法曹一元の制度の長所を念頭に置きながら、現行制度の改善を図るとともに、その制度の基盤の培養にも十分考慮を払うべきである」という方向を示した。

次いで意見書は詳細を極めた具体策を展開する。たとえば弁護士・検察官から裁判官への任用の促進、弁護士の大都市偏在の状態の自主的改善、検察官の公判活動の強化、立法・司法・行政・民間の各法律専門職の資格試験及び修習を統一することの可否の検討、法曹人口の増加、司法協議会の設置、裁判手続の合理化等々万般にわたる提言であった。

これだけ大掛かりに、審議した結果であるにもかかわらず、弁護士会からの批判を受けて改革は頓挫した。結局臨調は、裁判官・検察官の給与制度の改善に貢献した程度でその役割を終えた。

爾後法曹は在朝・在野に分裂した観を呈し、少年法・監獄法・刑法の全面改正、いわゆる「弁護人抜き法案」を巡って激しい対立関係が続き、司法改革の展望はまったく見えなくなっていった。

一九七一年に仏が相互主義を条件に外国弁護士を受け入れる制度を創設し、七四年に米国ニューヨーク州最高裁が外国弁護士受入れ規則を制定し、米国の巨大ローファームは仏に進出、さらに日本弁護士連合会にもニューヨーク州弁護士の受入れを打診したが、日弁連はこれを拒絶した。

八二年米国政府は、日米貿易小委員会に弁護士受入れ問題を正式に提起した。これに応じ、我が国の経済対策閣僚会議は「相互の法律サービスの在り方という観点から、日弁連とＡＢＡ（米国法曹協会）の交渉の促進に努める」との立場を表明し、実際に日弁連とＡＢＡの交渉が始まった。八三年からはＥＣも弁護士受入れ問題への関心を表明し、経団連は外国弁護士受入れを提言するに至った。八四年日弁連・ＡＢＡ交渉が決裂し、日弁連外国弁護士対策委員会から「時期尚早」との結論が示された。中曽根首相は石井成一日弁連会長に外国弁護士問題の解決方を要請し、これを受けて石井会長は前向きに検討するとの談話を発表、この年の日弁連総会には史上初めて中曽根総理が出席し、「より開放された国際的法律事務に向けて、適切に対応されることを期待する」と挨拶した。

従来司法の領域は、専門家の独壇場として何人の介入も許さないサンクチュアリであった。ところが日本の弁護士制度が突然国家間の通商問題として、牛肉・オレンジと並んで貿易摩擦の俎上に載せられ、弁護士会の閉鎖的体質が国際的論議を呼び、国内の経済界までがこの戦線に参加し、鋭い政治問題となった。司法制度の問題も政治や外交、経済の問題として、国民的論議の対象となることが明らかとなり、聖域は崩壊したといってよい。

聖域であったからこそ、コップの中の嵐に専念でき、国民のための司法改革が置き去りにされてきたことを思えば、「黒船の来襲」はまさに時の氏神であった。日弁連は、ＡＢＡとの交渉でこの問題を解決する自信はなかった。「前向き検討」を約束しておきながら、何の解決策も見い出せなかったら、日弁連の鼎の軽重を問われるだけでなく、自治権の存亡にもかかわりかねない。政府間交渉に解決の道を見い出す以外選択肢はなく、敵対視してきた法務省に問題解決の命運を託さざるをえなかった。他方、法務省は、外国弁護士問題解決の命運を託されたことで、弁護士会と協同してこの問題を何としてでも解決しなければならない立場に追い込まれた。経済的効果とは関係なく、米国・ＥＣとの経済摩擦の中で政治的にプライオリティの高い問題として位置づけられてしまったからである。

日弁連と法務省の雪解けは急速だった。法務省は「この問題は司法制度の一翼をなす弁護士制度に深くかかわるものであり、これを経済的観点のみから解決することは相当でなく、司法制度の枠組みの中で解決すべき問題である」との立場を内外に表明した。八五年三月、日弁連理事会は、実質的相互主義の原則及び外国弁護士は日弁連の自治のもとに入るとの原則を前提として、外国弁護士を受け入れるとの方針を決定した。同年七月、政府が策定したアクションプログラムで、外弁問題については、日弁連の自主性を尊重しつつ、次期通常国会を目途に、国内的にも国際的にも妥当とされる解決を図るべきことが明記された。

日弁連が最も警戒したことは、外国の巨大ローファームが日本法の法律事務を実質的に左右してくる危険性であり、これを可能にする外国弁護士による日本弁護士の雇用には絶対反対であった。逆に米国・

EC政府は、巨大ローファームの要求を背景に日本弁護士の雇用を認めるよう強く迫ってきた。当時の日本の法律事務所は最大二〇人足らず、一〇〇〇人規模のローファームと渡り合える状況ではなく、巨大ローファームに雇用を許せば日本の法律事務所より遥かに多数の弁護士を雇い入れ、外国法も日本法も取り扱う大規模な法律事務所を開設する可能性も否定し難いところであった。法務省は、当時の状況で日本の弁護士の雇用を許せば、訴訟を含む日本法の法律事務の根幹を揺るがしかねないと判断し、雇用は認めないという方針を堅持することとした。折衝は厳しく、米通商代表部代表が「米通商法三〇一条を知らないのか」と悪名高い対外制裁条項を持ち出して恫喝すれば、司法法制調査部長が「他国の法律など知らない」とやり返すなど緊張した場面も少なくなく、国際交渉は何回も重ねられた。むろん法務省と日弁連の間でも協議が連日のように続けられ、国際的要求と日本の弁護士制度との調整が行われた。その結果、ようやく日弁連も米国・EC政府もギリギリ仕方がないというガラス細工のような妥協案を得ることができた。幸い日本の弁護士の雇用は認めないという日本側の主張は通った。

八五年一二月、日弁連は臨時総会を開き、圧倒的多数をもって執行部の外弁法受け入れの枠組みを可決した。翌八六年二月の理事会で外国弁護士制度要綱を決定し、日弁連会長がこれを法務大臣に提出した。日弁連の自主的意見を尊重するという約束は守られた。同年五月国会で「外国弁護士による法律事務の取扱いに関する特別措置法」が成立し、翌年四月施行となった。

外弁法の成立は、法曹三者の関係を根本的に変えた。不信から協同への転換である。永年の懸案であった簡裁の統廃合も法曹三者間で合意を見た。二〇年間もほったらかしにされていた法律扶助予算は短期間で巨額となった。弁護士会館問題も、法務省が大蔵省の代理を務め、無事建設の運びとなった。この法曹三者間の関係の変革こそ、司法改革を可能にさせた礎である。

外国弁護士問題を通じて法曹三者は、それぞれ次の時代を考えざるをえなくなった。わが国の司法は欧米に比して、あまりにも小さく、法曹人口も少なすぎる。国民との距離は遠く、国民的基盤も脆弱で、国民の司法の使いやすさ、あるいは司法への参加意識も希薄である。今後わが国がグローバルな舞台に立ち続けざるをえない以上、国際的法律紛争の増大は避けられないが、司法がその役割を担える状態ではなかった。諸外国の企業や政府機関の先端には多くの法曹資格者が配置されている。これに対応するわが国企業や政府機関等の法曹資格者の態勢はあまりに貧弱である。法曹三者は来るべき司法改革を予感した。

●ただき・けいいち＝元司法法制調査部参事官・司法法制課長

松澤さんが引き受けてくれなかったら

馬橋　隆紀
Takaki Mabashi

平成になった年の秋、一〇日間のアメリカ研修制度の視察を終えた我々日弁連研修センターのメンバーは、サンフランシスコのヒルトンホテルの最上階のラウンジにいた。そこには、「想い出のサンフランシスコ」が流れ、窓からは夜景に浮かぶゴールデンゲートブリッジが輝いていた。この席には、後に日弁連の会長となる小堀樹先生、最高裁判事となる滝井繁男先生、それに日米の研修事情に詳しくこの視察の事務局長を務められた鈴木正貢先生の姿があった。

当時、メンバーのなかでは若年であった私は、発売されたばかりのSONYのハンディカムビデオを持ち込み、その記録係の役割を負っていた。

我々は、弁護士研修の将来のあるべき姿について語り合った。すでにほとんどの州で強制研修制度が設けられているアメリカにおいて、弁護士研修は、弁護士会だけではなく、独立した研修機関が大きな役割を果たしていた。ニューヨークとシカゴを衛星で結ぶ研修、その一方で、こまめに講師とともに州内の各地をまわる巡回研修、それに加え、教材のみならず研修機関独自の書籍の発行・販売までを行っていた。

日本では、未だ倫理研修さえ義務化されていなかった時代である。我々は、近い将来、独自の法曹研修機関を立ち上げるとともに、それは、研修の企画や実施とともに、研究者と実務家による研究の場が設けられ、そしてその成果を世に問う役割も担うような組織でなければならないとの結論となり、後日、日弁連に宛てその旨の報告書を提出したのである。

それから、しばらくの間、私は日弁連の研修からは離れていたが、平成九年に司法研修所の教官を終えて戻ってみると、そこでは、日弁連法務研究財団の設立の話が現実化しようとしていた。その計画では、研究と研修が大きな柱とされていたが、一〇年前に我々があるべき姿と考えていた出版機関としての役割は未だ構築されていなかった。研究をしたとしても、その発表の場が設けられなければ意味がない。しかし、財団にそのような術もなく、財源も十分ではなかった。

そんな時、出版を引き受け、救世主として登場したのが松澤さんだった。もし、研究の成果が『法と実務』という名で発行される紀要に掲載されることがなかったら、財団の研修に参加する研究者も少なく、法曹界で評価を受けることもなく、また、日弁連法務研究財団が日弁連のシンクタンクとして認められることもなかったはずである。

松澤さんは、財団の出版物についてはみずから校正の筆を入れられていると聞いていた。なかには、松澤さんが「自分で活字を拾って印刷してくれているのでは」とまで言う人もいた。

また、松澤さんは、財団で行った大きな研究やシンポジウムについて、紀要だけでなく、「叢書」という型で出版することも引受けてくれた。今やシンポジウム等をネットを通じて見るという方法もあるが、やはり活字で残すことによって、その議論の奥深さに気付くことも少なくない。

これまで発刊された叢書には、五年毎に行われる「民事訴訟利用者調査」、さらに、「法曹の質の研究」等があり、購入される部数は少ないものの、世に問われることで貴重な研究資料となっているものも多い。

ところで、財団では平成一二年、司法改革の流れのなかで検討されはじめた法科大学院について、その積極派・消極派の実務家、研究者、マスコミそして関係省庁の人々を集め、計五回にわたってフォーラムを行ったことがある。ここでは多くの、そして熱い議論がなされた。激しく語る裁判官の姿に驚き、また、文部科学省の関係者が積極的に発言していたのも印象的だった。松澤さんも同席され、そのフォーラムの模様を「次世代法曹教育制度に関する調査研究を終えて」と題して編集発行してくれた。これが『JLF

叢書』の創刊号である。

松澤さんには、法学検定試験の実施、また、法科大学院の法科大学院全国統一適性試験の実施機関になるにあたって、ここでも大きな役割を担っていただいた。いざ、実施することになり、試験当日、松澤さんと商事法務研究会に待機していると、「電車に乗り間違えた」、「試験会場で水漏れだ」、「冷房が効かない」、また、「会社に内緒で受験しているので新聞に顔写真は出さないで欲しい」と言われ、後姿ですからと安心させたつもりが、「うちの部長が私の席の後方にいるので……」と言われてしまったこと、「自分の親さえも驚いたほど、本人の顔と違った写真を貼ってきた受験生」等、様々な人間模様が想い出される。

ただ、一五年を経た今、フォーラムの叢書を読み返し、適性試験の現状を見たとき、「あの時の熱き思いは何処へ行ってしまったのか」という感じである。「再沸騰」してくれとまで言わないまでも、少なくとも「保温状態」くらいにはしておいて欲しいところである。

この一五年を、松澤さんはどうお感じでしょうか。

●まばし・たかき＝弁護士（馬橋法律事務所）

民事司法改革について

本林　徹
Tohru Motobayashi

二〇一三年一〇月、「民事司法を利用しやすくする懇談会」が最終報告書を公表したこともあり、ようやく民事訴訟改革が動き出した。最高裁と日弁連との協議も始まっている。

顧みると、今次の司法制度改革において、民事裁判の分野は抜本的な改革が行われなかったという反省がある。

これまでさまざまな国内訴訟や国際訴訟を経験し、日米の民事裁判制度の違いや民事訴訟改革につき関心を持っている一人として、若干の私見を述べてみたい。

民事裁判を利用しやすくする制度改革のなかで優先度の高いと思うことを、提訴段階、裁判手続プロセス、執行段階の順に述べることにする。

まず、提訴段階については、国民がもっと訴訟を利用しやすく、権利救済を受けやすくするように、「利用者friendly」な制度にしていく必要がある。そのために、訴訟手数料を大幅に低廉化することが重要である。司法制度改革審議会意見書の「国民の裁判所へのアクセス拡充、利用者の費用負担の軽減」というキーワードにも合致する。

よく知られていることだが、米国では訴訟手数料が低廉で、提訴しやすくなっている。州によるが二五〇ドルから四〇〇ドル程度の手数料を支払えば、訴額の如何にかかわらず青天井で提訴できる。わが国では、明治一〇年代中ごろまでは訴訟提起は無料であったので、国民は容易に民事訴訟を起こすことができたが、その後、明治政府が訴訟を抑制する目的で訴訟手数料制度を作ったため、それ以降訴訟の数が激減したという歴史的経過がある。

民事訴訟費用法のもとでは、例えば、一億円の訴額の場合、約〇・三%にあたる三二万円の手数料を支払わなければ訴訟を受理してもらえない。これでは、資力の乏しい国民は裁判を利用できず、裁判を受ける権利を事実上奪われることになりかねない。

訴訟手数料を大幅に引き下げ、国民がもっと民事裁判を利用しやすく権利救済を実効あらしめるよう改革すべきである。訴訟手数料を引き下げると濫訴社会になるとの懸念の声があるが、社会的弱者の権利救済が法的手続に乗ってこないケースが多すぎることの方がむしろ問題であり、「裁判を起こしやすい制度作り」をすることにより、国民の権利救済を実効あらしめることこそが改革のプライオリティであるはずである。

二つ目は、民事訴訟の裁判(審理)プロセスに関連し、証拠開示制度の抜本改革をすることである。特に文書提出命令制度を思い切って充実させ、公正で真実解明に役立つ制度に改革することが必要である。

米国のディスカバリー(証拠開示制度)は、民事裁判に「公正さ」、「フェアプレーの精神」を導入し、真実解明に役立つ制度として設けられたものである。例えば、文書提出命令(production of documents)の場合、裁判所は、当該訴訟に関連する当事者または第三者が保有する文書(ただし依頼者・弁護士間の秘匿特権対象文書を除く)を提出することを命じることができる。確かに、米国のディスカバリーには行き過ぎの面があり、そのままわが国で採用することが適当か、という問題はある。

しかし、わが国においても、少なくとも文書提出命令については、証拠が出やすくする方向で抜本的な改革を行い、国民の権利救済に実効性を持たせることが必要だろう。

わが国では、平成八年および平成一三年の民事訴訟法改正により文書提出命令の範囲を拡げたが、自己使用文書等の例外が多い。しかも、文書の不提出に対する制裁も弱く、証拠の偏在という不平等は是正されていない。国民の立場に立ってみれば、実効性の高い証拠開示制度がないために、立証が難しそうだと提訴を断念せざるをえない場合も多いだろう。また、訴訟を起こしても、肝心の、提出されてしかるべき証拠が提出されないために不公正または原告にとって不本意な判決が出されたり、不利な和解に追い込まれることも少なくない。二〇〇五年、私法学会が「日本人の訴訟観」につき訴訟利用経験者に対するアンケートを行ったが、民事訴訟に関する国民の満足度を左右する最大の要因が、「時間」「費用」よりも「審理の適切さ」にあることが注目を引く。公正・適正な審理・判決がなされないことに強い不満を持っていることが読みとれる。

公正で、真に実効性ある証拠開示制度に改革すれば、裁判利用経験者の不満も減少し、民事裁判を利用しようとする国民も増えるのではないかと思われる。

青色発光ダイオードの発明者として有名で、日米両国で裁判を経験したことがある中村修二氏（現在カリフォルニア大学サンタバーバラ校教授、ノーベル賞受賞者）が、二〇一一年一一月、日弁連業務改革シンポジウムで講演をし、「米国ではディスカバリーで正義が保障されている。日本ではディスカバリープロセスがないに等しい。都合のよい証拠書類だけ出され裁判がなされる。信じられない。日本での裁判に私の人生をかけることはできない」と述べ、大きな反響を呼んだ。

最近、日本人や日本企業が、日本の企業を相手に、日本の裁判所ではなく外国の裁判所で提訴する事例が見られる。日本では証拠開示制度が不十分で、証拠書類を出させ真実を究明することが難しい（また、損害賠償が低すぎる）ということが理由のようだ。

いま改革しないと、「日本の民事裁判パッシング（素通り）」を招きかねず、わが国司法の国際競争力にも影響しかねない。

裁判所の審理において真実（正義）に迫ることができる証拠収集制度を持つことは、国民の裁判に対する不満を解消する重要な要素である。証拠開示制度につき、国内的に見るだけでなく先進国の水準に近づけるという視点も必要である。

最近、仲裁人として関与した事件で貴重な経験をした。両当事者代理人合意のもと、事案に関連する文書をすべて開示し合ったうえで審理を行った。書証の量は増えたが、社内メール等も全部提出され、事案の全貌が実によく理解できた。もし、文書提出命令の範囲が限られていたら、違った結論になったかもしれない。

三つ目は、法執行力（law enforcement）を充実・強化させるということである。

特に、強制執行段階における法執行が国際水準からみても非常に弱い。判決で勝訴し債務名義を取得しながら債権を回収できていない割合が、実に七九％に上っている。

二〇〇五年、財産開示手続が新設されたが、違反した場合の制裁が三〇万円以下の過料のみであり、これでは従おうとする者はいない。二〇〇八年、日弁連が財産開示手続の運用実態調査アンケートを分析したが、強制力がないために利用されていないことがわかった。

債務者が財産開示手続に不出頭が約半数、出頭しても財産開示をしない、開示をしても虚偽という事例が相当数あり、この手続を利用した弁護士の半数が、実効性のない制度と評価しており、六〇％の弁護士が罰則の強化を求めている状況である。

以上、民事訴訟改革について思いつくことを述べてみた。

●もとばやし・とおる＝弁護士（井原・本林法律事務所）

松澤さんの古稀に寄せて
——司法制度改革の思い出

柳田　幸男
Yukio Yanagida

このたび、商事法務研究会の松澤三男専務理事が古稀を迎えられるとのことで、古稀祝いの企画のお話を頂きました。私は、長きにわたり松澤さんと懇意にさせて頂いており、今回のお話を頂戴したことを大変嬉しく思います。松澤さんといえば、みなさまご存知のとおり、わが国の法律分野で多方面にわたりご活躍を続けてこられた方で、その思い出話に尽きるところはありませんが、私にとっては、司法制度改革、特に法科大学院創設時のご活躍が最も印象的でしたので、そのことを記しておきたいと思います。

＊

わが国では、戦後最大の司法制度改革の一環として、平成一三年六月に公表された司法制度改革審議会意見書の公表後、そこに示された基本方針を踏まえて、中央教育審議会大学分科会法科大学院部会や司法制度改革推進本部のもとに組織された法曹養成検討会において、法科大学院を中核とする新たな法曹養成制度に関する議論が進められていました。そのようななか、法学研究者と法曹実務家の双方を会員とする財団法人日本法律家協会（現在は一般財団法人日本法律家協会。日法協）でも、法科大学院における教育の在り方等について精力的に検討しようということになり、平成一三年一一月に、社団法人商事法務研究会（現在は公益社団法人商事法務研究会）との共催で、「法科大学院のカリキュラム・教育方法を考える——第三者評価基準の観点から―」というテーマのシンポジウムが開催されました。このシンポジウムには、全国から五〇〇名以上の方々が参加され、法科大学院の教育内容等についての議論が深められることになりました。日法協では、このシンポジウムの結果も踏まえてさらに検討を進めるために、翌一二月に協会内に法曹養成問題委員会を設置することとなり、私も委員の一人としてこれに参加することになりました。

この委員会は、委員長である田尾桃二先生（当時帝京大学名誉教授）を筆頭に、学会及び実務の第一線でご活躍されている錚々たる方々を委員として、組織されました。松澤さんは、社団法人商事法務研究会の責任者として先ほど述べたシンポジウムの共催に尽力されたのはもちろんのこと、この委員会の事務局として、その立ち上げ時から委員会の活動に深く関与され、その活動を全面的にサポートして下さいました。委員間の日程調整や委員会の場所の確保等の事務的な事項はもとより、定期的に開催される委員会の会合にも毎回オブザーバーとして参加され、会合での議論にも深く関与されていました。会合では、毎回活発な議論が交わされ、ときには四時間以上に及ぶ議論を経てもなかなか委員間の意見が収束しないこともありました。学者と実務家との間で基本的な考え方に違いがあることもありましたし、そもそも、法科大学院における理想的な教育の在り方について各人各様の考えがあるなかで意見の集約を図ることは、必ずしも容易なことではありませんでした。そのようなときも、松澤さんは、裏方として委員間の意見の調整等に奔走され、委員会の活動を陰で支えて下さいました。このような委員会の活動を裏方として支えるというのは、実は相当難しいことでして、このような役割を果たすことができたのは、松澤さんの忍耐強さと誰からも慕われるお人柄があってのことだと思います。当時、委員会での議論の全体像のみならず各委員の考え方も熟知していたのは、松澤さんをおいて他にいなかったのではないでしょうか。

この法曹養成問題委員会での議論は、関係各方面での検討に資することを期待して、「法科大学院における教育の在り方についての中間まとめ」と題する中間報告として公表された後、最終的には、さらなる議論を経て一冊の書籍にとりまとめられました。商事法務から平成一五年六月に発行された『法科大学院を中核とする法曹養成制度の在り方』と題する書籍がそれに当たります。この書籍のはしがきで田尾先生が述べられているとおり、この書籍は、委員会の検討開始当時からオブ法律ザーバーとして参画されていた松澤さんが自ら陣頭指揮をとられて刊行に漕ぎ着けたもので、松澤さんの熱意なしには、このような形で世に出ることはなかったと思います。この書籍は、松澤さんのご苦労の結実でもあるわけです。松澤さんは、当時、新たな時代の法曹養成教育に強いご関心とご期待を抱き、いろいろな方面で奔走されていました。この委員会の最終的なとりまとめ結果を公表し、関係者の検討の用に供することで、より良い法科大学院制度を築き上げたいという強い想いを抱いておられたのだと思います。私は、この書籍にまとめられた委員会の議論が法曹養成制度改革の検討に大きな影響を与えたものと信じていますが、その成果は、松澤さんの強い熱意と多大な貢献に支えられていたといっても過言ではないと思います。

＊

松澤さんは、このように、かねてからわが国の法学教育に強い関心を抱かれ、いろいろな方面でご活躍を続けてこられました。いまでも、法と教育学会の理事やＮＰＯ法人法教育支援センターの理事として、精力的に活動を続けておられます。そのような松澤さんのお姿を拝見していると、このたび古稀を迎えられるということが俄かには信じがたい限りですが、今後もこれまでと変わらぬご活躍を続けられ、わが国の法学教育を支えていって頂きたいと思うばかりです。

●やなぎだ・ゆきお＝弁護士（柳田国際法律事務所）

熱望の人

山田　文
Aya Yamada

松澤さんの多方面のご活躍のうち、本稿では、ADR法制・研究に関して述べたいと思う。

二〇〇一年六月に提出された司法制度改革審議会意見書において、「ADRが、国民にとって裁判と並ぶ魅力的な選択肢となるよう、その拡充、活性化を図るべきである」と提言されたことを承け、法制的な共通基盤として、二〇〇三年に仲裁法（平成一五年法律第一三八号）が、二〇〇四年に裁判外紛争解決手続の利用の促進に関する法律（平成一六年法律第一五一号。以下、「ADR法」という）が成立した。その立法のための検討会のうち、特にADR法に関しては、法的紛争解決とは何かという難しい問題に応えつつ比較法的に見ても新しいスキーム（ADR機関の特定の手続を認証するスキーム）を提示しようとしておられ、難航しておられることは仄聞していた。

成立前から同法のもたらす社会的な効果を正しく見通していた方は多くないと思われるが、恐らく松澤さんは、同法が紛争解決サービスの自由化、需要に応じた多様なサービスの展開を企図していることから、弁護士業務の変化、法的紛争解決概念の流動化を予感し、さらにはaccess to justiceへの影響も直観として理解しておられたのではないかと推測する。そのうえで、松澤さんらしく（?）、ビジネスの面は長期的に考えることにして、この面白そうな新しい動きをバックアップしてみようと覚悟して下さっていたのではないだろうか。その証左に、ADR法施行に伴う準備的研究はもとより、立法直後の仲裁ADR法学会の設立についても日本ADR協会の発足についても、松澤さんは迅速に支援を決定下さり、現在にいたるまで変わらぬ姿勢で臨んで下さっている。その慧眼（あるいは冒険心）には改めて感じ入るほかない。

まず学会に関しては、二〇〇四年一〇月、「仲裁ＡＤＲ法学会」が設立された（初代理事長は、小島武司・中央大学教授〔当時〕）。仲裁・ＡＤＲに関しては民事訴訟法学会、法社会学会、国際私法学会等においてそれぞれ研究がなされてきたところ、共通の議論の場を設けて理論・実務の展開を促す目的で新設されたものである。学会は、幅広い研究者・実務家のご参加を得て今日まで無事に発展を続けているが、設立準備のみならず学会誌（『仲裁とＡＤＲ』）の発行とそれに伴う事務について、当初より商事法務にお願いできたのは、偏に松澤さんの英断にかかる。近時は、同誌掲載論文の引用も増えてきたようであり、まさに理論面の発展を支えていただいていると言えるだろう。

また、二〇一〇年二月に、一般財団法人日本ＡＤＲ協会（ＪＡＤＲＡ）が発足した。これは、ＡＤＲ法の施行を承けて、「ＡＤＲに対する社会の理解と信頼を醸成し、ＡＤＲおよびそれを支える制度の健全な振興を図る」ことを目的として設立された、いわばＡＤＲの業界団体であり、私も発起人・理事として関わってきた。実務的なテーマでシンポジウムや研修を行うほか、ＡＤＲ機関間ないし相談機関との連携、ＡＤＲ法改正の提言、広報活動、関係省庁との連絡協議等さまざまな活動を行っている。道半ばとは言え、ＡＤＲの実務改善や知名度向上に一定の貢献をしてきたと考えているが、このような安定した活動が可能となったのは、松澤さんが扇の要となって研究者・実務家・関係省庁を繋げて下さり、また事務局その他のロジスティクスをすべて商事法務研究会が引き受けて下さったことに尽きよう。

松澤さんは、普段は裏側で差配しておられるのだが、時折顔を出して熱望（Lon L. Fuller の言う morality of aspiration）を語ることがある。ＪＡＤＲＡ発足に際しても、ともすると現実的な困難に萎えてしまう私に、ＡＤＲの発展可能性を語り、にこやかながらも真剣に励まして下さった。発足準備会後の酒席では、設立発起人（青山善充・初代評議員長、道垣内正人・初代代表理事、松嶋英機・初代監事ほかの先生方）、特に松嶋先生らの旧い戦友としてお互いの武勇伝を語り、ＡＤＲを含めて日本の法実務の展望を語っておられた。縁の下の力持ちといっても、松澤さんの場合は地下深くに根を張った強靭な支えなのであるが、マグマのように地中から地上にあふれ出る熱量に圧倒される夜であった。まさに熱望の道徳が制度を動かすのである。

●やまだ・あや＝京都大学大学院法学研究科教授

「戦友」松澤さん

山本　昌平
Shohei Yamamoto

私が松澤さんと初めてお会いしたのは、一九九八（平成一〇）年初夏の頃である。当時は、司法改革の議論の真っ最中で、二〇〇一（平成一三）年六月一二日に、司法制度改革審議会意見書が出される三年ほど前であった。一九九八（平成一〇）年四月に弁護士登録したばかりの私は、司法研修所でお世話になった元教官から勧められるがままに、設立したばかりの財団法人日弁連法務研究財団（以下「財団」という）の事務局員となり、その縁で当時財団の理事を務められていた松澤さんを紹介して頂いた。初めて会った印象は、笑顔で物腰が柔らかく、財団の当時の理事長でおられた新堂幸司先生の信頼が極めて厚い方であった。そのときは、松澤さんをその後「戦友」とお呼びするなど予想だにしなかった。

その後、財団の事務局員として活動するうちに、法科大学院設立の話が現実味を帯び、財団としても、法科大学院の入学試験の調査研究をしようという機運になり、私も図らずもその一員となった。当時から、社団法人商事法務研究会（以下「商事法務」という）と財団とは、英語分野における英検のように、法学分野において法学検定試験の事業を共同で行っており（二〇〇〇〔平成一二〕年第一回試験実施）、法と実務を架橋する財団としては、法科大学院の入試制度についても、他に先駆けて調査研究を開始することになったのである。

それから松澤さんとの本格的なお付き合いが始まった。

全米のロースクールに対するアンケートの実施や模擬問題の作成・実施等適性試験の調査研究を経て、

事業として実施するという段階になり、事業計画を立案・策定し、主要な法科大学院設立予定校を、当時の新堂理事長、松澤さんに私がお供させて頂く形で、説明に回った。何しろ、わが国では前例のない試験制度であったので、実施するほうも採用するほうも手探りの状態であった。

その後、事態はさらに複雑化する。

大学入試センターも実施団体として名乗りを上げたのである。大学入試のセンター試験を実施している大学入試センターが名乗りを上げた影響は極めて大きく、そのため松澤さんとは、その対応策や戦略を練るなど、実に多くの時間を共有させて頂いた。そして、実施団体が二つ存立していることに対して、法科大学院協会が、最終的にはどちらの適性試験を採用するか、コンペを実施することになったことから、松澤さんはじめ商事法務の方々、研究者の方々、財団の方々とともに試験問題の作成から具体的な運営に至るまで、あらゆることを想定した準備を共に行い、コンペに臨むことになった。

コンペの結果は、惜敗であった。

しかし、当時の新堂理事長、松澤さん、財団の幹部とも協議した結果、わが国初の適性試験の実施に向け、真っ先に調査研究を実施し、作題から模擬試験まで実施して相当程度準備を進めていたことから、法科大学院関係者、受験生のためにも、予定どおり実施することになった。その時から松澤さんをはじめ商事法務の方々との全国行脚が始まったのである。当時の新堂理事長、松澤さんを中心とする商事法務の方々、財団でチームを組み、全国の法科大学院設立予定校を回り、適性試験の採用をお願いして回ったのである。こうして、松澤さんと「戦友」になっていったのである。松澤さんと親しくさせて頂くうちに、法学系の研究者の先生方が、いかに松澤さんを信頼して頼られているかが、よくわかってきた。出版はもちろん、研究会の設立から運営、研究者の先生お一人おひとりとの顔の見えるお付き合いまで、実に、松澤さんの行動範囲は広く深い。松澤さんの個人的な魅力によっているところが大きいとは思うが、出版人だけではなく、発展途上の私にとって、そばにいてじっくりと学ばせて頂いたことは、現在の大きな財産となっている。

話を元に戻そう。

懸命に全国行脚をしたかいもあり、何とか適性試験を継続して実施できるようになったが、その後も大学入試センターとの統合を巡り、さらに一波乱も二波乱もあった。当時の新堂理事長、松澤さんを中心として何度も協議を行い、水面下での交渉を含め粘り強く交渉を重ねた結果、二〇一一（平成二三）年にようやく適性試験の実施団体を一本化することとなった。そして、法科大学院協会、日弁連法務研究財団、商事法務を母体とする適性試験管理委員会を新たに立ち上げて、統一的に適性試験を実施するようになり、二〇一六（平成二八）年で六回目の実施に至っている。

適性試験をはじめ法科大学院制度は、現在、大きな岐路にたっているが、わが国で初めて適性試験を実施・運営し、その知見を重ねてきた成果を、今後も有効に活かしていかなければならず、そのためには、まだまだ松澤さんに頼るところが大である。松澤さんからは、いいかげんにしろと言われるかもしれないが、松澤さんとは「戦友」として、とことん突き進みたいと願っている次第である。

●やまもと・しょうへい＝公益財団法人日弁連法務研究財団

法曹界

ハネウエル・ミノルタ裁判について

石川　正
Tadashi Ishikawa

1　商事法務による〈緊急セミナー〉

(1)　今から四半世紀も前の一九九二年六月八日、商事法務研究会が主催者として開催した「〈緊急セミナー〉どうなる？　日米特許紛争ミノルタVSハネウエルケースに学ぶ」と銘打ったセミナーがあった。このセミナーの開催に当たって、松澤さんと商事法務研究会には大変お世話になったので、ここでは、この裁判について思い出すことを若干書かせていただくこととする。

(2)　セミナー案内のチラシには、次のような「講座開設の趣旨」が書かれている。

「・　去る二月、自動焦点カメラの特許権侵害訴訟で、アメリカ連邦地裁陪審は、ミノルタカメラに対し一二〇億円の賠償金をハネウエル社へ支払うよう命じる評決が下され、その後、両社は一六五億円をミノルタカメラが支払うことで和解した旨発表されました。

・　このケースは、米国市場で事業展開するわが国企業の法務戦略、特許戦略等に大きな影響を与えるものと思われます。

・　本講座は、ミノルタカメラが今回の訴訟で得た経験と反省をもとに、米国の訴訟制度、とりわけ特許権侵害訴訟における陪審制度、デイスカバリー制度等が現実にどう運用されているのかを探り、今後の法務戦略、特許戦略等に役立てていただきたいと思います。」

(3)　このセミナーは、法律関係の通常のセミナーとは様相を異にしていた。①セミナーの時間が午前一

○時から午後五時までの長時間であったこと、②講師に現役の通産省産業政策局知的財産政策室長が含まれていたことのほかに、③大敗北を喫した当の当事者であるミノルタ自身が、この裁判を説明しようとした。ミノルタの説明者として、ミノルタ自動焦点カメラの開発責任者であり、かつ、本裁判で陣頭指揮を執った吉山一郎専務取締役自身[註一]と本裁判を実際に担当した日米の弁護士四名が登壇した。私も、その中の一人であった。

(4)「敗軍の将、兵をかたらず」。通常、当事者は、特に負けた当事者は自分の事件を語らないものとされていた。当事者が何を言っても、弁解にしか聞こえないからである。にもかかわらず、ミノルタはなぜ、このようなセミナーを持とうとしたのか。

吉山専務は「ハネウエルとの裁判を体験して」の講演の中で、「最近見聞する日米知的財産権紛争の記事では、例外なく全てのメディアが、まるで和歌の枕言葉のようにH社vsミノルタ紛争を皮切りに話を始められています。当事者の私達としては納得出来ないお話が沢山出てくるのですが、これはミノルタが無口であったから仕方のないことでもございます。」(傍点は筆者)と言われているが[註二]、ミノルタにとって、納得できない事項が、米国裁判の過程についても、また、和解の評価においても多数あり、ミノルタの実際の経験と反省を世の中に知らせることによって、他の日本企業がミノルタの轍を踏まないためという思いがあったのが、多額の費用を使ってまで開いたこのセミナーの理由であったと思う。

2　ハネウエル・ミノルタ裁判[註三]について若干の補足

(1)　私は、この事件で言語と法制度が違う国間での裁判の難しさを改めて知った。しかし、言語・制度の違いを考慮に入れても、この裁判で、私には到底信じられない事象に遭遇した。

＊ハネウエルによる新聞広告

私は陪審評決後米国に残りハネウエルとの和解交渉をし、和解契約の調印にも立ち会った。和解調印の翌朝、ニュージャージーのホテルでニューヨークタイムズとウォールストリートジャーナルのそれぞれの一頁全面にハネウエルの広告が出されたことを知った。曰く、ハネウエルはミノルタとの戦いに勝利した、ミノルタはハネウエルの知的財産権を盗んだ、今後、ハネウエルはミノルタからの賠償金でもって日本企業による米国の知的財産権の盗用を防ぐための財団を設立する、と高々と一方的な宣伝をしたのであった。

和解に際して、ミノルタはハネウエルの特許侵害を認めていないことが明文で確認されており、かつ、今後六か月間、相手をアンフェアに中傷する（unfairly disparage）宣伝をしないことを確認しあった直後だけに、この全面広告は驚きを超えて信じられなかった。

＊模擬裁判

ハネウエル・ミノルタ裁判の後、弁護士・弁理士事務所や出版社が日米間の特許裁判の模擬裁判つきのセミナーをすることがしばしばあった。ある日、ミノルタの特許部の一人が特許侵害事件の模擬裁判の案内チラシを私のところに持ってきてくれた。それを見るや、私は頭を力いっぱいに殴り飛ばされた気がした。模擬裁判の事件の中身はハネウエル・ミノルタ事件そのもので、模擬裁判における米国の原告会社の代理人および証人は、ハネウエル・ミノルタ事件のハネウエルの弁護士と発明者として証言した人間と同じ名前が記載されており、そのうえに、模擬裁判を行う裁判官には、ハネウエル・ミノルタ裁判と同じ裁判官の名前が印刷されていた。米国連邦地方裁判所の現役の裁判官が少し前に裁判した事件と酷似の模擬裁判に、一方の当事者（ハネウエル）の弁護士・証人と一緒になって商業的なセミナー・模擬裁判に出演するのである。このようなことが許されるのであろうか。私にとっては信じられないことであった。

上記の二つの例が違法なことかどうかについて、私はここで議論をするつもりはない。このようなことが、米国で起こったということを知っておいてもらいたいのである。

(2)　ハネウエル・ミノルタ裁判で、ミノルタが一六五億円で和解をしたことについて、当時、世間において評判が悪く多くの批判がなされてきた。陪審が評決したミノルタの損害賠償額は一二五億円（註四）であるのに、これより四〇億円も加算して和解する弁護士が理解できないという批評もあった。特許侵害の陪審評決が出された後、判決をするときに裁判官には絶対的な裁量権をもって判断することのできる①判決前利息を付するか否か、付するとしてもいくらの利息にするか、②差止命令を出すかどうか、③弁護士費用の負担を命じるか否かの三つの事項がある。本裁判において判決前利息について当事者間の主張の差は一〇〇億円以上あり、弁護士費用も本件では数十億円オーダーの問題であった。侵害特許を回避できる代替製品が準備されていないときには差止命令は当該ビジネスの生命を断つことになり、ミノルタとしては、差止命令は絶対回避しなければならない課題となっていた。

このような状況にあるとき、裁判官から、和解をしなければ、差止命令を出す、ハネウエルよりの高額の判決前利息や弁護士費用の負担の可能性を連日にわたって示唆され続け、持っていた和解案書面を破られたりした。当事者が選択できる和解の範囲は極度に限定されていた。和解案を蹴って控訴し、裁判官が示唆する判決内容を覆せる見通しは簡単に立つものではない。

(3) 重要な判断について裁判官の絶対的裁量とし、裁判官への協力度を判断基準として決定されているものが多い米国裁判においては、当事者は裁判官の機嫌を損なわないよう細心の気を使わざるをえない。本裁判では、トライアル開始前に、担当裁判官からトライアル法廷で使用したい最新のＩＴ機器一切を寄付するよう、物的負担の要請があり、ミノルタはこれに応ぜざるをえなかった。

(4) 米国の裁判制度が公正で正義を実現する制度の鏡であるかのように言う人もあるが、ハネウエル・ミノルタ裁判で私が経験した実際はアンフェアで納得できないことがいくつもあった。これらを共有していたミノルタの吉山専務は今年初め他界された。ご冥福をお祈りする。

(註一) 吉山専務は、アポロが月面着陸した際に持ち込まれたカメラを開発された技術者で、本裁判では、陪審員の前で七日間証人として孤軍奮闘された。

(註二) IT Forum ニュース一二頁。

（註三）一九八七年四月出訴、一九九一年九月一九日から一九九二年一月二八日まで（クリスマス休暇の一週間を除く毎日、朝九時から夕方五時まで）トライアル（陪審審理）、一九九二年二月七日陪審評決、一九九二年三月二三日和解契約調印。

（註四）ちなみに、陪審の出した損害賠償額は、ハネウエルとミノルタのそれぞれの専門家証人の出した最低金額と最高金額を足して二で割った数字であった。大変な労苦と金額を使った損害賠償論は、何だったか。

●いしかわ・ただし＝弁護士（弁護士法人大江橋法律事務所）

「国際化」と松澤さん

内田　晴康
Harumichi Uchida

「国際化」と松澤さん、というと違和感を持たれる方も多いかもしれない。筆者自身も、現在の事務所（旧名称、森綜合法律事務所）に入所して四年後に米国のロースクールへ留学し、米国法律事務所での研修、勤務を経験するまでは「国際化」には縁のない世界におり、事務所の大先輩である古曳正夫弁護士に誘われて国内の会社更生法、会社法の分野の勉強会、研究会に参加し、また懇親の場を通じて親しくさせて頂いたのが松澤さんと面識を得るきっかけであった。明るい笑顔で楽しく歓談し、ノーと言えない雰囲気で何となく仕事を引き受けさせられたというのが記憶である。

三年間の米国滞在から帰国した後は、海外関係、M&A、知的財産権、渉外訴訟等の分野の業務が中心となり接点は少なくなったが、記憶に残るのは、商事法務研究会主催の重要な行事で、若輩ながら冒頭の挨拶を依頼されたことである。松澤さんが、変化を試みて思いついたものと推定するが、この依頼も笑顔と断れない雰囲気の下で引き受けたものの、挨拶で壇上に登り参加者の顔ぶれの豪華さを再認識し、引き受けたことが軽率であったと痛切な反省をすることになった。勇気を振り絞り無事挨拶を終えたものの、遅参した知人から大声が会場の外まで響いていたと聞かされ、緊張と高揚感から大演説風になったものと名誉でありながら心恥ずかしいところもある思い出である。松澤さんの「人を動かし」、「人を生かす」、笑顔の操縦術の一例であるが、感謝している。

さて、本題の「国際化」について語りたい。松澤さんは一般的な印象は、「国際的」の対極である「ドメスティック」という形容が最も似合う人である。しかし実際には、表にでない「裏方」または「黒幕」（良い意味の）として、日本の法曹界の国際化に多大の貢献をしている。一例に過ぎないが、アジア地域の弁護士の国際法曹団体であるローエイシアの二〇〇三年東京大会を裏方として支援をし大成功に導いた。また、日本の法令の外国語訳という政府の大事業を創始するについて、政府関係者、法曹界の関係者の利害、意見の相違を調整し、実現にこぎつけた功労者である。海外で日本の法令への理解を可能にし、日本の法制度の整備状況を発信するために必須の法令の英語訳事業を樹立したことは、日本の法律実務の国際化に対する大きな貢献と考えている。

その他に多くある松澤さんの国際化への功績のうち、筆者が深く関わり、日本の法曹の存在感を国際的に示し、日本の法曹界の国際化に大いに寄与することになった、二〇一四年一〇月に開催されたInternational Bar Association（国際法曹協会）の東京での年次大会の思い出を記す。

ＩＢＡは、世界各国の弁護士会（二〇六団体）、個人（約五万人以上）が会員である世界最大の国際法曹団体である。日本弁護士連合会はＩＢＡの団体会員であり、多数の日本人弁護士が個人会員としてＩＢＡの活動に参画している。ＩＢＡは世界の異なった都市で年次大会を開催しており、最近では世界各国から五〇〇〇名を超える弁護士、法曹関係者が参加する、法曹界における世界最大のイベントとなっている。大会は、五日間にわたり、開会式に始まり、併行して開催される二〇〇近いセッション、レセプション、昼食会等が行われ、法律の分野の最先端の問題、課題が討議されるばかりでなく、国際的に活動する弁護士の年一度の祭典ともいえる大行事となっている。世界の大都市が開催を希望するので、アジアで初の東京大会であるが、次の東京開催は数十年先になると想定される重要な国際的イベントであった。開催の準備、支援のため、日弁連は、「ＩＢＡ東京大会プロジェクトチーム」を創設し、筆者はその責任者であるチェア（座長）に就任した。また、日本在の国内外の法律事務所の代表、経団連、経営法友会等の代表を構成員とするホスト・コミッティが創設され、ＩＢＡ会長を務めた川村明弁護士が会長に、筆者が副会長に就任した。

開会式は天皇・皇后両陛下が臨席し、安倍首相が基調スピーチをすることで開始された。国家元首、首相の臨席は過去のIBA年次大会でも例がなく、また天皇・皇后両陛下によるIBAの代表者との謁見は参列者に深い感動を与え、IBA執行部、参加者から、この企画を準備したホスト・コミッティおよび日弁連のプロジェクトチームは高い評価と賞賛を得た。このように国際法曹の世界で語り継がれることになったIBA東京大会であるが、その成功のためには眼に見えない苦労があった。その「表に出ない」部分に松澤さんの活躍があったことを紹介したい。

最も肝要な課題は、ホスト国の支援組織をいかに組成するかであった。IBAの団体会員である日弁連、日本法律家協会（日法協）、個人会員の多数を構成する法律事務所の間の関係をどのように構築するかが課題であった。特定の団体の傘下にこの三者を組織化することは組織論として難しいこと、活動の多様性、効率性の獲得が難しくなること、また日弁連の果たす役割が大きいことから日弁連の中核的関与は必須であることを踏まえ、結局、日弁連にプロジェクトチームを創設し日弁連の対応を責任を持って実施すること、ホスト・コミッティは、日弁連、日法協の代表と法律事務所の代表をメンバーとする独立した組織とし、日弁連のプロジェクトチームと緊密な連携をとりながら活動することとした。この組織構成が柔軟かつ効果的な活動の原動力となり、大会を成功に導いた。

さらに、最高裁判所、法務省の代表者にホスト・コミッティのメンバーに就任してもらうことの打診をしたが、正式のホスト・コミッティメンバーとなることは難しいとのことで、必要な協力、支援をお願いすることにした。この過程で、松澤さんから最高裁判所、法務省に支援を求めることの可否、誰にコンタクトすれば良いか等について貴重なアドバイスを受けた。幅広い人脈と経験に基づくアドバイスは大いに役に立った。ただし、アドバイスの詳細は機微にわたるので割愛する。

他の重要な課題として、日本の企業法務の参加を如何にして推進するかの問題があった。IBAは基本的に弁護士の団体であるため、登録については原則弁護士資格のある者とされており、企業法務のディスカウントも有資格者に限定されている。また、登録料は日本の水準では極めて高いという問題もあった。しかしながら、日本における企業法務の法曹界における影響力、重要な役割に鑑みると、企業法務の方々の参加は日本での大会の成功には必須のものであった。そのため、ホスト・コミッティには経団連の代表、経営法友会の代表にメンバーとして参画してもらい、企業法務の立場からの要望のとりまとめをしてもらい、それに基づきＩＢＡ本部と交渉し、日本での大会の特例として大幅なディスカウント、利用の便宜、さらには企業法務に関心あるセッションでの同時通訳の導入等の画期的な対応を実現することができた。経営法友会のホスト・コミッティへの参加、協力については、松澤さんに相談のうえ、その紹介で事務局長をしていた小松氏に大変お世話になった。

ＩＢＡ東京大会についてもこれ以上に、また他の分野でも数えきれないほど松澤さんに助けられたことがあるが、紙数の関係で国際化への貢献に焦点を当て、感謝を込めつつ筆を置く。

●うちだ・はるみち＝弁護士（森・濱田松本法律事務所）

裁判官が経済事象に疎い件

加藤　新太郎
Shintaro Kato

1　「戦後の裁判所は、社会・国民の期待に応えてくることができたか」という問いを立てたとする。この問いには、さまざまな論じ方が可能であり、したがって、積極・消極いずれの解答をすることもできる。民事か、刑事か、行政か、家事かにより、また、どの時期のどのような類型の事件群についての裁判所の取組みを対象とするかにより、さらに、社会・国民の期待の内実をどこに据えるかにより、解答は異なるように思う。

民事裁判に着目すると、その時代・時期により、特色のある事件群がみられる。例えば、戦後は、借地借家の明渡訴訟や労働仮処分に始まり、モータリゼイションを背景とする民事交通訴訟、公害・薬害訴訟等が社会問題となり、日照権訴訟、製造物責任訴訟、医療過誤訴訟、消費者関係訴訟、個人破産・企業倒産関係事件等が後に続く。バブル経済が崩壊すれば、後始末の訴訟が頻出するし、消費者金融の行きすぎを是正する判例法理が確立すれば、過払い金返還請求訴訟で門前市をなす。つまりは、社会情勢をその土壌にしているのが民事訴訟なのである。そうであるからこそ、裁判官は、当該案件の社会的意味合いを理解し、方向感覚を研ぎ澄まして、個々の案件に取り組んでいくことが求められている。

社会が安定ないし停滞している時期か、活性化している時期か、はたまた変動期にあるかにもよって、社会情勢の内実は異なる。また、社会情勢の内実を理解するには、その時期の政治的環境も無視することはできないであろうし、論者の立場によっても、見方が異なることは常識に属する。裁判官は、見解の対立を絶妙のバランス感覚で対応しようと試みる。意あまって力足らずのこともあるが、主観的には常にそうした構えをとる。

2　社会情勢の構成要素として最大のものの一つは経済事象である。そこで疑問符をつけられるのが、「裁判官は取引社会のことを知っているか。経済常識を十分備えているか」である。

裁判官は、「経済事象に疎い。取引社会のことを知らない」という批判を気にしている。身に覚えのあることだからである。民事裁判官はもちろんのこと、ホワイトカラークライムを担当する刑事裁判官も、正しい事実認定と評価・判断を下すため、対象となる事象をきちんと理解したいと考えている。しかし、裁判官はビジネス世界に身を置いたことはないのが普通であるから、当然のことながら、知らないことのほうが多い。

そこに、訴訟代理人、弁護人・検察官の出番がある。つまり、彼または彼女らが、当該案件において、その業界の実際と問題になっている事柄につき、どのような意味合いと問題があり、法的にはかくアプローチすべきであると説得的に論じ、弁ずることにより、制度的には先の問題はクリアされるはずである。すなわち、対審構造をとる訴訟においては、「経済事象に疎い、取引社会のことを知らない」裁判官に、これを理解させるのは、訴訟代理人、弁護人・検察官の役割なのである。

3　裁判官も、これを解消すべく努めてはいる。例えば、民事裁判官は、わかりにくいデリバティブ取引の案件が来たら日経文庫を買いに走り、日常的には、日経新聞を購読するようにし、半沢直樹を読み、東京七チャンネルの「ワールドビジネスサテライト」を視聴している（はずである）。また、たまには『日経ビジネス』、『東洋経済』、『エコノミスト』等の経済誌を立ち読みしている（はずである）。

さらに、裁判官総体の取組みとして、司法研修所では若手裁判官に対して民間企業研修を実施している。

この研修は、何も特定の企業の内部調査をしようというわけではなく、裁判官に、個別の企業が置かれた環境とそこでの社員の方々の仕事ぶりから広く経済社会の実相、ビジネスの世界の実際を観察・経験する機会を付与するものだ。長期は一年間、短期は二週間の派遣型研修である（かつては、四か月コースもあった）。短期研修は、見学・観察型となるのに対して、長期研修は、どの部門に配属されるかはお任せの勤務型である。むしろ、「本人のこれまで蓄積した知識・経験の及ばないセクションで世間の風に当てるようにしてください」と受入れ先企業にお願いすることもあり、法務ではなく営業や経営管理部門に廻されることも少なくない。牛歩のごとき歩みであるが、所期の成果はあがっていると思う。

4　これまでの企業関係訴訟では企業が被告となる案件が多かったが、平成一〇年前後から、徐々に企業同士が原・被告となる訴訟が増えてきた。そうなると、司法研修所の集合研修でも、企業関係訴訟をテーマにすることが多くなる。しかし、経済事象に疎いことは教官も現場の裁判官と大差はない。どうしたものか。

平成一〇年代中頃の司法研修所第一部（裁判官研修担当）の課題の一つが、まさにこれであった。上席教官であった私は、一計を案じた。手始めに経営法友会と司法研修所教官との交流を図ろうと考えたのである。問題は、民事訴訟の一方の当事者である企業と意見交換するのは不公平感を与えないかとの批判がありうることだ。しかし、企業が民事訴訟を利用して問題状況を打開することがステークホルダーとの関係でも好ましいという潮流は顕著である。現実に、企業間訴訟も増えている。時代は変わりつつあるのだ。そうした理由付けをして、関係方面の了解も得た。

このような次第で、私が頼ったのが、旧知の松澤三男さんである。(註)松澤さんは、最初の電話で「それはよいことですね」と応えられ、次の電話で「経営法友会の幹事もウエルカムです」と返事をくれた。ほどなく、経営法友会の会員企業の名だたる法務担当者ご一行に、司法研修所にお出でいただき、教官らと意見交換の機会をもった。フォーマルな場面でも、飲み会の席でも大いに盛り上がった。この交流を契機として、現在では、関連するテーマの裁判官研修に、面識を得た企業法務家の方々に毎年講師をお願いして、企業法務最前線の問題状況を披瀝していただくまでに至っている。企業法務家が裁判官にダイレクトに語りかけることのできる空間が、まさしくそこにあるのである。

松澤さんは、このエポックを到来させた立役者のお一人である。松澤さんなくしては、このようにスムースには事は運ばなかったであろう。長い前置きを書き連ねたが、裁判所・裁判官研修の歴史と重ね合わせることで、松澤さんにしていただいた事柄の含意を語るためであった。本当にありがたいことであったと思う。

（註）　松澤三男さんには、取引法判例研究会（代表：川井健）の創設時（平成四年）からその運営でずいぶんお世話になった。インターユニバーシティの研究者と裁判官・弁護士とが、最高裁判例を素材にして喧々諤々の議論を交わす、血沸き肉踊る実に勉強になる研究会であった。報告原稿は、NBLに掲載の後、取引法判例研究会編『実務取引法判例（平成四年版）』、同『実務取引法判例（平成五年一月～一二月）』、同『実務取引法判例（平成六年～七年）』、同『実務取引法判例（平成八年～九年）』という四冊の別冊NBLにもしていただいた。さらに、川井健先生と田尾桃二先生の喜寿をお祝いする論文集、『転換期の取引法判例——取引法判例一〇年の軌跡』まで出版していただいた（商事法務、二〇〇四年）。この研究会は、日本法律家協会の下で「民事法判例研究会」として、現在も継続している。

●かとう・しんたろう＝中央大学大学院法務研究科教授・弁護士

松澤三男さんは忍者である

久保利　英明
Hideaki Kubori

松澤三男さん、古稀、おめでとうございます。

今年、松澤さんが古稀におなりになるということは、私より二歳若いということになる。ということは、私と同い年の申年生まれの元株式会社商事法務社長の大林譲氏より二歳も年下なのである。私と松澤さんとのお付き合いが何時から始まったか、定かではないが、お二人は、剛の大林、柔の松澤と御神酒徳利のようにワンセットで、商事法務を引っ張ってこられた。だから、私はお二人の年の差を理解していなかったのである。ただ、私と大林さんとの関係は、著者と編集者、セミナー講師と企画者と、二人だけで完結する付き合いが多かったのに対し、松澤さんの姿はいつも何らかの組織とともに現れ、法改正や司法制度の改革、学会や研究会の運営等、いつも国や組織と密接に関係しているところに特徴があった。大林さんは洋酒を使ったケーキを一口食べただけで真っ赤になるという下戸中の下戸だったから、二人で一献酌み交わしたことがなかったのは当然である。ところが、私はいける口のはずの松澤さんと二人で、酒を飲んだ記憶がまったくない。

そうだ、素顔を見せないのが忍者の第一の特質である。

いつもにこにこと、ピンク色の顔艶で、笑顔を振りまきながら、事務方として万端滞りなく進める松澤さんの手際は、余人の追随を許さない。しかし、どんなテーマでも、議論の内容には一切入り込まないのが松澤流の奥義と言える。今年の二月に民事紛争処理研究基金の設立三〇周年を記念して開催された「法曹養成の新たなヴィジョンを模索する」と題するシンポジウムの際も、基金の理事でありながら、弁当の手配から車代の交付、受付から会場整理まで、きめ細かに差配された。私をパネルディスカッションの司会進行係として任命したのも松澤さんだとうかがったが、如何に進行すべきか、という議論の方向性やシンポの目的・内容については、一切、指示はされなかった。人事と段取りに己の役割を限定するのが松澤流である。

まつりごとの表に出ず、陰に徹することは、まさに忍者の第二の特質である。

昨年のことになるが、元日弁連会長の本林徹弁護士が、昨今の法曹の存在が混迷していることを憂えて、奮闘する若手弁護士に元気を与えようと、自ら主宰して本林塾を立ち上げられた。メインイベントとして一年間にわたり、一〇人の著名弁護士が、自分の弁護士生活を振り返り、各二時間の講演と参加者との質疑応答を行うというエキサイティングな催しであった。幸いなことに、私は一〇人目の講演者として昨年の九月に、講演の機会を与えられた。こんな素晴らしい企画なら、書籍にして出版すれば良いのにと勝手な想いで出講した。本林先生以外は誰一人、私の過去四五年に及ぶ弁護士活動は知らないから、好き勝手を言えば良いか、と私は気楽に登壇した。ところが、なんと超満員の客席の後方座席に、隠れるように松澤さんがおられるではないか。松澤さんの姿を見た瞬間、私の心に緊張が走った。そうか、この講演録は商事法務から出版されるのだ。それなら、後世に残しても恥ずかしくないように、気合いを入れて講演しなければいけないし、本にする際は、微細な間違いもないように、校正も疎かにできない、と覚悟を固めた。

果たして、この講演録『新時代を切り拓く弁護士』は今年二月に、商事法務から出版され、わずか、一ヶ月で重版が決まった。本書はこれからも版を重ね、本林徹塾長の名声と熱い講演の数々を喧伝することになるだろう。すべての講演者が熱のこもった一世一代の講演を展開されたことは間違いない。その大きな原因は、突然、客席に出現した松澤さんの姿にあるはずである。こんな、臨機応変にして、神出鬼没な行動は忍者でなければできない。やはり松澤さんは不世出の超一級の忍者である。忍者だからと言って、突然「ドローン」と消えないでください。

●くぼり・ひであき＝桐蔭法科大学院教授
日比谷パーク法律事務所代表弁護士

黒子に徹する気配りの人

倉吉　敬
Kei Kurayoshi

「ここがテロでやられたら、日本の頭脳がみな消えるなあ」

背後からの松澤さんの声に、思わず振り返ると、いつになく生真面目に唇を結んだ堅い表情があった。二〇〇九年四月二九日、早稲田大学大隈講堂で開かれたシンポジウム「債権法改正の基本方針」の後の懇親会の会場でのひとこまである。このシンポジウムの実現に心を砕き、群を抜いた企画力と統率力で裏方を束ね、自らも奔走してきた。しかし、自分のやってきたことなどは大したことではないと思っているらしい。それ以上に大事なのは、会場で談笑する、重鎮から新進気鋭まで、錚々たる大勢の多様な法学者たち。その先生方に対するリスペクトの念が、人一倍強いのである。

松澤さんの幾つかの都市伝説の中に、松澤仲裁マジックというのがある。あるパーティの後、すっかりできあがった面々が集まったホテルのバー。大いにワインが進み、和気藹藹でやっていたのが、いつの間にか、その中の二人の議論が沸騰、周囲も顔を見合わせ困惑していたところ、松澤さんが、その二人にそれぞれ「そうでございますか」、「それは大変でございましたでしょうねえ」と、故郷（福島県南相馬）のあの訛りで、にこやかに相槌を打っているうちに、何故か収まってしまったというのである。

この話はどうもできすぎていて眉唾の感があるのだが、学生時代に読んだ週刊誌のコラム（確か山口瞳の連載物だったと思うのだが……）に、「酒を飲んで議論を吹っ掛けるのは、周囲からみると絡んでいるように見えても、実はそれは正論を吐いているのだ。酒を飲むことによって、正論を吐くに至るのである」とか何とかいうのがあって、この時もそうだったとすると、二人とも正論を吐いているのだから、周囲は止められなかっただろう。学者も法律家も、もともと素面で正論を語るのが商売だからなおさらだ。そんな正論同士の緊張した争いの場を、どこかユーモラスに収めてしまうのは、松澤さんの真骨頂。事の真偽はともかく、相手の立場を考え、相手の気持ちをそのまま自然に受け入れる松澤さんならではの懐の深さ、人を見る目の確かさ、気配りの絶妙さを物語る、いい話だと思うのである。松澤さんは、軽妙で陽気で人を和ませる。しかし、それだけではない何かを持っていて、その根底には、間違いなく、相手に対するリスペクトの気持ちがある。

編集者は黒子であるというのが、松澤さんのモットーだ。表舞台には決して出ないし、自分のやったことに見返りを求めない。いや、そもそも、手柄だなんて、はなっから思っていないようだ。松澤さんも人の子。この野郎と言いたくなることだってあるはずだが、そんな時にも「黒子だからなあ」と笑って済ませてしまうと聞く。入社の時「黒子に徹し切れるか」と聞かれて、この仕事の本質を深く考えさせられ、息をのんだという若い編集者もいる。なるほど、松澤さんと話していると、法律論に一家言ありそうな、また、学者や法律家に対し苦言を呈したそうな、そんな雰囲気を感じることもないわけではないのだが、正面切って論陣を張ったり、人を批判したりするのを見たことがない。

同業者の皆さんも含めて、編集者としての松澤さんを高く評価する人は多い。極め付きの優秀な編集者だとか、日本一の編集者だという人もいる。その理由は、黒子に徹していることだけでもなさそうである。以下は、はぐらかされることを承知のうえで、焼酎片手に臨んだ焼き鳥居酒屋談義。

松倉　経営者も楽しいんでしょう？　儲かりますか？

冗談じゃない。とんでもないですよ。儲かるわけないでしょ。経営者なんて、給料払う心配ばかりしていてつまらない。編集者がいいに決まってますって。

松倉　それでも、編集者やめたんですよね。

うーん、まあ、そうなんですよねえ。

松倉　経営者に転じた時「俺はいい編集者だった」と自分で言ったそうじゃないですか？

やれやれ、まいるなあ。誰がそんなことを……。まあ、若い連中に編集者とは何なのかを伝えたかったんですかねえ。

松倉　それって、どういう……？

例えば、書いてくださいと先生に言うでしょ。そうお願いするんだけど、それだけじゃねえ……そこを一歩踏み込むというか、そこのところの編集者の面白さがわかっていないんだなあ。そもそも何のために本を作るのか。会社のためじゃない。読者のため、日本のためですよ。そこのところもよくはわかっていない。

松倉　それじゃ、その編集者の面白さ、極意を教えてくださいよ。

まあいいじゃないですか、そんな偉そうなこと……。でも、とにかく、経営者よりずっといいんだなあ。

松倉　だから、その「いい」というところを……。

飲みましょうよ。ホント、いいお店だなあ、ここは。

……と、やはり、はぐらかす。黒子の本領を発揮されたのだろう。そうは思うのだが、本当は、松澤さんにはシャイというか照れ屋なところがあって、あるべき編集者像なんていうのを大上段に語るなんてできないのかもしれない。そこがまた魅力で、人を惹きつける。

松澤さんは優しい。徹夜で法案の印刷に追われる職員たちを気遣ってくれたと、法務省民事局参事官室の補佐官が感激したことがあったが、この手の話には事欠かない。

そして人間好き。とにかく、人の話をよく聞く。相槌を打つのも、それこそ真剣である。相手の気持ちになる。その立場を考える。その人が本当に考えていることは何なのか、何を書きたいと思っているのか。それを知るためなら、努力を惜しまず苦労を厭わない。昨今はやりの「聞く力」ではないが、そうやって相手の心を開かせ、本音を語らせる。そこに松澤流のハイレベルな社交術と編集者魂がある。

人を見る目の鋭さ、深さ、確かさは、古稀を迎えられた今でもすこぶる健在だ。そのためだろうか、松澤さんから司会役を頼まれることはあっても、こういうものをお書きになったらどうでしょうか(書いてくださいよ)と頼まれたことは、一度もない。そこがまた松澤さんのいいところだと思ってしまうから、もって瞑すべしである。

●くらよし・けい＝前東京高等裁判所長官(元法務省民事局長)

サービサーって何？

黒川 弘務
Hiromu Kurokawa

「サービサーって何ってよく聞かれるんですよ。これまでなかった制度だし、Q&A方式でいろんな人にわかりやすく解説する本を作りましょうよ。作りましょう」と屈託のない笑顔で松澤さんに言われた。平成一〇年一〇月一二日、債権管理回収業に関する特別措置法（いわゆるサービサー法）が、第一四三回国会において成立し、平成一一年二月一日に施行されたが、法案成立のころから、折に触れて、松澤さんの憎めないアタックが続いた。

当時、金融再生、金融システム安定化のため、政府・与党を挙げて様々な知恵を出し合って、税制から倒産法制・不良債権処理に至るまで各般の法令が多数創設された。松澤さんは、それぞれの法令が起草されるまでの議論をいずれも丁寧にフォローされており、早期に各法令の理解が世に広まり定着されることを願って、多岐にわたる法令について所管各部署に執筆依頼を精力的に繰り返しておられたのだと思う。

当時、私が所属していた司法法制調査部の職員は、おりしも司法制度改革に向けた仕込みの作業でてんてこ舞いしており、また、まさに天から降りてきたサービサー制度そのものを円滑に立ち上げるための準備作業にも忙殺されていた。私にもまったく時間的余裕はなく、また生来の筆不精もあって、松澤さんからお誘いを受けるたびに、「ちょっと余裕がなくて勘弁してくださいよ。議員の方々の立法ですし」などと言って、失礼ながらはぐらかし続けていた。

そうしていたところ、最近松澤さんが顔を見せなくなったな、と一安心していたのもつかの間、突如として、松澤さん以外の内外の方々から、原稿執筆を迫る総攻撃が始まった。サービサー法のとりまとめ役でありかつ司法制度改革についても旗振り役をされていた保岡興治代議士およびサービサーワーキングチーム座長かつ法務委員長の杉浦正健代議士（ご両名とも後に法務大臣）から相次いで「早く解説本を書かないとサービサー制度が定着しない。我々の立法者意図を公権解釈として示さないとサービサーが誕生しないよ」と異口同音の叱咤を受けた。杉浦代議士からは、「僕が監修するから、皆さんは負担に感じなくていいから」とまで言われた。また、サービサー制度創設に当たり、大変なご尽力とご理解を賜った日弁連の執行部の方々からも「弁護士の中にはサービサーについて疑問を持っている方もいるので、説明の必要がある。必要な協力もするので早く解説書を世に出してもらえないか」と推された。さらには、当時の私の部下でサービサー法成立に向けて寝食を忘れて与野党を問わず議員の方々を支えてきた者からも、「商事法務も担当者を決めて、日参されてきていて、もう断れません。一緒にやりましょうよ」と言われる始末であった。

ときを同じくして、私が頭の上がらない内外の方々からの総攻撃に、さしもの私もついに土俵を割り、松澤さんに「わかりましたよ、やりますよ」と返答し、「怖い人ですよね、あなたは」と皮肉たっぷりにお伝えしたが、松澤さんはまったく気にするふうもなく「二～三か月で脱稿してくださいね」とさらっと茶目っ気たっぷりにハードルの高いことを言ってきたことをはっきり覚えている。

それ以降は、連日、通常業務の終わる深夜、日が変わったころから『Q&Aサービサー法』の執筆に携わることになり、大勢の部下職員も不平不満を漏らすことなく資料の作成、下原稿作り等の補助作業に従事してくれた。

思い出したくもないつらい作業であったが、松澤さんの偉いところは、我々に頼みっぱなしではないこと。すなわち、商事法務の担当者の方も、我々の連日にわたる深夜、ときに休日に及んだ作業にもお付き合いいただいた。書籍の内容にかかわる法律的な議論にも積極的にかかわっていただいて、編成に向けた的確な指示・協力をしていただいた。松澤さんもときどきひょっこりやってこられ、「忙しいところ、申し訳ないですねえ」などと言って我々を気遣いねぎらいつつ、同時に我々が怠けていないかを監視しに来られていた。このような商事法務側の手厚く献身的なサポートもあって、何とか、期限としても内容としても一定の責任が果たせる書籍を世に出すことができてから、はや一七年が経過している。

＊

松澤さんは、初版本の献本にも来ていただいたと思うが、初版本に挟み込まれている「謹呈」のしおりを見ても、当時の松澤さんの笑顔を思い出す。その後、サービサー業界は着実にわが国の経済社会に定着し、サービサーの数は約九〇社、取扱債権額は累計で三八二兆円に及ぶに至っている。それとともに書籍は版を重ねてきているが、初版執筆当時は恨めしく思ったものだが、松澤さんに「書かされた」書籍が一定の役割を果たせたのだとすれば私としても光栄なことであり、書かせてくれた松澤さんにこの場を借りて深謝したい。

●くろかわ・ひろむ＝法務大臣官房長

黒子に徹した松澤さん

畔柳　達雄
Tatsuo Kuroyanagi

私にとって、商事法務研究会といえば、鈴木光夫さんである。一九五〇年代末、兼子法律事務所が、駿河台四丁目にあった頃、三菱倉庫社長を退任した大住達雄弁護士をお預かりした。麹町に大邸宅を構えることから麹町の旦那と呼ばれた大住先生（商事法務研究会理事）は、一〇時少し回ると自家用ベンツで事務所に現れる。間もなく携帯ラヂオの音が大きくなり、電話で話す声が漏れてくる。私には縁のない株取り引きの時間である。それが終わる頃、必ず現れるのが鈴木光夫さんだ。「旬刊商事法務」編集の相談だ。三〇分もすると「神田藪そば」とか、淡路町の「榧（カヤ）油天兵」へのお出ましである。午後は明治大学の講義だったはず。その前後、鈴木さんに誘われて、旭川に転勤する賀集唱さん、岩田事務所の下飯坂常世さんらと「銀座月ヶ瀬・コックドール」でご馳走になった。会社法判例紹介の執筆依頼だったが、その任ではないとお断りした。そんな不義理をしたのに、鈴木さんからは何かがあると声をかけて頂いた。

一九六九年、広島に欠陥車訴訟が提起された。トヨタ自動車販売から依頼を受け、兼子先生の指示で私と花岡巌が関係した。弁護団長松坂佐一、本山亨、高須宏（メーカー担当）、私（地元ディーラー担当）の布陣である。この事件と前後して、特定新聞記者と組んだユーザーユニオンが設立された。代表者は、ある時期から、新聞報道と刑事告訴を武器に、事故原因を一方的に欠陥と決めつけ、メーカーに秘密裡の解決を迫った。これを拒否した国内自動車メーカー、特にホンダと一部トラックメーカーは、ほぼ一〇年間冬の時代を迎える。広島事件を契機に、欠陥車問題処理のために、まだ四〇歳前後で私がトヨタ自販、花岡巌がトヨタ自工の顧問に就任した。私は九段のトヨタ自販東京本社に一室を提供されて、週一回常駐した。企画調査室、技術部を通じて、製造物責任・マスキー法対策のみならず、フランチャイズ契約、割賦販売契約等流通関係、広告媒体関係の国内外の法律問題、倒産処理など様々な相談にあずかり、さらに全国ディーラー向け各種法律手引書作成にも関与した。多数の法律学者とお付合いがあったので、社内研修に専門家を招聘して指導を受けた。企画調査室からは流通関係の法律に興味を持った秋田量正さん、後日オーストラリア・トヨタ社長となる岡田哲彦さんらが育った。秋田さんは退職後松澤三男さんの支援で大学に赴任した。

一九六〇年代以降の二〇年間は、一九四〇年代後半に始まる傾斜生産方式、五〇年代後半以降の高度成長政策の歪みが一挙に現れ、企業内部では北は苫小牧から南は三池、水俣に及ぶ大型労働事件、その後を受けて、工場立地に関する住民訴訟、水・大気汚染公害訴訟、薬害訴訟など科学技術の理解を必要とする大型集団訴訟が続出した時代でもある。このような訴訟に直面して、国際的な特許権侵害訴訟を経験してきた我々のような弁護士を除き、既存の法律事務所の多くは、直ちに対応できず、被告となった企業は、総務部・技術部門挙げての弁護士支援体制を組むことを余儀なくされた。その結果、早期にこの種訴訟の洗礼を受けた企業内には訴訟準備に堪能な社員が育ち、専門家集団としての「法務部門」の認知と独立運動を展開した。

ほぼ同じ時代に、労働関係事件を専門にする使用者側弁護士が、「経営法曹会議」を設立した。労働側に総評弁護団等の組織があるのに対抗するためである。また日本弁護士連合会は、この時代、中枢をいわゆる民主グループが牛耳り、ある時期には裁判所・法務省との対話も途絶し、東側国際会議には使節を派遣しながら、西側との関係はまったく絶っていた。

商事法務研究会が、「経営法友会」を設立したのが一九七一年四月、NBLの前身「ニュー・ビジネス・ロー」を発刊したのが同年一〇月である。上記のように、この時代は未だ冷戦下、労使関係が鋭く対立し、法曹界をとりまく状況も混沌を極めていた時期である。そのような雰囲気の中で、会社法務部門の将来性に着目して、当時の弁護士・弁護士会とは一歩離れた「経営法友会」を設立し、新しい実務雑誌を発行した関係者の先見性と勇気に改めて敬意を表したい。鈴木光夫さんらの努力であることは勿論だが、理事長を務めた鈴木竹雄先生らの存在が大きかったのではないだろうか。

そしてもう一つ、「松澤三男さん」こそは、NBL創刊と経営法友会設立の申し子だと私は思っている。今私の手元に一九七八年前後に発刊された二冊のNBLの抜刷り、「新春特集・企業と訴訟・弁護士関係論（座談会）」、「企業と訴訟・弁護士に関する実態調査」（NBL一七六号～一七八号・一八一号～一八三号）と「新春特集・会社法務と弁護士関係論――会社法務と弁護士の相関関係（協調と相克）を論ず」（NBL二二四号～二二八号）がある。前者の座談会出席者は「小田木毅（弁護士）、小島武司教授、齋藤和雄（弁護士）、多田晶彦（関西電力）、塚田健雄（トヨタ自動車工業）、藤岡公夫（日商岩井）」氏らで、司会は鈴木光夫さんである。この座談会に、勿論私は関与していない。しかし、小田木弁護士、齋藤弁護士は、旭化成文書課出身で、兼子法律事務所の顧問先で熟知の間柄である。旭化成文書課では小田木さん、内山辰雄（横浜弁護士会）さん、斎藤さんらが相次いで司法試験に合格し、全員弁護士登録した。また、塚田さんは、広島事件当時は法規係長で、医系から法学部に転じた変わり種である。医法のみならず文武両道を弁えた異能の才人で、文字通り型破りの彼の努力により、現在のトヨタ自動車「法規部門」の基礎ができた。塚田さんとは上記座談会の前後、私・花岡が頻繁に会っており、地で行くことをお勧めしたはずである。座談会の記事を読むと、鈴木さんが司会で、すべてをとり仕切っている。しかし実態は、松澤三男さんが、事前に十全の準備をして座談会を実施し、さらに最も手のかかる実態調査をまとめている。黒子・脇役に徹した松澤さんの成果物がこの座談会である。これに対して、約三年後の座談会は、司会者の高石義一さんが持ちかけた企画である。高石さんと私は、研修所同クラス、弁護士会も一緒である。出席者は、「鈴木光夫（商事法務研究会）、奥平哲彦、小沢徹夫、松枝迪夫、私（以上弁護士）、司会高石義一（日本ＩＢＭゼネラルカウンセル）」である。この座談会は、松澤さんと高石さんからの依頼で、急遽、私が要望されたキャリアの若手弁護士を集めた。この時の準備も、結局は松澤さんだが、松澤さんはここでも黒子に徹している。

問題はその後、座談会とはまったく関係なく発生した。ＩＢＭを退く時期に来て焦ったのか、突然、高石さんが、経営法友会の名簿を利用して、彼中心の別組織作りに着手したのである。結果的には、一部の新興企業を除き、誰も動かず、この計画は失敗した。善意を裏切られた当時の松澤さん、鈴木さんの心労は非常に大きかったと想像する。

昨年、公益財団法人「民事紛争処理研究基金」が三〇年を迎えた。吉川大二郎先生のご寄付を核に、新堂幸司、橋元四郎平の両先生が中心になり、企業、法律家等から資金を集めて創設された。加藤一郎先生が理事長を務め、関係者は文字どおり手弁当で財団の運営に当たってきた。毎年六月、学士会館で理事会・評議員会・選考委員会を開き研究費助成を決定する。一一月、東京大学山上会館で設立記念講演会を実施し、商事法務研究会にお願いして刊行してきた。財団事務局は、新堂研究室の権藤きみ子さんと橋元四郎平先生夫人が、長期間無償で担当した。他方、商事法務研究会、鈴木光夫さん、松澤三男さんらからは、絶えずご援助とご協力を賜った。加藤先生と相前後して鈴木さんが引退し、その後を松澤さんが引き継がれ、縁の下の力持ちとして、財団のために無私のご協力を頂いている。財団の仕事は、法律学者、実務法曹、企業法務担当者との交流を深めながら、次世代の学者を育てることなので、いつも黒子・脇役に徹しながら、バランスよく全体を俯瞰できる、松澤さんの存在は不可欠である。世の中には出たがり屋は五万といる。永続する組織には松澤さんのような、縁の下の力持ち・黒子の存在が必要であることを強調して本稿を終わる。

最後にお願いを一つ。公益財団法人「民事紛争処理研究基金」が、現在寄付を募集中である。是非後進育成のため、企業・企業法務関係者・法律家の皆様から、ご寄附賜れば幸いと存じます。

●くろやなぎ・たつお＝弁護士（兼子・岩松法律事務所）

企業再建劇でのハプニング

清水　直
Tadashi Shimizu

1　はじめに

周知のように、法律は一度立法されるや、それ以降は立法者の当初予定したねらいとは無関係に一人歩きする。

きっちりと、こと細かな条文で成り立っている法律ですら社会の要請に沿って柔軟に解釈されるぐらいだから、「企業の再建劇」に至っては、他に比較するものが見当たらないほど、自由奔放に法の現実の運用が行われる。

それは企業という存在が、人・モノ・カネの有機的集合体であり、政治・経済・文化等々のあらゆる分野の社会現象に密接に関わり合っているからにほかならない。だからこそ企業再建劇は極めて人間臭く、紆余曲折ありで、一筋縄ではいかないし、ある意味ではそこが面白い。本稿で私が手がけた企業再建劇の途上で生じたいくつかのハプニングの事例をご紹介して今後の参考にしていただきたい。

2　ハプニングの色々

⑴　ダブルの保全管理人代理

会社更生手続下での保全管理業務は、企業の倒産直後の混乱状態の中で、人・モノ・カネを駆使して、企業活動を維持しなければならず、これを扱う者には体力・気力・知力・実行力が求められる大変な仕事である。

照国海運の更生手続開始申立の事前相談で、東京地方裁判所民事八部と協議して数日経った頃、岩田合同法律事務所の元老であられた弁護士伊達利知大先生（今は故人）から「ちょっと来てくれないか？」とのお声がかかり、参上したところ、伊達先生は「実は、今日裁判所から、東証一部上場の大企業『興人』について更生申立があり、私に保全管理人を引き受けてくれないかとの打診があった。私も、七〇代も後半の老齢なので、引き受けるに当たっては、溝呂木商太郎君と清水直君の二名が保全管理人代理として手伝ってくれるのでなければ、とてもやれませんと申し上げたところ、裁判所はそれはお任せするとのことなのだが、清水君、手伝ってくれるかね」とのこと……。

私はハタと困った。先行して準備中の照国海運の更生手続開始申立代理人としての業務だけでも大変なのに、それに加えて戦後最大の倒産事件と言われている興人の保全管理業務をも併せ受け持つということはいかがなものかと考え、ここは裁判所と相談するしかないと、民事八部へご相談に行った。ところが、意外や、裁判長は涼しい顔をして「照国海運という会社はウワサはあっても、未だ事件としては受け付けられていないし、本当に申立があるのやらないのやらで、裁判所としては何とも申し上げかねます。一方の興人はすでに正式に受け付けられて事件番号もあります。まあ、清水さん、照国海運の更生申立が正式にあればあったで、その時のこととして、とりあえずは、伊達先生のご要請に応じてさし上げるのがよろしいのではないかと思いますよ。あとはご本人の決断次第ですね」……。

ボールはこちらに舞い戻って来てしまった。それにしても、どちらの事件も甲乙つけ難いほど世間を騒がせた案件である。私もまだ若かったので、変に使命感に燃えて、「よし、やるっきゃない」と速断し、興人の保全管理人代理と照国海運の更生申立代理人の双方の作業を連日、早朝から深夜まで行うところとなった。文字通り、体力の限界に挑戦するような日々であった。

興人の保全管理が始まって約一週間後には照国海運の更生手続開始申立と保全管理命令が発せられる段

取りとなってきて、民事八部に正式の申立書を持参し、裁判長と大詰の事前協議をし始めた時、裁判長は私の目の前で、申立書の申立代理人欄の「弁護士清水直」とある部分を鉛筆でスーっと線を引いて消された。私が「オヤ」と怪訝な顔をしていたら、裁判長は「照国海運の保全管理人には年配の信用ある大物の人にお願いしようと思っているが、これを補佐する実務に明るい保全管理人代理を数名配する人事が必要です。清水さん、あなたもそのうちの一人なので、あなたは申立人側の人ではなくて、裁判所側の人として働いてもらわなければいけないからそのようにご承知おきください」とのこと……。こうして大事件の保全管理人代理を同時期にダブルでこなさなければならない羽目になってしまった。

⑵ 関係人集会での妙味あるかけ引き

照国海運の子会社である照国郵船は鹿児島と奄美・沖縄地区を往き来する地元の足のような海運会社であったが、親会社が会社更生手続申立をしたあおりを喰らって三か月後にはこれまた会社更生手続開始申立をせざるを得なくなった。

幸い、更生手続は順調に推移し、更生計画案の審理・決議のための第二回・三回関係人集会が開催され、来島どっくも、照国海運も夫々大口債権者として出席し、更生計画案について意見を述べ議決に加わる段階となった。

事前の説明や根廻しがあったので当日はスムーズに審理・可決・認可の運びとなる予定と聞いていたが、集会の前日になって突如、来島どっくから、「更生計画案に基づく減資後の増資による新資本金に来島どっくを参加させないのは不服である。よって集会では更生計画案に反対する」との情報が入り、照国郵船の管財人団は「すわっ一大事、どうしたものか」と思案投首の体であった。集会の当日、私は正面中央の席に陣取って坐った。議事が進められる中で、裁判長から関係人に意見を述べるよう発言あるや、果たせるかな来島どっくから「新株発行の引受先の選定について賛成できない。本計画案については反対である」との意見の開陳があり、これを聞いた地元金融機関や、沖縄、鹿児島地区の債権者団は一様に「えーそれはないよ」と口々にブーイングした。

裁判官より「他にご意見は？」との発言があった後、私はやおら立ち上がって、裁判長・関係者の方に一礼した後、「私は照国郵船の親会社的存在である照国海運の更生管財人代理をしている者です。松村仲之助管財人や地元の人々に支えられて照国郵船が今日こうやって更生計画案審理、決議の集会開催までこぎつけられたことに親会社として万感の想いを込めて感謝致す次第であります。さて、只今、来島どっくさんから、本更生計画案に反対であるかのようなご発言がありましたが、照国郵船としては、今後とも、船舶の改修、新造船建造等で来島どっくさんには何かとご協力頂く必要もございますし、またその意味においてもこれからも前向きのお取引をさせていただくことは疑いないことですので、只今の来島どっくさんの『反対』とのご発言は、本更生計画そのものについての反対の意見ではなく、今後の更生計画の遂行と管財人の業務の進め方のうえで、只今の来島どっくさんのご発言の趣旨を充分に配慮せよとのご意見と理解することで如何でしょうか」と発言したところ、居並ぶ債権者の方々から「そうだ」「そうだ」の大合唱があり、裁判長から「来島どっくさん、如何されますか」と声をかけられた時はさすがに来島どっくも本更生計画にあくまでも反対するには躊躇するものがあったと見え、私の提案通りにということで了承せざるを得なくなり、集会はスムーズに進行し、更生計画案は審理・可決され成功裡に終わった。

裁判所という一種のカリスマ的雰囲気の中での関係人集会では、なかなか自分の立場だけでのごり押し的発言はできないものである。

(3) 色々なハプニング

他書ですでに著したものもあるが、その中の特異ないくつかを項目的に拾ってみる。

(イ) あけてびっくり

㈱猪越金銭登録機の再建劇では、大田区田園調布の本社土地を売却しようとしたところ、買い希望が多いので、入札方式にした。

すると買主の心理として、もう少しのところで買いそびれたのでは心残りになるという異常な心理現象が起きるのか、買主は自分で購入価格をつり上げてしまう。フタをあけてみたら、鑑定評価額の三倍近くの値段で売れた。

㈺　メーカーからゴミ焼屋へ転進

片寄工業㈱というゴミ焼却炉の製造メーカーの再建を担当した時、福島県の広野にゴミ焼却炉の試験炉がいくつもあるとのことを聞き、視察に行った結果、この試験炉は活用した方がいいのではないかとひらめき、急遽産業廃棄物処理のゴミ焼却業の許可をとって、「ゴミ焼却請けたまわります」と宣伝したところ、押すな押すなと、産業廃棄物の焼却の注文が入り、片寄工業は短期間に相当の利益を挙げ、法的再建手段を終結した。

㈧　窮すれば通ずる

天草のパールニットという紡績会社の再建では、興人から絲を仕入れて布にして販売するのであるが、当時興人は更生会社であったから絲の仕入れ代金は現金代引で支払わなければならず、一方の布の販売代金の入金は納入後、月末〆の翌々月末払いなので、絲の仕入代金を現金代引で支払ってから布の販売代金は三か月後でしか入金してこない。そうすると、この三か月分の資金手当をしなければならず、それは難しい。あれこれ考案するうち、「そうだ！　絲と布の物々交換でとりあえず絲の購入代金を布での一種の代物弁済のような支払いをし、後日、布が売れた時にパールニットは興人から布を買い戻して販売して現金払いをすることにしよう」。リスクが回避できて、商取引もスムーズに行なえるので皆さんに喜んでもらえたが、資金繰り上の現金負担は興人側に行く結果となり、後日、「清水弁護士にうまい具合に乗っけられてしまった」などと興人側の役員からはいささか恨まれた次第である。

㈡　海水浴場で命拾い

技研興業の再建劇の最中のある夏、北海道地区本部の社員旅行を小樽近辺の温泉旅館で行なって、翌日、千歳空港から帰京する予定であった。小樽から千歳へ向かう途中の銭函海岸附近に車がさしかかったところ、海水浴客が楽し気に歓声をあげながら遊んでいる光景を目の当たりにし、私はつい「本部長、我々もここで一泳ぎして行こうよ」と言って、下着のパンツで、一泳ぎした後、真水で体を流すこともせず、旅館のタオルで海水をふき取りながら、千歳空港に向かったが、車内では汗が流れてきて塩水を浴びているので、ジトジトして「これは泳がない方が良かったかな」と言っているうちに、ラジオ放送で「千歳発羽田行きの全日空の飛行機が行方不明になった（本来私の乗る予定だった）」と報道され、我々が千歳に到着した時は、雫石で墜落したと報道された。

ハプニングとして海水浴したお陰で私は命拾いしたが、他方、私に代わってキャンセル待ちで搭乗された人は命を落としてしまったのだと思うと複雑な気持ちになった。人生何があるかわからないものだ。

●しみず・ただし＝弁護士（清水直法律事務所）

私の松澤さん
——リース取引の勉強会の思い出

中川　潤
Jun Nakagawa

昭和五九年のことだった。松澤さんとの初めての出会いがである。

当時、私は、六年間お世話になった事務所から独立し、七名近くの寄り合い所帯の共同事務所に移った年だった。その年の夏に、毎年恒例の弁護士会内会派の勉強会合宿で「ファイナンス・リース」のコマを担当させられたメンバーが、俄か勉強での発表で消化不良のままでいたところ、人を介して松澤編集長から「ＮＢＬ」で共同研究の連載をしないかとの話が持ち込まれた。発表メンバーだった同業の山岸憲司さん、巻之内茂さん、私外一名に、リース事業協会の森住祐治さん、後に興銀リース（当時）の星加憲章さんが加わり、連載はスタートした。リース取引の流れに沿って網羅的に問題点を拾い出し、「リース取引のすべて」と大上段に題しての連載で、最初の意気込みや良しではあったが、当時、庄政志教授の著書（『リースの実務知識』〔商事法務研究会、一九八二年〕）のほかには、草創期の実務家と僅かな学者の散発的な論稿があるくらいで、実際に各自が担当の論稿を持ち寄って議論を始めてみると、いったいどうなることやらと足どりは誠におぼつかない限りだった。

座長格の山岸さんは既に弁護士一二年目だったが、私は七年目、巻之内さんは六年目とまだまだヒヨコ弁護士であり、なにより三名とも業務としてリース業界とは何の縁もゆかりもないというメンバーで、森住さんと星加さんに実情の教えを乞いながら議論を進めるというような塩梅だった。

それまで面識もなくいったい弁護士としてどの程度の力量かもわからない我々に、松澤編集長はよくも思い切って紙面を提供されたものだと今にして思う。無論多少の聞き当たりチェックはされたであろうが……。もう三〇年余以前のことであり、松澤さんも若さ故にできた思い切りだったのかもしれない。

しかし、松澤さんの厚意と思い切りから頂いたこの連載のための喧々諤々の議論の場は、平素の業務を離れてのしかも取引実務に即してのものであったことから、しんどいながらも誠に楽しいものだった。連載は一六回二四問と続き、さすがに長すぎると未掲載の二三問を併せて『リース取引法』（商事法務研究会、一九八五年）とのタイトルで単行本として刊行されたときの充足感は格別のものがあった。

この連載のなかで、忘れられない思い出がある。私が最初の担当項の原稿を提出したときのことだ。折り返すようにして、松澤さんから「わかり易い文章を書くねぇ」とお褒めの言葉を頂いた。無論、自信なさげな私への励ましだったのだと思う。

しかし、高校生時代に野坂昭如さんの切れ目なく続く長文に耽溺した癖がいつまでも抜けず、受験時代には答案を読んだ先輩から「君の文章は読む気を失くさせる」と酷評され、なんとか素直な文章を書こうともがいていた私には何よりも嬉しい言葉だった。このひと言で多少の自信をもってその後の筆もすすめていけるようになった。

思い切って若手にチャンスを与えて自らが勉強するように導き、上手く励まして一層やる気を起こさせるという、松澤さんは、編集者として若手を育てる比類のない天賦の才をお持ちだったと思う。

その後も、たしか「ビジネスロイヤーズクラブ」という名称だったと記憶するが、若手弁護士が、高木新二郎先生や古曳正夫先生といった当時第一線で活躍されていた大先輩の謦咳に接する場を立ち上げられ、私も声をかけて頂いた。当時、松澤さんの若い弁護士を育てようという情熱には倦むところがなかったのであり、私が、この年まで人がましく弁護士を続けてこれたのは松澤さんとの出会いのお蔭である。

●なかがわ・じゅん＝弁護士（中川潤法律事務所）

髙山京子さんの想い出

萩本　修
Osamu Hagimoto

松澤さんとは、平成六年一月に私が民事局付として初めて法務省勤務になったとき以来のお付き合いになります。これまで色々な場面で本当にお世話になっています。その松澤さんの古稀のお祝いですから、松澤さんにまつわるエピソードを、と思いましたが、その矢先、髙山京子さんの訃報に接しました。松澤さんと同じように、多くの法学者や実務法曹から愛され頼りにされた髙山さんは、間違いなく「日本法の舞台裏」を支えたお一人です。松澤さんが異口同音に「名物編集長」と言われるように、髙山さんも誰もが認める「名物司書」でした。ある著名な民法学者と「松澤さんや髙山さんのような人はもう現れないでしょうね」という話をしたこともあります。松澤さんとのご縁と同様、髙山さんとのご縁も平成六年からでした。そうしたことから、この機会をお借りして、髙山さんの追悼文を寄せることにしました。

＊

法務図書館の名物司書、生き字引として、法務・検察関係者をはじめとする多くの実務法曹、法学者らに慕われた髙山京子さんが、本年（平成二八年）一月一日、お亡くなりになりました。その一年以上前から体調を崩されており、快復を念じていましたが、願い届かず帰らぬ人となられました。

髙山さんは、平成一〇年三月に法務省を定年退職されるまでの間、法務図書館に関する事務を所掌する法務大臣官房司法法制調査部（現在の大臣官房司法法制部）に在籍し、三〇年以上にわたって法務図書館の司書としての業務に従事されました。もともと図書がお好きで、法務省に奉職するに当たって希望の職種を聞かれ、迷わず「図書の係です」と答えたそうです。その仕事ぶりは、図書館に対する深い愛着、図書館人としての強い使命感、レファレンスのスペシャリストとしての矜恃にあふれたものでした。

今ではコンピュータによる検索システム等が充実していますが、かつて、コンピュータやインターネットが普及していない時代には、図書の探索は閲覧カード目録（分類目録・著者目録・書名目録）が頼りでした。法務省民事局付として法制審議会の資料作成等のために法務図書館を利用するようになった私は、その使い方を一から髙山さんに教わりました。それでもお目当ての資料に行き着かないでいると、助け船を出してくれるのも髙山さんでした。そもそも何から調べればよいのか、手がかりすら思いつかないような調べ物のときも、髙山さんに調べたいテーマをお伝えすると、実に的確なヒントが返ってきました。そのたびに、「生き字引」という言葉はまさに髙山さんのためにあるような言葉だなあ、と思ったものです。

法務図書館では、現在、窓口業務を含め、図書館業務の多くを外部に委託していますが、髙山さんの在職時はすべて法務省の職員が担っていました。髙山さんのモットーは、コンピュータ万能時代にあって、機械では提供できない、生きたサービスを提供する「人にやさしいレファレンス」ということでした。また、法律のスペシャリストからの専門的で特殊な要求にも応えられるような「調査・提供のスペシャリスト」でなければならない、ともおっしゃっていました。髙山さんは、そうした司書としての高い志と能力から、法務図書館の利用者にとってかけがえのない道標でした。法務図書館は、国立国会図書館の支部図書館（各府省庁および最高裁判所の図書館）の一つですが、他の支部図書館と違い、その名称に「省」の文字がありません。これは、明治時代に淵源を持つ伝統と権威のある法律専門図書館として、法務省職員だけでなく、実務法曹や研究者等にも広く図書館サービスを提供するという、気宇壮大な意図を込めたものと言われています。髙山さんの仕事ぶりは、その精神を体現したものでもありました。

法務図書館がある法務省の赤れんが棟（法務省旧本館）は、平成六年に明治時代の創建当時の姿に復原され、その外観が国の重要文化財に指定されています。この赤れんが棟への法務図書館の移転は、同年八月に行われました。当時の蔵書二七万冊、コンテナにして延べ四万五〇〇〇個、輸送トラック延べ三一五台の大がかりな移転でした。この移転に当たっても、髙山さんは、移転が円滑に行われるように、その際に貴重な図書資料が損傷・散逸することのないように、そして移転後の書庫や閲覧室が利用しやすいものとなるように、配置図・排架計画の作成、清掃・燻蒸・運搬・排架の実施に尽力されました。

髙山さんが定年退職されてからわずか一年後の平成一一年以降、法務省は、再び髙山さんのお力を借りることになりました。法務図書館に眠っていた段ボール箱四二個分の「未整理図書」を整理・保存すべきか処分してしまうか、これを検討できるのは髙山さんしかいないということで白羽の矢を立てたのです。判読困難な資料が多い中、髙山さんは、法務図書館の仕事を通じて培ってきた人脈を頼りに、古文書の専門家、日本法制史専攻の若手研究者や大学院生らの助力を得て、平成二一年までに、戦前戦後の史料約二万点を合計一五冊の文書目録にまとめられました。このご功績で、平成二三年には、ユニークで社会的に意義のある図書館活動に対して授与される「図書館サポートフォーラム賞」を受賞されました。髙山さんは、後に、この一〇年がかりの苦難の作業について「廃棄されてしまったら資料は二度と戻らないという思いにかられて引き受けた」、「目録ができれば、過去から現在そして未来が永遠につながると思い、夢に向かって仕事をしてきた」、「眠っていた文書を世に出し、活用の道筋を付けたことに安堵した」と述懐されています。

このように法務図書館とともに歩んでこられた髙山さんは、ご逝去に伴い、正七位に叙せられました。新米の民事局付として髙山さんから法務図書館の利用方法を教わった私が、それから二二年の時を経て、そのご退職時の所属部署の長（司法法制部長）として、ご遺族に位記の伝達を行うことになるとは夢にも思いませんでした。

ここに髙山さんが愛し育てた法務図書館を将来にわたって大切に継承し発展させていかなければならないとの思いを新たにし、謹んでご冥福をお祈りします。どうか安らかにお眠りください。

●はぎもと・おさむ＝法務省人権擁護局長（前大臣官房司法法制部長）

『医療と法の交錯』の編集に関わった想い出

林　道晴
Michiharu Hayashi

1　商事法務研究会の松澤三男専務理事（以下失礼を顧みず親しみを込めて「松澤さん」と呼ばせていただく）には、平成五年に最高裁判所事務総局民事局の参事官となって平成の民事訴訟法改正等民事手続法規の改正作業に関わることとなって以来、種々の形でお世話になっている。こうした法規の改正作業関係における松澤さんのご活躍ぶりについては、他にふさわしい多数の執筆者がおられ、今回の企画に応えて原稿を寄せられることとなると思われるので、本稿では、株式会社商事法務から平成二四年一一月に刊行された畔柳達雄弁護士（以下敬意を込めて「畔柳先生」と呼ばせていただく）の『医療と法の交錯――医療倫理・医療紛争の解決』に関わった想い出を紹介させていただき、松澤さんへの感謝の気持ちの一端でもお伝えできればと考えている。ちなみに、畔柳先生は、松澤さんと筆者と比較にならないほど長くお付き合いをされており、今回の企画の執筆者としても名を連ねておられる。

2　『医療と法の交錯』が完成に至る経過については、執筆者の畔柳先生ご自身が同書のはしがきで紹介されておられる。詳細はそこに譲るとして、筆者が関わるのは、松澤さんから畔柳先生が近時執筆された論説を集めた書籍の出版を勧められ、松澤さんの手元に執筆原稿が集められた以降のことである。最高裁判所事務総局民事局の課長として医療裁判の運営改善の施策を企画実行していた際等、折に触れてご指導をいただいていた畔柳先生から、前記はしがきに紹介されているとおり、ご相談を受け、少しでもご恩返しができればと思い協力を約束し、まずは、松澤さんの手元にあった原稿をお預かりすることとなった。さすがの松澤さんとしてもどのように図書とするか考えあぐねていた模様で、私の協力の申し出についても喜んでいただいた。そのうえで、とにかく畔柳先生の原稿に目を通すことから作業をスタートした。いずれの論説も、ボリュームがあるうえに、医療と法にまたがる重要な課題について、畔柳先生以外の方ではとても執筆できないであろう高度で示唆に富む内容であり、読み進むうちに自らの勉強不足を痛感させられ、安請け合いをしたかもしれないと後悔することとなった。

3　何度か目を通すうちに、畔柳先生の原稿が、ヘルシンキ宣言を中心とする「医療倫理」に関わるものと、医療事故に起因する「医事紛争の解決」に関わるものとの二つのグループに分けることができるのではないかというイメージが湧いてきた。畔柳先生からは、松澤さんからお預かりした原稿のほか、論説を執筆された折にご寄贈をいただいていたものもあったので、二つのグループ分けに沿ったものを追加したり、その趣旨から遠いものを外したりしつつ、畔柳先生とも適宜意見交換するうちに上記グループ分けによる整理が確定していった。

4　この段階で何とかいけそうな気になってきたが、もう一つ問題があった。畔柳先生の原稿は、執筆年次が多数年にまたがっており、例えば、かなり以前に執筆されたものについては、その後の情報を付加するなど、ある程度のアップ・ツウー・デイト作業をした方が、畔柳先生の意図を読者の方により正確に伝えることができそうなものが少なくなかったし、背景事情等を付加した方がより深い理解のできそうなものもあった。しかし、筆者自身にこうした作業をする能力がないことは明らかであり、ただでさえお忙しい畔柳先生にこうした作業をお願いすることは困難である。悩んだ末に思い付いたのが、各グループ分けした論説群の冒頭で、畔柳先生の論説を題材として、畔柳先生と各グループのテーマに造詣が深い有識者との座談会をして、上記の作業に代替させるという企画であった。畔柳先生や松澤さんの命を受けてお手伝いをいただいていた株式会社商事法務の奥田博章さんともご相談して、私と同様に畔柳先生からご指導をいただき東京地裁医療事件部の初代部総括判事として医療裁判の運営改善に多大な貢献をされた前田順司元東京高裁部総括判事に、裁判官的な視点からの意見を述べていただく一方、「医療倫理」に関わる座談会には、畔柳先生からご紹介いただいた位田隆一京都大学大学院法学研究科教授（当時）に参加していただき医療倫理の専門家として意見を述べていただき、「医事紛争の解決」に関わる座談会には、畔柳先生はもちろん、前田さんや私にとっても旧知の児玉安司弁護士に医療裁判の専門家として意見を述べていただくこととなった。司会進行は、座談会の言い出しっぺである筆者がいきさつ上引き受けざるをえなくなったが、その進行レジュメ作りがまた一苦労ではあった。座談会自体は、畔柳先生はじめ出席者が進行に協力していただいた結果、有意義な意見交換をすることができた。ちなみに、「医療と法の交錯」の「推薦の辞」を書かれた日本医学会長である髙久史磨先生からは、「時間的に余裕のない方はこの座談会に目を通すだけでも医療倫理の問題について知識を深める事が出来るであろう」といった評価をいただいた。

5　その後の編集段階で、畔柳先生がお忙しい中お時間を割かれ、『医療と法の交錯』の末尾に「各章ごとの説明」という形で、各論説の現代的な意義等を簡潔に述べる説明を付加されたことから、私の心配は杞憂に終わったといってもよいのであるが、筆者にとっても、座談会企画は知的な刺激に満ちた楽しい体験であった。

6『医療と法の交錯』については、畔柳先生のご配慮で盛大な出版記念パーティが開かれ松澤さんや私も参加させていただいたが、法律実務家や医療実務家に限らない幅広い分野の有力者が駆けつけ、畔柳先生のお顔の広さと業績の大きさを改めて実感する機会となった。

医療裁判という、どちらかというと商事法務とそれほど関係が深くないテーマについて『医療と法の交錯』が出版された経緯の一端は、以上のとおりであり、帰するところ、松澤さんの交流関係の広さ、懐の深さによっている部分が大きいといってよい。同書が刊行されてから三年が経つが、同書に収録された論説は、現在でもなお法律・医療、法学・医学関係者にとって参考となるものと考えられ、こうした企画に関与させていただいたことに、畔柳先生はもちろん、松澤さんに感謝の気持ちで一杯である。松澤さんがこれからもご健勝でスケールの大きいご活躍をされることをお祈りしたい。

●はやし・みちはる＝最高裁判所首席調査官

「KNOW WHO」の時代

松井　秀樹
Hideki Matsui

かつては、旬刊商事法務やNBLを含めて、公刊・公表された文献・論文に書かれたことをフォローしておけば、それなりに弁護士業務ができた時代があった。「かつて」といっても、それほど昔ではなく、私が弁護士になった平成初期の頃のことである。

最近はかなり事情が違う。端的にいうと、公刊・公表された情報だけでは、必ずしも依頼者のニーズに応えられない場面が多いのである。さらには、インターネット等により公表された情報の洪水を、弁護士自ら整理し、その中から真に有益な情報を探し出すことも容易ではない一方で、依頼者もこれらの情報を検索し、それを検討したうえで相談してこられるからなおさらである。

公刊・公表されない情報の中には、法令等の立案や運用の舞台裏にあるものも多いであろう。他の法律事務所と同様に、当事務所からも、多くの弁護士が、任期付公務員として、法務省、金融庁、経済産業省、消費者庁等で執務し、法令等の立案や運用を担当するようになった。任期を終えて事務所に戻ってきた弁護士と話すと、たとえば、法令等の立案に至るまでに様々な議論や利害調整があったことがうかがわれ、それらを直接体験した彼らを羨ましく思うこともある。

国際化・複雑化・多様化した社会に対応すべく法令等は頻繁に改正され、また、法令等の運用も変わっていく。それらを踏まえて的確な助言をするために弁護士等の専門家に期待される水準は、日に日に高度なものになっていくであろう。弁護士としての折り返し地点を通過した世代の弁護士として、これから生存していく術を考えなければならないと感じることも多い。

＊

弁護士になりたての頃、ある創業経営者の講演を聴講する機会があった。曰く、「インターネットが普及し、知識は誰でも検索して、手に入れることができる時代がくる。そのような時代に大切なのは、何を知っているかという『KNOW　HOW』ではない。検索では手に入らない情報を入手できる人脈である。つまり、大切なのは、誰を知っているかという『KNOW　WHO』である」。

松澤さんに出会って、この話の意味がリアルに理解できたような気がする。彼からお聞きするお話は、インターネットでは検索不可能な情報であり、まさに「日本法の舞台裏」のキナ臭い話である（こともある）。彼の話により、紙に書かれた無機質の法令等の背後にある人間模様が、炙り出しのように浮かび上がる。

また、これまでに、いろいろな先生方・先輩方をご紹介いただいたり、いろいろな会合にお声かけをいただいたりした。その時点では、松澤さんの意図がわからなかったが、後になって納得したこともしばしばである。

「そのテーマの論文なら、NBLに掲載したらどうですか。編集部に話してみますよ」、「〇〇さんが退官後の就職先を探しているらしいけど、先生の事務所で採用を検討できる？」、「××したいなら、□□先生に聞いてみるのが近道ですよ」、「△△先生が亡くなられたので、葬儀の手配を頼まれちゃって」等々。彼は、表向きは出版関係者ということになろうが、実際のところは、あるときはヘッドハンター、あるときは葬儀屋という総合商社であり、「KNOW　WHO」の人であることがそれを可能にしている。

そのような松澤さんと酒を飲むたびに、その生き様が、今後の私の弁護士としての道標となるような気がしている。今は、到底足元にも及ばないが。

●まつい・ひでき＝弁護士（森・濱田松本法律事務所）

私の履歴書
――松澤さんと共に歩ませていただいた三〇年

山岸　良太
Ryota Yamagihi

私は、今年（二〇一六年）で弁護士登録三五周年となるが、松澤さんとの関係は既に三〇年近くになる。今回改めて、商事法務研究会の編集長であった松澤さんとのかかわりを振り返らせていただくと、その時々の私の弁護士としての業務や関心事の振り返りになり、まるで私自身の弁護士としての歩みの回顧になってしまうことに気づかされる。その意味で、松澤さんには、本当に長い間ずっとお世話になり、また、支えていただいていることが実感される。

1　まず、昭和の時代。『営業マンのためのクレジット・リース判例問答集』別冊NBL一八号（一九八八年）を監修させていただいた。

これは、いわゆる電機メーカー系クレジット会社の団体である社団法人日本電機工業会の肝煎りで作成されたもので、当時の通商産業省産業政策局消費経済部長に前文をいただくという四〇〇頁近い本で、これを、当時はまだ登録一〇年未満という、いわば駆け出しの弁護士の私に「監修」させてくださったのは、今にして思えば、編集者としての松澤さんとしても思いきった抜擢であったことだろう。松澤さんに深く感謝する次第である。

2　次の転機は、平成に入ってからの「プリペイド・カード」に関連するものである。

これは、平成元年に成立した「前払式証票の規制に関する法律」を受けて、私と研修所同期・同クラスの片岡義広弁護士等と共に、社団法人前払式証票発行協会の依頼でプリペイド・カード取引政策約款の作成に関与させていただいた（「プリペイド・カード取引標準約款等の概要とその解説」NBL四五七～四五八号〔一九九〇年〕）。当時は、テレホンカード等プリペイド・カードが広く流通され、現在の電子決済、電子マネーにつながるものであり、いわゆる有価証券なのか、証拠証券なのか、それとも新しい電気的システムに固有なものか、実務と法律理論の分析・融合を要する法的問題であった。これはその後、平成三年一二月六日発行の『プリペイド・カードの法律と実務』別冊NBL二一号（一九九一年）につながっていくものである。

プリペイド・カードを取り上げて、若手の弁護士に議論する機会を与えたことも、編集者としての松澤さんが、新しく社会に浸透するプリペイド・カードについて、若手弁護士によって色々な角度から検討・分析をして新しい時代に合った、しかも法的に安定した「社会のツール」とすべきということで、力を入れていたことを示すものと言える。

3　次は、いわゆる製造物責任法関連である。ご案内のとおり、平成六年七月一日に製造物責任法が制定され、平成七年七月一日から施行された。

これについて、NBL五七二（平成七年七月一日発行）～五七六号（同年九月一日発行）まで「製造物責任法の実務対応Q&A①～④」を同じ事務所に所属している宮谷隆弁護士と連載した。これまた、当時の新しい法律について、最先端実務を明らかにしていこうというものであり、編集者としての松澤さんの使命感を感ずるものである。

4　さらに時代は進んで、平成八年には、不動産バブル崩壊の時代を受け、いわゆる住専（ノンバンク）の債権回収について「住専の債権回収はこうなる（上・下）」（NBL五九一号（平成八年四月一五日発行）～五九二号（同年五月一日発行））を、新堂幸司先生を含む森綜合法律事務所所属の数名の弁護士と執筆した。これは、この後、山一證券を発端に、長銀、日債銀等の大手金融機関が破綻していくという、バブル崩壊後の失われた二〇年の正しく先駆けとなる企画であり、これまた、編集者としての松澤さんの着眼の凄みを示すものだろう。

5　そして、わが国の法曹界は「司法改革」の時代に突入する。

この「司法改革」の流れの中で、私は、わが国のいわゆる「四大」事務所のマネージングパートナーとして、また、更には、弁護士会においては、第二東京弁護士会の平成一一年度の副会長および平成二五年度の会長として、日本弁護士連合会の平成一四年度常務理事および平成二五年度副会長として、「司法改革」の時代に深くかかわることになった。

(1)　その関係で、松澤さんから、ようやく頭角を現してきた日本のビッグ・ローファームについて、直接の関係者からその実情をまとめるという企画が示唆されてまとまったのが、平成二三年一一月九日出版の『日本のローファームの誕生と発展』であり、このうち『大規模ローファームと専門家時代――森・濱田松本法律事務所発展の軌跡』の「森綜合法律事務所の発展の軌跡」を、本林徹弁護士と共に分担執筆した。

思い返せば、私は今から約三五年前の昭和五五年に、森綜合法律事務所の九番目の弁護士としてスタートした。その頃は、わが国にはいわゆる大規模ローファームというものはなく、大きな事務所といっても、せいぜい三〇～数十名という状況であった。

それが、私が入所してから最初の一〇年で所属弁護士が約二〇名に、次の五年で約五〇名、また次の五年で約一〇〇名となり、次の五年では濱田松本法律事務所との合併で二〇〇名に近づき、三〇年目で約三〇〇名を超えて、私が登録してから三五年目の今年、四〇〇名弱の弁護士を擁する大規模ローファームとなっていった。

まさしく、私自身が「日本のローファームの誕生と発展」に直接立ち会ってきたというものであった。

(2) また、自身の事務所の大規模ローファーム化に携わると共に、弁護士会の役員として会務において「司法改革」の時代に立ち会うことになった。

「司法改革」の真っただ中の状況については、松澤さんとのかかわりを含め、他の執筆者もお書きになると思うので、それに譲ることとしたい。

私は、司法改革一〇年後の「軌跡と展望」という切り口で、平成二五年に出版された『法と実務――司法改革の軌跡と展望』九号（日弁連法務研究財団編）の中で、「第五　弁護士制度改革」の「一　弁護士制度改革の過程――なぜ、弁護士・弁護士会は自己改革を行ったか」を分担執筆し、その中で正しく「司法改革」における「法曹人口問題」を取り上げている。

この中で、「日弁連が、一年も経たないうちに、『七〇〇人』から出発して臨時総会で『八〇〇人』『一〇〇〇人』と少しずつ人数を増加した決議をしたことは、確たる根拠を持たず参入規制を繰り返し決議するとの印象を決定づけ、日弁連は、いわゆる『孤立化』を招いてしまった」という記述は、平成二八年の春、またしても臨時総会が招集されている弁護士会の状況からすると、限りなく重いと感じられる。

6　さらに、平成二五年九月二〇日、平成二七年一〇月一五日に出版された『「社外取締役ガイドライン」の解説』の初版および第二版である。

これは、平成二六年の会社法改正の目玉とされた社外取締役について、日弁連の司法制度調査会内の社外取締役ガイドライン検討チームが出したもので、私は、平成二五年のガイドラインの公表に際して検討チームの座長であったことから深く関与したものであり、まさしく、企業法務にとって極めてホットで重要なテーマと言えるだろう。

7 また、松澤さんは商事法務研究会が事務局となっている経営法友会という企業の法務部の組織にも深く関与された。最近、私は日弁連の法律サービス展開本部のひまわりキャリアサポートセンター長になっているが、日弁連として、企業内弁護士をサポートする仕事をする中で、松澤さんや商事法務研究会を通じて、経営法友会の方々に大変お世話になっていることは特筆しなければならないことである。

＊

以上、長年の間の松澤さんのご厚情に、この場をお借りして厚く御礼申し上げる次第である。

●やまぎし・りょうた＝弁護士（森・濱田松本法律事務所）

松澤三男さんの時代

渡部　晃
Akira Watanabe

松澤三男さんは、不思議な人です。

雑誌編集者だった方が、出版社の社長になり、還暦記念論文集を出したと思ったら、親法人の専務理事になって、今度は古稀記念論文集を出版しようというのですから、とても偉い人なのでしょうし、こんな方が今までいらしたことがあるのでしょうか。

私はあまり聞いたことがありません。

それだけでも、松澤さんは不思議なのですが、そんな不思議な松澤さんが、ＮＢＬの編集長だったころ、私とのお付き合いが始まりました。

多くの皆さんがそうであるように、私も法律専門誌の論稿の執筆者として、編集長であった松澤さんとのお付き合いが始まりました。

今回、本稿の執筆のために、ＮＢＬへの執筆論稿数等を調べてみたところ、昭和五八年七月一五日(註一)から平成八年五月一日(註二)まで、四七本もありました。

最初の論稿の執筆時の昭和五八年七月といえば、私が弁護士登録をして五年目のころでした。今は顧問先となっている総合商社の法務部の方から、松澤さんをご紹介いただいたのですが、松澤さんから見れば、私は単なる「若造弁護士」であったと思います。

ただ、弁護士登録（昭和五四年四月）直後に担当したこの総合商社（原告）の訴訟案件（手形判決に対する異議事件）が、手形判決の仮執行宣言に基づく満足後の異議審手続中に会社更生手続が開始した事件で、その事件に松澤さんは興味をもたれ、先例もないなか、論理展開に苦闘する私に興味をもっていただけたのかもしれません。

当該異議事件自体は敗訴に終わり、(註三)控訴とともに執行停止を得て、和解で終了するのですが、私は、今でも、この東京地判昭和五六・九・一四の論理過程および結論は誤りであったと思っています。

実はこの手形判決の異議審手続の過程で、鑑定書を書いていただいたのが、三ヶ月章先生と青山善充先生でした。

鑑定書は両先生の連名でしたが、主に執筆を担当された青山先生と駆け出しの弁護士であった私は、何度か打ち合わせをさせていただき、学生時代に両先生に鍛えられた身でありながら、失礼にも、様々なご意見を申し上げたのですが、青山先生はそのたびに、「若造弁護士」の無礼にもとてもご丁寧にご対応いただき、立派な鑑定書をご執筆いただきました。

その鑑定書自体は、結局地裁判決の結論には生かされなかったのですが、青山先生は、後に、その鑑定書の論理過程を精緻化され、すばらしいご論稿を発表されました。(註四)

松澤さんには、この事件について、私がいろいろ考えていることを、お話したのではないかと思います。このような時期に前掲（註二）の論稿執筆のお話をしたところ、松澤さんからは、すぐにご快諾いただき、執筆をさせていただくことになったのです。

その後、「動産売買の先取特権の物上代位と債務者の破産」に関する最判昭和五九・二・二（民集三五巻三号四三一頁）などの評釈についても、執筆させていただくことになりました。(註五)

逆に松澤さんから執筆依頼を受けたのは「難問・疑問　顧問弁護士に聞く」シリーズで、昭和六二年一一月一五日(註六)から平成元年二月一日(註七)までの二四回に及ぶ連載でした。

次の執筆依頼が「ここが知りたい（相談室）」シリーズで、平成四年六月一日(註八)から平成八年五月一日(註九)までの一一回にわたる連載でした。

その後、NBLへの執筆はなくなるのですが、ちょうどその頃、相澤幸雄さん（元商事法務研究会専務理事・当時）から、「取締役の法務」[註一〇]（月刊誌）に「公序良俗と常識」シリーズの連載執筆を依頼され、基礎編（平成八年六月二五日から平成九年三月二五日まで）[註一一]一〇回、実践編（平成九年四月二五日[註一二]から平成一一年一〇月二五日まで）[註一三]三〇回の合計四〇本の連載執筆に専念させていただきました。

同連載内容を加筆・補正の上、出版していただいたのが、『公序良俗入門』[註一四]でした。

この間、松澤さんには、松下満雄編『経済現象と法』別冊NBL八三号[註一五]という単行本を出版していただきました。これは、それまで私どもが数年間続けてきた「経済法研究会」[註一六]の共同研究の成果物でした。この「経済現象と法」には、私の執筆した「独占禁止法違反行為の私法上の効力」を掲載していただきました。

松澤さんが、NBL編集長から株式会社商事法務の代表者になってからは、私の方も、その時々に起こる法律問題の執筆についてのご相談をしにくくなって、別の出版社の法律専門誌に掲載を依頼することが多くなりました。

平成二二年の春ごろだったでしょうか、松澤さんから、法務省民事局に頼まれたのだろうと思いますが、今度「日本ADR協会」を設立することになった[註一七]ので、代表理事に就任予定の道垣内正人先生ほかの学者のかたがたを、ADR実務家の立場から助力してほしい、との依頼がありました。

私は当時、日弁連ADRセンターの委員長を務めており、松澤さんからのご依頼ということもあったので、快諾しました。「日本ADR協会」は設立され、私は、同協会の「理事」に就任して、現在にいたっています。

しばらくぶりに、松澤さんと少しお話する機会ができたので、当時執筆を考えていた「旧日債銀『粉飾決算』事件」の刑事事件判決（最判平成二一・一二・七刑集六三巻一一号二一六五頁）の判例評釈[註一八]を旬刊商事法務に掲載していただくようにお願いしたところ、ご快諾を得ました。

『公序良俗入門』の改訂もご了解を得ているのですが、お約束は五年以上経った今も、果たせていません。

不思議な不思議な松澤さん、これからもお元気で私とも少しはお付き合いください。

（註一）渡部晃＝安念潤司「会社更生手続における租税債権の取扱い（上）」NBL二八七号（昭和五八年七月一五日）一四頁。

（註二）渡部晃「動産売買の先取特権はどのように行使するのか（その三）」NBL五九二号（平成八年五月一日）五七頁。

（註三）東京地判昭五六・九・一四判時一〇一五号二〇頁、渡部晃「仮執行による満足後の倒産手続の開始」NBL三九七号（昭和六三年三月一五日）四二頁。

（註四）青山善充「仮執行の効果に関する一考察」法学協会百周年記念論文集第三集（昭和五八年）三九五頁。

（註五）渡部晃「動産売買の先取特権と債務者の破産（上）（中の一）（中の二）（下）」NBL三一三号（昭和五九年九月一五日）一六頁、三二一号（昭和六〇年一月一五日）三三頁、三二四号（昭和六〇年三月一日）四四頁、三二八号（昭和六〇年五月一日）三〇頁。

（註六）渡部晃「売渡商品が倒産会社の在庫となっている場合の債権回収はどうするか」NBL三八九号（昭和六二年一一月一五日）五七頁。

（註七）渡部晃「倒産手続開始後の取締役の個人保証は有効に取得しうるか」NBL四一八号（平成元年二月一日）四四頁。

（註八）渡部晃「物上保証人に対する抵当権者の権利行使は消滅時効を中断するのか」NBL四九八号（平成四年六月一日）四〇頁。

（註九）前掲（註二）渡部晃・NBL五九二号（平成八年五月一日）五七頁。

（註一〇）渡部晃「公序良俗と常識①」取締役の法務二七号（平成八年六月二五日）六四頁。

（註一一）渡部晃「公序良俗と常識⑩・完」取締役の法務三六号（平成九年三月二五日）六四頁。

（註一二）渡部晃「口約束と黙示の契約（一）」取締役の法務三七号（平成九年四月二五日）七一頁。

（註一三）渡部晃「贈賄罪とカルテル罪」取締役の法務六七号（平成一一年一〇月二五日）九〇頁。

（註一四）渡部晃『公序良俗入門』（商事法務研究会、二〇〇〇年）。

（註一五）渡部晃「独占禁止法違反行為の私法上の効力」別冊NBL八三号『経済現象と法』（平成一五年八月八日）一頁。

（註一六）メンバーは座長＝松下満雄、安念潤司、斎野彦弥、玉井克哉、白石忠志の各先生と渡部晃（私）でした。

（註一七）一般財団法人日本ADR協会（設立時代表理事＝道垣内正人、現代表理事＝山本和彦）。司法制度改革審議会意見書（平成一三年六月一二日）三六頁参照。

（註一八）渡部晃「旧日債銀『粉飾決算』事件最高裁判決をめぐって（上）（中）（下）」商事法務一八九四号（平成二二年三月二五日）四頁、商事法務一八九五号（平成二二年四月五日）一三頁、一八九六号（平成二二年四月一五日）四八頁。

●わたなべ・あきら＝東京大学先端科学技術研究センター特任教授

学界

松澤三男さんのこと

——仲裁ADR法学会設立との関連で

青山　善充
Yoshimitsu Aoyama

私が東大に在職していた頃、法学部研究室二階の、図書館前広場に面した角に教官談話室という、教授・助教授共用の部屋があった（今もあるようである）。今から半世紀近くも前、東大紛争の折には、見晴らしの良いその部屋は、ゲバ棒とヘルメットで武装した民青と全共闘系の乱闘を偵察する格好の場所となった。

その頃の話である。私たちは、仕事に倦むと、教官談話室へ行ってお茶を飲み、雑談をしたものである。民法の平井宜雄さん（故人）は私の一年先輩だが、峻烈な人物評で知られていた。「平井エンマ帳」なるものを持っていて、一度バッテンを付けられると一生浮かばれない、と言われていた。その平井助教授が、ある時「出版社の人間でマトモなのは、ひとりもいない。唯一の例外は商事法務研究会の松澤という若い男だ」（ほぼソノママ）と言われた。傍らにいた商法の竹内昭夫教授（故人）が「そうだ。あの男はいまに伸びるぞ」（ほぼソノママ）と賛同された。それが、当時助教授であった私が松澤三男さんという人を深く認識するようになったきっかけである。

松澤さんは、当時、専務理事であった鈴木光夫さん（故人）の薫陶を受けられたのであろう。出版人としてメキメキと頭角を現され、やがてその活躍の場は出版業界の枠をはるかに超えていった。そして今や、法学界、法務省、裁判所、弁護士界、企業（法務部・総務部）の五者を結ぶ結束点のような存在である。人を探す場合、松澤さんに相談すると、大抵の場合適任者を推薦してもらえる。近年これほど人脈の広い出版人を、私は、知らない。

人を探す場合だけではない。何か困ったことがあって相談すると、親身になって考えてくれ、「こうしてみたらどうですか」というアイデアを出してくれる、よろず相談所、頼りがいのある助っ人のような存在でもある。株式会社商事法務と公益社団法人商事法務研究会の二頭立ての馬車を自在に操りながら、誰に対しても腰が低く、フットワークがよく、頼まれたことは必ず実行してくれて、いつも温顔である。遠くからでも人の顔を素早く見つけ、ニコニコ笑いながら近づいてきて、「お元気ですか」と声をかけてくれる人。松澤さんはそんな人である。

＊

そんな松澤さんに、私は、これまで何度も頼みごとをして、引き受けてもらった。その一つとして、仲裁ADR法学会の設立、その機関誌と事務局のことがある。少し堅い話になるが、紹介したい。

話は一五年前に遡る。司法制度改革審議会意見書（平成一三年六月）の公表を受けて、その提言を実現するために司法制度改革推進本部が設置され（平成一三年一二月）、その下にいくつかの「検討会」が作られた。そのなかに「仲裁検討会」と「ADR検討会」とがあり、私は、その二つの検討会の座長を仰せつかった。仲裁検討会は、UNCITRAL仲裁モデル法にほぼ準拠した形で法律案を作り、それは平成一五年に「仲裁法」として制定された。ADR検討会も、ADRに関する法律を作ることを一つの任務としていたが、かなり難航し、平成一六年に至って「裁判外紛争解決手続の利用の促進に関する法律」（いわゆるADR法）の制定を見た（ADR検討会の審議の経過については、青山善充「日本におけるADRの将来に向けて――「ADR検討会」座長レポート」首相官邸の司法制度改革推進本部のホームページ参照。http://www.kantei.go.jp/jp/singi/sihou/kouhyou/041206adr.html）。

ＡＤＲ法の立案が難航した理由は、一つにはそのような法律が世界に類例のないものであったことであるが、もう一つは、ＡＤＲ、特に民間のＡＤＲに関する研究の蓄積がないことにあった。そこで、私は、この状況を打破するためには、学会を設立することが必要だと考えた。しかし、一つの学会を設立するということは、生易しいことではない。

その経緯は省略するが、結局、私のすぐ前に民事訴訟法学会の理事長を務められた小島武司教授と語らい、多くの民事訴訟法学者の賛同を得て、日本における仲裁やＡＤＲの実務の活性化、学問の発展のための共通のフォーラムとして、「仲裁ＡＤＲ法学会」の設立にこぎつけることができた（設立総会は、平成一六年一〇月二三日。その経緯については、青山善充「『仲裁ＡＤＲ法学会』の設立に至るまで」仲裁とＡＤＲ刊行準備号〔二〇〇五年二月〕参照）。

松澤さんには、この学会の設立の過程およびその後今日まで、絶大なるお世話をいただいている。この学会の機関誌「仲裁とＡＤＲ」（年刊）は、初めから株式会社商事法務から出版してもらうことができた（今年の五月に第一一号が刊行された）。もう一つは、学会の事務局である。学会の事務局の仕事には、会員管理や会費徴収のような重要だが煩瑣な事務があり、昔のように、学会代表者（理事長）所属大学の若手研究者がすべて行うことはできなくなっている。事務局をどこにお願いするかは、かなり問題であった。初めは日本商事仲裁協会に引き受けてもらったが、紆余曲折を経て、現在はこれも商事法務研究会にお世話になっている。商事法務研究会は、そういう事務を行ってくれる、縁の下の力持ちのような存在であり、これも松澤さんが先鞭をつけてくれたことであり、心から感謝している。

私にとって、その昔の平井さんや竹内先生の予言は間違っていなかったのである。

●あおやま・よしみつ＝東京大学名誉教授

松澤さんへの感謝
――環境法の研究会・学会活動へのサポート

淡路　剛久
Takehisa Awaji

思い起こしますと、もう二五年前のことになると思います。商事法務研究会が、環境法の研究活動を力強くサポートしてくれるようになったのは。そうです、松澤さんのおかげです。古稀を迎えられるこの機会に、心より感謝申し上げます。

一九八〇年代の後半から、環境問題の課題は公害問題から地球環境問題へと著しく広がりました。一九八七年には、ブルントラント委員会の報告「われら共有の未来」が公表され、地球環境の危機と持続可能な発展が唱えられました。そして、一九九二年には、リオデジャネイロで地球サミットが開かれることになりました。地球環境の危機が広く認識されるようになったのです。地球環境問題における主要なアクターの一つは企業です。企業は地球環境問題の主要な原因者でもあり、かつ解決者でもあるのです。

鋭い時代感覚をもっておられる松澤さんは、企業法務を主要な業務とし、企業と緊密なネットワークをもつ商事法務研究会が、環境問題を業務の中に取り入れることは、公益法人としての社会的責務と考えられたのではないでしょうか。一九九一年、商事法務研究会を研究の場として環境問題への取り組みのサポート体制をつくってくれたのが松澤さんだと思います。松澤さん、そして杉山さんをはじめとするスタッフの皆さんが、力強い支援体制を準備してくれました。

当時、私どもは、フランスのリモージュ大学・国際比較環境法センターが活発に行っていた国際的な環境法の研究活動に参加していました。野村豊弘学習院大学教授（当時）が最初で、私がその後に参加するようになりました。このリモージュ大学の国際的共同研究体制を参考にして、わが国の主要な環境法研究者が集まり、国際・比較環境法の共同研究体制をつくろうということになりました。加藤一郎先生、森嶌昭夫先生のような大家から、中堅、若手までが参加して組織されたのが、国際比較環境法センターです。松澤さんの支援がなかったら、センターはできなかったでしょう。

国際比較環境法センター設置のイベントは、国際と名乗るからには、国際シンポジウムから始めるのがきれいなスタートです。松澤さん、杉山さんらのご尽力で、プリウール教授ら十数名を主要な国々から招待することができました。一九九一年三月一四日、一五日とシンポジウムが開かれ、翌日からのエクスカーションとしては、当時、マリーナ開発計画でサンゴ礁が危機に瀕しているとして強い反対運動が展開されていた高知県大手浜に視察旅行をしました。

それから六年の研究活動と実績を踏まえ、一九九七年、センターの研究者を中心に環境法政策学会の設立がなされましたが、商事法務研究会に設置されているセンターが事務局を担うことになりました。実質は商事法務研究会が担ってくれているのです。

公益法人法の改革のさい、公益社団法人商事法務研究会の目的には、環境が入りました。松澤さんが商事法務研究会の社会的責務として設置された国際比較環境法センター、そして環境法政策学会は、商事法務研究会のサポートを受けて今日まで活発な研究活動を行っています。環境法政策学会の会員は、いま四五〇名ほどあり、高橋滋理事長、大塚直事務局長を中心にして、活発な研究活動を行っています。時代が求める環境法の新たな立案や議論の重要な場の一つとなっているのです。

改めて、松澤さんに感謝申し上げたいと思います。

●あわじ・たけひさ＝立教大学名誉教授

研究者養成への配慮
——松澤さんへの詫び状

池田　眞朗
Masao Ikeda

ある年の夏、場所は軽井沢駅前の駐車場。その年かその前年かは定かではないが、そこまで私は松澤さんの愛車に同乗させていただいたこともある。谷川久先生等を中心とする「軽井沢研修会」の折だった。他の先生方の到着を二人で待っていたその時に松澤さんは、「池田先生には、『ハイブリッド契約論』の続編を書いてほしいと思っているんですよ」とちらっと話された。

今でもその時の情景を鮮明に覚えているのに、実はその時私は、松澤さんのその言葉の「真意」をわかっていなかったのである。——これは、松澤さんの、法律学研究者養成についてのご貢献を語る文章であるとともに、私の人生の痛恨事の話である。

＊

松澤さんとは、かつての川井健先生と田尾桃二先生主催の取引法判例研究会、一九九八年の日本私法学会の準備会、いくつかの立法のための研究会等々で、商事法務研究会の会議室で頻繁にご一緒したばかりではなく、冒頭の、芝生の上での研修会等、楽しいお付き合いもさせていただいてきた。特に記憶に残るのは、松澤さんの、シニアから若手までの研究者・実務家に常に等しく向けられていた、気遣いと思いやりである。

ハイブリッド契約論とは、私が一九九八年にNBL六三三号に発表した、「『複合契約』あるいは『ハイブリッド契約』論」のことである。実はその当時、手元には既に「続・ハイブリッド契約論」の書きかけの原稿があったのだが、もう一つ勉強が進まず、書き込みたい情報不足という感じがしたまま数年も眠らせていた。その会話の時も、あいまいな返事をして終わったように記憶している。

二〇〇六年から二〇〇七年にかけて、株式会社商事法務から三冊の論文集が出版されている。新堂幸司＝内田貴編『継続的契約と商事法務』、新堂幸司＝山本和彦編『民事手続法と商事法務』、新堂幸司＝山下友信編『会社法と商事法務』がそれである。これらは、書名には明記がないが、新堂先生の「あとがき」にある通り、当時、株式会社商事法務の社長であった松澤三男氏の還暦を祝う趣旨の「松澤還暦記念シリーズ」であった。出版社の社長に献呈される論文集はおそらく空前絶後であろうが、松澤さんも、新堂先生があとがきに書かれたようにその企画を謝絶された。そして、表には一切「松澤還暦」をうたわない論文集として出版されることになったのだが、そのような企画がされること自体がまさに、「松澤さんには、公私にわたり、たいへんお世話になっている」、「松澤さんのこのような陰の支援無くしては、わが民事法系学界・実務界の今日の発展はなかったろう」（新堂先生のあとがきより）という、多数の研究者・実務家の共通の思いを具現したものだったといえよう。

そこに執筆している研究者（および弁護士、実務家）の多くは、当時わが国の民法、民事手続法、会社法の第一線を担いつつある世代の人々であった。その人たちがこぞって執筆をしたのは、何より各人が松澤さんに認めてもらい、機会をもらったという実感を持っていたからであろう。

ただその執筆者の中に私の名前はない。松澤さんにお世話になった、育ててもらったという意識は人後に落ちないという自負のある私ではあったが、もちろん、その執筆者に入れていただくには私の力量が足りないのであろうと当時は納得したつもりだった。しかしそれは、私のミスが招いたとんでもない誤解であったのである。

しかもその「誤解」は長く続いてしまった。恥をさらすようだが、私の慶應義塾大学の研究室個室は、比較的若い時期に通信教育部長という職務について部長室を与えられたため、その時代にため込んだ資料やパソコン台等を、部長職を終えて自室に搬入したあたりから半ば物置状態となり、山積みになった本や資料の狭間で仕事をする状況になっていた。六五歳の定年退職を間近にした二〇一四年の暮れ、ようやく本格的な退去準備を始めたある日、資料の山の中から、大判の未開封の封筒にぴったりとくっついた、これまた未開封の同じサイズの青い封筒が見つかった。中は、内田貴さんのお名前のある、松澤論集への執筆依頼状だった。

当時、どなただったろう、松澤論集に何を書くかのと聞かれて、いや、僕は呼ばれていないのですよ、と返事をした記憶もある。なぜあのとき編集部に一言尋ねなかったのか。どうして私が呼ばれないのか、と抗議をすれば、すべては解決したのである。しかし当時の私にはその「抗議」をするほど自分が大した研究者であるという自信は到底なかった。一方編集部は編集部で、何の回答もしなかった私に対して、当然一切の催促等もなされなかったわけである。

あの日松澤さんは、前記のような経緯のあったご自分宛ての論集のために、私には「ハイブリッド契約論」の続編を、とちらりとお声掛けをくださったのであろう。まさにその「真意」を私は理解していなかったのである。

個人的なことを言えば、私の過誤の代償は大きかった。「続・ハイブリッド契約論」は結局活字にする機会を失った。そればかりか、結果的には自分の研究者人生の方向がそこでいささか変わったともいえる。現代新種契約の場面に広がりかけていた私の研究は、それ以降債権譲渡のほうにばかり集中することになる。

そして今、新堂幸司＝内田貴編『継続的契約と商事法務』の執筆者のラインナップを見るにつけ、それらの方々皆さんが、現在の民法学界・民事実務界をリードしていることを実感する。それは、松澤さんが大変な名伯楽であることの何よりの証左であろう。

＊

人生には、取り返しのつかないことがいろいろある。ただ、自分の研究者生活の終わらないうちに、NBLに、ハイブリッド契約論を何らかの形でからめた論稿を一本書かせていただきたいと思っている。それを、松澤さんへのせめてもの詫び状にしたいのである。

●いけだ・まさお＝武蔵野大学教授、慶應義塾大学名誉教授

法と経済学の舞台裏

太田　勝造
Shozo Ota

二三区内の道路を走る自動車による二酸化窒素・浮遊粒子による健康被害に基づいて住民が、国・都及び自動車メーカー七社を訴えた訴訟「東京大気汚染公害差止等請求事件」の第一審判決（東京地裁平成一四年一〇月二九日判決（高橋利文裁判長）、訟月四九巻二号三七七頁、判時一八八五号二三頁、判例自治二三九号六一頁）で結果回避義務違反の有無の判断基準として以下が示されている。

「すなわち、〔一〕結果回避義務に違反したと主張されている被告メーカーらの行為の性質及びこれにより結果が発生する蓋然性の程度、危険の大きさ（権利侵害の蓋然性の程度）、〔二〕当該行為により侵害される利益の性質、内容（被侵害利益の重大性の程度）、〔三〕当該結果回避義務を被告メーカーらに課すことによって被告メーカーら及び社会が被る不利益の内容、程度等を比較考量し、これらを総合的に考慮して、当該具体的な状況の下において、被告メーカーらに対し当該結果回避義務を課すことが相当であるか否か又は被告メーカーらの行為を当該結果回避義務に違反したものと評価すべきか否かという見地から判断すべきである。」

多少なりとも法と経済学をかじったことのある者が右の判断基準を読めば、即座に「ハンド・ルール」を想起するであろう。ハンド・ルールとは、ラーニド・ハンド裁判官（Learned Hand）がUnited States v. Carroll Towing Co. 159 F.2d 169（2d. Cir. 1947）事件で示した過失認定の原則で、事故の社会的費用最小化を実現するという意味で効率的な過失認定を導くことができる法理である。〔一〕の「権利侵害の蓋然性の程度」とは事故発生確率pに対応し、〔二〕の「被侵害利益の重大性の程度」が損害Lに対応しており、それらの積$p \times L$が事故のリスクに対応していること、〔三〕の「結果回避義務によって被告メーカーら及び社会が被る不利益」が当該事故回避努力の追加コストCに対応していること、そして、これらを「比較考量し、総合的に考慮する」とは、事故回避努力がもたらす事故リスク$p \times L$の低減という便益の増分と、当該事故回避努力の追加コストCとを比較考量して、$p \times L \geqq C$ならば努力不足として過失を認定するというルールであることがわかる。事故の社会的費用は$p \times L = C$となる事故回避努力まですることで最小化されるからである。

　このような法と経済学の考え方、それはとりもなおさず社会科学や自然科学の成果としての事実と証拠に基づいて法を考えるという「エヴィデンス・ベース・ロー（evidence-based law）」の方法であるが、このような考え方は徐々にではあるが日本の法学や法実務にも浸透し始めている。この新たな法学方法論の発展の裏の仕掛人の一人が松澤三男氏であることはそれほど知られていないかもしれない。筆者がカリフォーニア大学バークリィ校ロー・スクール（BerkeleyLaw）とニュー・ヨークのコロンビア・ロー・スクール（Columbia Law School）での合計二年間の在外研究を終えて一九八八年に帰国し、最初に取り組んだことがRobert Cooter & Thomas Ulen, *Law and Economics* の翻訳であった。BerkeleyLawで参加したDaniel Rubinfeld教授の法と経済学のセミナーで、当時はまだ草稿段階であったこの教科書を講読し、日本の法学者や法実務家にとって必須の素養になると確信したからである。

　クーター教授とユーレン教授の幅広い教養を背景に書かれており、しかも非常に広い法分野をカヴァーする本書の翻訳は困難を極めたが、何とか翻訳作業が終わった段階で、あちこちの出版社に出版の打診をした。しかし、実績のない無名の若造による、日本であまり知られていない研究分野の教科書の、拙ない翻訳の出版に応じてくれる出版社があるはずもなく、体よく断られ続けた。弓折れ矢尽きて、大学院・助手時代の指導教授の新堂幸司先生に泣きついて紹介されたのが松澤氏であった。

松澤氏と初めて会ったときのことはよく覚えている。当時、民事訴訟法判決手続を教えていた名古屋大学法学部から上京して、新堂先生とともに当時八丁堀にあった商事法務研究会を訪問した。そして松澤氏とともに近くのホテル内のレストランに行った。まず、筆者の方から法と経済学はこれから日本の法学と法実務にとっての基本的方法論（default methodology）になってゆくと説得した。今であったら、「ブランダイス・ブリーフ（Brandeis Brief）」で著名な合衆国連邦最高裁判所判事だったブランダイス裁判官（Louis Brandeis）が一九一六年にシカゴ弁護士会で講演した内容を援用していたであろう。彼は裁判の現状について「経済学や社会科学の必須の素養がない裁判官に対して、同じく経済学や社会科学の必須の素養がない弁護士が、主張立証をしているのである。……これはまさに、盲人が盲人の道案内をするようなものだ（Thus were the blind led by the blind.）。……このような歪んだ裁判の実態を改善するには、……法学教育及び弁護士・裁判官の継続教育を通じて、経済学と社会学と政治学を学習させ続けなければならない」（Louis Brandeis, "Living Law," 10 *Illinois Law Review* 461-471（1916））と論じていた。当時の筆者にはこれを引用するような才覚もなかった。

筆者の拙ない冒頭陳述に対し松澤氏から厳しい反対尋問が帰ってきた。「太田さんは経済学をどの程度勉強したのか」という質問には、駒場の教養学部で嘉治元郎教授が理科系の学生用に提供していた経済学を受講しただけであると答えざるをえなかった。「法学分野で一番近そうな法社会学の習得はどうか」との質問には、実は法学部でも大学院でも法社会学の単位は取っていないと答えざるをえなかった。こうしてだんだん、有罪判決が確実な被告人のような気分になっていった。そのとき、新堂先生が弁護人として手を差し伸べて下さった。「太田君は、単著として出版した修士論文では統計的意思決定論を使っているし、合衆国での在外研究では法と経済学や法と社会科学を中心に研究してきたのですよ」。それを受けて筆者も、BerkelyLawで書いた損害賠償法の経済分析がInternational Review of Law and Economicsに掲載されたことや、Columbia Law Schoolで執筆した、社会科学の理論と知見を立法事実として一般の裁判においても用いるべきことを主張した論文が竜嵜喜助先生の還暦記念論文集『紛争処理と正義』に掲載されており、いわば「役に立つ法社会学」の構想とも言える、などと主張した。

こうした筆者のジタバタの説得が功を奏したのか、採算を度外視して社会善のために尽力を続けていた松澤氏の太っ腹のおかげか、あるいは新堂先生のご威光のおかげか、商事法務研究会から出版していただくことになった。訳書の価格を抑えるため、個人的にも親しくなっていたクーター教授とユーレン教授に連絡を取って、米国側の原著出版社に交渉してもらい、翻訳出版の料金を大幅に引き下げてもらうとともに、両教授の印税もほとんどを放棄していただいた。その過程では、クーター教授が米国出版社の編集者とのやりとりの中で怒り心頭に発し、その後第二版以降では別の出版社に移るというようなエピソードもあった。こうして一九九〇年に『法と経済学』は商事法務研究会から出版された。

『法と経済学』の内容は好意を持って受け入れられ、訳文もそれなりに好評であった。原著第二版に基づいた改訳版『新版・法と経済学』を一九九七年に出すことができた。一九九一年四月から東京大学法学部に移って法社会学・現代法過程論を教えていた筆者は「民事法と政策決定：社会選択・経済分析・正当性」というセミナーを毎年開催して、法と経済学を中心に教えているが、官庁や銀行に行った元ゼミ生たちからは、法と経済学のセミナーで学んだことを毎日実践しており、法学部の科目の中で一番役に立っているとのコメントをいつも聞く。二〇〇三年二月には「日本法と経済学会」が設立されて活発な活動を続けている。現在では多くの法学部や法科大学院で法と経済学の講義やセミナーが提供されるようになっている。会社法や租税法等の分野を中心として、法と経済学なしの研究や教育はありえないようになっている。こうした法と経済学の普及に筆者の訳書出版が少しでも貢献しているとすれば、松澤三男氏は法と経済学の発展の裏の仕掛人であることになる。

●おおた・しょうぞう＝東京大学大学院法学政治学研究科教授

松澤さんとの思い出

大塚　直
Tadashi Otsuka

1　松澤さんに最初にお目にかかったのは一九九一年ではなかったかと思う。それから四半世紀にわたり商事法務研究会での様々な研究・検討に関わらせていただいたが、それらすべてについて松澤さんが支えてくださったことに心より感謝申し上げたい。松澤さんは人と人との関係を大事にされる誠実なお人柄で、本当にお世話になった。重要な研究環境を与えていただき、私の研究の支柱は松澤さんに形作っていただいたと考えている。商事法務研究会で関わらせていただいた研究会・検討会としては、製造物責任法制定前の法務省の研究会（主査＝星野英一先生）、国際比較環境法センター（理事長＝森嶌昭夫先生）の研究会、環境省、農水省、経済産業省等の委託研究等様々なものがある。

また、環境法政策学会（現在の理事長＝高橋滋先生）の事務も国際比較環境法センターを通じて商事法務研究会にお引き受けいただいており、大変お世話になっているが、松澤さんと杉山さんのご努力なしには同学会の立ち上げ、運営は行えなかったであろう。森嶌先生、淡路剛久先生といった大先輩の先生方とともに、松澤さんらのご功績は極めて大きい。学会に関しては様々な問題が発生することもあり、ご苦労が絶えなかったと思われるが、辛抱強く支えていただいており、深甚の感謝を申し上げたい。

2　一九九一年に最初にお目にかかった頃、森嶌先生らが国際比較環境法センターを立ち上げられ、シンポジウムを開催された後の懇親会の席上、松澤さんらの事務処理能力を讃えて「マジック松澤、スーパー杉山」といわれていたことがつい最近のことのように思い出される。松澤さんはそういうときもいつもにこにこしておられた。松澤さんは、もちろん、諸先生にいわれて仕方なしに環境法・政策に関する研究の事務を引き受けてくださったわけではない。松澤さんの環境政策、農業政策に対する思いには極めて強いものがあった。九〇年代当初の農水省の委託調査の際に松澤さんが情熱をもって語っておられたことを思い出す。委託調査のために松澤さんご自身が中山間地域に足を運ばれ、ご一緒したこともあった。その背景には、松澤さんが福島県南相馬市のご出身であられることが大いに関係していたと思われる。そのかけがえのない故郷が二〇一一年の福島第一原発事故で放射性物質に汚染されてしまったことは、松澤さんにとっても痛恨事であったであろう。私自身も、同事故の損害賠償、放射性物質による汚染の除去、さらに原子力損害賠償の在り方について様々な審議会等を通じて関わることとなり、福島県にも何度か足を運ぶことになった。福島県の一日も早い復旧・復興を願うばかりである。

3　時々思い出すエピソードとして、一九九〇年代当初、メールはおろかファックスもまだ設置されていなかった頃、松澤さんがＮＢＬの原稿の校正刷りをご自身で私の自宅まで届けてくださったことがある。まったく恐縮至極で畏れ多いことであったが、松澤さんは嫌な顔一つされずにお持ちくださり、そのお人柄に心酔したものであった。

4　私だけでもこのように大変お世話になってきたのであるが、松澤さんは各種の法制に関する研究会・検討会に関わっておられ、様々な研究者・実務家や省庁が松澤さんの恩恵を大きく受けているると思われる。松澤さんは日本にとってまさになくてはならない方であり、古稀を迎えられてもますますお元気でご活躍くださるよう切にお願い申し上げる次第である。

●おおつか・ただし＝早稲田大学法学部教授

松澤さんと比較法研究センターなど

潮見　佳男
Yoshio Shiomi

松澤さんとは、商事法務研究会での様々な研究会・企画でのお付き合いのほか、私の指導教授であった北川善太郎京都大学名誉教授が主導して設立した比較法研究センターの運営に対しても、同センターの評議員として、長期にわたって数々の有益なご助言をいただいている。とりわけ、消費者法関係での一連の事業・企画（コンピュータがいまだ普及していない時代において、近未来を見据えておこなった消費者情報システムの構築や、消費者法制・法政策に関する大掛かりな実態調査・国際調査等）については、松澤さんが当時の比較法研究センターの北川理事長に対してお話になられた内容に、理事長が意を強くして事業展開したことは、同センターにかかわった者が広く知るところである。また、北川先生亡きあとの同センターの進路については、道筋づくりへの対応を誤らないよう、同センターにおける事業の見直し、内容の改善に対して、これまで商事法務研究会ほかで培われた経験をもとに、研究者・法曹である他の理事・評議員への冷静沈着な提言をしてくださった。当時の同センターの混乱状態が短時間でおさまり、曲がりなりにも将来に向けた一歩を踏み出すことができたのも、ひとえに松澤さんのおかげである。今後も、変わらぬご指導をお願いする次第である。

松澤さんには、個人的に御礼を申し上げておきたいことがある。それは、北川先生が京都大学を退職された後、法学に関する専門的な話のみならず、内外をとりまく情勢、日ごろの何気ない一般の事柄全般について、松澤さんに話し相手になっていただいたことである。弟子たちが多忙を極めるなか、ゆっくりと人生を語り合う友人の一人として松澤さんとの間の交流を現役時代以上に深められたことで、北川先生も幸せな人生の一節を過ごすことができたのではないかと思う。ときには、一時間以上も電話でお話をしたということを、松澤さんご自身、さらには生前の北川先生からもうかがっているところである。それ以外にも、本来、北川先生の意を汲んで弟子筋が行うべきであった対応も、松澤さんに一手に引き受けていただいたことが少なくない。その意味では、私にとっても、松澤さんは、恩人の一人である。

松澤さんが企画立案に携わられ、商事法務研究会のビルの一室で三年余り続いた民法（債権法）改正検討委員会での債権法・契約法の改正に向けた真摯な議論は、その後、他の研究会での民法改正に向けた提案の声と重奏して、ようやく、その終着点である国会での改正法の成立へと向かいつつある。不磨の大典ともいわれた明治民法典の改正が成った暁には、あらためて松澤さんの卓見と、それを実行に移された行動力に対して敬意を表し、お祝いをしたいものである。

●しおみ・よしお＝京都大学法学研究科教授

松澤三男氏への感謝のことば
――消費者信用法制の導入と関連して

田島　裕
Yutaka Tajima

本書の企画は松澤氏の古稀をお祝いして、松澤氏が出版・立法準備等を通じて日本に貢献された業績を記録に残すことであると理解している。私は、外国法・比較法・国際法を研究してきたので、諸外国の立法調査と関連して、一九七〇年頃から最近まで、松澤氏にお世話になった。私が関わった立法は、主に消費者信用法に関連するものであった。アメリカでは一九六九年に貸付真実法（消費者信用保護法。クーリング・オフ等を含む）が制定され、またイギリスではジェフリー・ハウ、ボーリーらが中心となって一九七四年の消費者信用法等が制定された。日本でも同様の立法が計画され、どのような形で新しい法政策をたてるかについて、故竹内昭夫教授の委員会の一員として考察・検討することになり、これと関連して海外視察、資料収集等で松澤氏に支えていただいた。

上述の調査研究は、故竹内教授の「研究方法のパラダイム転換」と関係があるように、わたくしには思われる。故田中英夫教授、新堂幸司教授と共に、故竹内教授は、「法の目的の実現」の視点にたって、リーガル・プロセスの研究を進められた。バークレーで在外研究をされたときに、消費者信用法の制定プロセスを観察され、日本にも「信用」を土台にした経済社会を構築しようと考えられたものと思われる。先進国だけに見られる二〇世紀後半の新システムの主要なキーワードは「(貸付）真実」である。消費者信用を大規模に利用する社会は、現物（金）の担保よりも「信用」を担保として築かれている。当時、この新しい社会に適合する法システムの構築が、必要とされていた。

銀行業務も、企業との取引よりも個人との取引（公共料金の自動決済、クレジット・カード決済等を含む）を重要視するようになった。「信用取引」は無担保貸付を意味するものであり、これにより国の経済活動の規模を何倍にも拡大させることができる。しかしながら、理論の前提となる資料の中に虚偽が混じっていれば、その社会は危険にさらされる。まして、株価操作が犯罪とされているのに、国が市場を煽って賃金を一次的に上げたり、国が自由経済市場に直接干渉することには危険がある。また、詐欺的な取引が行われる可能性が生まれるので、新しい特殊販売を規制する仕組みが必要となった。そこで、消費者保護立法にかかわった。

二〇〇二年には『ＵＣＣ二〇〇一』（二〇〇二年）を出版していただいた。この出版も上述の調査研究活動と関係する。東京大学では、消費者信用だけでなく、製造物責任やクラス・アクション等の研究も熱心に進められていた。その中で、統一商事法典（ＵＣＣ）の翻訳作業が進められていたが、研究会の主要メンバーの健康等に関する諸事情から、中断されていた。私は、この仕事を完成したいと思い、自分自身の研究視点にたって、このモデル法を全訳した。前編集長の石川雅規氏および板垣多美氏が編集に当たってくださり、立派な本になった（この助けなしに、これを完成させることは不可能であったと思われる）。その法律は、その後も改正されており、改訂を必要とするが、今日でも重要な資料である。想えば、五〇年前には、商事法務研究会は小さな出版社であったので、このような出版をできるとは思えなかったが、今日のような立派な出版社へと成長させた松澤三男氏の功績は、高く評価されなければならない。

最後に、企業法学会の機関誌『企業法学』の出版についてもふれておきたい。この学会が創設されたことの経緯については、『企業責任と法』（文眞堂、二〇一五年）のはしがきの中で多少説明したが、それは筑波大学大学院の院生たちのイニシアチブで創られたものである。アメリカのロー・レビューの方式を参考にして、一一巻プラス別巻までの機関誌を刊行していただいた。松澤氏の強い支援なしに、これもなしえないことである。企業法学会は、企業活動を軸として法律をとらえ、商法だけでなく、民法はもちろんのこと、刑法、労働法、知的財産法、経済法、憲法等をも含め、企業法学のジェネラリストを多数育てた。故竹内教授の「研究方法のパラダイム転換」が生んだ一つの成果をここにも見ることができる。

＊

私も七五歳になり、過去を振り返ってみると、松澤氏との交際は五〇年近くになる。その約五〇年の間に、松澤氏の舵取りが、私の人生に大きな影響を与えている。長年にわたり研究生活を支えてくださった松澤氏に感謝の意を心から表したい。

●たじま・ゆたか＝筑波大学名誉教授

松澤さんとの出会い
——東西倒産実務研究会

谷口　安平
Yasuhei Taniguchi

松澤さんとの付き合いはかなり長いはずだが、いったいいつ頃から知り会ったのかはよく思い出せない。私は一九九八年三月まで京都大学で勤務していたが、いろいろな用事で東京に出張することも多かった。その機会にお目にかかっていたことは間違いないが、古いことになると前任者の鈴木光夫氏の印象が強い。今や記憶はおぼろげながら、一九八〇年代に東京と大阪の倒産弁護士を糾合して東西倒産実務研究会というものが商事法務研究会のお世話で組織され、当時東大の青山善充さん、当時一橋大の伊藤眞さんに加えて私も京都から参画させてもらった。この研究会は、東京側は高木新二郎さんや清水直さん、大阪側は今中利昭さんや家近正直さんらがまとめておられたのではないかと思うが間違っているかも知れない。ここでご一緒した当時の若手弁護士さんも著名な専門家となられた。松嶋英機さん、最高裁判事になられた田原睦夫さん、相澤光江さん等。田原さんが早く亡くなられたのは本当に残念である。三宅省三さんとはこの会で知り合い、修習同期であることがわかってその後も親しくしていたが、早くに亡くなられてしまった。

一九七〇年代の倒産は今から想像できない状態にあった。戦後破産法に採り入れられた自己破産や破産免責はまったく利用されず、破産宣告を末代までの恥と心得る債務者の心情に乗じて破産申立ては専ら債権取立てのための脅しとして債権者によって利用されていた。これを利用して、いわゆる「倒産屋」が横行し甘い汁を吸っていた。大阪の弁護士らが自己破産と免責のキャンペーンをして、この状態が徐々に変わっていったのは劇的であった。また当時は裁判所の処理にも東京方式と大阪方式と呼ばれた違う慣行があった。東西倒産実務研究会は、このような背景の中で立ち上げられたが、大阪の弁護士の力も大きかったのではなかろうか。

私がここに招かれたのは、一九七六年に『倒産処理法』という本を書いたことから倒産法の専門家と目され、倒産処理に熱心だった大阪弁護士会のシンポジウムに招かれたりもしたことによると思われるが、実のところ、この本はもっぱら当時までに書かれた本や論文に依拠して、それらをまとめたに過ぎなかった。研究会では、生々しい実例を素材として喧々諤々の議論がなされ、私は自分が本に書いたことの本当の意味を知らされることが多かった。毎回学ぶことばかりだったのに、いつも最後はその日のテーマについて「で、三先生のご意見は」となるのが悩みであった。学んだことを『倒産処理法〔第二版〕』にもっと生かしたかったが、コンピュータがなかった当時の印刷技術の制約から、すべての改訂はページ内に収めるようにと言われ、中途半端な改訂に終わっているうちに出版社（筑摩書房）の倒産という事態になった。筑摩書房から独立された担当編集者の須藤忠臣さんが立ち上げられた悠々社から新版執筆を勧められながら、目を見張る倒産法のその後の発展に取り残され、絶望的となってしまった。東西倒産実務研究会という貴重な機会を与えていただきながら成果をものにできず今も申し訳ないと思っている。東西倒産実務研究会の成果は、松澤さんのお世話で三冊にまとめられ、一九八〇年代に商事法務から出版された。

話が逸れたが、松澤さんには東西倒産法実務研究会の活動を通じて終始お世話になっていたと思う。ただ、我々大学からの参加者はお客さんであったので、松澤さんと直接接触する機会はあまり無かった。松澤さんとよく会うようになったのは、一九九八年四月に私が京大を辞めて東京に居を移してからである。その前後ははっきりしないが、当時民訴法改正が終わって、折からの不況のなか倒産法の改正が論議されている時代であった。地下鉄の通路でばったりと松澤さんに会い、「今、〇〇で倒産法改正のシンポジウムをやっていますからどうぞ」と言って資料をドサッと渡された。そのシンポジウムのことは知らなかったので、その時、どのような予定になっていたのか失念したが、その足でシンポジウムの会場（弁護士会館）に向い、勉強させてもらったことを今もよく覚えている。

現在の松尾綜合法律事務所に落ち着いてからは、松尾翼、小杉丈夫両弁護士が松澤さんと親しいこともあり、既に東京へ移って一八年になろうとしているが、何かと日常的に松澤さんのお世話になっている気分である。というよりは、松澤さんは誰でもそのような気分にさせる魔力がある方である。こちらが勝手にそう思っていただけでなく、本当に松澤さんのお蔭ということが起こった。

昨年春、日頃世話になっている松尾、小杉両弁護士から、私の傘寿とシンガポール国際商事裁判所判事就任祝賀会を、という提案があり、あれョあれョと言う間に、松澤さんにお願いしてプロジェクトが動き出した。その段取りの良さは見事としか言いようがなく、結局、七月一日には寺田逸郎最高裁長官に乾杯のご挨拶をお願いして私自身が予想もしなかった盛大な会が開かれることとなった。残りの人生も少なくなった時期に一生の思い出を演出してくださった松澤さんには感謝してもし切れない思いである。松澤さんが、今後も本業はもちろん、と言うよりはその一部として、身軽に幅広い活動を続けられ、多くの人々の良い思い出作りに尽力されることを望みたい。

●たにぐち・やすへい＝京都大学名誉教授、弁護士

メリハリ

道垣内　弘人

Hiroto Dogauchi

私が助手であった時から、私にとっての先生たち、つまり星野英一先生、新堂幸司先生、米倉明先生などから、松澤さんのお名前はよく伺っていた。それらの先生方は、まさに日本法の舞台役者であり、松澤さんの綿密なバックアップをいただきながら、日本法を支えていらっしゃった。私も、その舞台のお手伝いをすることはあったが、それは舞台が整えられた後の話であり、舞台裏の作業を知ることはなかった。先生方が松澤さんに大きく頼りながら、松澤さんと共同で舞台を整えられていることは感じていたが、その実際を知ることはなかった。

私自身が中心の一人となり、その舞台建築で松澤さんに頼り切りになったのは、二〇一三年一二月に東京大学で開催した第三回東アジア民事法学国際シンポジウムの際である。このシンポジウムは、日本、韓国、中国、台湾の民法関係の学会が共同して開催するものであり、その第三回が日本で行われたのである。他のいくつかの財団と並んで、商事法務研究会にも財政的なお世話になった。しかし、松澤さんには、それだけでなく、シンポジウム開催、さらには、外国からの参加者の接待に関して、いろいろとご配慮をいただいた。お世話になった事項は数え切れないが、その中で印象に残ることをあげておこう。

外国からの参加者のために、成田空港や羽田空港には迎えのバスを出した。これは、第一回の韓国、第二回の中国でもしていただいたことなので、日本としてもせざるをえない。このとき、私は、東京大学農学部等が実習その他で使っているバス会社にお願いするつもりでいた。そのバス会社は決して大きな企業ではない。運転手がマイクロバスで来てくれる、というだけであり、ある意味、大型タクシーにすぎない。この計画を松澤さんにお話ししたところ、「そりゃ、ダメです」と言下に退けられた。「各国の重要な先生方です。何か事故が起こったら、大変なことになります。また、事故が起こった後の補償等でも、トラブルが起きます。こんなところでお金をけちってはいけません」——というわけで、はとバスにお願いした。シンポジウムの後の懇親会や観光も、はとバスを使うことになった。

また、通訳自体は留学生などに頼んだのだが、通訳のシステム（仮設の通訳ブースやレシーバー等）について、ネットで調べたレンタルで済ませようとした私の提案に対し、松澤さんが拒否権を発動した。「そのシステムがうまくいかなければ、シンポジウムは台無しです。最も重要なところです」——サイマルインターナショナルに頼むことになった。

はとバスの車両は大きい。必ずバスガイドさんが乗っている。サイマルインターナショナルは料金が高い。機器にトラブルがないように、技術者がシンポジウムの間中、チェックを怠らない。もったいない感じもする。

しかし、どこでお金を使い、どこで節約すべきか。松澤さんの判断基準は明快であった。

考えてみれば、コーヒー・ブレイクのクッキーがまずくても、資料を入れる袋が安物であっても、大した話ではない。人身の安全を確保することが最重要であることは明らかだし、有益な報告・議論ができるようにすることは、シンポジウムの目的そのものである。限られた予算ではあるが、メリハリの利いた使い方をしなければならない。松澤さんの適切な判断のおかげで、スムーズなシンポジウム運営ができた。

実務経験に乏しい研究者は、気が利かない。これに対して、松澤さんは、細かな点まで気を配ってくださる。だから、多くの人々が頼りにしてきた。しかし、みんながより頼りにしてきたのは、松澤さんの判断能力なのではないか。何が本質で、何が付随的かを見きわめ、明快な判断を下す。大人の判断能力である。

●どうがうち・ひろと＝東京大学大学院法学政治学研究科教授

松澤さんと研究会

中田　裕康
Hiroyasu Nakata

松澤さんから頂いた古い名刺がある。そこにメモした日付によると、初めてお目にかかったのは、一九八一年四月一五日のことのようである。松澤さんがＮＢＬの新編集長になられた直後で、おそらく新しい名刺が間に合わなかったのだろう、その名刺にはまだ肩書が記載されていない。松澤さんは三四歳。私は二九歳で、当時、弁護士をしていて、それまでにＮＢＬに拙稿をいくつか掲載していただいていたことから、ご挨拶の機会があったのだろうと思う。その後も、時折、思い出されたようにお電話があり、何か書いてみませんか、といったお話を頂戴していた。しかし、二年後、私が大学院に通うようになってからは、依頼は来なくなった。後年に伺ったところでは、指導教授の星野英一先生から松澤さんに、私が大学院に在籍している間は、中途半端なものは書かせないように、というご要望があったようである。

その代わりに、研究会でのお付き合いが始まった。博士課程に進学した後、一九八六年三月から、星野先生の主宰される「約款法研究会」に途中参加させていただくことになった。毎月一回の研究会は、その後、「現代契約法研究会」と名を変え、九五年一二月まで続いた（九七年に再開されたが、それほど長くは続かなかったようである）。研究会には、毎回、松澤さんが穏やかなたたずまいで同席された。静かに、にこにこと事務方をお務めくださっているのだが、実に鋭い観察をしていられることは、すぐにわかった。しかし、それは、被観察者に緊張をではなく、信頼感と安心感を与えるものだった。

一九九〇年に私が大学教師に転職した後、松澤さんにお世話になる機会はますます増えた。いくつもの研究会があった。テーマは、たとえば、「サービス取引」（一九九三～九五年）、「継続的取引の日米比較」（一九九三～九六年）、「倒産法と実体法」（一九九九～二〇〇〇年）。それぞれの研究会での松澤さんの姿が目に浮かぶ。サービス取引研究会は、土曜日の昼過ぎから八丁堀の東京建物東八重洲ビルで開かれた。出勤している人も少ない、がらんとした編集室で、毎回、松澤さんがメンバー三人をお迎えくださった。近くのうなぎ屋さんでお昼をご馳走になった後、研究会が終わるまで待っていてくださる。土曜日の午後なんて、ご家族やご友人と過ごされたいだろうに、こんな小さな研究会にお付き合いいただき申し訳ないという気持ちになるとともに、嫌な顔ひとつなさらないことに不思議な感じさえした。継続的取引の研究会では、さまざまな企業をご紹介いただき、ヒアリングにもご一緒してくださった。あるヒアリングの帰途、実務の話を聞いて高揚したメンバーが東京駅から商事法務研究会まで歩こうと言い出した。お忙しい松澤さんにとってはご迷惑であったはずだが、元気に八重洲通りを歩き始められたことを懐かしく思い出す。倒産法と実体法に関する研究会は、私法学会のシンポジウムのために編成されたのだが、打合わせの場で、シンポジウムの表題がなかなか決まらなかった。そのとき、議論を静かに聞いておられた松澤さんが「倒産手続と民事実体法」ではいかがですか、と発言された。全員がなるほどと思い、それが表題となった。松澤さんが発言されることはごく稀だったが、それは和やかで的確であり、研究会を後押ししてくれるものとなっていた。

それからも数多くの研究会が商事法務研究会で開かれた。シンポジウムのための研究会、立法を見据えた準備的検討のための研究会などである。大きいものでは、「民法（債権法）改正検討委員会」（二〇〇六～〇九年）もあった。この頃には、松澤さんは、組織改編後の株式会社商事法務や社団法人商事法務研究会の担い手となられ、直接のご担当は次の世代の方々となっていたが、時折、研究会場にお顔をお見せくださることがあった。松澤さんの笑顔に接すると、何となく温かい雰囲気が会場に漂うように感じられた。

商事法務研究会での研究会に初めて参加させていただいてから、三〇年になる。その中には、研究者たちがただもう楽しくのびのびと、萌芽的な考え方も含めて議論するものもあれば、学会シンポジウムのように特定の目的のものもあり、具体的な立法に関連するものもある。それらの研究会では、いつも、快適で、楽しく、真剣な時間を過ごすことができた。もしかしたら、研究会の外では、さまざまな動きがあったのかもしれない。出版事業という面では、研究会の成果を原稿の形にすることが期待されることもあるのだろう。しかし、私は、松澤さんから、ただの一度たりとも、研究会の議論の仕方について注文を受けたり、特定の方向へと誘導されたり、原稿を出せと急かされたりしたことはない。研究会で質の高い報告と議論がされることだけを期待してくださっていると感じていた。この信頼感は、かけがえがないものである。そして、その姿勢は松澤さんの後輩の方々にもしっかりと引き継がれている。

松澤さんは、静かに、穏やかに、明るく、研究会という知の舞台を育てられたのである。

●なかた・ひろやす＝東京大学大学院法学政治学研究科教授

その笑顔に助けられて

能見　善久
Yoshihisa Nomi

軍師や策士とは違う。フィクサーとも違う。最近、ファシリテーターという言葉も使われるようになったが、それと近いところがあるものの、やはり違う。松澤さんの特徴を表現するのは至難の業であることを改めて気がつかされた。奥が深いのである。しかし、この中で近いものといえば、ファシリテーターかもしれない。この方面の専門家によれば、ファシリテーターとは、団体やグループがより効率的に機能するように、各構成員がそれぞれの力を発揮し、シナジー効果を上げるように、中立的な立場から、争点等の明確化、議論の整理等を行うものとされている。これによるとファシリテーターは、団体・組織・グループの中で効率的に意思決定がなされることを促進する役割を担う者のようであり、松澤さんのされてきたことに近いところはあるが、松澤さんの仕事の方が圧倒的に広い範囲に関わっている。その仕事は、法学界、司法界、官界、産業界の橋渡しである。より適切な表現を使えば、「法学界、司法界、官界、産業界のネットワークの構築」である。この論文集の表題は「日本法の舞台裏」であるが、松澤さんの最大の社会的貢献は、決して舞台裏の策士的な仕事ではなく、法の世界のコミュニケーションの土台を構築したことにあるように思う。

ネットワークにとって重要なことは、コミュニケーションのチャンネルができていることである。松澤さんのネットワークはこれが完璧である。たとえば、製造物責任の研究会を組織するとなると、学会では誰、司法界では誰、官界ではどこの役所の誰、産業界ではどの会社の誰、というようにたちどころにメンバーが頭に浮かび、コンタクトをとってくださる。これだけでも大変なことなのだが、松澤さんのすごいところは、メンバーのイメージができていても、ご自分からその案を押しつけることをしない点にある。仮に私がある研究会の座長になることが予定されており、メンバー構成の案をねっているとすると、松澤さんは、じっと待っておられる。私が困っていると助け船を出す。また、間違った方向に行きそうになると、それとなくヒントをくださる。こうしてできあがったものは松澤さんが描いていたものと同じになるというふうである。民法一〇〇年を記念するシンポジウムとそのために研究会を組織したときは、まさにこのようなものであった。

以上のこととも関連するが、ネットワークがより有効に機能するためには、それにデータベースが付属していることが必要である。松澤さんのネットワークには、「法学界、司法界、官界、産業界の人物データベース」が付属していた。各人の専門、特徴は勿論、各人の能力（上中下）についての評価も含まれていたはずである。人物の能力についての的確な評価なしには、データベースの意味をなさないからである。松澤さんのあの温厚で、やさしい笑顔とは別に、データベース管理者としての同氏の顔と頭脳があったにちがいない。これは結構怖い話である。しかし、松澤さんは、決して相手に恐怖心を与えることなく、笑顔で接しておられたのである。そのデータベースには、もしかしたら、怒りっぽいとか酒癖が悪いとかなどの欠点や、さらには我々のスキャンダル（公表されていないスキャンダル）等も克明に記録されていたかもしれない。松澤さんの人物データベースを覗いてみたい気がするが、やめておいた方が無難だと思う。

＊

以上は、ある意味で松澤さんの果たして来られた役割を客観的に分析したものであるが、最後に、個人的な感謝の気持ちを述べておきたい。私は、東大法学部の助教授になってからもしばらくは、先輩教授からもっと自分の研究をしっかりするようにとのアドバイスもあり、あまり学外の研究会には参加していなかった（四宮先生の信託法の研究会だけだったと思う）。商事法務研究会の研究会にも参加していなかった。

したがって、松澤さんと研究会等でご一緒することはなかった。助教授になってから五、六年後であったと思うが、ドイツに留学することになった。それも手術後の妻を連れての留学で、不安なことがたくさんあった。そんなとき、松澤さんがひょっこり私の研究室に来られ、私の留学への出発を励ましてくださった。まだそれほど懇意の間柄ではなかったので、松澤さんがなぜわざわざ来てくださったのか、わからない。しかし、その時の私の感謝の気持ちだけは消えることなく残っている。

●のうみ・よしひさ＝学習院大学大学院法務研究科教授

個性の際立つ名脇役

野澤　正充
Masamichi Nozawa

松澤三男さんに初めてお会いしたのは、私が立教大学の専任講師になって二年目の一九九五年であった。なぜこの年を記憶しているのかというと、当時、松澤さんが淡路剛久先生の主催する環境法研究会の事務局をされ、同年九月二八日に高知県梼原町で開催された「全国棚田サミット」（第一回）に共に参加したからである。そしてその夜、地元の方と開催された懇親会で、人懐こそうな赤ら顔で酒を酌み交わしていた松澤さんの印象があまりに強く、この出張に淡路先生が同行されていたかどうかの記憶すら定かではない。また、帰りの高知空港では、高知の特産である鯖の寿司をごちそうになった。その鯖の脂ののり具合が絶妙で、爾来、松澤さんの好きなそば屋にお供をするときは、シメサバを頼むようにしている。その後も、各種の研究会や民事紛争処理研究基金の会議をはじめ、あちこちで、松澤さんの人懐こそうな丸顔をお見かけするようになった。

ところで、映画やテレビ・ドラマを見ていると、「名前はわからないけど、よく見かける俳優」という方がいる。決して主役ではないが、その人が登場すると、「何か展開がありそうだ」という期待感に囚われ、「なんていう名前の方だろう」と気にはなるが、わざわざ名前を調べたりはしない。そのような俳優の一人に、デヴィッド・モース（David Morse）がいる。本当にいろいろな映画に出演されている方で、写真をご覧になれば知っている方も多いだろう。例えば、「グリーンマイル」（一九九九年）では、トム・ハンクスの同僚で、正義感に溢れる看守を演じていた。何とも笑顔がチャーミングな俳優だが、その笑顔が松澤さんにそっくりなのである。いつもデヴィッド・モースが人懐こそうな笑顔を浮かべて登場すると、松澤さんが思い浮かぶ（もっとも、モースさんは一九三㎝の大柄な方だから、実際にお会いすると、その印象は松澤さんとは異なるのかもしれない）。

ただし、デヴィッド・モースは、悪役を演じることも多い。「ロング・キス・グッドナイト」（一九九六年）では、記憶を喪失した主人公に笑顔で近づくが、実は敵である殺し屋だった。また、「ダンサー・イン・ザ・ダーク」（二〇〇〇年）では、貧しい女性が息子の手術費用として必死に貯めていたお金を、親切そうにして奪う警察官の役だった。このほか、「一六ブロック」（二〇〇六年）という映画でも、ブルース・ウィリス扮する刑事の元同僚だが実は……という役であった。

実際の松澤さんは、決して悪役ではない。その笑顔のとおりに、温和な方であることは、誰もが認めるところであろう。しかし、その人懐こそうな笑顔にだまされてはいけない。商事法務研究会をとおして、多くの法制度の創設や立法に関わり、わが国の法制度を支えてきたといっても過言ではない松澤さんの役割は、ただの好々爺に果たせるものではない。

そういえば、二〇一二年にＮＨＫのドラマとして放送された、「負けて、勝つ～戦後を創った男・吉田茂」では、デヴィッド・モースは、ＧＨＱ総司令官ダグラス・マッカーサーを演じていた。サングラスにパイプをくわえて飛行機のタラップを降りるデヴィッド・モースを見たとき、そこに「日本法のフィクサー」としての松澤さんを重ね合わせたのは、私だけだったのだろうか。

●のざわ・まさみち＝立教大学大学院法務研究科教授

編集者の心得、現場主義

早川　眞一郎
Shinichiro Hayakawa

随分前のことだが、丸ノ内線の地下鉄車内で松澤さんとばったりお会いしたことがある。これから某先生のところに原稿を受け取りに……ということだったので、思わず、「松澤さんがわざわざ受け取りにいらっしゃるんですか」と尋ねたのを覚えている。随分前のこととはいえ、既にメールでの原稿送付が普通になっていたからである。

「いやあ、やはり編集者は先生方と顔を合わせてお話をするのが仕事の基本ですからね。できるだけ機会を作って足を運ぶことにしているし、若い編集者にもフットワークを軽くするように言っているんです。現場主義、現場主義、現場主義……」というのが、いつもながらの血色の良い温顔からのお答えであった。「現場主義、現場主義」という呪文のようなつぶやきを伺いながら、そのときもなるほどと思ったが、その後ますます、その「現場主義」の重要さを実感している。私自身もさまざまな編集者の方にお世話になっている（ご迷惑をおかけしてます）が、確かに顔を合わせて話をする機会の多い編集者が担当になっている仕事は、そうではない仕事よりも心理的には優先度が高くなるし、気合いの入り方も違う（ような気がする）。もっとも、ただ顔を合わせて話をすればいいというものではもちろんなく、松澤さんとは違って、顔を合わせない方がお互い仕事が効率的に進むだろうと思う編集者もいないではない――それは、多くの場合、編集者のせいではなくてこちら側がいたらないからではあるけれども。

これまで松澤さんとはいろいろなところで顔を合わせているが、最も頻繁にお目にかかっていたのは、星野英一先生が主宰される契約法の研究会が開かれていた頃だろうか。この研究会は、長期間にわたり、毎月一回、八丁堀近辺で開かれ、松澤さんはそのすべての研究会に出席されて――星野先生がご都合でお休みになられたことはあったが、松澤さんがいらっしゃらないことは一度もなかったのではないかと思う――、毎回、最初から最後まで、いつ果てるともない議論の行方を眺めておられた。松澤さんが、終始にこにこと笑いながら、要所要所で会の運営等について貴重な助言・提言をされていた様子は、いまでも鮮明に思い出すことができる。特に、報告テーマの調整や、契約実務についてインタビューをするゲストの選定や依頼等では、本当にお世話になった。この研究会からは、メンバーがNBLに連載した諸論文をはじめとして、契約法に関する数々の研究成果が生まれたが、松澤さんの献身的なご尽力があってはじめてそれが可能になったことは間違いない。

その研究会が終了してかなりの年月が経ち、松澤さんにお目にかかる機会も最近では少なくなっているが、何かの会合でご一緒になることがあると、当時とまったく、全然、本当に（とついつい何度も強調したくなるほど）変わらないご様子の立ち居振る舞いを拝見して、懐かしい思いにとらわれる。現在は編集者というよりもむしろ経営者としてご活躍になっているのであろうが、ご自身のお言葉の端々からも、周囲の方々のお話からも、人とのコミュニケーションを重視する現場主義こそが、編集者としても経営者としても、松澤さんの一貫したプリンシプルであり、また成功の秘訣でもあることがうかがわれる。古稀というおめでたい節目を経てさらに一層松澤さんの現場主義に磨きがかかることを、私自身もお目にかかってお話しする機会がたくさん持てることを期待しつつ、確信している。

●はやかわ・しんいちろう＝東京大学大学院総合文化研究科教授

最後の裏方

藤田　友敬
Tomotaka Fujita

「先生、ロッテルダム・ルールズのシンポジウムをやりましょうよ」

松澤さんからそう言われたのは、二〇一〇年一月である。予想していなかった申し出に反応できずにいると、「面倒な事務仕事はみんなこっちでやりますから」とさらにたたみかけてくる。

二〇〇八年一二月国連総会で成立した「全部又は一部が海上運送による国際物品運送契約に関する国際連合条約」（通称ロッテルダム・ルールズ）は、二〇〇九年九月にロッテルダムにおいて署名式典が行われ、署名のために開放された（日本は二〇一六年三月現在未署名・未批准）。その後、ヨーロッパ、アメリカ、中東、アフリカといった世界各地において、この条約に関するシンポジウムやセミナーが次々と開催されていた。そういう中で、日本では何もやらないのかという声は、国連国際商取引法委員会（ＵＮＣＩＴＲＡＬ）や万国海法会（ＣＭＩ）といった国際機関・国際団体や海外の海事弁護士等からはしばしば聞かされていた。しかし国内的な動きは皆無であった。

「いやあ、海外から人を呼ぶのにはお金がかかりますし、そもそもお客さんが集まりますかねえ」面倒な荷物を背負いたくないのでうやむやにしようとするのに対して、「お金集めは手伝いますから、先生は国内外からいい人を呼んで、立派な内容の企画さえ立ててくだされぱいいのです」と言う。

さすがだと思うのは、話を切り出すタイミングを誤らないことである。この日、私はちょうどさる賞を受けたところで、受賞式には松澤さんも出席されていた。しかもよりによって贈呈対象がロッテルダム・

ルールズに関連した著作である。頼まれると断りにくいことこのうえない。おまけに式が行われた京都までノコノコと出かけてきているものだから、「次の用事があって今急いでいますから、また今度」と逃げるのもままならない。結局、「ちょっと考えてみます」と返事してしまった。

企画を引き受けたものの、その時点では、実現の可能性は正直あまり高いとは思えなかった。いかんせん日本の海運業界は全然乗り気ではなかったし、役所も積極的に応援してくれるか心許なかったからである。しかし甘言と追従で人をおだてて引き受けさせた後は、成果物を取り立てることしか頭にない自称仕掛人（この手合いは実に多い）と違ったのは、松澤さんは最後に至るまで、約束通り、本当に「面倒な事務仕事」を全部引き受けてくれたことである。独自のネットワークを駆使していくつもの業界団体から資金集めをしたり（これがいかに面倒か骨身に沁みている毎日である）、役所の後援名義を取り付けたりする（これも、内部にコネでもない限り、やたらと時間と労力がかかることを別の機会に知った）のはもちろんであるが、それだけではない。この種の大型の企画では、一部の関係者と意思疎通がうまくいかなかったり誤解が生じたりすることがよく起きる。下手に拗れると面倒になりそうな危ない局面で、どこからともなく現れ、必要な人を説得し、関係を修復してくれるのである（一体どうやったのか今でもわからない）。最終的に、二〇一一年一一月（本来五月に開催が予定されていたが、東日本大震災の影響で半年遅らせることを余儀なくされた）に二日間にわたり、欧米・アジア諸国の法律家を招聘する国際シンポジウムが実現してしまった。ひとえに松澤さんのおかげである。しかし、ポスターにもプログラムにも松澤さんの名前は載らない。徹底した黒子、裏方なのである。

世代が異なることもあり、残念ながらそういう関係でお世話になる機会はなかったが、松澤さんは編集者であった。回想録の中で、三島由紀夫は、さる雑誌の編集長を評して、次のように書いている。「この小説の稀代の『読み手』から、技術上の注意をいろいろと受けて、どれだけ力づけられたかわからない」、「思ふに新進作家と文芸雑誌の編集者との関係は、新人ボクサーと老練なトレエナーとの関係の如くあるべきで」ある、「今でも、文芸雑誌の編集者と若い作家との間には、かうした利害を越えた関係の伝統が残ってをり、この精神がなくなったら、文芸雑誌などといふ赤字商売は、とたんに存続の理由を失ふのである」(「私の遍歴時代」『決定版 三島由紀夫全集(第三二巻)』(新潮社、二〇〇三年)二八五頁)。文学者の場合についてだけではあるまい。私よりも上の世代の少なくない法律学者・実務家にとって、松澤さんは、きっとこのような存在ではなかったかと想像する。

三島が上記のように書いた当時、活字は文化の中核的担い手であった。文化そのものであったといってよい(活字という語が、元来活版印刷において用いる文字を刻んだ字形のことであることを今の人は知っているだろうか)。そのような時代、出版社は印刷物を制作・販売する者であるにとどまらず、学問芸術活動をはぐくむさまざまな活動の担い手でもあった。「出版人」という言葉に、ある種の風格と畏敬の響きが感じられるのはその証左であろう。法律書を扱う出版社にも、単に本や雑誌を出版するということを超え、法学の実務や研究にとってかけがえのない人的ネットワークを作り出し、裏方として、学術的営為を支えることで、わが国の法律学や法律実務の発展に貢献した人々がいたようである(あくまで話で聞くばかりであるが)。松澤さんも、この系譜に連なる一人であろう。出版物の役割も出版社の在り方もかつてとは大きく異なりつつある昨今の状況を考え合わせると最後の一人かもしれない。

ごく短い時間とはいえ、そのような人と共に仕事をする機会があったことは、幸運であり光栄に思っている。感謝の意を表するため駄文を寄せる次第である。

●ふじた・ともたか＝東京大学大学院法学政治学研究科教授

企業法務

松澤三男氏との四〇年

柏木　昇
Noboru Kashiwagi

松澤さんとの最初の出会いは覚えていないが、松澤さんがＮＢＬの編集を前任者の本間さんから引き継いだときだと思う。そうすると今から約四〇年前、ということになる。松澤さんも私もお酒を飲む。しかも、松澤さんの郷里が福島第一原発の北隣の南相馬市で私の郷里が福島第一原発の南隣のいわき市と、郷里が同じ福島県内で近いこともあり、親しくさせていただいた。当時私は三菱商事株式会社の法務部に勤務していた。一緒に酒を飲んだときに仕事で経験した法律問題の話をすると「柏木さん、それ書いてよ」ということになり、酒の勢いもあり、安請け合いをし、その後締切間近になって呻吟する、ということが何度かあった。松澤さんとお酒を飲まなければ論文も書かなかっただろうし、そうするとその後私が学者になることもなかったことになる。論文を書くと、それを見た大学の先生が、面白いことを言う奴がいる、ということで研究会等に私を呼んでくださるし、その学者のメンバーが研究書を共同執筆する場合に私にも声をかけてくださることになった。大学時代に民法第四部を教えていただいた星野英一先生にも研究会に声をかけていただいた。星野先生に励まされると有頂天になってまた勉強に励むことになった。石井紫郎先生や内田貴先生の研究会に参加できたのも、裏で松澤さんが細工をしてくださったのではないか、と想像している。新堂幸司先生主催のシンポジウムに報告者として参加できたのも、多分松澤さんの仕業にちがいない。

松澤さんのお陰で、商事法務研究会がお世話をする立法や条約締結のための研究会にも参加させていただいた。最も面白かった研究会は、ウィーン売買条約が発効した直後くらいから始まった。実務家代表として、九州大学名誉教授の北川俊光先生（当時は東芝法務部勤務）と私が参加した。当時、UNCITRALの事務総長をしておられた曽野和明先生も、アメリカから参加された。曽野先生は何度か成田から研究会に直行で来られて、そのエネルギーと熱意にはほとほと頭が下がった。私は実務の立場からコメントをするわけだが、今から考えればあまり適切な指摘をしなかったのではないか、と反省している。その後、ウィーン売買条約への加盟がのびのびになり、ようやく二〇〇八年になって日本が加盟するわけであるが、その時は各国でウィーン売買条約が適用された判決例や仲裁判断例が多数蓄積されていた。しかも、それがUNCITRALや米国ペース大学や多くの研究者等の努力で、英語で内容がわかるようになってきた。研究会の当時は、ウィーン売買条約が発効したばかりであり、判例の数も少なく、しかもその判例は英語に翻訳されておらず、検索ツールも未発達であった。そのため条文の字面だけから、実務上の問題点を想像するわけであるがこれが結構むずかしく、判例の蓄積が進んだ今からみると的外れの指摘もあったと反省している。現時点でみると、私の分析ではウィーン売買条約は、全体的に売主に有利にできているように思う。また、ドイツを筆頭に買主の検査義務を厳格に適用する国々の判例は買主に大変過酷に働き、工業規格品中心の国際貿易にそぐわないものである。私の研究会当時の知識では、これらの結果が見通せなかった。

その後、研究会の実務家代表の北川俊光先生は、私より一年ほど先に九州大学法学部の教授になられた。その後、私にも大学教授の声がかかり、私も三菱商事を辞めて東京大学法学政治学研究科比較法政研究センター教授になることになった。私が東大に行く話がオープンになる前、松澤さんが「柏木さん、たいへんだよ。新聞テレビが大きく報道するよ」とおっしゃっていたのを思い出す。鈍感な私はそんなことはあるまい、と高をくくっていた。松澤さんの言う通りであった。翻って考えれば、私は、NBLと松澤さんに育てられたから大学教授になれた、といっても過言ではない。ウィーン売買条約研究会の実務家代表の二人は、二人とも実務家から学者に転身してしまうことになった。

松澤さんの最大の特徴は面倒見がいいことである。私にとっては「困ったときの松澤さん」である。なにごとによらず問題を解決してくれる。私ばかりではなく、研究者からの信頼は絶大である。松澤さんの最大の特徴は、ジャーナリストとしての嗅覚のするどさであろう。学者や実務家に知り合いが多いから、いま何が法律実務の問題か、ということを良く知っている。そして、その問題について的確な著者を探し出し、NBLに論文を掲載する。約四〇年前に創刊したNBLが、研究者にとっても実務家にとっても必読の雑誌になったのは松澤さんのお陰である。商事法務研究会は、鈴木光夫、松澤三男と二代にわたる名専務理事を得て大きく育った。若い人たちが、この二人をしのぐ名編集者・専務理事となって商事法務研究会や株式会社商事法務をさらに発展させて欲しいと願っている。

●かしわぎ・のぼる＝東京大学名誉教授

「宴席」と「お声がけ」

唐津 恵一
Keiichi Karatsu

昨年一二月にグランドハイアット東京で、堀龍兒先生の「生前三周忌の懇親会」という奇妙な宴席があった。会場で松澤さんを発見したので、近寄って暫く談笑していたが、そのうち「ちょっとついてきて」とお声がけがあり、会場におられた、小川秀樹法務省民事局長、早稲田大学の奥島孝康先生や鎌田薫先生等の錚々たる方々とご挨拶する機会を設けて頂いた。約二五年前に松澤さんと初めてお会いした時以来、松澤さんとの関係は、「宴席」と「お声がけ」という二つのキーワードで象徴されるように思う。立法や制度改革の過程で松澤さんと活動を共にしたことはほとんどないので、「日本法の舞台裏」というタイトルに相応しくない内容となることをご承知おき頂きたい。

＊

私が商事法務研究会の活動に関わることとなったのは、新日鉄の法務部門に在籍していた一九九〇年頃からである。経営法友会活動の一環として、「コンプライアンス・プログラムのための独占禁止法遵守マニュアル（ひな型）」を策定するプロジェクトのリーダーを拝命した時である。当時、日米貿易不均衡の是正を目的に開催された日米構造協議により、わが国の独禁政策が主要議題となり、独禁法のエンフォースメントを強化することを日本側が約束したため、企業側で緊張感が走り、上記のようなマニュアルのひな型を作ることとしたのだった。以降、経営法友会が会員向けに作成した『株主代表訴訟対応マニュアル』、『視察報告欧州持株会社の実態とこれをめぐる法制』および『グループ会社管理ハンドブック』を作成するプロジェクトのリーダーを務めると共に、各種経済法規の改正案に対する経営法友会としての意見集約等の担当も務めてきた。この時期は、高度経済成長時代が終焉した後、バブル崩壊を経た経済低迷期であり、ビジネス法の分野では経済構造変革にむけた新たな法制度が模索された時期である。また、経済のグローバル化に対応する為の法整備がなされてきたのもこの時期である。会社法、金融法、競争法、倒産法、会計制度など多岐にわたるビジネス法分野における制度改正がなされ、経営法友会においても、上述のマニュアル作成や意見集約などが頻繁に行われた時代であった。このように、マニュアルという、各社横並び的な対応を促すようなツールの提供事業を盛んに行っていたわけだが、法規制に対して受身的に対応する企業が、最低限の規制対応を横並びで模索していた当時の状況を偲ばせる。しかし、これらのマニュアルは、横並び的な対応を促すものとはいえ、経営者が法律を意識せずに業務執行に集中できた牧歌的な時代、すなわち独禁法については、産業政策が競争政策よりも優先され独禁法機能が弱体化していた時代、会社法制については、株主が会社の所有者であるというのがあくまで建前であるとの前提で会社の機関等に関する手続規定に過ぎないとの認識が支配していた時代に慣れ親しんだ企業人に対しては、時代が変わることを伝える一種の警告的な機能を果たしたのではないかと思う。国際カルテルにおいて、各国で減免制度が整備されると共に各国・地域の競争当局の連携が強化されている中で、数十人の日本人幹部社員が米国の刑務所に収監され、巨額の罰金・課徴金・制裁金を科される例が続発している現在、また企業価値向上のためのコーポレートガバナンスの徹底が、いわゆるcomply or explainという方法で図られている現在では、通り一遍のマニュアル等で横並び的な対応を促すことが適切でないことは言うまでもない。

経営法友会の活動は、各企業の法務部門の担当者がボランタリーに集まって行っていたので、会議も夜に行われることが常であった。当時の事務局長は関根暁子女史であったが、仕事一筋の女傑で、夜の結構遅い時間に会議が終わって帰ろうとする時にも、残業されていることが多く、面倒見の良い関根さんの

「ちょっとどこかに行きましょうか」との「お声がけ」により、八丁堀近辺や銀座方面に繰り出して、ご慰労して頂いたことがよくあった。そして、その行った先のお店に松澤さんがおられることがしばしばあったように記憶している。この関根さんの「お声がけ」による「宴席」が松澤さんとの出会いだった。

前世紀末からわが国における司法制度改革の議論が進み、二〇〇一年に内閣に司法制度改革推進本部が設置され、二〇〇二年に司法制度改革推進計画が閣議決定された。その後、二〇〇四年の法科大学院開校、二〇〇六年の法テラス開設、二〇〇九年の裁判員制度の施行等、次々と改革措置が実行に移された。私自身は、司法制度改革にはほとんど関与しなかったが、少しだけ関わったことがある。法務省に設置された法教育研究会の委員となったことである。法教育研究会は、司法制度改革の一環としてわが国の学校教育等における司法および法に関する学習機会を充実させるための教育について、調査・研究・検討を行うことを目的に、二〇〇三年七月に発足し、二〇〇四年一一月に報告書を提出した。委員には、法曹関係者のほかに現役の中学校の教諭やマスコミ関係者等、様々な分野の方々がおられた。報告書をまとめるまで、計一六回にわたり会議が開催された。二〇〇三年の初回の会議に出席した時に、オブザーバー席に松澤さんがおられたので、驚いたことを覚えている。会議は一四時開始で夕方に終わることが多かったと思うが、一六回のうちの結構な回数、終了後松澤さんと霞が関の弁護士会館地下のお店で一献傾けながら懇談をした。懇談の内容はよくは覚えていないが、当然法教育についても毎回話題になっていたと思われ、松澤さんが商事法務研究会の事業としてもこれから法教育の分野が非常に重要になることを盛んにおっしゃっていたように記憶している。その後、法と教育学会の事務局を商事法務研究会に設けられるとともに、学会誌の「法と教育」を株式会社商事法務が出版されるなど、法教育に積極的に関わって来られているのは周知の通りである。ほぼ毎月のように行われた、この法教育研究会後の「宴席」での懇談が、松澤さんとの親交を深める機会となった。豊富な人脈をお持ちである松澤さんは、また各方面から人の紹介等を依頼される機会が多く、その後、何かある度に私に連絡があり、私もできる限りその要請にはお応えしてきた。中央大学法科大学院生をエクスターンシップで受け入れたことや、明治大学法科大学院外部評価委員に就任したこと等は、その例である。法教育研究会の後の「宴席」がきっかけとなった松澤さんからの「お声がけ」によるものである。

そして、「お声がけ」の最たるものを二〇〇八年頃頂いた。「唐津さん。大学で教えてみないか?」。私は当時新日鉄の上場子会社の法務知財部門で働いていたが、親会社経営陣の敵対的買収の恐れに対するや過剰な反応や上場子会社経営に対する過剰介入に疑問を感じ、一方、効率性向上のためのコーポレートガバナンスについての議論が各方面でなされる中で、内向きで自己組織維持的な企業体質に嫌気がさしていた時期であった。ただ、その時はすでにHOYAへの転職の話が決まっており、すぐに大学に転職することはできなかったが、大学で教えることも面白いなあと漠然と思い、「すぐには行けませんが近い将来大学で教える話があれば教えてください」とお話ししたように記憶している。

その後、HOYAに勤務したが、経営者の考え方がそれまで私が所属した会社とはまったく違っており、目から鱗が落ちたような気分になった。資本コストを意識した事業管理を徹底し、期待利益に満たない事業は容赦なく廃止または売却を行うなど、積極的な選択と集中を進めていた。また、年功序列的な人事管理ではなく、業績・能力重視で定年制がない中で、広く世界中から人材を集め、年齢、性別、国籍等を問わず、適材適所を徹底していた。三〇歳代で事業部長を務める日本人もおれば、ジェネラルカウンセルに米国人弁護士、事業部長に米国人やフランス人もおり、いい意味でのカルチャーショックを覚えた。こういう企業が増えることが、社会全体としての資源の効率的な配分が徹底し、社会の富の最大化につながり、わが国経済の成長に繋がることを確信した。

その後、二〇〇九年頃に松澤さんから「東大で教えてみないか」という「お声がけ」があった。いろいろ悩んだが、一度しかない人生、企業以外でも働いてみようと思ったことに加えて、ＨＯＹＡでの経験から、ビジネス社会における有用な人材の開発のためには、各企業のＯＪＴに任せるのではなく、高等教育機関で十分な実務教育を行い、個人としてどこででも高いパフォーマンスを発揮できる人材の輩出が必要だと思っていたので、「挑戦します。お願いします」と松澤さんにお答えしたことを覚えている。大先輩である江頭憲治郎先生のご推薦もいただき、無事東大への奉職が叶ったが、今私が東大の教壇に立っているることができるのも、もともとは松澤さんの「お声がけ」があったからである。

＊

以上「宴席」と「お声がけ」をキーワードに、松澤さんとの接点について書いてきた。つくづく思うのは、今回の記念論集に極めて多くの錚々たる方々が出稿されていることからわかるように、松澤さんが、本当に豊富な人脈をお持ちであることである。これは、ひとえに松澤さんの極めて温厚な性格と何を頼まれても断らない献身的な姿勢によるものと思われ、今後ともご自愛専一にて、ますます人脈を広げられるとともに、末永く「宴席」と「お声がけ」をよろしくお願いする次第である。

●からつ・けいいち＝東京大学大学院法学政治学研究科
ビジネスロー・比較法政研究センター教授

会社法務部と立法の展開
——その半世紀

小島　武司
Takeshi Kojima

1　松澤三男さんと法務部との出会い

ＮＢＬは、編集者である故鈴木光夫さんと法務維新の志士ともいえる企業法務担当者たちが何やら熱い意見交換を行っているなかで生み出された雑誌（一九七一年創刊）であり、そこには編集者と読者、つまり発信者と受信者が役割の相互転換による交流を通じ日本企業が未来法制を翼とすることで、「公正で豊かな社会」を築き上げようとするアンビションが漲っていた。その根底にあったのは、ビジネスの現場に生まれた確かなリアリズムと「これではいけない」という熱い改革のパッションであったと思われる。志士たちの画策から何か新しいものが生まれるのではないかという予感は強かった。

ＮＢＬは、別冊第二号として『会社法務部』（一九七六年）を早速公刊した。このなかで私も小論「会社法務部——課題と解決指針」を執筆し、座談会にも参加したが、今日の隆盛には当時の予測を超えるものがある。そのコアとなったのは、昭和四六年発足の「経営法友会」であり、この法務部門実態調査は着実に実績を重ね、今回（二〇一五年）の実態分析報告をもって実質上一一回目を迎えている。松澤さんは、経営法友会が設立されたばかりの昭和四六年に入社し、その時以来半世紀近くにわたって直接にその活動の伴走者として、また、間接に「公益社団法人商事法務研究会」の専務理事として、これにかかわってきたことになる。企業社会が新たなフェーズにさしかかっていることを、松澤さん自身、強く実感されているのではないかと思う。

「会社法務部」の成長の足跡は、歴代の代表幹事のリストとともに経営法友会編『経営法友会創立四〇周年記念誌—足跡と展望—』(二〇一二年)三七頁以下等に記されている。すなわち、昭和四八年三月末の加入会社数は一六八社、同五三年末には二五一社、同五八年には三〇〇社に達し、平成五年には六〇〇社を超え、同一七年には一、〇〇〇社に迫り、同二七年には一一〇〇社を超えるに至っている。組織拡大の動きは、法務部のかかわるさまざまの法律がミケランジェロの天井画さながらに大きく拡がってきたことの反映であろう。平成二二年一一月の第一六回経営法友会大会では、「経営の『羅針盤』となる法務部門を目指して」というテーマをめぐって、活発な意見交換が行われた。これは法務戦略の究極にある最先端の課題であり、第一〇次(二〇一〇年)の「会社法務部実態調査報告」(別冊NBL一三五号)には経営陣の期待に応えようとする志向が法務部の担い手たちの間に鮮明である。

このような趨勢のなかで、専門部署としての法務部は、確固たる存在として、「紛争解決法務」、「予防法務」、そして「戦略法務」の三方向に大きく力を伸ばしている。昭和六三年「国際化社会における戦略法務」、平成七年「製造物責任法などの立法問題」、同一一年「司法制度改革に関する提言」、同一三年「法科大学院の在り方」、それに「コーポレイト・ガバナンス」の諸スローガンのなかには、立法とのかかわりでシンクタンクないしブレーン的な機能をも果たそうとしている経営法友会の姿が垣間見え、松澤さんの周辺にあるエピソードを収めれば、そこに立法の生態学の一端が臨場感をもって立ち現われるのではないかと思う。その多彩な内容はこの限られたスペースには到底収まり切らない。

2 企業法務と私の専門領域とのかかわり

民事訴訟法や仲裁法等の民事手続法を専攻する研究者である私がなぜ会社法務とかかわることになった

か、という角度から当時を振り返ってみたい。

一つは、当時の故鈴木光夫さんや「新入社員」であった松澤さんとの「エンカウンター」であり、そこには偶然を超えたもの、「天為」ともいうべきものの介在が感じられる。この出会いは多くの人びとが織りなす刺激に満ちた諸活動の開始を告げるものであり、とりわけ経営法友会は活気に満ちた現場であり、さまざまの交流がそこから生まれた。話は一九六六年に遡るが、フルブライト留学の同期でミシガン大学ロースクールでご一緒した八幡製鉄法務部（当時）の梅澤治爲さんがいる。アメリカの関連会社の社長を経て、弁護士として活躍中の同氏とは、現在もお会いすることがあるが、同氏のロースクール留学当時の修士論文のテーマが確か法務部であったということもあり、私も会社法務への関心を深めることになった。

いま一つ、私の研究関心のなかに企業法務に連なる要素が内在していたこともあり、この点にも触れておきたい。私がアメリカで研究生活を送った当時（一九六六年～六八年末）は、「法と貧困」のプログラム、日本流にいえば法律扶助がアメリカ社会特有の色彩をもって連邦経済機会局により強力に推進されていた時期に当たり、そこでは司法による法変革を目指したテスト訴訟や憲法訴訟、そして近隣法律事務所が基本戦略になっていた。当時は、公害訴訟や消費者訴訟等が社会的関心を集め始め、企業サイドと地域住民や消費者サイドを結ぶ接点として法務部の在り方が論議の的になることも少なくなかった。その後の在外研究の折（一九七四年、七五年）、イタリアやドイツ（ローマ、フィレンツエ、ケルン）に滞在し、そこでアクセス・トウ・ジャスティス（正義へのアクセス）の国際共同研究に参加するに及んで、会社法務の在り方についても別の方向からも大いに考えさせられた。

やがて、欧米の法務部と日本の法務部の間にはとりわけその担い手に顕著な違いがあり、異別のモデルになっていることに注目する。このような観点から、その後ホテル・ニューオータニで開かれたピープル・トウ・ピープル・インターナショナルというアメリカの民間外交交流組織との共催による日米国際シンポジウム（後に検事総長になられた原田明夫さんが日本側のオーガナイザーであったと記憶する）において、日本型法務部について比較法報告を担当したこともあり、問題関心は一層深まった。企業活動の国際化が急速に進展するなか、外国法事務弁護士法の制定問題も起こり（一九八六年以降）、各省と日弁連との合同のいわゆる外国法事務弁護士問題研究会で座長を務めることにもなる（一九九四年）。日本企業の法務担当者が米国の出入国管理の過程で弁護士と扱われた実例もあり、「第二の黒船騒動」といったマスコミ報道もあって、日本的法務部の特異性は重要な関心事となっていく。

3　司法改革の影響

こうした展開を承けて民事訴訟法改正などもあり、二一世紀の初めには司法制度改革が本格化する。アメリカ型のロースクールの導入等法曹養成制度改革の機運が高まるなか、私も法科大学院の制度設計等に関わることになる（二〇〇〇年代）。

司法制度改革は広範にわたる法制改正を含む一大事業であり、その時から一〇年余りを経た現在、その成果はまだら模様の憾みがあるものの、日本的法務部モデルを揺さぶるものとなっているのではないか。多くの新法曹が参入するなか、社内弁護士の増加テンポは急である。今回第一一次の実態調査分析検討委員会にも弁護士メンバーが複数加わっており、これは、実態調査始まって以来初めての出来事である。

4　法務部の前途にあるもの

このところ相次ぐ企業の不祥事は、会社法務の光と影、そして将来の課題をその担い手に突き付けている。現代日本の企業は、一連の会社法の改正とこれに呼応するガバナンス・コードやスチュワードシップ・コード等との関わりで再度の挑戦を迫られ、歴史上未踏の分岐点にさしかかっている。学士（法学部卒等）と法務博士（法科大学院修了）、これに外国資格弁護士の混成であるハイブリッド・モデルへの移行が進み、また、ジェネラル・カウンセル等の仕組みも注目されている。この背景には、いまやグローバリゼイションが日常生活に及んでいるという二一世紀社会における不可避の現実がある。

第一一次の法務部実態調査にあたって質問項目の検討や回答結果の分析に参加している私たちの脳裏にいま去来しているのは、未来があっという間に足もとにくるという感慨である。イタリアの小説『ガットパルド（山猫）』のなかでシシリアの貴族がつぶやいていたように、われわれは、変わらなければならないのではないか。誤りのない選択のために必要なのは、分野と国境を越えた不断の対話であり、経営法友会による五年ごとの法務部実態調査等もその貴重な機会の一つではないか。

半世紀にわたりいつも笑顔で付き合っていただいている松澤さんには、ＡＬＩの国際民事訴訟ルール・プロジェクト（一九九七年）、そして私の古稀記念論集の出版等で多大なお力添えをいただいた。そのうち、ゆっくりと歓談し、エピソード満杯の小史を確かめ合いたいと願っている。

●こじま・たけし＝中央大学名誉教授、桐蔭横浜大学前学長

松澤さんと経営法友会

小林　利治
Toshiharu Kobayashi

筆者は平成二年から同一九年まで一七年間という長期にわたって経営法友会の幹事を務め、最後の二年間は代表幹事をさせていただいたが、松澤さんはこの経営法友会を黒子のように陰で支えてくださった商事法務研究会における恩人である。具体的には、同会の事務局長や事務局員に商事法務職員の中から適任者を充ててもらうこと、経理の実務を商事法務研究会に担当してもらうこと、活動の場所を提供してもらうこと等、同会の運営の肝ともいうべき部分を強力にサポートしていただいたということである。経営法友会は、企業の法務責任者等による任意団体であり会員のボランティア精神に拠って立つ組織であることから、松澤さん以下商事法務研究会の支援なしには運営できずそのサポートは肌身にしみてありがたかった。また、そのことをあからさまに表に出さないという気配りについても感謝にたえなかったものである。

ところで、経営法友会の創立は昭和四六年に遡るが当初は五〇社でのスタートであった。商事法務の創設者であった鈴木光夫氏のご指導もあって順調な発展を遂げ、筆者が幹事を務め始めた平成二年当時は約六〇〇社までメンバーが拡大しこの分野での一大勢力となっていたが、それが今や一一〇〇社を超えるという充実ぶりである。そして、活動内容も年々高度化する中、同会では、法務部門が目指す将来像を「経営の羅針盤となる法務」とし、「経営の目指す目標・ビジョンを共有し、社内外のリスクを察知し、経営に対して目標・ビジョン実現への道筋を示す」というような姿をこの言葉に込めたとしている（「会社法務部」第一〇次実態調査の分析報告一頁〔別冊NBL一三五号（二〇一〇年）〕）。これは、言い換えれば、重要な経営判断、事業遂行に当たっては法務部門の関与なしには進められないという企業経営のあり方を示唆するものであり、「企業法務とは何か、何をなすべきか、企業内部でどう存在感を強めていくか」等々について四〇年以上にわたって真摯に考え抜いてきた同会の歴史における現時点での結論ともいえる。近々まとめられるであろう第一一次実態調査の結果においてもこの傾向がさらに色濃く反映されるであろう。「法務部門は経営インフラそのものである」という筆者のかねてからの持論が、より現実感を増しつつあることを示す言葉として心から共感できるスローガンである。

経営法友会の歴史はわが国における企業法務の歴史そのものともいえるが、この歴史を築いてきた往年の仲間同士の絆も浅からぬものがある。昨年五月と今年七月にはかつての幹事仲間の集いがあり、それぞれ一九名、二五名もの方々が参集したが、その輪の中にあっても松澤さんの笑顔が見事に調和していたことが印象的であった。こうしたことからも、筆者のみならず同会の歴史を作ってきたＯＢたちの同氏に対する思いの大きさを感じることができた次第である。

直近の会社法改正やコーポレートガバナンス・コードの創設は企業に対して経営の変革を迫るものといえよう。そして、これらへの対応については、法務部門が大きく関与せざるをえないことは必至である。なぜなら、具体的に何をどこまでやればよりよいガバナンス体制を構築できるのかというレベル判断は、取締役が善管注意義務違反や同コード違反を問われないためのレベル判断と重なる部分が多いため、組織名称はともかく法務担当部門が実務のリーダーシップをとるのが自然だからである。同コードは、「自社の経営の形をどうするかについて経営者として創意工夫を尽くせ」という強いメッセージであり、これへの対応はまさに「経営の羅針盤」としての機能を発揮する作業ともいえる。社長等経営陣や社外役員からの信頼と緊密なコミュニケーションなしにはなしえないことであり、法務部門として存在感を示すかつてないチャンスに違いない。そして、法務部門はこのチャンスを生かすだけの実力を蓄えてきたというのが全般的な流れであると思われるが、個別企業レベルではまだまだばらつきも大きいのではないだろうか。

ここしばらくは、このばらつきを少しでもなくし、法務部門の全体的なさらなるレベルアップを図ることが経営法友会のミッションであり続けるだろう。一方、商事法務研究会もその独自性を維持し、アピールしていくためには企業法務との連携強化が欠かせないと思われる。そうした状況の中で、法務当局、学会・法曹界、企業法務というトライアングルのカナメとして、松澤さん以下商事法務研究会からの経営法友会への変わらぬご支援を切にお願いしたいのである。そしてそのためにも、松澤さんのますますのご健勝とご活躍を心からお祈りするものである。

●こばやし・としはる＝前独立行政法人高齢・障害・求職者雇用支援機構理事長
元株式会社東芝取締役

経営法友会へのご支援をいただいて

島岡　聖也
Seiya Shimaoka

松澤さん、古稀を迎えられ誠におめでとうございます。心からお祝い申し上げます。

商事法務研究会の創立二〇周年を記念に創設した経営法友会も、創立四五周年を迎えました。その会員数は今や一一〇〇社を超え、会員のための交流、組織開発、研修、研究だけでなく、学会・法曹界・官公庁・関係団体との交流や広く立案、制度に関する提言・提案等対外活動にも注力しております。その結果、わが国唯一の企業内法務の専門集団としての存在意義をいかんなく発揮し、ますます活発に活動するに至りました。実はその歴史の節目節目で、松澤さんの温かいご支援があったことは言うまでもありません。少し振り返ってご紹介してみたいと思います。

*

私が新人法務担当者として経営法友会に出入りを始めたのは昭和五〇年代後半ですが、その後三〇年以上にわたり松澤さんをはじめとする商事法務研究会・経営法友会の事務局の方々には公私ともに本当にお世話になりました。当時から経営法友会には、企業法務を開拓し先導された第一世代のパイオニアの方々が綺羅星のごとくおられましたが、このような方々と熱心に議論され、会社法務の発展を願って心を砕き支援していただいたのが、当初は鈴木光夫さんと伺っており、それを引き継いでいただいたのが関根暁子さんや松澤さんではなかったかと思います。経営法友会は商事法務研究会の強力な支援を得る一方、パイオニアの情熱を代々引き継いで、様々な業界・企業の法務部門の実務責任者・担当者が、それぞれの会社の法務部門を組織化し、経営に直結した法務サービスの仕組みづくりを行うことで、法務部門が各会社の中でいかに存在感を示していくかという使命感と熱気にあふれていたと思います。その後会員数の飛躍的増加にかかわらず、経営課題を解決するという共通の視点を持ちながら、様々なテーマで途切れることなく成果を上げてきたことは今更ながら驚異的なことではなかったかと思います。その経過と成果は、経営法友会創立四〇周年記念誌「会社法務部——足跡と展望」（二〇一二年三月）や、経営法友会レポート創刊五〇〇号記念特集（二〇一五年一〇月）に印象深くまとめられています。それぞれの時代の背景が色濃く反映された基本運営方針、主要施策、経営法友会大会のテーマだけでなく、膨大な研修・研究会記録、債権回収、独禁法、会社法・証券取引法関係のいわば単発分野から、内部統制、リスク管理、海外法務を含む組織、システム機能としての「会社法務」に至る実務マニュアルまで、先人の知恵と努力の結晶といえます。さらに、五年ごとに法務組織と活動状況の到達点を定点観測した「会社法務部実態調査」は、先日第一一次調査を完了し、その結果として新しい法務部門の姿と期待がとりまとめられております。これにより、法務組織というフィルタを通じて日本の会社を継続分析することで、実務に直結した傾向把握ができるという便宜だけでなく、会社経営者が会社の不可欠な機能として、法務という機能をいかに認識し発展させてきたかという、法社会学的な歴史的分析も可能な大事業です。また、主要制度・新（改正）法に関する実務家らしい数々の提言により、経営法友会は経団連と並んで法務関連の意見具申団体として、関係先から高く評価されるに至っています。

松澤さんに直接お世話になった最近の課題として、経営法友会が力を入れているアイテムのうち、いくつかをあげてみたいと思います。

一つは、司法制度改革の結果として、法曹資格者・法科大学院卒業生が多数輩出されたことは大変良いことだと思いますが、それに見合ういわゆる職域拡大問題として、企業法務がいかにこのような人材の受け皿となり拡大できるかという課題に対する対応です。当初、新制度ができたのだから、新しい資格者を企業法務が採用するのは当然で、採用数が伸びないのはおかしいのではないかというやや乱暴な議論がありましたが、弁護士会、法科大学院協会等の関係の方々との何回にもわたる協議で、まずは法科大学院、弁護士会等の供給側と企業側が相互に期待と実態を紹介し、理解しあうことが重要という共通認識に至りました。そのための切り口として、企業法務の求める人物像・資質等のニーズと法科大学院・弁護士会での教育・職域問題の認識のギャップを埋めるために、共同のセミナー、就職説明会を頻繁に行い企業内法務と人材の需要に関する理解の共通化を図りました。法科大学院協会の事務局が商事法務研究会内に移るということもあり、このプロセスに関連して松澤さんにいろいろお骨折りいただいて機会を作っていただいた結果、相互の理解が進み、その後はこの問題を一緒に前向きに解決しようという機運の中で、弁護士会も含めて現在も模索が続いております。

さらに経営法友会からは、もっぱら企業内部視点で企業内法務を紹介する取組みとして、法務のベテラン会員が法科大学院で体系的に実務の紹介を行う「企業（内）法務講座」の試みがまず、慶応ロースクールでなされました。この講座が大変成功して法曹養成検討会議企業分科会でも話題になり、これを契機に中央、神戸、岡山の各ロースクールではそれぞれの特色を生かした独自のプログラムを実施中で、どの大学でも大変好評だということです。さらに進んで、この企業内法務講座を発展・拡大させることも目的の一つとして、経営法友会に「企業法務入門テキスト」作成委員会ができました。このテキスト作成の目的は、入社後の新入法務部員教育用に利用するというだけでなく、各法科大学院での標準テキストとして利用いただくことにより、学生の皆さんの企業内法務に対する認識と関心を高め、法科大学院から企業内法務への一貫教育の架け橋としようという意欲的なものです。松澤さんにご配慮いただき四月に株式会社商事法務より『企業法務入門テキスト――ありのままの法務』として刊行されましたので、多くの（法科）大学院で活用されることを心から期待しております。最近の調査（第一一次会社法務部調査速報、回答会社数九六一社）によれば、もっぱら学部卒・非資格者に依存してきた会社法務部門に、資格者がいる会社数が二六・四％、社内資格者総数は五九六名（なお、組織内弁護士協会の最新調査では、その会員総数は一一六四名だそうです）、さらには法科大学院卒業の非資格者がいる会社の割合も二四・〇％まで伸長し、法曹資格者または法科大学院卒の法務部員に出会うことはまったく珍しくなくなりました。ちょうど技術系の新卒採用が学部卒から大学院卒にシフトしたように、ますます高度化する将来の法務部門を支える供給リソースとして法科大学院の位置づけは確実に変わりつつあるといっても過言ではないと思います。企業法務入門テキストを活用することを含め、法科の危機といわれるような供給側の問題と、他方、拡大しつつある人材ニーズがありながら企業法務の要請とがアンマッチを起こしていることをどう解決したらよいかは、そう簡単な問題ではありません。引き続き経営法友会だけではなく、商事法務研究会、法科大学院協会、弁護士会、関係官庁との連携が必要です。そのためには松澤さんをはじめ、商事法務研究会、経営法友会の事務局メンバーの方々にはまだまだご指導をいただかなければならないのではないかと思っております。お祝いの言葉のつもりが、最後にはお願いになってしまいましたが、今後とも変わらぬご支援を引き続きどうぞよろしくお願い申し上げます。

●しまおか・せいや＝経営法友会評議員、株式会社東芝元取締役、社友

松澤さんとの想い出

二宮　博昭　Hiroaki Ninomiya

松澤さんが古稀を迎えられるということで執筆依頼を受け、しばし考え込んだ。民事立法や司法制度改革等で幅広い活動をされてこられた松澤さんであるが、私が商事法務研究会や特に経営法友会に関与した時期は鈴木光夫氏が第一線で活躍されていた頃で、同氏との接触が多くあった反面、松澤さんとの協同作業に関与することが少なかったが故に、松澤さんにかかわる活動テーマを正面から取り上げて詳しく論じる具体的材料を自分が持ち合わせていないことに気づき、今回執筆者として参加すべきかどうか迷うことになった。これらの関連情報を沢山持っておられる方々にすべてをお任せするのが一番いいのではないかと思ったからだ。しかし、この文集の発起人の皆さんの趣旨からいささか離れるかもしれないことを覚悟で、松澤さんとの昔の想い出を一つだけでも記してみようと思う。

＊

執筆依頼が来て数ヶ月が経ち、昔の書類の整理をしていた時に偶然、若い頃の松澤さんと一緒に写った一枚の写真を発見することになった。その写真には、真ん中に古曳正夫先生（当時・森綜合法律事務所所属）が座られ、先生を取り囲むようにして松澤さんと一緒に自分も傍で写っている。場所は千駄木か根津あたりの品のいい小料理屋さんの座敷だったと記憶する。古曳先生はもの静かで包容力があり、とても人間的魅力のあるお方である。先生は実に話題豊富で、あの比類のないユーモアに包まれた軽妙洒脱な語りに我々は等しく酔いしれて酒が進み、徳利を次々と空けて、みんな赤ら顔をして微笑んでいる。松澤さんの顔が一番赤い。写真の日付を見れば一九九三年の一月である。往時茫々、あの時の話の具体的内容はもう忘れてしまったが、法律問題のみならず、世事万般にわたる話題を論うものであったと思うが何とも愉快で楽しい夕べであった。

松澤さんと古曳先生の間柄はその時までに築かれていたのだろう、ご両人による流れるような話の展開に乗せられて自分も結構饒舌になったように記憶する。法律の世界で名を馳せる先生との酒席での会話はおよそこのように展開していくものだということを、しっかり教えてもらった思いであった。私より少しだけ若く、聡明で滅法に明るい松澤さんの存在を強く意識した機会であった。

そういえばその前の年に、古曳先生のご発声で、「馬刺しと野沢菜を食べる信州の旅」をしようとの計画が持ち上がり、松澤さんからのお誘いを受けて私も参加することになった。信州佐久平あたりの三つのゴルフ場を三日かけてラウンドし、この地方ならではの馬刺しと野沢菜を食しながら、若さをぶつけて思いを語る、今から思えば人生で二度とないユニークな旅が実現することとなった。男四人が三日間、朝から晩まで顔を突き合わせて飽きもせず愉快に過ごせたのは古曳先生と松澤さんの素晴らしいキャラクターのお陰だと今も感謝している。余談ではあるが、この旅のことがいつまでも私の記憶から失せないので、先般（二〇一五年一〇月）、家内を連れマイカーを走らせて信州佐久平を訪れ、この三つのうちの一つのゴルフ場の宿に泊まり翌日にラウンドを楽しんだ。二三年ぶりの新たな感動であった。

二〇一五年早春、米田樹一さん（元・日産自動車）が代表世話人となり、経営法友会のOB会を立ち上げるというプロジェクトの関連で、米田さんと一緒に商事法務研究会を訪れたときに、本当に久しぶりに松澤さんにお目にかかることができた。松澤さんには我々の作業へのアドバイスもしていただいた。年賀状こそ何十年も続いてはいたが、実際にお目にかかって松澤さんが昔と変わらない若々しさ、明るさ、温かさを維持されていることを知ってとても嬉しく思った。いつも思うことであるが、お会いして松澤さんほどホッとし安らぎを覚える人は珍しい。ご人徳だと思う。

＊

松澤さん、お元気で古稀を迎えられおめでとうございます。長い間、難しい組織を能く統括され発展に繋げてこられましたね。これからもお元気でご活躍を続けられることをお祈りしています。そして、これからもお世話になります。

●にのみや・ひろあき＝元住友化学株式会社監査役

私の原点の人

堀　龍兒
Ryuuji Hori

松澤三男さんとのお付き合いは、もう何年前になるだろうか。私がまだ日商岩井（現在の双日）の法務課長代理で大阪勤務の時代だから、いまから約四〇年前にまで遡る。松澤さんは、当時、ＮＢＬの編集に携わっており、私が東京に出張したときや松澤さんが大阪に出張してきたときによくお会いしていた。そんなご縁もあり、私はＮＢＬに論文を執筆させていただいた。その論文が「集合債権譲渡担保契約書作成上の留意点（上・下）」（ＮＢＬ二〇一号・二〇四号〔一九八〇年〕）で、集合債権譲渡担保に関する論文としては草分けであると評価していただいた。

その後しばらくして私は東京勤務になり、松澤さんとは頻繁にお会いするようになった。私は、大阪勤務時代に京都大学の北川善太郎先生が主宰する民法の研究会に参加しており、東京勤務になっても研究者や法律実務家と一緒に勉強したいと願っていた。ところが、当時は、東京には研究者と実務家が共同して研究する場がなかった。そこで、松澤さんに何とか東京でも研究者と実務家が参加できる研究会ができないものかと相談したところ、学習院大学の野村豊弘教授や早稲田大学の鎌田薫教授等の名前をあげられ、早速、一緒に先生のところに行って相談してみようということになった。両先生とも、若手研究者のためにも研究会の必要性を感じておられたようで、賛同いただき立ち上げたのが民法研究会である。まさに松澤さんと私は、かかる「民法研究会」の産みの親なのである。

鎌田教授とお会いしてからしばらくして、フランス留学から帰ってきたばかりの奥島孝康教授（当時は早稲田大学の教務部長）を紹介され、それがきっかけで、まだ私が日商岩井の法務部の課長代理であったにもかかわらず、早稲田大学の旧小野講堂で、学生を相手に「企業法務」についての講演をすることになってしまった。

そのときは、まさか奥島、鎌田両教授が後に早稲田大学の総長になられるとは思ってもいなかったし、それ以上に私が早稲田大学法学部の民法担当の専任教授になるとは、夢にも思っていなかった。いまになって考えると、松澤さんに出会い、鎌田先生に出会い、奥島先生に出会い、そしていまの自分がいるのだとつくづく人との出会いの大切さを身にしみて感じている。

松澤さんとはいまに至るまで、ＮＢＬへの論文の寄稿や商事法務研究会が行っている講演会や研究会等で本当に親しくお付き合いいただいているが、仕事の付き合いばかりではない。酒席をともにすることも屢々であるが、酒席には必ず研究者や弁護士、企業法務担当者が同席しており、松澤さんがいかに幅広い方々とお付き合いされ、学界、実務界に太いパイプをもっているか、感心させられるのである。松澤さんは、そうした人脈をもってわが国の立法や法務の発展に多大なる貢献をしてきたのである。

松澤さんの元気な姿をみていると、これからもますますご活躍されることは間違いないと思うが、酒席でのお付き合いもお忘れないよう願っている次第である。

●ほり・りゅうじ＝早稲田大学名誉教授
ＴＭＩ総合法律事務所顧問

NBL・民事再生・利益相反

三上　徹
Tohru Mikami

今から一〇年以上も前の話である。ある日、社内で回覧されてきたNBLの裏表紙を何気に眺めていて驚愕した。一〇日ほど先に予定されている「シンポジウム・民事再生手続の運用はどうあるべきか――施行一年間の実績を踏まえて」の案内広告に、報告者として自分の名前が載っているのである（シンポジウムの内容は別冊NBL六五号『民事再生手続運用の実情』〔二〇〇一年〕）。商事法務研究会に確認の電話を入れたところ、どうも私宛の連絡担当が発起者間の思い込みで落ちてしまったらしい。そのときの電話が、私の記憶では松澤さんとの最初の会話である。それは、元来は株主総会担当・会社法務の人間で片手間に銀行法務もやってます、だった私がいつの間にか倒産・再生法の債権者側の専門家のように（見える体に）なったその第一歩でもあった（実は大学では本企画の発起人であられる新堂幸司先生の民訴法で「迷って」以降〔失礼〕、破産法などは一切履修しておらず、司法試験も刑訴法選択、志望も検察官だった）。

その後、松澤さんの還暦記念論文集への寄稿を求められ、後に株式会社商事法務の社長になられた担当編集者から切迫感あふれる督促を受けながらも締切をかなり経過して、恐縮して提出させていただいたところが、フタを開けてみれば拙稿が収録された第一巻（新堂幸司＝内田貴編『継続的契約と商事法務』〔二〇〇六年〕）が出たのも、さらに全三巻がそろうのもかなり後であり、編集者のポケットも銀行に負けない「ディープさ」であることを理解した。

その論文集には錚々たる法学界、法曹界のお歴々が名を連ねておられて、実務家の素人は筆者くらいであったが、諸先生方の皆さんは、すでに松澤さんに研究会やらシンポジウムやら出版やらで十二分にお世話になり、その時点でかなりの「負債」を負っておられたのであろうと推測された。逆に、私は先に「献呈」したのでまだ債権者であると勘違いしていたから、これを回収すべく、厚かましく持ち込んだ企画が「金融取引における利益相反」である（NBLに一部連載後、別冊NBL一二五号〔総論編〕、一二九号〔各論編〕として完結〔二〇〇九年〕）。

松澤さんの音頭取りで、道垣内弘人、神作裕之の民商法の両巨頭に、当時は（今も？）まだ毒舌の官僚であられた松尾直彦弁護士、気鋭の森下哲朗先生・井上聡弁護士にゲストまで迎えて華々しくスタートしたものの、（当時は）まとまった資料・文献もなかった難論点に、所詮蟷螂の斧で挑むには筆者はあまりに非力（不勉強ともいう）であり、どうにか着地できたのは各先生方の力量におんぶにだっこという貌になってしまった。当時の状況として、この企画は商売的には松澤さんに（商事法務に）ご迷惑をおかけしたのではないかと反省しているが、今ではなぜかこの本はAmazonでは売り切れて中古書にはプレミアまでついている。先駆的・マニアックな研究としては、学術的な意義はあったのだと思い込むことにして、松澤さんにはお許しを乞うしかない。

こうして見れば、松澤さんのお蔭で、普通に銀行員をやっていては決して出会えない世界・人々と巡り合い、貴重な経験を積むことができ、感謝してもしきれない。松澤さんの古稀をお祝いするとともに、ますますのご健勝・ご活躍を祈念するものである。

●みかみ・とおる＝三井住友フィナンシャルグループ常任監査役

出版人・写真家

法律編集者懇話会、そして法教育支援センター

石丸　陽
Akira Ishimaru

兄事して久しい松澤さんが古稀を迎えられるとお聞きして一瞬耳を疑い、そして我が身、齢を振り返り、そして納得した。

想い起せば、初めてお会いしたのが平成元年初夏、「法律編集者懇話会」（法律出版社三十数社の編集者の集まり）の場。所属会社が法令集、判例集を中心とする出版社であり、狭く限られた編集知識しか持たなかったため、一般法律書の編集者にお会いすることで、若干の緊張と期待を以て臨んだものであった。『法律文献等の出典の表示方法』の最終確認がその議題であり、松澤さんは懇話会の中心メンバーで、その検討メンバーのお一人であったが、どのようなお話をされたか定かに記憶してはいない。ただ明るい方である、それが印象であった。爾来、懇話会で年数回お会いし、会議では、法律出版社共通の課題について意見を交わし、また、その後の懇親会では、卓説を伺い、為人に触れていく中で次第に交遊が深まっていった。

松澤さんに触発される処多く、殊に、デジタル化、ネットワーク化が進み、出版の態様が変わり、本に対する意識も変わっていく中で、出版界全体の立場に立ち、今後の有り様について語られた処は、今も耳に新しい。その頃、懇話会が、日本書籍出版協会著作権委員長であった上野幹夫さんから出版者固有の権利に関する調査の委託を受け、懇話会会長であった松澤さんと他の編集者とともに参画したことがあったが、その検討などを通じ、法情報提供と法律出版社、編集者の有り様について改めて考え直すようになっ

た。法律出版社同士においては単なる競争ではなく、共同協調と競争があるべきではないか、そのように考え、懇話会の研修旅行の場で、有斐閣・大橋祥次郎さん、三省堂・佐塚英樹さん、松澤さんに語り、趣旨に賛同いただいたことが想い起される。例えば、基礎的な法情報――一次情報（法令、判例、法律文献の書誌情報）――は共有し、その付加価値を高めることを競い合う、そのために、各社共同して一次情報のデータベースを構築し、運営するなどである（因みに、国に同様のデータベースはあるが、利用者出版社、国民の立場に立って構築されたものではなく、法律・判例のリンクもなく、利用場面が限られる。無料だから利用していると言っても過言ではないであろう）。そして、更にそれらを発展して、法令用語等のシソーラスにより各社の出版物を横断的に検索し、提供するデータベースに仕上げていきたいと考えた処であった。

如上の発想は全体の利益に思いを致すことができなければ理解できず、従って持てる経営者には理解され難かった。その実現を目差して会社を退職したが、個人でできることは限られ、実現には至っていない（ただ自らの非力を憾み、法律出版界がどのように進んで行くか行く末をただ見守るのみである）。その間、松澤さんのご紹介により、如上の構想に繋がる、北川善太郎先生の主唱されたコピーマートに協力させていただくなどしたが、そのうちに関心が移り、世上、国会・国会議員や主要企業等の不祥事、目を覆い耳を塞ぐ市井の出来事少なからず、その都度、議員、経営者等当事者について、資質の劣化などと報じられるのを見るにつけて、その議員、経営者だけでなく、日本社会そのものの劣化ではないかと思うに至り、それを正すには何が必要か、そのために何かできないかと考え、法教育如何と松澤さんに相談したところ、賛同、激励を受け、大いに意を良くし、友人たちの協力も受けて「NPO法人法教育支援センター」を設立することとした（具体の設立に当たっても、松澤さんには、ご意見・助言とともに理事の先生方のご紹介等ご支援をいただき、そして理事に就任もいただいている）。

そして、社会とは何か、社会のルールを考え、互いの存在を認め合い、自らを律することの出来る人間を育てるためには、小学校（あるいはそれ以前）においてなされるべきと考え、小学校を対象に、法的考え方の涵養に結び付く学習指導案等の法教育教材を「法教育教材ライブラリー」として提供することから取り組み始めた。数年を閲するが、思うように実績を上げることができていない。松澤さん初め各位のご支援に応えられず洵に忸怩たる思いであるが、活動を続けていることに意味があると考えて、倦まずに取り組んで行くつもりである。

松澤さんには、法教育「支援」センターではなく「支援される」センターではないかと、温かく嬉しい揶揄、激励をいただきながら、支援をいただき続けている。この場を藉りて、これまでのご厚誼に改めて御礼申し上げたい。そして、商事法務研究会だけでなく、法律出版界、法曹界にとって、余人を以て代え難い存在である松澤さんに、今後もご健康に留意され、変わらぬご活躍を冀うとともに、我がＮＰＯに変わらぬ「支援」を冀う次第である。

●いしまる・あきら＝特定非営利活動法人法教育支援センター

「法律編集者懇話会」の草創の思い出とその周辺

副島　嘉博　Yoshihiro Soejima

有斐閣編集部（とくに雑誌編集部）が長かった私は、鈴木竹雄先生、竹内昭夫先生とのご縁もあって、商事法務研究会（以下単に、商事法務）の鈴木光夫専務理事に過分のお付き合いをいただいた。折に触れ声をかけていただき、伺うと松澤さんが同席さ（せら）れていることが多かった記憶がある。

何回かお会いしている中で、鈴木さんから「法律編集者の横断的な集まり（懇話会）を実現したいと思っていた。新川正美氏〔当時、有斐閣常務＝昭和五四年没〕とも話していたことであるが」と言われたことを鮮明に憶えている。「君たち若い世代に期待する」とも示唆され（昭和五〇年代の末頃）、先輩である大橋祥次郎さん（のちに、有斐閣常務）に相談したものである。

若干の時を経て、商事法務では松澤さん、有斐閣では大橋さんが中心になり、親交のある他社の編集者にも声をかけ、編集者を通して会社にも呼びかけた。幸いにも多数の会社、個人編集者の賛同を得て設立準備会を立ち上げた。設立の準備を精力的に行い（商事法務の会議室を使わせていただくことが多かった気がする。鈴木光夫さんも時に顔を出された）、一九八七（昭和六二）年一一月二〇日（金）に設立総会を開催した。出席者は、一〇社あまりの出版社（岩波書店、弘文堂、三省堂、商事法務研究会、成文堂、第一法規出版、東京大学出版会、東京布井出版、日本評論社、法学書院、有斐閣）、個人編集者等であった。「法律編集者懇話会」（以下、法編懇）の誕生である。黒子役（事務局）に徹して協力していただいた松澤さんに負うところ大である。

法編懇の活動は、情報交換をしながら親交を深めることが中心であった。我妻栄先生の生誕の地や、梅謙次郎先生の生誕の地を訪問し、地元の関係者の方と交流をしたのも楽しい思い出である。

しかし、成果としてはやはり『法律文献等の出典の表示方法』をまとめ上げたことである。これは、一九八八（昭和六三）年二月二六日にワーキンググループを立ち上げ、精力的に検討会議を持ち、一年で法編懇としての素案をまとめた（一九八九〔平成元〕年三月）。そして、法律学関係の各学会等で配布してご意見をいただき（星野英一先生と田中英夫先生に対談をお願いした、「対談・法律文献の引用方法をめぐって」書斎の窓三八三号〔一九八九年四月号、有斐閣〕等）、作成したものである。その後改訂を加えながら、この『表示方法』は「法律関係八学会共通会員名簿」（（財）日本学会事務センター）の末尾に付録として掲載していただいた。現在、改訂補訂を加え、最新版として二〇一四年版が発行されているようである。

私と松澤さんとの付き合いの「キッカケ」は法編懇を通じてのことであったかもしれないが、その後の付き合いの方が深かった。

編集活動が雑誌スタートということもあり、お付き合いする先生方が私法の分野では重なっていたことが多かったということかもしれない。商事法務の研究会に出席する先生方に親しい方がいたり、仕事でお目にかかりたい方もいた。とくに遠方から来られる先生方から連絡があり、研究会の前に時間をとっていただくこともあった。時には研究会の後ということも。仕事の話をすることが多かったが、事後にお付き合いするのは楽しくもあった。法学検定試験が始まってからは、私法以外の先生方にもお目にかかる機会があった。大先生からは転職したのかと言われたこともあった。発起人の先生方には、現役時代何かとお世話になった方が多い。後期高齢者になってからも、声をかけてもらうこともあり、都合のつく限り参加させていただき、終活の挨拶にまいりましたと言って大先生からお叱りをいただいたりもしたが、そんな私も今年は傘寿を迎える。感謝、感謝である。

松澤さんのこれからに思うこと

松澤さんは、古稀を迎えられましたが、これからも現役を続けられることと思っていますし、期待もしています。「困ったときの松澤頼み」「何でもすぐやる課」のスタイルは健在で何よりです。私は終活宣言をしましたが、今まで通り松澤さんとのホットラインだけは空けておくつもりです。

●そえじま・よしひろ＝有斐閣社友

写真集『歌とともに生きる』の出版にあたって

田中　一夫
Kazuo Tanaka

二〇一一年秋、写真集『歌とともに生きる——中国・貴州省苗族の村』が二三年の歳月をかけて、ようやく岩波書店より出版の運びとなりました。

松澤さんとの出会いは一五年前、古曳正夫先生のご紹介で、シルクロードカレンダーを購入いただいた事から始まりました。毎年三〇〇部もの数を購入いただいたのです。そして何よりそのカレンダーを毎年毎年暮れの忙しい中、松澤さんはお一人お一人お客様の元に自らお持ちになり、私のカレンダーに懸ける想いをご自身の「心」としてお伝え下さり、さらに、販路も拡げて下さったのでした。お陰さまで、一〇年間続けることが出来ました。終了となる年の秋、ご挨拶に伺うと「そろそろ本を出してはどうか？　何でも手伝うよ」と声を掛けて下さったのです。九〇年、九三年と岩波書店の雑誌「世界」に中国の少数民族「苗族（ミヤオ族）」の写真・文を掲載していただいたこともあり、当時お世話になった岡本厚編集長（現在、岩波書店取締役社長）にシルクロードカレンダーを毎年、届けていたのでした。誠実な編集長に接して、本を出すのならば岩波書店からと願っていたので早速、四か国の写真をそれぞれ取り纏めて岡本編集長を訪ねました。「田中さんはやはり中国だよね、じっくり時間をかけた誰にもできなかった仕事です。この中国の写真を編集長会議にかけましょう」と言っていただき、半年後、七度目の会議で出版が決定。松澤さんに早速伝えると「わかった、良かったなあ、岩波書店で出すことに意味があるんだよ。最初の打ち合わせに僕も一緒にいくよ」と言って下さったのでした。本当に有難い事でした。

写真集に解説を書いてくださった中国、貴州省の苗族出身の民族学者・雷秀武先生は、「この二〇年、何十回となく、黔東南を訪れ、気の遠くなる様な時間を掛けて川面の小さなさざ波を拾うが如く、苗族文化の僅かな変化も見逃さずに、静かに記録し続けてこられた。その姿勢は一瞬たりとも変わることはなかった。苗族出身の研究者としてこの写真集が苗族の歴史文化の証明となることは、この上無い価値のある事と確信している」と。雷秀武先生からこのように寄稿いただけたことは嬉しい限りです。

この二〇年の間に、中国の急速な近代化は苗族の生活文化も大きく変えてしまいました。

今、苗族の本を出版できたことは、私が意図したこととは別に、真さに失われゆく文化の記録の一つになったようです。

松澤さんが陰に日向にと支え続けてくださったからこそ、なしえた結果なのだと感謝しております。真に有難うございました。

傘寿、米寿、白寿とご健勝でご活躍を願っております。

●たなか・かずお＝公益社団法人日本写真家協会会員

あとがき

松澤三男さんが古稀を迎えられた。

その古稀をお祝いする本書の企画は、内田貴さんを中心にして、昨年夏頃から進められました。みなさんに執筆のお声がけをしたところ、一〇〇人を超える方々からご賛同をいただきましたので、出版を株式会社商事法務にお願いすることにしました。原稿の集まりもよく、すんなりと、本書はできあがりました（編集部には異論があるかもしれない）。「日本法の舞台裏」という本書の企画がその目的を達成したかどうか、どの程度達成したか。これは読者の評価にお任せしますが、松澤さんに捧げる古稀のお祝いとして素晴らしい贈り物になったと自負しています。まずは、執筆にご参加をいただいた方々、編集に尽力してくださった方々、特に株式会社商事法務におられた川戸路子さん、川戸さんのご退職後編集作業を引き継いで下さった同社の小山秀之さん、下稲葉かすみさんに、発起人を代表して御礼を申し上げます。

松澤さんの還暦を祝って、『継続的契約と商事法務』、『会社法と商事法務』、『民事手続法と商事法務』を刊行してから今日までは、あっという間でした。私自身が年をとったせいで、そう感じるのかもしれませんが、しかし、その間の松澤さんの活躍は、すごい。その活躍ぶりは、執筆者各位のお話の中から次々と顕わになるでしょうが、私も、ひと言申し添えたいことがあります。それは、いわゆる一般法人法の改正（二〇〇六年、施行二〇〇八年）を受けて、商事法務研究会の将来のあり方を決め、その基礎を固めたことです。まず、旧社団法人から「公益」社団法人への移行を目指された。そしてその事業基盤を確立するために、松澤さんはずいぶん苦労されたことです。諸学会・諸研究会の立ち上げ・援助や、研究奨励金制度の創設、法学検定試験、法科大学院の適性試験制度の確立などの試みがそれです。これらの事業は、同社団の公益事業の核となって、今日の公益社団法人商事法務研究会（実際の移行は二〇一二年）を支えているとともに、わが国の法文化の発展にどれだけ寄与することになったか、またこれからも役立つか、はかり知れません。

今や、法の世界は、分離独立と統合の時代を迎えています。昭和の初め、若き日の我妻榮先生（一八九七～一九七三年）が、諸先輩、特に鳩山秀夫先生と末弘厳太郎先生の指導を受けて、実定法の解釈論と法の社会的作用の研究との統合に腐心されました（我妻榮『近代法における債権の優越的地位』（有斐閣、一九五三年）の「はしがき」参照。私は、この話を大学二年（一九五一年）の秋、民法一部の講義で伺い、感銘を受けた一人です）。その流れを受けつつ今では、多くの研究領域で独立と統合を繰り広げています。日本法と外国法、司法と行政、国家権力と地方自治、法と経済・医学・遺伝子・進化論等、実定法学と基礎法学、法学と法教育・法曹養成教育、法理論・基礎法学等と実務、立法事実の調査研究と立案担当者、さらに実定法内での各領域の発展と統合（民法・商法等と消費者保護法・知的財産権法・環境法・不正競争防止法・独占禁止法関係など）、またハードローとソフトロー、訴訟や倒産とADRなどの諸科目に分離独立されながらも、ともに、日本国の安全保障、その土台のあり方、少子高齢化した国民の労働力・福祉の確保、マイノリティの人権、企業利益の追求とガバナンスなど焦眉の課題を論じ合っています。新しい学会も、どんどん簇生しています。

他方、こうした時代の回転の跡をたどりつつ、その担い手たる研究者・実務家を含めた専門家たちを眺めますと、元来資金集めには、関心も能力も期待できない。それだけでなく、どちらかといえば、蛸つぼになじみ、なぜか、ほかの専門家とのつながりを結ぶことが好きでないのか、苦手な方が多いようです。かくいう私も含め、各専門家らをつなぎ合わせ、潮目を読んで、適時適切な目的集団を作り上げることは、どうも不得手のようです。そこでは、まず、裏方でお膳立てし、表舞台へと彼らの背中を押してくれる人が必要なようです。松澤さんは、まさにそういう役割を、身をもって果たしてこられました。
法学界には、昔、有斐閣に新川正美さん（一九一七〜一九七九年）――前記の我妻先生の「はしがき」や拙著『訴訟物と争点効（上）』（有斐閣、一九八八年）の「はしがき」等参照――がいて、同じような役割を果たしていました。もっとも、新川さんの活躍時期は、雑誌『ジュリスト』の創刊（一九五二年）あたりから一九七〇年代までのことで、限られた研究者仲間の裏方にとどまり、文字通り目立たない存在でした。松澤さんの場合は、人脈の広さ、情報量の大きさ、集金力、それに、まとめ役として欠かせない、気の利いたユーモアやしなやかな気配りにおいて、比較の域を超えています。松澤さんも、黒子に徹していますが、その存在感は、舞台上の役者を圧倒してやみません。そうした松澤さんに、私などは、いつも元気づけられ、いつも実力以上の仕事をやらせてもらいました。ふりかえって感謝の言葉もありません。どれだけ言葉をついやしても、意を尽くせない思いです。おそらく執筆者の皆さんも、同じお気持ちからご協力いただいたものと信じています。

この緑濃い六月、松澤さんは古稀を迎え、いよいよお元気、生気に溢れています。どうか、これからも、ずっと、われわれを助けてください。日本の法文化発展のために、舞台を回し続けてください。また同時に、松澤さんの跡取りを、ぜひ育てていただきたい。頼りになる後継者を用意しないうちは、松澤さん、あなたの退場はないものと、観念してください。これも、決して私だけの希望ではありません。本書を作った皆さんの一致した願いですから。

平成二八年八月吉日

発起人一同を代表して　　新堂　幸司

日本法の舞台裏

2016年10月15日　初版第１刷発行

編集代表　新　堂　幸　司
発 行 者　塚　原　秀　夫

発 行 所　株式会社 商 事 法 務
〒103-0025 東京都中央区日本橋茅場町3-9-10
TEL 03-5614-5643・FAX 03-3664-8844〔営業部〕
TEL 03-5614-5649〔書籍出版部〕
http://www.shojihomu.co.jp/

落丁・乱丁本はお取り替えいたします。　印刷／そうめいコミュニケーションプリンティング

Shojihomu Co., Ltd.
ISBN978-4-7857-2454-2
＊定価はカバーに表示してあります。